USA
Der Osten

Ole Helmhausen

USA
Der Osten

© KOMET Verlag GmbH, Köln
www.komet-verlag.de
© der Karten: ARTIFEX Computerkartographie & Verlag, Bad Langensalza
Text: Ole Helmhausen
Producing: Hans-Joachim Schneider, Köln
Bildredaktion: Hans-Joachim Schneider, Köln
Gesamtherstellung: KOMET Verlag GmbH, Köln
ISBN 978-3-89836-870-4
Alle Rechte vorbehalten

INHALT

EINLEITUNG	6
ALABAMA	116
ARKANSAS	140
CONNECTICUT	156
DELAWARE	172
FLORIDA	186
GEORGIA	238
ILLINOIS	262
INDIANA	282
IOWA	298
KENTUCKY	310
LOUISIANA	324
MAINE	344
MARYLAND	358
MASSACHUSETTS	376
MICHIGAN	400
MINNESOTA	412
MISSISSIPPI	430
MISSOURI	444
NEW HAMPSHIRE	466
NEW JERSEY	478
NEW YORK	490
NORTH CAROLINA	524
OHIO	538
PENNSYLVANIA	548
RHODE ISLAND	560
SOUTH CAROLINA	572
TENNESSEE	584
VERMONT	594
VIRGINIA	602
WASHINGTON DC	616
WEST VIRGINIA	624
WISCONSIN	632
ABBILDUNGSNACHWEIS	640

USA – DER OSTEN IM ÜBERBLICK

EINSTIMMUNG

Feine Universitäten und Colleges in strenger Neogotik, hübsche alte Dörfer, gebildete, gut verdienende Landsleute in pieksauberen SUVs: Der Durchschnittsamerikaner pflegt fast europäisch wirkende Klischees, wenn die Rede vom Osten ist. Vor allem aber verbindet er mit dem Osten die Anfänge seines Landes.

Östlich des Mississippi formulierten vom Glauben an ihr gottgewolltes Recht auf Glückseligkeit getriebene Männer und Frauen einst das, was die mächtigste Nation der Erde heute ausmacht: das Recht auf die Freiheit, aus sich das Beste machen zu dürfen, egal ob im Rahmen der berühmten Tellerwäscher-Karriere, oder aber, losgelöst vom Streben nach irdischem Gut, als Hippies, Einsiedler oder Amischen. Hier wurde zuerst ausgesprochen, was später im Westen ausgelebt wurde.

Der Osten ist das Herz der Nation. Zwischen Maine und Miami liegt der historisch und kulturell vielfältigste Teil des ohnehin ungeheuer facettenreichen Landes. Selbst zweigeteilt, sind seine Ausmaße noch ungeheuer. Von Chicago am Lake Michigan nach Miami in Florida sind es 1910, von Chicago

LINKE SEITE:
Sitz des Kongresses, Symbol der mächtigsten Demokratie der Welt: das United States Capitol auf dem Capitol Hill in Washington, DC

Auf den Fassaden der kleinen Geschäftshäuser in Miami schimmert abends noch eine Weile die Tropensonne.

nach New York 1329 Kilometer. Die Entfernungen sind enorm und für den Enge gewohnten Mitteleuropäer, der mit dem Auto in wenigen Stunden am Mittelmeer, dem Atlantik oder der Nordsee sein kann, nur schwer nachvollziehbar. Amerika in ein, zwei oder auch drei Wochen kennenlernen zu wollen, ist daher ein, gelinde gesagt, ehrgeiziges Unterfangen.

Am besten tut man es den Amerikanern gleich. Im Auto bewältigen diese tagtäglich außerordentliche Entfernungen, nur um den Nachwuchs zur Schule zu bringen oder zur Arbeit und irgendwo da-

Erinnerung an eine von sorglosem Zukunftsglauben geprägte Zeit: im sog. Googie-Stil erbauter Drive-In-Diner aus den frühen sechziger Jahren

zwischen auch noch zur Mall zu gelangen. Dabei hilft ihnen ein hervorragendes, insgesamt 260.000 Kilometer langes Straßennetz, das alle Bundesstaaten der Lower 48, alle Ballungszentren, alle Metropolen auch mit noch so unbedeutenden Nestern verbindet.

Das Auto ist DAS amerikanische Fortbewegungsmittel und für den Amerika-Reisenden unentbehrlich. Es ist der Schlüssel zum besseren Verstehen Amerikas und der Amerikaner. Hinzu kommt, dass man natürlich, flexibel und unabhängig, auch mehr sieht – sowohl spektakuläre Naturschauspiele als auch stille, friedvolle Landschaften, sowohl lärmende Großstädte mit zehnspurigen Freeways als auch winzige Kommunen, deren Einwohner auf „Town Meetings" per Handzeichen Lokalpolitik machen. Die Palette ist so groß und vielfältig wie der Osten selbst und reicht von den grünen Hügeln und der rauen Schärenküste Neuenglands über das Ballungsgebiet New York–Washington–Philadelphia bis zu den Zypressensümpfen Louisianas und den Korallenriffen der Florida Keys. Und natürlich zeigt ein „Roadtrip" durch den Osten nicht nur die Schokoladenseiten des Landes. Eilig aus dem Boden gestampfte Neubausiedlungen mit phantasievollen Namen und von riesigen Parkplätzen umgebene Mega-Malls sind Triumphe des freien Unternehmertums, aber auch Ärgernisse im Auge des Ästheten. Endlose Reihen allgegenwärtiger Schnellrestaurants begrüßen den Besucher an den Stadtgrenzen mit solch unausweichlicher Gewissheit, dass die so erzeugte Uniformität inzwischen „Anywhere USA" genannt wird.

Lake Michigan gehört zu den Great Lakes und damit zum größten Süßwasserreservoir der Welt.

Doch so austauschbar und voraussagbar viele Städte zwischen den Großen Seen und dem Mississippi-Delta auch sein mögen: Kratzt man an der Oberfläche, kommt gleich darunter eine faszinierende Landeshälfte mit klar voneinander abgrenzbaren Natur- und Kulturregionen zum Vorschein. Mehrere tausend Kilometer Küste, rau und felsig in Maine, sandig und sonnig in Florida, säumen die Ränder. Die Vegetation reicht vom subtropischen Mangroven- und Palmettodickicht bis zum borealen Nadelwald, die Tierwelt von bunt schillernden Korallenfischlein bis zu durch unzugängliche Sümpfe stakenden Elchen. Ein 2400 Kilometer langer Gebirgszug zieht von Georgia bis nach Kanada, fünf gewaltige Binnenmeere speichern den größten Süßwasservorrat der Welt. Der klassische Roadtrip auf schnurgerader Straße in den Sonnenuntergang ist zwar dem Westen vorbehalten, doch der oft kleinräumige, fest in Geschichte und Geschichten verankerte Osten ist wie ein wunderschön gerahmtes Fenster, durch das man in die amerikanische Seele späht.

Vom-Winde-verweht-Romantik auf der Oak Island Plantation unweit Charleston (South Carolina). Das Herrenhaus wurde 1830 errichtet.

RECHTE SEITE:
Die Natural Bridge ist Teil des Shenandoah National Park in Virginia. Der 67 m hohe Felsbogen ist im Laufe der Zeit vom Cedar Creek ausgewaschen worden.

GEOGRAFIE

DIE LANDSCHAFTEN

Der Osten der Vereinigten Staaten umfasst traditionell alle Bundesstaaten zwischen Atlantik und Mississippi. Mit einer Gesamtfläche von 3,6 Millionen Quadratkilometern bedeckt er ein Drittel der Staatsfläche. Im Norden grenzt er an Kanada, im Osten an den Atlantik. Im Süden ragt er mit den Florida Keys weit in den Golf von Mexiko hinein. Das geologische Alter Nordamerikas schätzen Wissenschaftler auf vier Milliarden Jahre.

Den Norden der östlichen USA – vor allem Minnesota und Michigan – prägt der Kanadische Schild, eine fast zwei Milliarden alte Schicht aus kristallinem Gestein, die von den letzten Eiszeiten zu einer sanft welligen, seenreichen Landschaft poliert wurde. Während des Paläozoikum vor etwa 500 Millionen Jahren kollidierte der Schild mit anderen Landmassen, woraus der Urkontinent Pangea entstand.

Während der Geburt Pangeas entstanden, als Resultat verschiedener Verwerfungen in der Erdkruste, bis vor 250 Millionen Jahren die Appalachen. Damit ist dieser von Süden nach Norden strebende Höhenzug der älteste des Landes. Während des Pleistozän vor rund zwei Millionen Jahren bedeckten gewaltige Eismassen den Kontinent. Erst viel später, etwa vor 10-12.000 Jahren, als das Eis endgültig seinen Rückzug beendet hatte, hobelten die Gletscher viele der heute noch existierenden,

An den Stränden des Ostens findet sich immer ein ungestörtes Plätzchen.

Eine weitläufige Seenlandschaft prägt das schöne Montezuma National Wildlife Refuge in der Finger-Lakes-Region in Upstate New York.

langgestreckten Seen aus, wie z. B. die Finger Lakes im Bundesstaat New York oder auch die Großen Seen, und hinterließen vor allem in Tennessee vom Eis mitgeführte Geröllblöcke.

Auch das unerfahrene Auge erkennt auf der Landkarte sofort die drei Großlandschaften des Ostens. Vom Atlantik bis zum Mississippi sind dies die Küstenebenen am Atlantik, die Appalachen und die Inneren Ebenen, die sogenannten Interior Plains. Die Küstenebenen sind der über dem Meeresspiegel liegende Teil des bis zu 400 Kilometer vor die Küste reichenden Festlandsockels Nordamerikas. Im Norden schmal und während des Pleistozän mit scharfen Klippen versehen, werden sie nach Süden allmählich breiter, wobei sie in flache Marschen und Feuchtgebiete wie an der Chesapeake Bay Marylands und in den Carolinas übergehen. Mississippi, Alabama und Georgia sind geologisch fast hälftig Teil der Küstenebenen, das sich nur wenige Meter über den Meeresspiegel erhebende Florida sogar ganz.

Die Appalachen beginnen im Norden Alabamas und ziehen in Neuengland über die kanadische Grenze hinaus bis nach Neufundland. Während der Kindertage der noch nicht mit ihrem heutigen Namen bezeichneten USA waren sie eine natürliche, 160 bis 500 Kilometer breite, durchschnittlich 900 Meter hohe und fast 2400 Kilometer lange Barriere, die die Expansion der Kolonien nach Westen effektiv blockierte. Geologen unterscheiden fünf Unterregionen: das Piedmont, die Blue Ridge Mountains, die sogenannte Ridge-and-Valley-Region, das Appalachian Plateau und die New-England-Region. Das Piedmont ist eine 50 bis 300 Meter hoch gelegene, leicht hügelige Übergangszone zwischen den Küstenebenen und den zu den östlichen Appalachen gehörenden Blue Ridge

Mountains und strebt vom Süden des Bundesstaats New York in südwestlicher Richtung bis nach Nord-Alabama. Seine fruchtbaren Böden machten es einst zu einem Zentrum der Pflanzeraristokratie.

Die Blue Ridge Mountains schließen, mitunter abrupt wie eine blaugrüne Mauer, gleich an das Piedmont an. Gemeinsam mit mehreren parallel verlaufenden Höhenzügen weiter westlich bilden sie die Appalachen. Die Blue Ridge Mountains beginnen im Nordosten von Georgia, bilden in North Carolina und Tennessee den Great Smoky Mountains National Park und erreichen bei Asheville in North Carolina mit dem Mount Mitchell (2037 Meter), ihre – und der Appalachen überhaupt – höchste Erhebung. In Virginia nur noch wenige Kilometer breit, folgt der weltberühmte, auf ihren Kamm gebaute Blue Ridge Park Way ihrem Weg nach Norden.

Die Ridge-and-Valley-Region wiederum bezeichnet das westlich der Blue Ridge Mountains anschließende System fruchtbarer Täler, zu denen u. a. das Cumberland Valley in Zentral-Pennsylvania und West-Maryland und das Shenandoah Valley im westlichen Virginia gehören. Als Appalachian Plateau werden die westlich anschließenden Höhenzüge der Appalachen genannt. Dabei handelt es sich aus geologischer Sicht weniger um Gebirge, sondern vielmehr um mehrere, in verschiedene Sektionen einteilbare Ebenen erodierten Sedimentgesteins. Teile dieser in den USA auch als „Appalachia" bekannten Region, wie das östliche Kentucky, West Virginia und Pennsylvania, waren wäh-

Leckerbissen für Fotografen: alte Wassermühle Mabry Mills im herbstlich gefärbten Wald. Gesehen in Virginia, am Blue Ridge Parkway

In den Blue Ridge Mountains, kurz vor einem Wetterumschwung

rend der Industrialisierung das Ruhrgebiet Amerikas: Hier wurde die Kohle gefördert, die die Stahlindustrie des Landes erst ermöglichte. Seit dem Niedergang der Kohleförderung verarmt, rechnet Appalachia in Zeiten einer drohenden Energiekrise mit einem Comeback seiner Kohleindustrie.

Die Berge und U-förmigen, von der letzten Eiszeit ausgekerbten Täler der New-England-Region ähneln denen der Appalachen in Virginia. Tatsächlich gehört diese Region geologisch zum Appalachian Plateau. In den White Mountains, dem Wanderparadies Neuenglands, erreicht die New-England-Region mit dem Mount Washington (1917 Meter) ihre höchste Erhebung. Ebenfalls gehören die Berkshire Hills und die vom Lake Champlain von Neuengland getrennten, raueren Adirondack Mountains im Bundesstaat New York dazu. Die Inneren Ebenen schließen dann westlich an die Appalachen an. Das flache, bis zu 1200 Kilometer breite Land reicht vom Golf von Mexiko bis nach

See in den White Mountains in New Hampshire

Shenandoah National Park: Blick vom Skyline Drive nach Virginia hinein

Kanada und wird auch „America's Heartland" genannt. Zwei verschiedene Unterregionen sind hier erkennbar: das Mississippi-Tiefland im Süden mit seinen reichen, für Farmbetrieb idealen Böden, und die Großen Seen, die die Inneren Ebenen dank des St. Lawrence Seaway mit dem Atlantik verbinden und als enorme Binnenmeere – Lake Superior, der größte, ist 82.400 Quadratkilometer groß – einen erheblichen Einfluss auf das Klima und die Flora und Fauna der Region haben.

FLÜSSE UND SEEN

Der Mississippi, seit den Tagen der West-Expansion fest im Kollektivbewusstsein der Amerikaner verankert, ist der bedeutendste Fluss des Landes. Mit 3770 Kilometern Länge ist er nach dem Missouri außerdem der längste Fluss und entwässert, bei New Orleans in den Golf von Mexiko mündend, den größten Teil des Mittleren Westen. Bis Minneapolis, das fast 2000 Kilometer nördlich vom Golf liegt, ist er schiffbar, und gemeinsam mit dem St. Lawrence Seaway, zu dem auch die Großen Seen gehören, bildet er das größte Binnen-Wasserweg-System der Welt. Auch viele seiner von Osten kommenden Zubringer, vor allem der Tennessee und der Ohio, sind für den Schiffsverkehr geöffnet. Kommerziell nutzbar sind zudem auch die Flüsse Hudson, Susquehanna, Potomac und Savannah. Mit dem Great-Lakes-St.-Lawrence-System ist der Mississippi durch ein auf Chicago zulaufendes System von Kanälen und dem Illinois River verbunden.

Den Blick vom Missouri River Overlook bei Independence (Missouri) werden vor über 200 Jahren auch die Entdecker Lewis und Clark genossen haben.

Chicago – die Metropole am Ufer des Lake Michigan

Von hier aus treten auch größte Frachtschiffe die Reise zum 2000 Kilometer entfernten Nord-Atlantik an. Dabei benutzen sie die Großen Seen, wobei die Stromschnellen des St. Marys River (zwischen Lake Superior und Lake Huron) sowie unterhalb der Niagarafälle und bei Lachine unweit Montreal nur mithilfe riesiger Schleusen bewältigt werden können. Neben Chicago ist Duluth (Minnesota) der zweite große Überseehafen im Herzen Amerikas. Nur der Lake Michigan (57.800 Quadratkilometer) liegt vollständig auf amerikanischem Staatsgebiet. Die übrigen der Großen Seen teilen sich die USA mit dem Nachbarn Kanada.

KLIMA

Während sie in Minnesota noch mit dem Truck zum Eisfischen auf zugefrorene Seen fahren, schnorcheln die Amerikaner in Florida bereits im smaragdgrünen Meer. Anschaulicher lassen sich die Entfernungen in den USA nicht beschreiben. Wegen seiner ausladenden Geografie wartet auch der Osten mit gleich mehreren Klimazonen auf. Den Norden weist im Allgemeinen ein warm-gemäßigtes Klima aus. Die Küstenebenen bis hinauf nach New York City erleben im Sommer Hitzephasen von über 30 °C. Die alten Südstaaten – Mississippi, Alabama, Louisiana, Georgia – und auch Florida sind für ihre schwülen Nächte berühmt-berüchtigt. Dagegen erlebt man in den Höhenlagen der Appalachen angenehme Sommertage und erfrischende Abkühlung in der Nacht. Auch die Great Lakes erleben angenehme, wenngleich häufig auch schwüle Sommer.

Die Winter sind nicht minder vielgestaltig. Der Norden Neuenglands und die Höhenlagen sind absolut schneesicher. Solider Frost hält das Quecksilber wochenlang tief im Minusbereich fest. Auch schneesicher, allerdings etwas wärmer, ist die Great-Lakes-Region und der Norden des Mittleren Westen. Chicago, ohnehin berüchtigt als „Windy City", liegt dann mitten auf dem Korridor der von Kanada hereinstürmenden polaren Winde. Weiter südlich verliert der Winter jedoch seine eisigen Spitzen. Auf dem Appalachian Plateau und im Piedmont mag er die Gipfel vielleicht noch mit einer dünnen Schneeschicht bedecken, doch Tagestemperaturen über null Grad Celsius kommen weitaus häufiger vor. In den Küstenebenen fällt der Schnee als Regen: Hier sind die Winter mild und regnerisch. Der Süden Floridas schließlich ist während der langen, dunklen Wintermonate das Nirwana der vom Schneematsch geplagten Nordstaatler. Als sogenannte „Snow Birds" verbringen mehrere Millionen von ihnen alljährlich die kalte Jahreszeit in den Küstenresorts am Golf von Mexiko.

VEGETATION

Für die Veranschaulichung der Pflanzenvielfalt im Osten wird gern eine Wanderung in den Appalachen bemüht. Beispielsweise begegnet man bei einer Besteigung des Mount Washington (1917 Meter) in den White Mountains 90 Prozent der in Neuengland vertretenen Flora. Und wer in den südlichen Appalachen Georgias und South Carolinas eine Wanderung von den niederen in die höheren Lagen unternimmt, erlebt gar 98 Prozent der im Osten anzutreffenden Biotope. Der Reisende, der die Probe aufs Exempel macht, wird bald feststellen, dass diese Prozentsätze durchaus der Realität entsprechen.

Im Gebiet der Großen Seen ragt noch ein von Kanada kommender Streifen borealen Nadelwaldes (nördlichst gelegene Vegetationszone der Erde) auf amerikanisches Staatsgebiet. Die auf den Aus-

Die Sable Falls im Pictured Rocks National Park (Michigan) liegen romantisch in tiefstes Grün gebettet.

Birkenwälder findet man im Osten der USA vor allem in der Übergangszone zwischen Nadel- und Laubwald.

läufern des Kanadischen Schilds wachsenden, lichten Kiefern- und Tannenwälder Nord-Michigans und -Minnesotas unterscheiden sich in keiner Weise von ihren kanadischen Vettern. Weiter östlich reicht der boreale Nadelwald auf dem Rücken der Appalachen sogar bis nach Georgia. Charakteristisch für dieses den Norden Nordamerikas symbolisierende, relativ artenarme Biotop sind Fichten, Kiefern und Tannen. Dicht gestaffelt und auf dünner, karger Erdschicht wachsend, lassen sie auf dem Waldboden nur abgehärtete Flechten, Pilze und Moose zu.

Doch schon in den niedrigeren Lagen ändert sich das Bild dramatisch. Bereits in der Übergangszone zwischen Nadel- und Laubwald gesellen sich zu den kerzengerade wachsenden Nadelbäumen von Norden nach Süden unterschiedliche Laubbäume wie Ahorne, Birken, Linden und Espen. Ein dichtes, dennoch löchriges Blätterdach hinterlässt Lichtspeere auf dem Waldboden und ermöglicht Farnen, Büschen und kleineren Baumarten ein Überleben. Auf den Hängen der Appalachen reicht dieses Biotop ebenfalls tief in den Süden. Von Osten nach Westen ist die Übergangszone als breites Band von Neuengland bis nach Süd-Minnesota anzutreffen.

Wenige hundert Kilometer weiter südlich geht die Übergangszone in laubabwerfenden Mischwald über, welches das am häufigsten im Osten anzutreffende Biotop ist. Typische Baumarten sind Wacholder- und Tulpenbäume, der amerikanische Amberbaum, verschiedene Eichen- und Hickoryar-

Disney World in Orlando, Florida

ten sowie immergrüne Fichtenarten. Von Osten nach Westen erstreckt sich dieser Vegetationsgürtel in etwa von Massachusetts über Ohio, Indiana, Illinois und Wisconsin bis nach Iowa und Missouri. Dieser Mischwald ist es, der vor allem in den höheren Lagen Neuenglands und des benachbarten New Yorks der Tourismusindustrie eine bedeutende Einnahmequelle beschert hat: Die alljährlich während des „Indian Summer" stattfindende Farbenexplosion vor allem der Ahornbäume lockt Millionen von Blätterguckern, die sogenannten „Leaf Peeper", an. Für Hardcore-Fans werden dann sogar Webseiten und Hotlines eingerichtet, die über den aktuellen Stand der Verfärbung informieren und die besten Stellen zum Blättergucken nennen.

Diesseits der Appalachen zieht zudem eine weitere, deutlich identifizierbare Vegetationszone von New York/New Jersey über die Küstenebenen bis hinab nach Florida. Dort vollzieht sie, von Höhenzügen unbehindert, einen Schwenk nach Westen und hinüber nach Louisiana. Dieses im Englischen als „Southern Pinelands" bezeichnete Biotop kennzeichnet eine Vielzahl im Süden vorkommender Fichtenarten, wie u. a. die Terpentinkiefer. Im Küstenbereich kommen für den Süden typische Laubbäume hinzu, wie knorrige, mit Spanischem Moos behängte Eichen, meist in Sümpfen gedeihende Zypressen und, Symbole des Südens, die schweren Duft verströmenden Magnolienbäume.

In Florida, der bis fast nach Kuba reichenden Halbinsel, dominiert subtropischer Wald. Beherrschendes Gewächs ist die Palme. Mehrere hundert Arten, die meisten davon eingeführt und zur Verschönerung von Gärten und Boulevards verwendet, gibt es hier. Eine Besonderheit sind die vor allem den Florida Keys und Teilen der Golfküste vorgelagerten, undurchdringlichen Mangrovenwälder.

TIERE

Es ist noch nicht lange her, da zogen viele Millionen Büffel über die Prärien. Bären versetzten ganze Dörfer in Angst und Schrecken, und hungrige Berglöwen dezimierten immer wieder den Viehbestand. Heute begegnet man der amerikanischen Fauna leider zunächst als „Road Kill": Waschbären, Stinktiere, Füchse und allerlei Federvieh gehören zu den Kollateralschäden der unaufhaltsamen Erschließung der Natur für den Menschen. Wo einst in Hirschleder gekleidete Männer der Frontier wie James Bowie (1796–1836) und Davy Crockett (1786–1836) ganze Kompanien mit Selbsterjagtem versorgten, bringen sich heute höchstens ein paar verschreckte Virginia-Hirsche vor dem Verkehr in Sicherheit. Tatsächlich scheinen sich von allem Großwild, das einst die Wälder und Täler des Ostens bevölkerte, Hochwild und Schwarzbären dem unersättlich nach Land verlangenden 21. Jahrhundert am besten angepasst zu haben. Teile ihrer Rückzugsgebiete in den Höhenlagen der Appalachen – so die Adiron-

Die Amerikanische Kröte (Bufo americanus) wird bis zu 11 cm groß (Länge) und wohnt wie ihre europäischen Artgenossen in feuchten Gebieten.

Der Weißwedelhirsch ist die häufigste Hirschart Nordamerikas. Er kommt in sehr vielen Bundesstaaten vor. Hier eine Aufnahme aus dem Shenandoah Valley, Virginia.

dacks in New York, die White Mountains Neuenglands, die Blue Ridge Mountains und die Great Smoky Mountains – sind als Nationalparks geschützt. Dort stehen die Chancen, diesen beeindruckenden Tieren zu begegnen, am besten. Den scheuen Berglöwen in freier Wildbahn zu erleben, kommt jedoch dem großen Los in der Lotterie gleich: Selbst viele Parkranger, die seit vielen Jahren tagtäglich durch ihre Reviere patrouillieren, haben die prachtvolle Wildkatze noch nie leibhaftig gesehen.

Programme zur Wiedereinführung ausgestorbener oder bedrohter Tierarten sowie zur Bekämpfung chemischer Substanzen in der Landwirtschaft gibt es zwischen Maine und Mississippi viele. Einige waren erfolgreich, andere sind zu politischen Balanceakten zwischen den verschiedensten Interessengruppen gezwungen. So verdanken die rund 1000 verbliebenen Steinadler im Osten ihr Überleben der Restaurierung ihrer Lebensräume in den Appalachen. Die Steinadler-Population in Pennsylvania wird jedoch seit Kurzem ausgerechnet durch umweltfreundliche Windkraftwerke bedroht.

Der „Blue Jay" (Blauhäher) ist weit verbreitet und dient so manchem Sportverein als Maskottchen.

Auch der Kampf um die Rettung der letzten Seekühe in Florida, der sogenannten Manatees, sieht Umweltschützer und Tourismusunternehmen auf der einen und Freizeitskipper und Investoren auf der anderen Seite.

Kleinere Tiere sieht man in den dünner besiedelten Gebieten und mitunter sogar in den Städten. Am auffallendsten sind die „Blue Jays" genannten Blauhäher, dickliche, aber flinke Vögel, die selbst in den Metropolen Lebensraum finden und so manchem Sportverein als Wappentier dienen. Streifenhörnchen, verschiedene Eichhörnchenarten, Kaninchen, Stinktiere und sogar Waschbären, allesamt wahre Überlebenskünstler, sind häufig in nächster Nähe der Menschen anzutreffen: Rast- und Campingplätze gehören ebenso zu ihren Revieren wie Gärten, Parks und Hinterhöfe. Schon etwas mehr Glück gehört zur Beobachtung der verschiedenen im Osten vorkommenden Kolibri- und Spechtarten. In ländlichen Gebieten häufig zu sehen ist auch der Rotschwanzbussard.

Der Himmel spiegelt sich im Wasser der Everglades-Sümpfe.

Bisonherde in einem Nationalpark

Die höchsten Konzentrationen einheimischer Fauna beherbergen jedoch die Naturschutzgebiete: Die vom Bund betriebenen National Parks, Preserves und Forests sowie die von den Bundesstaaten verwalteten State Parks sind für viele Tierarten die letzten Refugien. Elche, Füchse, Kojoten, Schwarzbären, Biber, Rotluchse, Stachelschweine und Virginia-Hirsche sind die Bewohner nördlicher Parks wie des Acadia National Park in Maine, des White Mountains National Forest in New Hampshire und des Voyageurs National Park in Minnesota. Voyageurs liegt zudem auf einer der amerikanischen Vogelfluglinien und ist deshalb „Gastgeber" mehrerer hundert Zugvogelarten. Als Repräsentanten der einst in der jeweiligen Region typischen Fauna und Flora sind sie darüber hinaus auch Schaufenster in die Zeit vor der Ankunft des „weißen Mannes".

Der Congaree National Park in South Carolina schützt z. B. die letzten ungeschlagenen Galerie- und Sumpfwälder der USA, während der Everglades National Park in Florida, mit über 6000 Quadratkilometern Fläche der größte Nationalpark im Osten, die subtropische Wildnis im zentralen Süden des Sunshine State vor der Erschließung bewahrt. Je empfindlicher das Biotop, desto größer auch die Zahl der vom Aussterben bedrohten Bewohner. Der Everglades National Park allein zählt über 30 mittelbar oder unmittelbar vom Aussterben bedrohte Spezies, allen voran den immer selteneren Florida-Panther, das Manatee und das amerikanische Krokodil. Zudem beherbergt der Park mit über 350 Vogelarten, rund 600 Fisch-, Echsen- und Amphibienarten auch die größte Artenvielfalt. Auf dem zweiten Platz folgt der Great Smoky Mountains National Park in Tennessee und North Carolina, mit 66 Säugetierarten, über 200 Vogel- und 55 Fischarten.

GESCHICHTE

DIE INDIGENEN AMERIKANER

Ironischerweise beginnt auch die Geschichte der USA mit einer „Straße". Zwischen 12.000 und 40.000 v. Chr. folgten nomadisierende Stämme aus Asien ihren Beutetieren über eine damals Sibirien mit Alaska verbindende Landbrücke über die Beringstraße nach Amerika. Im Laufe der Jahrtausende drangen sie nach Süden und Osten vor, bildeten voneinander unterschiedliche, bestimmten Sprachfamilien angehörende Völker und wurden mitunter zu hochentwickelten Gesellschaften mit komplizierten Kosmologien und weitreichenden Handelsbeziehungen.

Neben übersichtlichen nomadischen und halbnomadischen, den jeweiligen Lebensbedingungen glänzend angepassten Stammesgesellschaften, bildeten sich auch sesshafte Gesellschaften, die Ackerbau betrieben und, wie im Ohio- und Mississippi-Tal, befestigte Städte mit mehreren tausend Einwohnern und hohe, heute noch beeindruckende Zeremonial- und Begräbnishügel errichteten. Stätten wie Cahokia bei Collinsville (Illinois), das zwischen 700 und 1400 n. Chr. bewohnt war und über einhundert, bis zu 30 Meter hohe „Mounds" (Hügel, die zu kulturellen Zwecken genutzt wurden) aufweist, oder die nicht minder imposanten Etowah Indian Mounds südlich von Cartersville (Georgia) legen Zeugnis vom hohen Stand der damaligen Indianerkulturen Nordamerikas ab.

In Pow Wows genannten Treffen pflegen die Nachkommen der Native Americans ihre traditionellen Tänze und Gesänge.

Bei der Ankunft des Kolumbus lebten auf dem Gebiet der späteren USA schätzungsweise bis zu drei Millionen Menschen. Die englischen Siedler, die vom frühen 17. Jahrhundert an die Atlantikküste besiedelten, stießen zunächst auf halbnomadische Sprecher des Algonkin und irokesischer Sprachen. Tonangebend zu diesem Zeitpunkt waren in Neuengland die Massachusetts, Pequot, Mohawk und Oneida. Westlich der Appalachen kontrollierten die Illinois, Shawnee, Ottawa, Fox und Ojibwa Territorien im Bereich der Großen Seen und des späteren, sogenannten Mittleren Westen. Im Süden und Südosten wohnten die Cherokee, Creek, Chickasaw, Secotan und Powhatan. Der Kontakt zu den weißen Neuankömmlingen gestaltete sich zunächst durchaus friedlich. In Neuengland halfen die Ureinwohner den unerfahrenen Siedlern über die harten, ersten Winter, und auch im Süden leisteten sie den anfänglich ums nackte Überleben kämpfenden Kolonien oft die entscheidende Hilfe.

Indianer auf der Bisonjagd. (Historische Darstellung von Karl Bodmer um 1834)

Was folgte, war jedoch die inzwischen hinlänglich bekannte Geschichte von weißer Gier nach Land und rotem, von Ansteckungskrankheiten, Kriegen untereinander und gegen die Siedler beschleunigtem Untergang. Beides fand entlang der Atantikküste bereits während der ersten 150 Jahre nach der Ankunft der Puritaner in Neuengland statt und war noch vor der Unabhängigkeit so gründlich abgeschlossen, dass die Ureinwohner östlich der Appalachen keine Rolle mehr spielten. Nach der Unabhängigkeit der Vereinigten Staaten im Jahr 1783 wiederholte sich das Trauerspiel während der Expansion nach Westen und Süden: Brutal geführte, mitunter auch langwierige Frontierkriege wie Tecumseh's War (1811) südlich der Großen Seen, der Creek War (1813–1814) im südlichen Alabama und die Seminolen-Kriege (1817–1858) in Florida vermochten den Aufstieg des jungen Staates nicht zu stoppen.

DIE KOLONIALZEIT

Um das Jahr 1000 n. Chr. entdeckten Grönland-Wikinger Nordamerika und gründeten beim heutigen L'Anse-aux-Meadows an der Nordspitze Neufundlands eine kurzlebige Kolonie. Historiker nehmen an, dass sie von dort aus auch Fahrten nach Süden unternahmen. Handfeste Beweise, dass die Nordmänner dabei auch die Gestade Neuenglands und Virginias erreichten, wurden bislang jedoch nicht gefunden. Dabei mangelt es nicht an – oft abenteuerlichen – Legenden und Theorien über Reisen europäischer Seefahrer in präkolumbischer Zeit. Beispielsweise bereitet der sogenannte, 1898 in Minnesota gefundene Kensington Runestone, dessen Inschrift von einer Reise von 30 Goten und Norwegern berichtet und auf 1362 datiert ist, den Forschern bis heute Kopfzerbrechen. Die meisten Experten halten die in altes Sedimentgestein geritzten Runen schlicht für eine Fälschung, doch letzte Zweifel konnten bis heute nicht ausgeräumt werden …

LINKE SEITE:

Mönnitari-Indianer am oberen Missouri (Darstellung des Schweizer Malers Karl Bodmer um 1834)

Das trutzige Castillo de San Marcos wacht bis heute über das 1565 gegründete St. Augustine (Florida), die älteste Stadt der USA.

Dauerhafte Folgen hatten erst die nach Kolumbus einsetzenden Reisen. 1492 hatte der Genueser in spanischen Diensten die Inseln der Karibik entdeckt und den amerikanischen Kontinent damit ins Visier der europäischen Seefahrer-Nationen gerückt. Spanien, und etwas später Frankreich, England, Niederlande und Schweden, sie alle beanspruchten nun ein Stück vom Kuchen Nordamerika. Spanische Konquistadoren suchten von Mexiko aus in Florida, rund um den Golf von Mexiko und in Kalifornien nach dem sagenhaften Eldorado, etablierten dabei auch Besitzansprüche ihres Königs und ebneten Missionierung und Besiedlung den Weg. 1565 gründeten sie mit St. Augustine in Florida die älteste durchgehend bewohnte Stadt der USA. Frankreich, den Seeweg zum sagenhaft reichen China weiter nördlich suchend, kolonisierte ab dem frühen 17. Jahrhundert die Ränder des tief nach Kanada hineinragenden St.-Lorenz-Stroms und übernahm bald auch die Kontrolle über das Ohio- und Mississippi-Tal. Zur gleichen Zeit begann England, sich an der Atlantikküste festzusetzen. 1607 wurde Jamestown in Virginia gegründet, 1620 und 1630 folgten Plymouth und Boston in Neuengland. Die Niederländer gründeten 1624 an der Südspitze der Halbinsel Manhattan Neu-Amsterdam, die Keimzelle New Yorks, und 1638 folgten die Schweden mit der Kolonie Neu-

Archäologische Grabungen im historischen Jamestown

Anschauliche Geschichtsvermittlung in Jamestown

Schweden am Delaware River. Langfristig erwies sich Großbritannien jedoch am erfolgreichsten. 1660 erhielten die Kolonisierungsbestrebungen Londons mit der Restauration der Krone zusätzlichen Schwung: Als Dank für ihre Loyalität während des Interregnums unter Oliver Cromwell belohnte König Charles II. seine adligen Anhänger mit riesigen Ländereien in der Neuen Welt. Mit königlichen Freibriefen ausgestattet, gingen diese an die Gründung weiterer, dem Mutterland bald nur steuermäßig verpflichteter Kolonien wie Connecticut (1662), Carolina (1663) und New York (1664). 1732 folgte, auch als Antwort auf das zunehmend als Bedrohung empfundene Spanisch-Florida, die Gründung der vorläufig letzten, 13. Kolonie Georgia.

Fort Union am oberen Missouri mit Indianern, die ihr Lager abbrechen. Darstellung des Schweizer Malers Karl Bodmer, der mit der Expedition des Prinzen Maximilian zu Wied 1832–1834 auf dem Missouri bis in das Gebiet der heutigen Dakotas reiste.

DIE 13 KOLONIEN

Um die Mitte des 18. Jahrhunderts bestand das britische Amerika aus 13 Kolonien: Massachusetts, New Hampshire, Rhode Island, Connecticut, New York, New Jersey, Pennsylvania, Delaware, Maryland, Virginia, North Carolina, South Carolina, Georgia. Während es mit Neu-Frankreich im Norden und den spanischen Besitzungen im Süden nur langsam vorwärts ging, erlebten die 13 Kolonien einen rasanten Aufstieg. Von 250.000 Kolonisten zwischen Neuengland und Georgia im Jahr 1700 stieg die Einwohnerzahl bis 1775 auf zweieinhalb Millionen und betrug schon um 1800 mehr als fünf Millionen. Die Kolonisten kamen nicht nur aus dem Vereinigten Königreich, sondern aus halb Europa, v. a. aber aus Deutschland, Niederlanden und Frankreich, und brachten neben ihren Träumen und Hoffnungen auch ihre Religionen mit. Die aus England stammenden Puritaner, glaubensstrenge protestantische Fundamentalisten, ließen sich vor allem in Massachusetts nieder.

Die historische Siedlung Jamestown. Replikas der drei Schiffe, mit denen der Freibeuterkapitän Christopher Newport 1607 die ersten Siedler und den Gründer der Kolonie Virginia, John Smith, aus England nach Virginia brachte.

Rhode Island begann als Safe Haven für religiös Verfolgte wie Juden, Quäker und französische Hugenotten. Pennsylvania wurde von Iren, deutschen Protestanten und Mennoniten besiedelt, und auch Delaware, New York und New Jersey wurden ethnisch und religiös vielfältige Gemeinwesen.

In den Carolinas und Georgia wiederum lebten die Nachfahren englischer Plantagenbesitzer aus der Karibik, protestantische Hugenotten aus Frankreich und afrikanische Sklaven. Entlang der Atlantikküste schälten sich Amerikas erste Großstädte heraus, allen voran Boston, New York, Philadelphia und Charleston. Von Walfang, Handel und Dreieckshandel lebend, wurden sie Wirtschaftszentren, deren Elite einen beträchtlichen Teil ihres Vermögens in Kunst, vor allem aber in Bildung investierte: Schon 1636 wurde in Cambridge (Massachusetts) die Harvard University gegründet und um 1760 gab es in den Kolonien bereits sieben Hochschulen, darunter Yale in New Haven (Connecticut), Brown in Providence (Rhode Island) und Princeton in Princeton (New Jersey).

RECHTE SEITE:
Krieger vom Stamm der Hidatsa-Indianer (hist. Darstellung von Karl Bodmer)

DER UNABHÄNGIGKEITSKRIEG

Mitte des 18. Jahrhunderts hatten sechs Generationen eine vom Mutterland getrennte Entwicklung durchgemacht und eine neue, eigene Identität hervorgebracht. Die Kolonien blühten, die Hochschulen produzierten neue Eliten. Längst waren aus Europa die Ideen der Aufklärung herübergeschwappt. Männer wie das Allroundgenie Benjamin Franklin (1706–1790) erklärten den gesunden Menschenverstand zum Leitfaden menschlichen – und politischen – Handelns. In dieser Phase wurde der Beschluss Londons, die beim kostspieligen French and Indian War (1754–1763) angefallenen Schulden auf die Kolonien abzuwälzen, denkbar unfreundlich aufgenommen.

Der für England siegreich verlaufene Krieg, der Europa als Siebenjähriger Krieg verwüstete, hatte zwar Frankreich aus Nordamerika hinausgeworfen und nicht nur den Weg ins Ohio- und Mississippi-Tal geöffnet, sondern England auch, wenn auch zunächst nur vorübergehend, Florida beschert. Doch die Entscheidung Londons, die Besiedlung des Landes westlich der Appalachen dennoch zu verbieten, ebenso wie jene, die Armeen auch nach Kriegsende in voller Stärke in den Kolonien zu belassen, vertieften die ohnehin bestehende Kluft zwischen der Krone und ihren überseeischen Untertanen. Hinzu kamen immer neue Knebelsteuern, mit denen das Mutterland die Kolonisten schröpfte.

Mit großer Liebe zum Detail werden heutzutage Szenen aus den Schlachten des French and Indian War nachgestellt.

Aufmarsch der „Kolonialmiliz" im Freilichtmuseum Colonial Williamsburg in Virginia

Ein Schlüsselereignis auf dem Weg zur offenen Konfrontation war die berühmt-berüchtigte „Boston Tea Party" am 16. Dezember 1773. An jenem Tag stürmten als Indianer verkleidete Bostoner Bürger ein englisches Handelsschiff und warfen dessen Teeladung ins Hafenbecken. Die Krone reagierte auf diesen unerhörten Affront mit einer Reihe von Strafmaßnahmen, die, in Boston bald nur noch als „Intolerable Acts" bekannt, unter anderem die Schließung des Bostoner Hafens vorsahen und Massachusetts des Status als Kolonie beraubten. Die Kolonisten ließen sich jedoch nicht mehr drohen. Im September 1774 verkündeten ihre Delegierten auf dem Ersten Kontinentalkongress in Philadelphia den Abbruch der Handelsbeziehungen mit England, zugleich begannen sich die Kolonisten in bewaffneten Milizen zu organisieren.

Am 19. April 1775 kam es in Lexington und Concord in der Nähe von Boston zu den ersten Gefechten des Unabhängigkeitskriegs. Die königlichen Rotröcke behielten in dem Krieg, der sich nach der Belagerung von Boston alsbald nach Süden verlagerte, zunächst die Oberhand. Im Juli 1776 erklärten die 13 Kolonien, bedrängt aber nicht bezwungen, in Philadelphia offiziell ihre Unabhängigkeit. Erst der Sieg in der Schlacht von Saratoga 14 Monate später im heutigen Bundesstaat New York brachte die Wende zugunsten der Amerikaner. 1778 trat Frankreich auf Seiten der Amerikaner in den Krieg ein. Das Ende für die königlichen Armeen kam drei Jahre und noch mehr blutige Schlachten später in Yorktown (Virginia). Nach dreiwöchiger Belagerung ergaben sich die englischen Truppen, eingekesselt und vom Nachschub abgeschnitten, den alliierten Armeen George Washingtons und des Comte de Rochambeau. Im Frieden von Paris (1783) erkannte London die USA als unabhängigen Staat an. Als Westgrenze des jungen Landes galt fortan der Mississippi. Nun war nur noch der Süden Floridas unter fremder – spanischer – Herrschaft.

1800–1850

Die junge Nation bestand aus wenig mehr als einem schmalem Küstenstreifen am Atlantik. Zwischen Maine und Georgia lebten 5,2 Millionen Menschen, gleichmäßig über die Kolonien verteilt. Bald aber rieb sich der neue Staat immer heftiger an seiner Grenze im Westen: Nicht länger vermochte dort die natürliche Barriere der Appalachen die ungemein dynamischen USA in ihrem historischen Korsett zu halten. Die ersten Amerikaner jenseits der Berge waren Jäger und Trapper. Bereits 1775 trieb der legendäre Jäger Daniel Boone (1734–1820), uralten Indianerpfaden folgend, beim Cumberland Gap einen Trail durch die Appalachen, der fortan Virginia mit „Kentucky" genanntem Land verband und wenig später zur berühmten Wilderness Road ausgebaut wurde.

Bis 1820 erreichten allein auf dieser Route, deren Name bis heute jedem Schulkind der Region geläufig ist, mehrere hunderttausend Siedler neue, bis zum Mississippi reichende Ländereien. Den entscheidenden Schub nach vorn erhielt die Westbewegung jener Zeit jedoch durch einen einzigen Federstrich. Mit dem Louisiana Purchase, dem Kauf der zu diesem Zeitpunkt französischen Kolonie Louisiana, die nicht nur das Mississippi-Delta, sondern auch die meisten heutigen Bundesstaaten des Mittleren Westen umfasste und bis nach Kanada reichte, verdoppelte US-Präsident Thomas Jefferson im Jahre 1803 das damalige Staatsgebiet um 2,1 Millionen Quadratkilometer.

Mit sieben US-Dollar pro Quadratkilometer – bei einem Gesamtpreis von 15 Millionen US-Dollar – war dies der bis heute beste Grundstücksdeal aller Zeiten. Zwischen Appalachen und Mississippi wiederholte sich jedoch alsbald, was zuvor in den Küstenebenen am Atlantik stattgefunden hatte. Die Sied-

Thomas Jeffersons Herrenhaus Monticello in Virginia. Als Vorlage für den Bau hatte ihm die Villa La Rotonda des Renaissance-Architekten Andrea Palladio und das Pantheon in Rom gedient.

ler, in ihrem Hunger nach Land unersättlich, nahmen zunehmend auch Indianerterritorium in Beschlag. Reibereien und gelegentliche Scharmützel zwischen Siedlern und Indianern schlugen bald in offene, für beide Seiten verlustreiche Feindseligkeiten um. In vielen Kriegen, v. a. dem Tecumseh's War (1811), kämpften die Ureinwohner während der ersten 30 Jahre des 19. Jahrhunderts um die Integrität ihrer traditionellen Stammesgebiete – letztendlich stets vergebens.

1830 trieb Washington mit der Ratifizierung des „Indian Removal Act" die Befriedung der Region an: Im Tausch gegen ihre Heimatgebiete versprach US-Präsident Andrew Jackson (1767–1845) den Stämmen Land und für alle Zeit unantastbare Besitztitel westlich des Mississippi. Die meisten Stämme, zu diesem Zeitpunkt nur noch Schatten ihrer einstigen Größe, nahmen das Angebot an. Andere jedoch widersetzten sich, und einmal mehr kam es zu blutigen Kriegen wie dem Black Hawk War (1832) in Illinois und Wisconsin, dem Creek War (1836) in Alabama und dem zweiten Seminolen-Krieg (1835–1842) in Florida. Der größte der südlichen Stämme, die Cherokees, wurde 1838 gewaltsam von seinem Land in Georgia entfernt. Auf dem berüchtigten, von US-Soldaten bewachten „Trail of Tears" nach Oklahoma starben 4000 der insgesamt 15.000 Stammesangehörigen.

Zugleich erlebte der Osten den Beginn seiner industriellen Erschließung. Neuengland gebar die ersten modernen Textilfabriken, Industriellen-Familien wie die Vanderbilts und Rockefellers legten hier die Grundsteine für Amerikas erste Handelsimperien. In Georgia baute der aus Massachusetts stammende Erfinder Eli Whitney (1765–1825) 1793 die Baumwollentkernungsmaschine, die die Baumwollindustrie des Südens revolutionierte. Der Mittlere Westen besorgte die Ernährung der immer weiter westwärts drängenden Siedler mit Fleisch und Getreide, unterstützt von einem mit unerhörter Geschwindigkeit in alle Himmelsrichtungen wachsenden Straßen-, Kanal- und Schienensystem.

Eine der ersten Überlandstraßen der USA, die 1811 in Cumberland (Maryland) begonnene National Road, erreichte 1838 das knapp 1000 Kilometer entfernte Vandalia (Illinois). Bereits 1807 nahm die kommerzielle Dampfschifffahrt auf dem Mississippi ihren Betrieb auf und im Nordosten verknüpfte ein ständig erweitertes Kanalsystem nach und nach die Hafenstädte am Atlantik mit dem kanadischen Montreal und den Großen Seen. Den größten Sprung nach vorn ermöglichte jedoch die Eisenbahn. Entfernungen und Reisezeiten dramatisch verkürzend, verband bereits um 1850 ein insgesamt 27.000 Kilometer langes Schienennetz alle wichtigen Orte und Regionen im Osten. Die USA hatten nunmehr 23 Millionen Einwohner.

SKLAVEREI

Getrübt wurde diese Erfolgsgeschichte indes von einer Institution, die schon Thomas Jefferson (1743–1826) Kopfzerbrechen bereitet hatte. „Wir halten den Wolf bei den Ohren", beschrieb der dritte US-Präsident den hausgemachten Geburtsfehler der jungen Nation, „doch können wir ihn weder auf ewig festhalten, noch können wir ihn unbesorgt ziehen lassen." Seit der Ankunft der ersten Sklaven aus Afrika im frühen 17. Jahrhundert hatte sich Sklavenarbeit als unentbehrlich erwiesen. Besonders die von arbeitsintensiver Plantagenwirtschaft (Baumwolle, Tabak, Reis, Indigo) lebenden Südstaaten hingen seit der Einführung der Baumwollentkernungsmaschine mehr denn je von Sklaven ab, die den Tag und Nacht arbeitenden Maschinen stetig Baumwolle zuführen mussten. Zur Mi-

Riesengroße Marmorstatue von Abraham Lincoln im Lincoln Memorial in Washington

Baumwolle machte einst den Reichtum der Südstaaten aus.

te des 19. Jahrhunderts gab es dort vier Millionen Sklaven. Zwar mangelte es nicht an Versuchen, diese menschenunwürdige Institution abzuschaffen, doch letztlich überwog wirtschaftliches Profitdenken und politisches Kalkül: Indem die Bundesregierung die Einfuhr von Sklaven zwar verbot, den Fortbestand der Sklaverei in den Südstaaten jedoch weiter akzeptierte, dämmte sie den seit Langem köchelnden Konflikt zwischen dem traditionell fortschrittlichen Norden und der wertkonservativen Pflanzeraristokratie im alten Süden zwar vorübergehend ein. Die Expansion nach Westen und die Entstehung neuer Bundesstaaten goss jedoch neues Öl ins Feuer: Sollte die Sklaverei auch dort erlaubt oder aber verboten werden? Der Norden stimmte dagegen, der Süden vehement dafür. Während Washington mit Kompromissen versuchte, das auseinanderdriftende Land zusammenzuhalten, vertiefte sich der Graben in der Gesellschaft weiter. „Abolitionisten" genannte Sklavereigegner halfen geflohenen Sklaven mit der Underground Railroad, einem geheimen Fluchthelfer-Netzwerk, in die Freiheit nach Kanada. Sklavenjäger aus dem Süden durften derweil völlig legal auch in den Nordstaaten nach geflohenen Sklaven suchen. Auch die politischen Unterschiede wurden immer größer. 1860 lebten über 31 Millionen Menschen in den USA. Im November desselben Jahres wurde der Sklavereigegner Abraham Lincoln (1809–1865) Präsident der USA.

BÜRGERKRIEG

Boone Hall Plantation bei Charleston, Virginia

Die Südstaaten reagierten postwendend auf Lincolns Wahl. Noch 1860 erklärte South Carolina den Austritt aus der Union. Tennessee, North Carolina, Mississippi, Florida, Alabama, Georgia, Louisiana,

Historisches Wohnquartier der schwarzen Plantagen-Sklaven auf der Boone Hall Plantation bei Charleston.

Texas, Virginia und Arkansas folgten wenig später, riefen alsbald die Konföderierten Staaten von Amerika mit Richmond (Virginia) als Hauptstadt aus und wählten den Senator Jefferson Davis (1808–1889) zum ersten Präsidenten. Fast zeitgleich begann der Bürgerkrieg. Am 12. April 1861 befahl Südstaaten-General P. G. T. Beauregard die Beschießung des von Unionssoldaten gehaltenen Fort Sumter in Charleston (South Carolina). 34 Stunden später endete die Kanonade mit der Kapitulation der Besatzung. Lincoln antwortete darauf mit Mobilmachung.

Zunächst war den Südstaaten das Kriegsglück hold. Ihre von den besten Offizieren des Landes, allen voran Robert E. Lee (1807–1870), geführten Armeen siegten 1861 und 1862 bei Bull Run (Virginia), verteidigten Richmond (1862) und überstanden im gleichen Jahr besiegt, aber nicht geschlagen, auch die blutigste Schlacht des Bürgerkriegs bei Antietam (Maryland). Die Wende zugunsten der Nordstaaten, die 1862 unter General Ulysses S. Grant (1822–1885) strategisch weniger bedeutende Siege bei Shiloh, Stones River (beide Tennessee) und Perryville (Kentucky) erkämpft und auch New Orleans (Louisiana) eingenommen hatten, kam im Sommer 1863. Grants Sieg Anfang Juli über Lee bei Gettysburg (Virginia) und die Eroberung von Vicksburg (Mississippi) nur wenige Tage später waren kriegsentscheidend: Die Nachschublinien der nunmehr in zwei Teile zerfallenen Konföderation waren zerschnitten. Der Süden begann zu hungern. Im Sommer 1864 brannte Unionsgeneral William T. Sherman Atlanta nieder und verwüstete Georgia. Bereits im Mai hatte Grant in Virginia mehrere Siege gegen Lee erzielt. Im Juni 1864 kesselte er die Südstaaten-Armeen vor den Toren Richmonds ein. Die verlustreiche Belagerung von Petersburg endete Anfang April 1865 mit

der Evakuierung Richmonds und dem Abzug der verbliebenen konföderierten Truppen. Am 9. April unterzeichnete Lee bei Appomatox Courthouse (Virginia) die bedingungslose Kapitulation. Fünf Tage später, am 14. April 1865, wurde Präsident Lincoln in Washington während eines Theaterbesuchs von einem Attentäter ermordet. Auch die von Lincoln erstrebte Einheit der USA hatte ihren Preis. Über eine halbe Million Menschen, meist Zivilisten, waren ums Leben gekommen. Der Süden lag in Trümmern, und es sollte noch viele Jahre dauern, bis er wieder auf die Beine kam. Auch waren die Sklaven zwar frei, doch bis zur völligen Anerkennung ihrer Bürgerrechte dauerte es noch einmal über hundert Jahre.

Denkmal, das an Lincolns Geburtsort in Kentucky erinnert.

AMERIKAS „GILDED AGE"

Die Zeit zwischen dem Bürgerkrieg und dem Ersten Weltkrieg wird heute nach einem Buchtitel des berühmten amerikanischen Humoristen und Sozialkritikers Mark Twain als „Vergoldetes Zeitalter" bezeichnet. Amerika erlebte einen ungeahnten Aufschwung. Die Wall Street schwamm im Geld. Im Westen gewonnene Ressourcen wie Gold, Silber und Holz mussten nach Osten transportiert werden, fast zwangsläufig boomten die Eisenbahnen. Die Nachfrage nach Stahl, Öl und Eisen war so groß und die Abwesenheit von Steuer- und Anti-Trust-Gesetzen so total, dass Männer wie John D.

Milliardäre unter sich – Leute wie sie prägten das „Gilded Age": John D. Rockefeller (in der Mitte) und zu seiner Rechten J. Pierpont Morgan.

Rockefeller (Öl), Andrew Carnegie (Stahl) und Cornelius Vanderbilt (Eisenbahn, Schiffsbau) märchenhafte Vermögen anhäufen konnten. Zu den bereits vorhandenen Stahlproduktionszentren im Nordosten gesellten sich neue in Minnesota und Alabama. Chicago (Illinois) und St. Louis (Missouri) wurden Zentren der Fleischverarbeitung, der Mittlere Westen versorgte die Nation fortan mit landwirtschaftlichem Gerät, Getreide und Bier. In Gang gehalten wurde dieser beispiellose Boom von europäischen Einwanderern, die seit 1870 an der Ostküste landeten und umgehend in den aus dem Boden schießenden Fabriken Arbeit fanden. Die Bevölkerung stieg rapide, von knapp 40 Millionen im Jahr 1870 auf über 75 Millionen um 1900.

Auch nützliche Erfindungen wie das Telefon (1874, Alexander G. Bell), die Glühbirne (1879, Thomas A. Edison) und das Stahlskelett (1885), das den Bau von Wolkenkratzern ermöglichte, hielten die Entwicklung in Schwung. Die Moral blieb in dieser Zeit des hemmungslosen Materialismus meist auf der Strecke: Schon Zeitgenossen bezeichneten jene Männer, die mit rücksichtslosen Geschäften reich wurden, als „Robber Barons". Während Amerikas erste Milliardäre in New York residierten und sich in Newport (Rhode Island), Bar Harbor (Maine) und Palm Beach (Florida) in grandiosen Residenzen vom Geldverdienen erholten, wurden die Slums der Städte immer größer.

Die gegen Ende des 19. Jahrhunderts gegründeten Gewerkschaften erreichten erst nach vielen, oft blutig verlaufenden Arbeitskämpfen eine Verbesserung der Verhältnisse. Doch erst die schrittweise Schaffung des amerikanischen Wettbewerbsrechts zerschlug um 1900 die beispiellosen Monopol-

Wie kaum eine andere personifiziert die in St. Louis geborene Sängerin und Revuetänzerin Josephine Baker die US-amerikanische Version der Roaring Twenties.

stellungen von Firmen wie Standard Oil und Carnegie Steel. Endgültig zu Grabe getragen wurde das „Gilded Age" schließlich mit der Einführung der Bundeseinkommensteuer im Jahr 1913.

ERSTER WELTKRIEG, DIE „ROARING TWENTIES" UND DIE ZEIT DER DEPRESSION

1917 traten die USA an der Seite der Alliierten in den Ersten Weltkrieg ein. Bei Kriegsende im September 1918 waren 116.000 Amerikaner gefallen, doch die USA hatten sich als globaler Player etabliert und die Wirtschaft daheim erlebte einen erneuten Höhenflug. So wurde die Landwirtschaft mechanisiert, viele Bauern zogen stadtwärts, und auch die meist jungen, vom Lande stammenden Kriegsheimkehrer ließen sich gleich nach der Ankunft in den Großstädten nieder.

1920 überschritt die Bevölkerung der USA die 100-Millionen-Grenze. In den Städten bündelte sich die Energie der schon jetzt dynamischsten Volkswirtschaft der Welt. Die Massenproduktion von bis dahin der zahlungskräftigen Oberschicht vorbehaltenen Artikeln wie Auto und Waschmaschine schuf die amerikanische Konsumgesellschaft. Die Fließbandproduktion neuer Technologien wie Flugzeug, Telefon und Radio ließ das Riesenland zusammenschrumpfen.

1919 verbot die Regierung den Ausschank von Alkohol, doch auf den stürmischen Wandel in der Gesellschaft hatte die bis 1933 dauernde Prohibition, von der Entstehung des organisierten Verbrechens und vieler tausend illegaler Kneipen, der „Speakeasies", einmal abgesehen, kaum Einfluss. 1920 erhielten die Frauen das Wahlrecht, modernes Marketing eroberte den Alltag, und schwarze Musiker aus dem Süden brachten den Jazz in die Städte des Nordens. Amerika feierte, auch und vor allem an der Wall Street. Dort konnten nun auch Normalverbraucher Aktien erwerben.

Angesichts der Hochkonjunktur wurde spekuliert, was das Zeug hielt, bis im Herbst 1929 die Blase platzte: Am 25. Oktober stürzten die Kurse ab und vernichteten Gewinne in Höhe von 75 Milliarden US-Dollar. Dem Börsenkrach folgte die Pleitewelle der Banken, und drei Jahre später, auf dem Höhepunkt der inzwischen zur Weltwirtschaftskrise ausgeweiteten Depression, war jeder vierte Amerikaner arbeitslos. Mit einem Bündel vom Staat finanzierter Wirtschafts- und Sozialreformen, dem „New Deal", bekämpfte die Regierung des 1932 ins Weiße Haus gewählten Franklin D. Roosevelt die bis dahin schlimmste Krise der USA relativ erfolgreich, bis der Eintritt in den Zweiten Weltkrieg die Wirtschaft des Landes endgültig gesunden ließ.

ZWEITER WELTKRIEG UND NACHKRIEGSZEIT

Der Vormarsch der totalitären Systeme in Deutschland, Italien und Japan und schließlich der japanische Überfall auf Pearl Harbor (Hawaii) am 7. Dezember 1941 beendeten den seit der Depression

Bedingungslose Kapitulation Japans am 14. August 1945. Präsident Harry S. Truman gibt im Weißen Haus vor der Presse die Kapitulation Japans bekannt.

außenpolitisch verfolgten Isolationismus. Noch vor Jahresende befanden sich die USA mit Japan und den Achsenmächten im Krieg. Nach der Schlacht von Midway Anfang Juni 1942 übernahmen die Amerikaner im Pazifik die Initiative. Iwo Jima, die erste Insel auf japanischem Hoheitsgebiet, fiel im März 1945. Im August wurde der Krieg im Pazifik mit dem Abwurf zweier Atombomben auf Hiroshima (6. August) und Nagasaki (9. August) beendet. Japan kapitulierte am 2. September.

In Europa nahmen die USA an der Seite der Alliierten an der Invasion Nordafrikas, Italiens und am 6. Juni 1944 schließlich auch an der Invasion in der Normandie teil. Im Februar 1945 überquerten die Amerikaner die deutsche Reichsgrenze, Ende April trafen sie an der Elbe auf die sowjetischen Verbündeten. Deutschland kapitulierte am 8. Mai 1945. Die USA mussten die Erfolge in Asien und Europa jedoch teuer bezahlen. Über 400.000 Amerikaner hatten den Sieg über Hitler-Deutschland und die Militärdiktatur in Japan mit dem Leben bezahlt.

Der Zweite Weltkrieg machte die USA und die Sowjetunion zu rivalisierenden Supermächten. Während der nächsten 40 Jahre dominierte der von Wettrüsten, Propaganda und Stellvertreterkriegen in Korea (1950–1953) und Vietnam (1963–1975) geprägte Kalte Krieg die amerikanische Außenpolitik. Krisen wie das Berlin-Ultimatum (1958) und die Kuba-Krise (1962) führten die Welt wiederholt an den Rand des Atomkriegs. Erst der Zusammenbruch der UdSSR 1991 beendete den Kalten Krieg.

Während die USA zum globalen Player wurden, erlebten die Amerikaner die Fortsetzung des Booms der Kriegsjahre. Eine neue, konsumfreudige Mittelschicht kurbelte den Wohnungsmarkt an und baute moderne Vorstädte. Straßenkreuzer mit mächtigen Heckflossen glitten über nagelneue Freeways,

Das USS Arizona Memorial schwimmt über der Stelle, an der das Schlachtschiff während des Angriffs auf Pearl Harbor von japanischen Jagdflugzeugen versenkt wurde.

Symbolfigur des gewaltlosen Widerstands: Dr. Martin Luther King, jr., Führer der amerikanischen Bürgerrechtsbewegung

das Radio spielte Jazz, Blues und Rock'n Roll. Optimismus und Zukunftsglaube ließen die Geburtenraten so drastisch steigen, dass die New York Post im Frühjahr 1951 erstmals von der „Baby Boom Generation" sprach. Zugleich forderte eine erstarkende Bürgerrechtsbewegung den seit den 1880er-Jahren durch die sogenannten „Jim-Crow-Gesetze" institutionalisierten Rassismus vor allem in den Südstaaten heraus. Die Weigerung der Näherin Rosa Parks in Montgomery (Alabama) am 1. Dezember 1955, ihren Platz im Bus für einen Weißen freizumachen, gilt heute als Fanal des „Civil Rights Movement".

Der von Demonstrationen, Sit-ins, brutalen Morden und einer oft brutal reagierenden Polizei begleitete Weg der schwarzen Amerikaner zur Gleichberechtigung erlebte zahlreiche Höhepunkte. Darunter den Marsch auf Washington von 1963, an dem 250.000 Menschen teilnahmen und der berühmten „I have a dream"-Rede des Bürgerrechtlers Martin Luther King jr. lauschten. 1964 unterzeichnete Präsident Lyndon B. Johnson zwar den „Civil Rights Act", der die Rassentrennung endlich verbot, doch die Ermordung Martin Luther Kings (1929–1968) vier Jahre später in Atlanta (Georgia) und die bis heute immer wieder aufflammenden Rassenunruhen in so unterschiedlichen Städten wie Boston und Los Angeles verdeutlichen, dass der Weg zu einer wirklich farbenblinden Gesellschaft noch nicht zu Ende ist.

VON DEN SIXTIES ZUR „ME-DECADE"

1961 zog John F. Kennedy als jüngster – und erster katholischer – Präsident ins Weiße Haus ein. Der Kampf für die Bürgerrechte der Afroamerikaner, die Eroberung des Weltraums und der Kampf gegen den Kommunismus wurden Regierungsprogramm. Bald schlug die Aufbruchstimmung der frühen 1960er-Jahre jedoch in Enttäuschung und ein Gefühl der Entfremdung um. Angesichts des zunehmenden Blutzolls junger GIs im Vietnamkrieg und der Ermordung der Wandel symbolisierenden Galeonsfiguren John F. Kennedy (1963), Robert Kennedy (1968) und Martin Luther King jr. (1968) formierte sich eine des „Establishment" müde Gegenkultur, die lautstark gegen zu viel Regierung, Big Business, den Vietnamkrieg, Rassismus und Materialismus protestierte.

Junge Leute ließen ihre Haare wachsen und forderten als Hippies und „Drop Outs" (Aussteiger) v. a. an der Westküste, aber auch an den Universitäten im Osten die Legalisierung von Drogen, die sexuelle Befreiung und das Recht auf freie Rede. Hörbarster Ausdruck der amerikanischen Gegenkultur waren Musiker und Rockgruppen wie Janis Joplin, Jimi Hendrix, Jefferson Airplane und Bob Dylan. Am Ende verlor die Hippie-Kultur jedoch ihre Unschuld. Immer härtere Drogen, immer mehr Wehrdienstverweigerer, die gewaltbereiten Black Panther und schließlich die Erschießung von vier gegen die Invasion Kambodschas protestierenden Studenten auf dem Campus der Kent State University in Ohio (4. Mai 1970) verschärften die Fronten.

Mit dem Watergate-Skandal, der schwere Amtsmissbräuche im Weißen Haus während der Nixon-Administration (1969–1974) offenlegte, erreichte der Verdruss über die Regierenden einen Höhepunkt. Die Amerikaner kehrten Politik und Geschichte den Rücken. Nabelschau ersetzte Aktivismus, Gurus, Psychologen und Ratgeber-Bücher hatten Konjunktur. So viele Bürger erfasste dieser Trend,

Das Vietnam War Soldier Memorial erinnert an die große Zahl von Soldaten, die ihr Leben im Vietnamkrieg verloren.

Vietnam Veterans Memorial in Washington. Hier sind die Namen der 58.261 in Vietnam gefallenen US-Soldaten in einer Wand aus schwarzem, poliertem Granit eingraviert. Besucher können mit einem Bleistift den Namenszug ihres Angehörigen auf Papier reiben.

dass Schriftsteller Tom Wolfe 1976 in einem Artikel für das New York Magazine dafür den Begriff „Me-Decade" prägte.

Grund zum Jubeln gab es auch sonst kaum. Die amerikanische Wirtschaft meldete zum ersten Mal seit langem ein Nullwachstum. Die Ölkrise von 1973 und ein schwerer Unfall im Kernkraftwerk Three Mile Island bei Harrisburg (Pennsylvania) am 28. März 1979 setzten erstmals die Energiefrage auf die Tagesordnung. Die Geiselnahme von Teheran (4. November 1979 bis 20. Januar 1981), bei der iranische Studenten die amerikanische Botschaft in Teheran besetzt hielten, und der kläglich gescheiterte Befreiungsversuch der Carter-Administration untergruben Amerikas internationales Ansehen.

Erst die Reagan-Ära (1981–1989), die der frühere Schauspieler Ronald Reagan mit dem Versprechen von weniger „Big Government", Steuersenkungen und Erfolgen im Weltraum (u. a. Shuttle-Programm) begründete, schenkte der Bevölkerung neuen Optimismus. Zugleich riefen Reagans Wirtschaftsprogramm, die auf Deregulierung setzenden und Steuerbegünstigungen und Kürzungen im Sozialbereich vornehmenden „Reagonomics" sowie die Eskalierung des Kalten Kriegs durch massive Aufrüstung die Friedensbewegung ins Leben: Am 12. Juni 1982 demonstrierten eine Million Menschen im New Yorker Central Park gegen das atomare Wettrüsten. Seinen Platz in der Geschichte verdiente sich Präsident Reagan indes als Sieger des Kalten Kriegs: 1989 fiel die Berliner Mauer und zwei Jahre später auch die Sowjetunion.

1990ER-JAHRE BIS HEUTE

Damit waren die USA zu Beginn der 1990er-Jahre die einzig verbliebene Supermacht. Mit der Befreiung Kuwaits im Golfkrieg (1990–1991) gegen den Irak nahmen sie unter Präsident George H. W. Bush ihre Rolle als Weltpolizist an. Zuhause hielt der PC Einzug in die Haushalte. Das Internet revolutionierte den Alltag, in der während der digitalen Revolution entstandenen, global ausgerichteten „New Economy" wurden Milliarden verdient. Mobiltelefone machten die Amerikaner fortan immer und überall erreichbar, seit Mitte der 1990er-Jahre kommunizierten sie auch per SMS.

1996 richtete Atlanta (Georgia) die XXVI. Olympischen Sommerspiele aus, wenig später stiegen die Kids von Rollschuhen auf Inlineskates um. Am Ende der Amtszeit von Bush Sr. überwog jedoch Unzufriedenheit. Mit dem während seiner Wahlkampagne im Frühjahr 1992 häufig geäußerten Satz „It's the economy, stupid" traf Präsidentschaftskandidat Bill Clinton (geb. 1946) den allgemeinen Unmut über das gigantische Haushaltsdefizit am besten. Unter der liberalen Clinton-Regierung nahm die Wirtschaft wieder Fahrt auf. Die Arbeitslosenzahl sank, die Inflation wurde eingedämmt. Zugleich wurde die im republikanischen Spektrum verankerte, traditionelle Werte einfordernde, religiöse Rechte immer einflussreicher.

Der Bombenanschlag auf das Murrah Federal Building in Oklahoma City (Oklahoma) am 19. April 1995, bei dem 168 Menschen ums Leben kamen, ging auf das Konto einer regierungsfeindlichen,

Die Oklahoma Memorial Wall erinnert an den Terroranschlag von 1995 auf ein Gebäude der Bundesregierung in Oklahoma City, bei dem über 160 Menschen den Tod fanden.

USA – der Osten im Überblick

rechtsradikalen Splittergruppe. Im März 2000 war der sogenannte Dotcom-Boom plötzlich zu Ende: Angesichts sinkender Kurse zogen Investoren ihr Kapital aus Hunderten überbewerteten Internetfirmen ab. Die Spekulationsblase platzte, die Kurse stürzten in den Keller, und das Vertrauen der Anleger in die Werte der Hightechbranche blieb nachhaltig gestört.

Von steigenden Arbeitslosenzahlen und beginnender Rezession bedroht, schenkten die besorgten Amerikaner Ende 2000 George W. Bush das Vertrauen. Der als „Compassionate Conservative" mit dem Versprechen von Steuer- und Zinssenkungen gewählte Sohn von George H. W. Bush durchlebte während seiner zwei Amtszeiten (wiedergewählt 2004) alle Höhen und Tiefen einer Präsidentschaft.

Unmittelbar nach den Terrorangriffen auf das World Trade Center in New York und das Pentagon bei Washington DC am 11. September 2001 genoss er dank seiner Politik des harten Durchgreifens die höchste Zustimmungsrate, derer sich ein US-Präsident jemals erfreuen durfte. Misserfolge in dem

US-Präsident Obama beantwortet Fragen zur Wirtschaft im Ostflügel des Weißen Hauses in Washington, DC.

von ihm erklärten „War on Terror", v. a. der heute als sinnlos angesehene Krieg gegen den Irak und dessen verlustreiche Befriedung, die mangelhaft organisierte Hilfe für das vom Hurrikan „Katrina" 2005 überflutete New Orleans und die von seiner Administration befürwortete Deregulierung der Wirtschaft, die Ende 2008 zur größten Finanzkrise seit der Depression führte, machten George W. Bush am Ende seiner Amtszeit jedoch zum unbeliebtesten Präsidenten in der amerikanischen Geschichte.

Ende 2008 wählten die Amerikaner mit dem Demokraten Barack Obama den ersten Afroamerikaner ins Präsidentenamt. Dem charismatischen Politiker, der seine Wähler mit Charme, mitreißenden Reden und dem Slogan „Yes, we can" überzeugen konnte, stehen schwere Zeiten bevor. Der Krieg gegen den Terror, ein lädiertes Gesundheitssystem, erschütterte Finanzmärkte und eine Immobilienkrise von historischem Ausmaß: Die Zeit wird zeigen, ob die Obama-Regierung ihrer Aufgabe gewachsen sein wird.

Das Lincoln Memorial in Washington DC

DIE USA HEUTE
POLITIK

Seit den Bundeswahlen des Jahres 2000 steht das politische System der USA verstärkt im Kreuzfeuer der Kritik. Zu stark sei die Macht einzelner Interessengruppen, veraltet und unverständlich das Wahlsystem. Letztlich funktioniert Amerika aber dennoch so, wie es sich die Verfassungsväter um Benjamin Franklin und George Washington einst gewünscht haben. Diese wollten zwar unter allen Umständen die Rückkehr des verhassten Monarchen King George III. verhindern, erkannten aber andererseits auch die Notwendigkeit einer starken Führung an, die jedoch nicht zu mächtig werden durfte.

Inspiriert von dem von Charles de Montesquieu (1689–1755) formulierten Prinzip der Gewaltenteilung, verankerten sie deshalb mit der 1787 erstellten Verfassung ein klug ausgetüfteltes System von „Checks and Balances", einander kontrollierenden Ämtern und Institutionen, im politischen System des Landes. Dessen Niederschrift gehört heute als „Constitution of the United States of America" zu den ältesten noch funktionierenden Verfassungen der Welt und hat einen Menschenschlag geformt, der mit reflexartiger Skepsis auf zu viel Macht in der Hand Einzelner reagiert.

Mächtig beeindruckend: das Capitol, Regierungssitz der USA und Symbol ihrer Macht.

Die prachtvolle Eingangshalle im Thomas Jefferson Building der Library of Congress

Die Verfassung unterteilt die Regierung in drei voneinander getrennte Bereiche mit jeweils eigenen Aufgaben und Zuständigkeiten. Die Gesetzgebung (Legislative) ist Sache des Kongresses. Er besteht aus dem Repräsentantenhaus und dem Senat und fungiert als Gegengewicht zum Präsidenten. Nur der Kongress darf Gesetze einbringen. Jeder der Bundesstaaten hat mindestens einen Abgeordneten; die Zahl der übrigen errechnet sich aus der Bevölkerungszahl der Wahlbezirke. Die Gesamtzahl der jeweils auf zwei Jahre gewählten Repräsentanten liegt um 430.

Dagegen schickt jeder Staat, unabhängig von seiner Größe und Einwohnerzahl, nur zwei Senatoren in den Senat. Diese werden auf sechs Jahre gewählt, wobei ein Drittel des Senats alle zwei Jahre neugewählt wird. Neben der Gesetzgebung fallen dem Kongress noch weitere wichtige Aufgaben zu. So kann er u. a. den Präsidenten des Amtes entheben und Krieg erklären. Als Gegengewicht zum Präsidenten bestätigt er zudem die von diesem ernannten Minister und Richter und ratifiziert alle von der Exekutive mit anderen Regierungen geschlossenen Verträge.

Die Gerichtsbarkeit (Judikative) nimmt der Oberste Gerichtshof, der Supreme Court, wahr. Seine Richter werden vom Präsidenten ernannt, allerdings muss dessen Wahl vom Senat mit Zweidrittelmehrheit bestätigt werden. Die Aufgabe der Richter ist die Interpretation von Gesetzen – womit sie den Kongress kontrollieren – und die Prüfung der Handlungen der Regierung auf ihre Verfassungskonformität.

Dem Präsidenten, der alle vier Jahre gewählt wird und maximal zwei Amtszeiten regieren darf, überträgt die Verfassung die Exekutivgewalt. Er ist Staats-, Regierungs- und Parteichef, Oberbefehlshaber der Armee und kann Gesetze anregen oder ablehnen, um seine Wahlversprechen einzulösen und sein politisches Programm durchzusetzen. Dazu muss er allerdings die Zusammenarbeit des Kongresses suchen. Die gesetzgebende Arbeit des Kongresses kann er durch sein Veto behindern – wobei sich dieser allerdings bei Zweidrittelmehrheit darüber hinwegsetzen kann. Dem Präsidenten zur Seite steht kein eigenverantwortliches Ministerkabinett, sondern ein Beratungsgremium aus soge-

Das Gebäude des Supreme Court ist wie die meisten der Regierungsgebäude in Washington DC im klassizistischen Stil gehalten.

USA – der Osten im Überblick

Besucher vor dem Weißen Haus, seit der Zeit George Washingtons Wohnsitz des amerikanischen Präsidenten

USA – der Osten im Überblick

nannten, verschiedene Ressorts leitenden „Sekretären" und von ihm nach Gutdünken ein- und absetzbaren Frauen und Männern seines Vertrauens.

Wahlberechtigt sind alle Amerikaner über 18 Jahre. Allerdings entscheiden die Wähler nicht direkt, wer zum Präsidenten gewählt wird. Das „Electoral College" ist es, das einen Kandidaten zum mächtigsten Mann der Welt macht. Diese aus 538 Wahlmännern bestehende Einrichtung wurde bereits von den Verfassungsvätern erdacht. Weil, so deren Argumentation, es im damals ländlichen Amerika zu schwer gewesen wäre, den Präsidenten direkt zu wählen.

Ein Wahlmann ist ein Bürger, der von der Bevölkerung eines Bundesstaates gewählt wird, damit er (oder sie) im „Electoral College" in ihrem Namen seine Stimme für den Präsidenten abgibt. Nominiert und gewählt werden die Wahlmänner u. a. auf Parteitagen in den jeweiligen Bundesstaaten. Welche Wahlmänner in das „Electoral College" geschickt werden, darüber entscheidet in 48 von 50 Staaten das einfache Mehrheitswahlrecht.

Alle von einem Staat geschickten „Electors" gehören jedoch derselben Partei an. Die Zahl, die jeder Bundesstaat schickt, hängt von seiner Einwohnerzahl ab. Besonders heiß umkämpft, weil sie viele

Rentnerin in Florida bei ihrer Stimmabgabe an einer Wahlmaschine

US-Präsidentenwahl – Obama-Anhänger feiern ihren Kandidaten in Denver.

Wahlmänner haben, sind deshalb bevölkerungsreiche Staaten wie Ohio, Pennsylvania und Florida. So lässt es sich erklären, dass ein Kandidat nicht unbedingt die meisten Staaten zu gewinnen braucht, um Präsident zu werden, sondern nur die bevölkerungsreichsten. Auch muss er nicht unbedingt von den meisten Bürger gewählt werden, sondern – wie zuletzt im Jahr 2000 in Florida – von den meisten Wahlmännern. Am Wahltag geben die Amerikaner dann zwar ihre Stimme ihrem Kandidaten, wählen aber in Wirklichkeit, weil diese Wahl indirekt ist, „nur" Wahlmänner. Diese sind es, die nach der Präsidentschaftswahl ihre Stimme für ihren Kandidaten abgeben.

Die von Besuchern gern aufgeworfene Frage, was angesichts der politischen Fragmentierung und gesellschaftlichen Segmentierung – die USA sind die wohl sozial vielschichtigste Gesellschaft der Welt – das Land eigentlich zusammenhält, beantworten Historiker gern mit dem Hinweis auf den sorgfältig gepflegten und längst zur Ideologie stilisierten „American Dream".

Die viel zitierte Karriere vom Tellerwäscher zum Multimillionär, die Vielzahl nationaler Symbole (Flagge, Denkmäler, etc.) und Rituale (Gebete, Fahneneid) und die unermüdliche Suche nach Vorbildern und Helden bilden einen einzigartigen, eben typisch amerikanischen Klebstoff, der die Nation zusammenhält und der den Amerikaner sich als Amerikaner fühlen lässt.

Seit der Amtszeit von Abraham Lincoln (1861–1865) dominieren zwei große Parteien den politischen Alltag in den USA. Die Republikaner und Demokraten sind indes keine Parteien im europäischen Sinn, sondern eher mit Interessengruppen vergleichbar, wobei die Republikaner traditionell den konservativen Bevölkerungsteil reflektieren und die Demokraten den liberalen. Andere Parteien, u. a. die Grünen, sind unbedeutend.

Amerika ist als Wirtschaftsmacht immer noch die Nr. 1 in der Welt.

WIRTSCHAFT

Auch über 200 Jahre nachdem die Verfasser der Unabhängigkeitserklärung das Recht des Einzelnen auf Streben nach Glückseligkeit festschrieben, erfreut sich der „In-Amerika-ist-alles-möglich"-Mythos bester Gesundheit. Selbst nach dem Zusammenbruch der Finanzmärkte Ende 2008, der das Land in die größte Wirtschaftskrise seit der Depression stürzte, wird so energisch wie optimistisch nach Wegen aus der Krise und neuen, profitablen Märkten gesucht.

Die ungeheure Wirtschaftskraft der USA basiert auf einer historisch gewachsenen, von privaten Unternehmen angetriebenen, freien Marktwirtschaft bei weitestgehender – die Ausnahme ist der Verbraucherschutz – Nicht-Einmischung seitens des Staates. Mit der Zahlung der Bundeseinkommensteuer helfen die Amerikaner bei der Finanzierung einzel- und bundesstaatlicher Projekte und Akti-

Symbole amerikanischen Nationalbewusstseins in einer New Yorker Geschäftsstraße: Stars and Stripes und Coca Cola

Barack Obama mit seiner Familie und politischen Freunden nach der Verkündung seines Sieges im Grant Park, Chicago

USA – der Osten im Überblick 79

RECHTE SEITE:
Die Fassade der Börse an der Wall Street

vitäten, wie z. B. öffentlichen Schulen, der Verteidigung und dem Bau von Straßen und Highways. Mit einem Bruttoinlandprodukt von über 14 Billionen US-Dollar ist die amerikanische Volkswirtschaft die größte der Welt. Wie andere Industrienationen auch hat sie während der letzten 100 Jahre den Übergang von der ländlichen zu einer auf Dienstleistungen und verarbeitenden Industrien basierenden Wirtschaft vollzogen.

Knapp drei Viertel dieser Leistung werden in den Handels- und Industriezentren des Ostens erzeugt: Zehn der 15 größten Ballungsgebiete des Landes liegen östlich des Mississippi, New York ist finanzielles und die Bundeshauptstadt Washington politisches Zentrum und Chicago mit 20 Eisenbahnstrecken in alle Himmelsrichtungen und dem zweitgrößten Flughafen des Landes wichtigster Verkehrsknotenpunkt. Auch die Verbraucher helfen fleißig mit: Die amerikanischen Haushalte konsumieren so viel und gründlich, dass Experten die USA hin und wieder auch als Verbraucherwirtschaft bezeichnen.

PRODUKTIONSZONEN

Die Ökonomien der Bundesstaaten hängen dabei u. a. von der Geografie, vom Ausbildungsstand der arbeitenden Bevölkerung und der Verfügbarkeit natürlicher Ressourcen ab. Deutlich identifizierbar ist z. B. der verstädterte Nordosten (Neuenglands Süden, New York und Pennsylvania) mit seiner hochspezialisierten, meist im Finanz-, Versicherungs- und Bankenwesen beschäftigten Bevölkerung. Andere klassische Produktionszonen sind der „Dairy Belt" (v. a. Milchwirtschaft), der sich von Vermont über New York und Ohio bis nach Illinois zieht, der sich südlich davon anschließende „Corn Belt" (Mais, Viehzucht) mit Iowa als wichtigstem Produzenten und der die Südstaaten durchquerende „Cotton Belt" (Baumwolle, Tabak, Reis), mit Georgia als größtem Erdnussproduzenten und North Carolina als Tabak-Staat.

NATÜRLICHE RESSOURCEN

Der Reichtum des Ostens an natürlichen Ressourcen begünstigte einst die Industrialisierung und war lange der entscheidende Motor für den Aufstieg der USA. Erdöl, Kohle und Erdgas, Eisenerz, Sand und Marmor – bis heute ist der Bergbau ein wichtiger Posten im nationalen Haushalt. Auch die fruchtbaren Böden, v. a. im Mittleren Westen, haben zur Wohlfahrt der USA beigetragen.

Lange bedenkenlos praktizierte Anbau- und Abbautechniken haben in der Vergangenheit zu erheblichen Umweltproblemen, vor allem in Pennsylvania, geführt. Auch die zunehmende Verstädterung und Popularität von Sand und Sonne begünstigter Gebiete am Golf von Mexiko belasten die Umwelt. Bei den schwersten Fällen, wie der Bedrohung der Everglades in Florida, konnten Bundesgesetze allerdings das Schlimmste verhindern. In vielen anderen Regionen behindert ein Geflecht aus privatwirtschaftlichen Interessen und Lokalpolitik effektivere Umweltschutzmaßnahmen.

DIENSTLEISTUNGEN

Mit landesweit über 60 Prozent aller Beschäftigten ist der Dienstleistungssektor auch im Osten längst die bedeutendste Industrie. Selbst in Bundesstaaten mit traditionell starker Landwirtschaft und ver-

Der Reichtum der USA an natürlichen Ressourcen hat die Entwicklung der Industrie naturgemäß begünstigt – die Stromgewinnung aus Wasserkraft nimmt dabei einen hohen Stellenwert ein.

arbeitender Industrie wie Florida oder Illinois finden hier weit über ein Drittel der Bewohner Arbeit. Immer wichtiger wird auch der Tourismus. Wenngleich politischen und wirtschaftlichen Ereignissen und Schwankungen gegenüber extrem sensibel – z. B. erlebte dieser Sektor nach dem 11. September 2001 eine rasante Talfahrt – zählt er doch auch im Osten zu den wichtigsten Arbeitgebern.

Sechs der zehn meistbesuchten Tourismusattraktionen liegen östlich des Mississippi: der Times Square (New York, 35 Millionen jährlich), die National Mall und die Memorial Parks in Washington, DC (24 Millionen), Faneuil Hall Marketplace in Boston (20 Millionen), Niagara Falls (New York, 12 Millionen), der Great Smoky Mountains National Park (North Carolina, Tennessee, 9,4 Millionen) und die Navy Pier in Chicago (Illinois, 8,6 Millionen).

VERARBEITENDE INDUSTRIE

Auch die Güter verarbeitenden Industrien wachsen. Landesweit stellt dieser Bereich rund 110 Millionen Arbeitsplätze. Am schnellsten wuchsen die Computer- und Telekommunikationsindustrie sowie die Pharmaindustrie. Hochmoderne Forschungs- und Produktionsstätten gibt es v. a. im Großraum Boston, in Upstate New York, wo die International Business Machines Corporation (IBM) beheimatet ist, in Florida sowie in Raleigh und Durham (beide North Carolina) sowie in der Metro-

Erdöl war eine der Ressourcen, auf die die USA ihren Reichtum gründeten.

Landwirtschaft spielte und spielt noch immer eine gewichtige Rolle in der Wirtschaft der USA.

pole des Südens, Atlanta (Georgia). Auch die Raumfahrtindustrie konzentriert sich im Osten: in Huntsville (Alabama) und Cape Canaveral (Florida).

EINWANDERERLAND USA

Amerika, Land der unbegrenzten Möglichkeiten! Land der Hoffnung und des Neuanfangs! Seit die USA existieren, verlassen Menschen in aller Welt ihre Heimat, um dort, ungestört von Altlasten jeglicher Art, neu anzufangen. Zunächst stammten die Neubürger vor allem aus Europa, dem Vereinigten Königreich, den Niederlanden und Deutschland, später auch aus Süd- und Osteuropa und zuletzt aus Asien, Lateinamerika und der Karibik.

Zwischen 1820 und 1979 akzeptierten die USA fast 50 Millionen Einwanderer. Bis heute sind sie, allen Schwierigkeiten der letzten Jahre zum Trotz, ein klassisches Einwandererland geblieben. Zu Beginn des neuen Millenniums waren 31 Millionen Amerikaner, das sind elf Prozent der Gesamtbevölkerung, nicht in den USA geboren. Gemeinsam mit dem Nachbarn Kanada akzeptieren die USA die meisten Einwanderer pro Jahr: Im Jahr 2006 erhielten fast 1,3 Millionen Einwanderer, die meisten davon aus Mexiko, China und den Philippinen, ihre Aufenthaltsgenehmigung. Größter Bundes-

Konflikte zwischen den Ureinwohnern und den Einwanderern machen einen wesentlichen Teil der US-amerikanischen Geschichte aus.

staat ist Michigan mit einer Fläche von 253.793 Quadratkilometern, kleinster ist Rhode Island mit 4002 Quadratkilometern. Der bevölkerungsreichste Bundesstaat ist New York mit 19,3 Millionen Einwohnern, dichtauf folgen Florida (18,2 Millionen), Illinois (12,8 Millionen) und Pennsylvania (12,4 Millionen). Die wenigsten Menschen wohnen in Rhode Island (1,05 Millionen), Delaware (0,86 Millionen) und Vermont (0,62 Millionen).

Multikulturalismus, das Mit- und Nebeneinander der unterschiedlichsten Kulturen, gehört zum Alltag. New York City, Chicago, Miami, Washington und Milwaukee sind bekannt für ihre ethnischen Viertel. Im Staat New York leben die meisten Amerikaner polnischer und italienischer Abstammung, in Minnesota die meisten Deutschamerikaner. Dagegen zählt der Nordosten, vor allem der Großraum Boston, die meisten Einwanderer aus Brasilien, Jamaika und Syrien, während in Miami über die Hälfte der Einwohner aus Kuba und anderen mittelamerikanischen Ländern stammen. Die überwiegende Mehrheit der Afroamerikaner sind Nachkommen der einst als Sklaven ins Land gelangten Afrikaner. Nach dem Bürgerkrieg fanden sie Arbeit in den Fabriken des Nordens, vor allem in Chicago, Detroit, Philadelphia und Cleveland. Heute leben in New York City und Chicago mit über 2 bzw. 1,6 Millionen die meisten Afroamerikaner. Auch die Städte mit afroamerikanischer Mehrheit liegen im Osten, allen voran Washington, Detroit, Baltimore, Memphis und Atlanta.

Der „Lonesome Cowboy" ist ein uramerikanischer Mythos, dem auch heute noch viele anhängen.

YANKEES, REDNECKS UND STEEL MAGNOLIAS

Gerade in New York wird man auf Schritt und Tritt gewahr, dass die USA tatsächlich ein Einwandererland sind.

Trotz Fernsehen, MTV und Internet haben sich im Osten über die Jahrhunderte hinweg Charaktereigenschaften entwickelt, die heute als typisch für Menschen aus einer bestimmten Gegend gelten. Die Menschen in Neuengland, Nachkommen der ebenso strenggläubigen wie arbeitsamen und bildungsbeflissenen Puritaner, sind bekannt für ihren Fleiß und ihre guten Hochschulen.

Der von den Südstaatlern für alle im Norden lebenden Amerikaner verwendete Begriff „Yankee" stammt ursprünglich aus Neuengland – möglicherweise von den Niederländern in Neu-Amsterdam, die ihre englischsprachigen Nachbarn in Connecticut als „Jan Kaas" über einen Kamm schnitten. Karrierebewusst, fortschrittlich, urban gekleidet und stets ein blitzsauberes, benzinsparendes Auto ausländischer Bauart fahrend: So werden Neuengländer auch im amerikanischen Film dargestellt. Südstaatler bezeichnen den Yankee auch noch als humorlos und langweilig, doch dies mag mehr mit dem alten Nord-Süd-Gefälle zu tun zu haben als mit der Realität.

Sie selbst, Nachfahren von Scarlett O'Hara und Rhett Butler, sind bekannt für ihre Gastfreundschaft und guten Manieren der alten Schule: Im Süden hält ein Gentleman einer Lady noch immer die Türe auf und bittet sie auf dem Ball so charmant wie souverän um einen Tanz. Generell ist das Leben im Süden langsamer als im Norden, doch ahnungslose Hinterwäldler sind die Südstaatler deswegen nicht. Viele ihrer einst pauschal als „Southern Belles" betitelten Damen sind nicht länger nur anmutige Mütter in spe, sondern „Steel Magnolias". So lautet die respektvolle Bezeichnung für die moderne, berufstätige und finanziell unabhängige Südstaatlerin. Eine hier wie dort anzutreffende Spezies ist im Übrigen der „Redneck". Früher ausschließlich der Name für die armen Weißen im Süden, bezeichnet er heute auch generell den konservativen, patriotischen Normalbürger, der ehrlich und fleißig ist und sonntags in die Kirche geht.

In Colonial Williamsburg in Virginia hat man sich der Geschichte verschrieben.

Metallplastik im Solomon R. Guggenheim Museum

KULTUR

Einwanderer aus aller Welt, die von Beginn an verfassungsrechtlich verankerte Presse- und Meinungsfreiheit, vor allem aber der unermüdlich propagierte „American Dream" und nicht zuletzt die inspirierte Schönheit dieses Landes selbst – all dies floss zu einer auf der Welt beispiellosen Dynamik zusammen, die nicht nur wirtschaftlich Höchstleistungen erbrachte, sondern auch in der Kultur ihren einzigartigen, eben typisch amerikanischen Ausdruck fand, nachdem dort im 20. Jahrhundert die europäischen Vorbilder erst einmal abgeschüttelt waren.

In allen Bereichen kulturellen Schaffens haben die USA wichtige Beiträge zur Weltkultur geleistet: In der Musik mit Jazz, Blues und Rock'n'Roll, in der Literatur mit einem von Mark Twain über Ernest Hemingway bis John Irving reichenden Pantheon, in Film und Theater mit Hollywood, Broadway und einer lebhaften Independent-Szene, in der darstellenden Kunst mit Giganten wie Andy Warhol, Edward Hopper und Jackson Pollock.

Die Finanzierung von Kultur geschieht durch Spenden privater Geber und Mäzene sowie durch eine Vielzahl von Stiftungen und Vereinen. Die Regierung bleibt, anders als in manchen Ländern Europas, gänzlich außen vor. Die einzigen, landesweit aktiven Fördereinrichtungen sind das National Endowment for the Arts (NEA), eine in den 1960er-Jahren gegründete staatliche Stiftung, die Künstler unterstützt, und die Wissenschaftlern unter die Arme greifende National Endowment for the Humanities (NEH). Beide sahen sich während der letzten Jahre heftiger Kritik und Budgetkürzungen seitens des von den Republikanern kontrollierten Kongresses ausgesetzt.

LITERATUR

Es dauerte lange, bis schriftstellerische Talente von den Früchten ihrer Arbeit leben konnten: Der Alltag in den Kolonien war hart und die Siedler meist mit dem nackten Überleben beschäftigt. Die ersten Druckerpressen nahmen zwar bereits wenige Jahre nach der Ankunft der Puritaner in Boston im benachbarten Cambridge ihren Betrieb auf. Gedruckt wurde jedoch nur geistliche Erbauungsliteratur, meist Bibeln und Gesangsbücher. Dennoch hatten schon die Kolonien ihre Bestseller. Ratgeber mit Haushaltsrezepten, Gedichten, Rätseln und Lebensweisheiten, sogenannte Almanachs, erlebten Auflagen bis zu 10.000 Stück und waren schnell vergriffen.

In den politisch aufgeladenen Jahren vor dem Unabhängigkeitskrieg erlebten Zeitungen, Kampfschriften und Flugblätter reißenden Absatz. Zeitungen waren es auch, die im 19. Jahrhundert die Bevölkerung mit den ersten an ein breites Publikum gerichteten Werken bekannt machten. James Fenimore Cooper (1799–1851) und Washington Irving (1783–1859) schrieben mit den „Lederstrumpf"-Büchern (1827–1841) und „Rip van Winkle" (1819) die ersten Bestseller der jungen Nation. Nicht minder beliebt: die düsteren Erzählungen und Gedichte von Edgar Allen Poe (1809–1849), v. a. „Der Rabe" (1845) und „Der Untergang des Hauses Usher" (1839).

Im Edgar Allan Poe Cottage, einem 1812 erbauten Farmhaus, verbrachte der bekannte Dichter Edgar Allan Poe die letzten drei Jahre (1846–1849) seines Lebens. Das Haus befindet sich im New Yorker Stadtteil Bronx.

Der amerikanische Philosoph und Dichter Ralph Waldo Emerson in einer zeitgenössischen Aufnahme. Er war einer der Begründer der klassischen amerikanischen Literatur und Führer der amerikanischen Transzendentalphilosophen. Ralph Waldo Emerson wurde am 25. Mai 1803 in Boston geboren und starb am 27. April 1882 in Concord.

In den 1840er-Jahren entwickelte sich das Städtchen Concord (Massachusetts) bei Boston zur Wiege einer von Europa unabhängigen amerikanischen Literatur. Die Anhänger des Transzendentalismus, eine unabhängiges Denken und selbstverantwortliche Lebensführung propagierende Philosophie, schufen hier Amerikas erste Klassiker. Ralph Waldo Emerson (1803–1882) forderte in „The American Scholar" (1837) die geistige Unabhängigkeit von Europa, Henry David Thoreau (1817–1862) spürte in „Walden" (1854) dem Preis der wirklichen Freiheit nach und forderte in „Civil Disobedience" (1849) den Ungehorsam gegen einen verbrecherischen Staat, während Nathaniel Hawthorne (1804–1864) mit „Der scharlachrote Buchstabe" (1850) mit der puritanischen Doppelmoral abrechnete.

Weitere Dichter und Schriftsteller dieser Zeit aus Neuengland sind beispielsweise: Die Lyrikerin Emily Dickinson (1830–1886), Herman Melville (1819–1891), der Vater von „Moby Dick" (1851), und der von vielen als Vater der modernen amerikanischen Literatur bezeichnete Humorist Mark Twain (1835–1910), der lange Zeit auch in Connecticut lebte und dort einige seiner größten Erfolge, darunter „Die Abenteuer des Huckleberry Finn" (1884), schrieb. Im Süden wurde derweil Joel Chandler Harris (1848–1908) mit seinen „Uncle Remus"-Geschichten über Schwarze und Weiße in Georgia berühmt, und der aus New Orleans stammende George Washington Cable (1844–1925) machte sich mit Porträts der kreolischen Gesellschaft im Mississippi-Delta einen Namen.

Der amerikanische Dichter Ezra Pound („Pisan Cantos") im Garten seines Pariser Studios im September 1923. Pound, der die meiste Zeit seines Lebens in Europa verbrachte, wurde nach Auftritten im faschistischen Rundfunk 1944 von den Amerikanern in Italien verhaftet, ein Verfahren wurde jedoch nie eröffnet. Wegen angeblicher Paranoia wurde er von 1955 bis zu seiner Freilassung 1958 in der Irrenanstalt St. Elizabeth in Washington als Militärgefangener festgehalten.

Upton Sinclair: Sein Roman „Der Dschungel", indem er schonungslos die Arbeitsbedingungen in den Schlachthöfen Chicagos kurz nach 1900 beschrieb, machte ihn schlagartig berühmt.

Während der ersten Hälfte des 20. Jahrhunderts konzentrierten sich Amerikas schriftstellerische Talente an mehreren Stellen im Osten. Während der ersten Jahrzehnte war New Yorks Greenwich Village das Epizentrum der Boheme. Amerikas Avantgarde ließ sich hier nieder und sammelte sich um Intellektuelle wie den Dichter E. E. Cummings (1894–1962), die Tänzerin Isadora Duncan (1877–1927) und den Dramatiker Eugene O'Neill (1888–1953).

F. Scott Fitzgerald (1896–1940) aus Minnesota beschrieb derweil mit Büchern wie „The Great Gatsby" die „Jazz Age" genannten wilden Zwanziger. Auch Chicago erlebte eine literarische Blütezeit. Anfang des 20. Jahrhunderts sammelten sich hier Vertreter des sozialen Realismus, darunter Upton Sinclair (1878–1968) und Theodore Dreiser (1871–1945). Andere, wie Thornton Wilder (1897–1975) und Sinclair Lewis (1885–1951), porträtierten teils liebevoll, teils kritisch, das kleinstädtische Amerika.

Nach dem Ersten Weltkrieg zog es viele junge Talente nach Paris. Während der 1920er-Jahre war dort der Salon der aus Pennsylvania stammenden Schriftstellerin Gertrude Stein (1874–1946) ein Treffpunkt neuer Talente wie Ernest Hemingway (1899–1961) und Ezra Pound (1885–1972). Auch in den alten Südstaaten blühte die schreibende Zunft. Margaret Mitchell (1900–1949) schrieb mit „Vom Winde verweht" (1930) den Schlüsselroman des Südens. William Faulkner (1897–1962) schrieb

John Updike schreibt eine Widmung in eines seiner Werke.

über den von der Rassentrennung geprägten Alltag in Mississippi, Tennessee Williams (1911–1983) erforschte dagegen die Gemütslage von Verlorenen in einer zerrissenen Welt. Auch afroamerikanische Schriftsteller meldeten sich zu Wort.

Die Harlem-Renaissance der 1920er- und 1930er-Jahre lockte Kreative aus allen Teilen der afroamerikanischen Diaspora nach New York. Der Dichter und Dramatiker Langston Hughes (1902–1967) schrieb hier die wichtigsten seiner Gedichte und Bücher über den Alltag der Afroamerikaner, und Zora Neale Hurston (1891–1960) veröffentlichte mit „Their Eyes were watching God" (1937) eines ihrer bedeutendsten Werke. Zeitgenössische afroamerikanische Autoren sind die Nobelpreisträgerin Toni Morrison (geb. 1931) und Maya Angelou (geb. 1928).

Zwar ist New York auch zu Beginn des dritten Jahrtausends das literarische Zentrum im Osten, doch kreativ sind die östlich des Mississippi geboren Schriftsteller nicht nur dort. Zwischen Maine und Miami setzen sich zeitgenössische Talente mit Themen wie der Kulturmaschine USA und der Macht der Massenmedien auseinander. Schon jetzt einen festen Platz in der amerikanischen Literaturgeschichte haben Paul Auster (geb. 1947), John Updike (1932–2009), Tom Wolfe (geb. 1931), Cormac McCarthy (geb. 1933), Don DeLillo (geb. 1936), John Cheever (1912–1982) und Philip Roth (geb. 1933).

Thomas A. Edison mit dem von ihm erfundenen Filmprojektor

FILM

Kein in New York gedrehter Film ohne Wolkenkratzer-Kulisse, keiner aus New Orleans ohne French Quarter, keiner aus Florida ohne Delfin-Shows und pastellfarbene Sonnenuntergänge in Miami Beach: Die Drehorte östlich des Mississippi genießen einen hohen Wiedererkennungswert. Wenn auch die Welthauptstadt des Kinos noch immer Hollywood ist, so werden doch immer mehr Filme an der Ostküste gedreht.

Die Ironie der Geschichte ist, dass die amerikanische Filmindustrie einst auch hier begann. Thomas A. Edison (1847–1931) experimentiert in Menlo Park (New Jersey) mit dem Kinematografen, einem Urahn der Filmkamera, eröffnete 1893 in West Orange das erste Filmstudio der Welt und bat dann Zirkusartisten und Vaudeville-Künstler, vor seiner Kamera zu agieren. Mit der Entwicklung der Film-

Der amerikanische Maler, Grafiker und Filmemacher Andy Warhol, führender Vertreter der Pop-Art, anlässlich der Premiere seines Films „Trash" am 17. Februar 1971 in München. Im Hintergrund ein Plakat seines Hauptdarstellers Joe Dallesandro.

industrie zogen die in schneller Folge gegründeten Filmstudios alsbald nach Kalifornien – des Lichts wegen, aber auch, um den von Edison beanspruchten Patentrechten zu entgehen. Noch vor dem Ersten Weltkrieg konnten die New Yorker im Westen produzierte Filme erstmals in eigens gebauten, „Movie Palace" genannten Häusern sehen: Die ersten Kinos im Osten waren außen wie innen prächtig dekoriert mit echten Vaudeville-Shows (eine Bühnenunterhaltung mit Musik und Tanzdarstellungen) im Vorprogramm.

Nach dem Zweiten Weltkrieg begann sich in New York eine Filmkultur zu entwickeln. Avantgarde-Künstler wie Stan Brakhage (1933–2003), Andy Warhol (1928–1987), Taylor Mead (geb. 1924) und John Cassavetes (1929–1989) experimentierten mit neuen Aufnahmetechniken und forderten traditionelle Wahrnehmungsweisen heraus. Der Schauspieler und Filmregisseur Woody Allen (geb. 1935) setzte in den 1960er- und 1970er-Jahren dem Chaos in New York liebevoll ein Denkmal,

Macht er Werbung für den Film oder möchte er gerne so sein wie Spiderman?

und zuletzt rückte die weltweit ausgestrahlte Fernseh-Kultserie „Sex and the City" die Stadt ins internationale Rampenlicht.

Den Glitzer und Glamour Hollywoods erlebt man dieser Tage allerdings nur in den Universal- und Disney-MGM-Studios in Orlando (Florida). Als „Hollywood East" bezeichnet der Volksmund die munter wachsende Filmindustrie im Großraum Boston, die mit Filmen wie „Mystic River" und „Gone Baby Gone" preisgekrönte Kassenerfolge produziert hat. Auch Filmteams aus anderen Bundesstaaten, wie z. B. aus Kalifornien, zieht es aufgrund von Steuernachlässen in den Osten.

MUSIK

U-Musik (Unterhaltungsmusik) ist „Big Business" in den USA. Weltweit operierende, amerikanische Plattenfirmen setzen jährlich allein in den Staaten zwölf Milliarden US-Dollar um. Seit der digitalen Revolution und der Möglichkeit, Musik aus dem Internet herunterzuladen, knickten die CD-Verkäufe jedoch dramatisch ein und stürzten die Branche nicht nur in den USA, sondern auch weltweit in die Krise. Ob es Software-Anbietern und Plattenfirmen gelingen wird, den digitalen Kopierschutz zu verbreiten und damit auch das Copyright der Künstler zu schützen, muss die Zukunft zeigen.

Die größten Musikzentren des Ostens sind New York City und Nashville (Tennessee). Auch in Memphis, Chicago und Minneapolis unterhalten große Plattenfirmen Niederlassungen. Daneben wird Musik in zahllosen weiteren Städten und Städtchen produziert, meist von kleinen und kleinsten Independent-Labels, die sich für den Verlauf ihrer Produkte oft nur auf Mundpropaganda verlassen. Viel zu tun haben sie – illegale Downloads hin, Kopierschutz her – allemal: Ethnisch und kulturell besonders vielfältig, weist der Osten der USA nicht nur die meisten Dialekte des Landes, sondern auch eine unerhörte, sich unaufhörlich fortentwickelnde Vielfalt von Musikstilen und -richtungen auf. Bereits die ersten klassischen amerikanischen Komponisten von Rang, allen voran der aus New York stammende George Gershwin (1898–1937), inspirierte die musikalische Dynamik in den Städten und auf dem Land. Seine weltberühmte „Rhapsody in Blue" war vom rasanten Tempo in den Städten beeinflusst und lehnte sich ebenso dem Jazz an wie „Piano Concerto in F".

Der Jazz, und mit ihm die allermeisten heute in den USA anzutreffenden Musikstile, hat seine Wurzeln im Blues. Musiker im Mississippi-Delta entwickelten die klagende, aus wenigen sich wiederholenden Akkorden basierende Blues-Musik aus den in den Kirchen gesungenen Spirituals und Künstler wie Bessie Smith (1894–1937), Muddy Waters (1913–1983) und B. B. King (geb. 1925) machten auch das weiße Amerika mit ihm bekannt. Der Einfluss des Blues auf die heutige U-Musik ist unabsehbar: Zahllose heutige Musiker und Bands bekennen sich zu den alten Bluesbarden des Südens als ihren Vorbildern. Berühmt für ihre Blues-Szene sind bis heute v. a. Memphis, Chicago und New Orleans.

Im Süden, in den Kneipen von New Orleans, entstand als Nachfolger des polyrhythmischen Ragtime eben jene Jazz genannte dynamische Fusion afrikanischer und europäischer Musiktraditionen. Der

Der Virgin Music Store im Herzen des Theater District in New York

klassischen Besetzung aus Trompete, Saxophon und Klarinette gesellte sich wenig später das Banjo hinzu. Diese Instrumentenvereinigung kreierte auch den Dixieland-Jazz sowie den Klassiker „Basin Street Blues", der von Louis Armstrong, dem wohl berühmtesten Jazz-Trompeter aller Zeiten, gespielt wurde.

Ein zweites Zentrum entwickelte sich in den 1920er-Jahren in Chicago. Fast täglich spielte das Radio neue Sounds, allen voran den tanzbaren und von Orchesterchefs wie Glen Miller, Tommy Dorsey und Benny Goodman ausgefeilten Big-Band-Sound der 1930er-Jahre. Bandleader und Pianist Duke Ellington (1899–1974) legte während dieser Zeit den Grundstein zu seiner legendären, die amerikanische Musik über seinen Tod hinaus prägenden Karriere, und „Crooner" genannte Schlagersänger wie Bing Crosby (1903–1977), Dean Martin (1917–1995) und Frank Sinatra (1915–1998) begannen die ihre mit großen Big Bands im Rücken.

Mitte der 1950er-Jahre wurde die Musik schneller und vor allem lauter: Junge Wilde, allen voran Chuck Berry, Elvis Presley, Jerry Lee Lewis und Little Richard stürmten die Hitparaden mit heißem Rock'n'Roll, einer flotten, mit neu entwickelter E- und Bass-Gitarre gespielten Mischung aus Blues, Jazz, Folk und Gospel. Das bürgerliche Amerika war schockiert, die Teenager hingegen entzückt.

Nur wenigen Rockstars gelingt es, auf einer Briefmarke verewigt zu werden. Er hat es geschafft: King Elvis.

Zeitgleich begründeten afroamerikanische Musiker wie Sam Cooke und Ray Charles mit ihrer Kombination von Rhythm and Blues und Gospel den Soul, der über Motown Records in Detroit (Michigan) durch Künstler wie Smoky Robinson, Stevie Wonder und Diana Ross & The Supremes auch das weiße Publikum erreichte. Seitdem erlebte der Soul bzw. Rhythm and Blues zahllose Häutungen. Philly Sound, Disco und Hip Hop, sie alle zehren von den frühen Wurzeln afroamerikanischer Musik in den USA.

Zugleich entwickelte sich die Country-Musik zur Volksmusik des weißen Amerika. Pioniere wie Hank Williams, Tammy Wynette und Patsy Cline eroberten von Nashville, dem Zentrum der Country-and-Western-Industrie, aus die gutbürgerlichen Haushalte und machten diese Musik zur heute umsatzstärksten des Landes.

Die zeitgenössische U-Musik, vielfältig wie der Osten, reflektiert diese Stile und Traditionen. New Rock, Hardrock und alternativer Rock existieren neben Rap und Hip-Hop. Im Süden gesellt sich Salsa hinzu, die Musik der Einwanderer aus Lateinamerika.

MALEREI

New York ist als DER kulturelle Hotspot im Osten auch das unangefochtene Gravitationszentrum der Maler, Galeristen, Kritiker und – last but not least – Käufer. Daneben gibt es über die Landesgrenzen hinaus berühmte Kunstszenen auch in Miami und Chicago und selbst mittlere Großstädte

Der Alltag auf New Yorks Straßen: ein buntes Gemisch aus Werbung, Verkauf, Musik und Menschen aus vielen verschiedenen Nationen

wie Boston, Milwaukee und Memphis sind wegen ihrer Kunstmuseen und Galerien beliebte Ziele für internationale Kunstliebhaber.

Wie vieles andere fing auch die amerikanische Malerei in Neuengland an. Doch selbst dort sollte es bis zum Ende des 18. Jahrhunderts dauern, bis Maler – Porträtkünstler meist – wie John Singleton Copley (1738–1815) und Gilbert Stuart (1755–1828) von ihrer Kunst leben konnten. Die erste Hälf-

Warhol-Ausstellung in Peking

te des 19. Jahrhunderts gehörte den Landschaftsmalern. Thomas Cole (1801–1848), Frederic Edwin Church (1826–1900), Albert Bierstadt (1830–1902) und andere formten eine lose, später „Hudson River School" genannte Gruppe, die romantisierende Bilder der unberührten Wildnis in New Hampshire, Vermont und Upstate New York produzierte. Der in Virginia geborene George Caleb Bingham (1811–1879) malte die Wildnis an der Frontier des Mittleren Westens. Lange vergessen, wird er heute zu den bedeutendsten Malern des 19. Jahrhunderts gezählt.

RECHTE SEITE:
Die Olson-Farm, die Andrew Wyeth in seinem berühmten Gemälde „Christina's World" darstellte

Der in Massachusetts geborene und später in Europa arbeitende James Abbott McNeill Whistler (1834–1903) brachte das französische Credo „L'art pour L'art" Mitte des 19. Jahrhunderts nach Amerika und bewirkte damit eine Art Befreiungsschlag: Kunst sollte fortan auch in Amerika allein bestehen können, sich selbst genügen und nicht einem sentimentalem, oder wie auch immer gearteten, anderen Zweck dienen. Erfolgreichster amerikanischer Maler der zweiten Hälfte des Jahrhunderts war der ungemein produktive John Singer Sargent (1856–1925), der mit seinen Porträts von Mitgliedern der High Society diesseits und jenseits des Atlantiks berühmt wurde.

William Merritt Chase (1849–1916) und Mary Cassatt (1844–1926) waren herausragende amerikanische Impressionisten und der meist maritime Themen malende Winslow Homer (1836–1910) hat heute einen Ehrenplatz in allen guten Museen an der Ostküste. Zu den bedeutendsten Vertretern des um die Jahrhundertwende blühenden Post-Impressionismus gehören Maurice Prendergast (1858–1924) und Thomas Eakins (1844–1916). Ihre dem Realismus zuneigenden Arbeiten inspirierten eine neue Generation junger Künstler, sich der Darstellung des harten Alltags in den New Yorker Slums zu widmen. Der dort und in Philadelphia aktiven, treffend „Ashcan School" genannten Gruppe gehörten u. a. George Bellows (1882–1925) und v. a. Robert Henri (1865–1929) an.

Noch vor dem Ersten Weltkrieg bildete sich in New York um den Fotografen und Gönner Alfred Stieglitz (1864–1946) eine junge, modernistische Avantgarde, aus der Maler wie der mit kühnem Pinselstrich und Kubismus experimentierende Marsden Hartley (1877–1943) und der zu den ersten abstrakten Amerikanern gehörende, seine Subjekte auf ihre Essenz reduzierende Arthur Dove (1880–1946) hervorgingen. Wegweisend für die amerikanische Malerei des 20. Jahrhunderts sollte die 1913 in New York abgehaltene, inzwischen legendäre International Exhibition of Modern Art werden, die Amerika mit den modernen Strömungen im damals noch tonangebenden Europa bekannt machte.

Viele junge Amerikaner lehnten die Trends aus Übersee jedoch ab, indem sie sich den harten Realitäten der Depression zuwandten und ein im Realismus verankertes Genre schufen, das als „American Scene Painting" bis Ende der 1950er-Jahre existierte und sowohl romantische als auch sozialkritische Züge aufwies. Bedeutende Vertreter waren u. a. Benjamin Shan (1898–1969), Reginald Marsh (1898–1954), Edward Hopper (1882–1967) und Jack Levine (geb. 1915).

Es sollte jedoch dem abstrakten Expressionismus nach dem Zweiten Weltkrieg vorbehalten bleiben, die amerikanischen Kreativen über die Landesgrenzen hinaus bekannt zu machen. Angeschoben von vor dem Faschismus in Europa nach New York geflohenen Künstlern, u. a. Salvador Dali, betonten Maler wie Jackson Pollock (1912–1956) den instinktiven, physischen Akt des Malens mit „Action Painting" genanntem Klecksen, Sprenkeln und Spritzern auf der Leinwand.

Andere, wie Robert Motherwell (1915–1991) und v. a. Mark Rothko (1903–1970), kreierten dagegen durchgehende, symmetrisch angeordnete Farbflächen und Figuren. Auf den Vormarsch von Massenkonsum und -kommunikation antworteten die Künstler im Osten mit der Verwendung unterschiedlichster Materialien und einer neuen, polyglotten Formensprache. Mixed-Media-Künstler der „ersten Stunde" waren v. a. Robert Rauschenberg (1925–2008), Roy Lichtenstein (1923–1997) und Pop-Art-Künstler wie Andy Warhol (1928–1987).

Aktuelle Kunst aus New York in einer Ausstellung in West Village, Chelsea

Enten in der Auslage eines chinesisches Restaurants im Theater District in der Nähe des Times Square

KULINARISCHES

In den Vereinigten Staaten gibt es zwei kulinarische Parallelwelten. Die eine wird von der landauf landab vertretenen Fastfood-Kultur und dem mehr oder weniger uniformen Angebot in den Supermärkten geprägt. Die andere findet zu Hause statt, in den Heimen einer ethnisch vielfältigen Bevölkerung, die mit einer Fülle von Rezepten aus der Alten und der Neuen Welt die Produkte der Region zubereitet. Und angesichts der gewaltigen Ausdehnung des Landes sind die regionalen Unterschiede beträchtlich.

Im landwirtschaftlich geprägten und vor allem von deutschen und osteuropäischen Einwanderern erschlossenen Mittleren Westen kommen Milchprodukte aus Wisconsin, Fleisch aus Illinois, Fisch aus den Großen Seen und Gartenbauprodukte aus Missouri auf den Tisch. In den Restaurants ste-

Asiatischer Obst- und Gemüseladen im Little Asia District von New York

NÄCHSTE DOPPELSEITE LINKS:
Typisches Cajungericht mit Shrimps

NÄCHSTE DOPPELSEITE RECHTS:
Eher mexikanisch sind dagegen die Chicken Fajita Wraps mit Jambalaya.

Shrimps in allen Preislagen an einem Straßenverkaufsstand

hen Steak und Weißfisch, deutsche Bratwurst und polnische Pirogi ganz oben auf der Speisekarte. Chicago ist berühmt für die in den 1940er-Jahren von italienischen Einwanderern kreierte Deep-Dish-Pizza, eine großzügig mit Käse und Tomatenstückchen gedeckte Pizza mit dicker Kruste. Getrunken wird vor allem Bier aus Milwaukee.

Soziales Ereignis und Ritual zugleich ist im Süden das Barbecue. Traditionell wird Schweinefleisch gegrillt, eingerieben mit Gewürzen und gereicht mit einer Barbecue Soße, die von Region zu Region, ja von Dorf zu Dorf, unterschiedlich sein kann. Im Low Country von South Carolina erinnert der Speisenplan an die erfindungsreiche Küche der Sklaven. Frogmore Stew zum Beispiel ist ein kalorienreicher Eintopf mit Bacon, Rauchenden, Mais und Shrimps. Hoppin' John heißt ein mit Bacon und Paprika variiertes Erbsen- und Reisgericht. Die populärsten Gewürze lassen kein Auge trocken: Tabasco, Cayennepfeffer, Knoblauch. Auch die traditionellen Küchen im Mississippi-Delta haben es in sich.

Die kreolische Küche in New Orleans wiederum spiegelt die Nähe zur Karibik und den exotischen Völkermix wider, der die Stadt bis heute prägt. Raffiniert und farbenfroh ist Jambalaya ihr Aushän-

Coffee to go ist eine typisch amerikanische Erfindung.

geschild, eine spanisch-französisch-afrikanisch-karibische Reisplatte mit Hühnchen, Wurstscheiben, Sellerie und Shrimps.

Die Cajun Cuisine wiederum, die Küche der bis heute französischsprachigen Nachfahren der akadischen Flüchtlinge des 18. Jahrhunderts, ist eine deftige Angelegenheit. Gumbo (mit Rind- oder Hühnerfleisch angemachte Reissuppe), Crawfish Étouffée (gekochte Flusskrebse mit Thymian und Tabasco) und Würste wie Andouille (aus Knoblauch und Schinken) und Boudin (aus gewürztem Schweinefleisch, Zwiebeln, Reis und Kräutern): Ihnen begegnet der Reisende mit Sicherheit.

Herzhaft und Diätpläne souverän missachtend ist auch die von den Deutschen, Mennoniten und Amischen Pennsylvanias geprägte Küche in Lancaster County im Südosten des Staats. Auflauf namens Pot Pie, hier Seimawe genannter Saumagen, Panhas bzw. Röstpfanne, eingelegtes Sauergemüse namens Chow Chow und Desserts wie die streuselkuchenähnliche Shoofly Pie sind die populärsten Gerichte in den Restaurants dieser Region.

Auch in Neuengland hat das koloniale Erbe und dazu die Nähe zum Nordatlantik, eine ganz Reihe einfacher, dafür umso schmackhafterer Spezialitäten hervorgebracht, die bereits von den ersten, hart arbeitenden Siedlern zubereitet wurden. Hummer wird in vielen Restaurants und sogar in Stehimbissen angeboten.

Aus der US-amerikanischen Esskultur nicht wegzudenken: ein typisches Diner

Clam Chowder, eine dicke Fischsuppe mit Muschel- und Kartoffelstücken, ist eine beliebte Vorspeise. Als New England Boiled Dinner wird ein Schmortopf aus Rindfleisch, Gemüse und Kartoffeln bezeichnet und bei Boston Baked Beans handelt es sich um getrocknete, mit Schweinefleisch und Melasse gekochte braune Bohnen, die mit dunklem Brot gereicht werden.

ALABAMA

EINSTIMMUNG

Hier ist Amerikas tiefer Süden, der Deep South, am tiefsten. Schwer verständlich und zähflüssig ist die Aussprache der Menschen. Baumwolle und Sklavenarbeit brachten einst der einen Bevölkerungshälfte Wohlstand und Bequemlichkeit, der 3. Juni ist hier – und sonst nur noch in Florida – ein Feiertag. An diesem Tag, seinem Geburtstag, gedenkt man Jefferson Davis', des ersten und einzigen Präsidenten der Konföderierten Staaten von Amerika. Schulen, Verwaltungen, die meisten Geschäfte und Unternehmen schließen dann. Kinder und Greise legen Kränze, Nachbarn treffen sich zum Barbecue.

Doch Alabama ist nicht nur Südstaatennostalgie. Der „Heart of Dixie" genannte Bundesstaat sah auch den Kampf gegen die Schatten der Vergangenheit. Hier nahm die Bürgerrechtsbewegung ihren Ausgang, hier wurden ihren Vorkämpfern die ersten Denkmäler gesetzt. Und die besten Ingenieure und Wissenschaftler des Landes entwickeln hier die Technologie, die Mensch und Material zu immer ehrgeizigeren Projekten im All befördert. Alter Süden und New South, herrliche alte Pflanzerresidenzen im Schatten moosbehangener Eichen und glitzernde Hightech-Anlagen mit Starbucks-Cafés und Trend-Restaurants: In Alabama existieren sie Seite an Seite.

Das Alabama State Capitol in Montgomery

ÜBERBLICK

Alabama ist 135.765 Quadratkilometer groß und liegt im Südosten der USA. Nachbar im Norden ist Tennessee, im Osten ist es Georgia. Im Süden grenzt Alabama an Florida, im Westen an Mississippi. Im Süden nennt es einen zwischen Florida und Mississippi eingeklemmten, 51 Kilometer langen Küstenstreifen am Golf von Mexiko sein Eigen. Die größte Stadt ist Birmingham im Norden, die älteste Mobile an der Küste. Zwischen beiden liegt die Hauptstadt Montgomery. 2006 wohnten 4,63 Millionen Menschen in Alabama.

Die Golfküste von Alabama ist nur ein schmaler Streifen. Aber dafür ist der Sand an fast allen Stränden von einem makellosen Weiß.

Im Norden laufen die Blue Ridge Mountains und das Cumberland Plateau aus. Der Tennessee River fließt hier durch eine schöne Landschaft aus dicht bewaldeten Hügeln, felsigen Tafelbergen, Seen, Flüssen und Bächen. Die durchschnittliche Höhe der geologisch zu den Appalachen gerechneten Blue Ridge Mountains liegt bei 500 Metern. Alabamas höchste Erhebung ist der Mount Cheaha (733 Meter), dessen weiße Kalksteinklippen grandiose Ausblicke über einen grünen Teppich aus Wäldern und Wiesen bieten. Die übrigen 60 Prozent Alabamas laufen unaufgeregt zum Mississippi und zum Golf von Mexiko hin aus. Die meisten der Strände dort bestehen aus makellos weißem Sand.

KLIMA

Schwüle Nächte auf hölzernen Veranden: In Filmen, die im alten Süden gedreht wurden, pflegt die Hitze eine Hauptrolle zu spielen. Tatsächlich gehören die Sommer in Alabama zu den heißesten des Landes, lange Hitzeperioden weit über 30 °C sind keine Seltenheit. Nur in den Höhenlagen im Norden ist es etwas kühler. Die Winter sind mild und liefern mit bis zu 1400 Millimetern Niederschlag jährlich genug Regen, um der in der Südhälfte betriebenen Landwirtschaft fast 300 Tage Anbauzeit zu schenken. Ein meteorologische Besonderheit weist Alabamas Küstenregion auf: An bis zu 80 Tagen im Jahr werden hier schwere, wolkenbruchartige Unwetter mit Blitz und Hagel registriert. Tornados sind häufige Besucher, gemeinsam mit Kansas zählt Alabama statistisch die meisten Tornados im Land.

FLORA UND FAUNA

Weit über die Hälfte Alabamas liegt unter einer dichten Walddecke. Eichen, Hickorybäume, Zypressen, verschiedene Gummibaumarten, vor allem aber Nadelbäume, u. a. Hemlocktannen, rote und weiße Zedern sowie Eschen und an der Küste Palmen und Palmettos sind die sichtbarsten Vertreter. Dichter am Boden gedeihen rund 150 Busch-, Heide- und Blumenarten, darunter Rhododendron und farbenfroh blühende Vertreter der Ericaceae (Heidekraut). Ausgrabungen haben die Überreste riesiger Herden von Bisons und Wapitihirschen sowie Bären zutage gefördert, doch heute gibt

Herbstlicher Morgennebel über dem Brushy Lake

es in der Großwildkategorie nur noch eine sichtbare Population von Virginia-Hirschen. Kleinere Säuger sind ebenfalls relativ leicht zu beobachten, v.a. Waschbären, Opossums und Hasen. Füchse, Biber und Bisamratten, vor allem aber die seltenen Florida-Panther und Luchse sind scheue Zeitgenossen. Am Himmel über Alabama kreisen Stein- und Fischadler und viele kleinere Greifvogelarten, in den Wäldern leben zahllose Singvögel, darunter die Goldammer, Alabamas offizieller „State Bird" sowie Gänse, wilde Truthähne und Wachteln. Das Vordringen des Menschen fordert jedoch Tribut: Über einhundert Tier-, Vogel- und Fischarten sowie 18 Pflanzenarten listete der US Fish and Wildlife Service bereits 2003 als bedroht auf.

BEVÖLKERUNG

Alabamas Bevölkerungszahl hat dramatische Berg- und Talfahrten erlebt. Zwischen 1810 und 1820, nach der Entfernung der Creek-Indianer, verzehnfachte sich die Bevölkerung des Territoriums auf fast 130.000 Menschen. Schon 1830 hatte sie sich verdoppelt, meist waren es Farmer aus den alten Ostküstenstaaten, die sich, oft mit ihren Sklaven, hier niederließen, um die profitable Baumwolle anzubauen. Um 1860 bestand die Hälfte der Bevölkerung aus afroamerikanischen Sklaven, dann brachte der Bürgerkrieg das Wachstum zum Stillstand. Erst 1870 ging die Kurve wieder nach oben.

Heute sind über 70 Prozent der Bevölkerung weiß. Die überwiegende Mehrheit hat englisch-schottisch-irische Wurzeln. 27 Prozent sind Nachkommen afroamerikanischer Sklaven, der Rest setzt sich

Football-Meisterschaftsspiel der SEC (South Eastern Conference) zwischen Florida und Alabama im Georgia Dome

Die Kathedrale der Unbefleckten Empfängnis in Mobile, Alabama

aus Creeks und Cherokee sowie Einwanderern aus Asien zusammen. In den Wäldern des Südens lebt zudem eine „Alabama Cajuns" genannte Minderheit, die ihr Erbe auf die frühen französischen, spanischen und englischsprachigen sowie auf die indianische Urbevölkerung zurückführt. Das durchschnittliche Haushaltseinkommen liegt bei 40.554 US-Dollar (2007).

RELIGION

Zu Beginn des 19. Jahrhunderts beendeten protestantische Evangelisten über 100 Jahre katholische Kirche im vormals französisch und spanisch geprägten Alabama. Später fassten Methodisten, Baptisten und Presbyterianer Fuß. Die freigelassenen Sklaven gründeten nach dem Bürgerkrieg ihre eigenen Kirchen, die meisten wurden allerdings Baptisten. Bis heute ist die Southern Baptist Convention mit über 1,4 Millionen Mitgliedern (Weiße wie Schwarze) die größte Glaubensgemeinschaft Alabamas, gefolgt von der United Methodist Church, der Church of Christ und den Katholiken.

WIRTSCHAFT

Erst nach dem Bürgerkrieg begann die Industrialisierung des bis dahin von Baumwolle geprägten Staates. Kohle, Eisen und Stahl machten den Anfang, später kamen Textilien, Holz und Papier hinzu. Während des 20. Jahrhunderts verhinderten u. a. mangelnde Investitionen jedoch, dass der

Strandhochzeiten sind eine beliebte Form, sich das Ja-Wort zu geben. So auch in Orange Beach, Alabama.

Die Main Street von Brewton, Alabama

Bundesstaat zu den übrigen des Landes aufschloss. Zugleich verloren Stahl und Eisen an Bedeutung. Rezessionen in den 1980er-Jahren, 2001 und seit 2008 konservieren Alabamas Stellung am unteren Ende der nationalen Einkommensskala.

Die Diversifizierung der Landwirtschaft fing zu Beginn des 20. Jahrhunderts an. Heute wird etwa die Hälfte der Staatsfläche landwirtschaftlich genutzt. Im Black Belt, dem wegen seiner ertragreichen schwarzen Erde so genannten, quer durch die Südstaaten verlaufenden Gürtel, werden v. a. Sojabohnen angebaut. Im Südosten gedeihen Erdnüsse, im Südwesten Gemüse. Das Tennessee River Valley ist bekannt für Baumwolle und Sojabohnen.

Viehzucht wird im Norden, im Südwesten und im Black Belt betrieben. In der Geflügelzucht nimmt Alabama landesweit einen Spitzenplatz ein. Der Fischfang findet hauptsächlich vom Hafen Bayou La Batre aus statt. Welsfarmen, die so genannten „Catfish Farms", erfreuen sich zunehmender Bedeutung. Auch in der Holzindustrie mischt der Staat ganz vorne mit. Dabei wird im Rahmen des Programms TREASURE Forest eine nachhaltige Form der Holzwirtschaft betrieben. Alabamas Mineralindustrie produziert Sand, Beton, Schotter und Lehm. Der Kohle- und Eisenerzabbau rund um Birmingham ist seit ein paar Jahren rückläufig. Die meisten Arbeitsplätze sind heute im Dienstleistungssektor, bei der Regierung und in der verarbeitenden Industrie zu finden.

GESCHICHTE

Archäologen datieren die ältesten menschlichen Hinterlassenschaften in Alabama auf 8000 v. Chr. Von 1100 n. Chr. an schütteten die sogenannten „Mound Builder" vor allem rund um Tuscaloosa im Nordwesten hohe Zeremonialhügel auf. Im 16. Jahrhundert zogen fünf spanische Expeditionen durch Alabama, darunter die von Hernando de Soto im Jahr 1540, die Alabama von Florida aus erreichte und drei Jahre lang den gesamten Süden erkundete.

1702 gründeten die Franzosen von Neu-Frankreich aus das Fort Louis de la Mobile, die erste permanente europäische Siedlung in Alabama. 1763 wurde Mobile englisch, 1780 spanisch und erst 1813 den USA zugeschlagen. Die Erschließung des Innern geschah zeitgleich mit der Deportation der verbliebenen Stämme der Cherokee, Creek und Choctaw nach dem „Indian Territory" westlich des Mississippi: Schon um 1840 gab es so gut wie keine Indianer mehr in Alabama. 1819 trat das Territorium der Union als Bundesstaat bei und erlebte alsbald dank der Baumwollentkernungsmaschine einen rasanten Aufstieg als Baumwolllieferant. Daneben wurden Getreide, Sorghum und Gemüse angebaut.

1860 besaß ein Drittel der weißen Bevölkerung über 400.000 Sklaven. Im Januar 1861 trat Alabama aus der Union aus und schloss sich der Konföderation an. Einige Monate war Montgomery die Hauptstadt, hier wurde Jefferson Davis zum Präsidenten des neuen Staates ausgerufen. Im Sommer 1841 wurde Mobile von Unionstruppen eingenommen, Selma, Tuscaloosa und Montgomery im folgenden Frühjahr dem Erdboden gleichgemacht. Erst 1868 durfte Alabama in die Union zurückkeh-

Alte Kanone zum Schutz der Mobile Bay in Alabama. Sie kam zum Einsatz in der Schlacht in der Mobile Bay im Rahmen des Bürgerkrieges.

ren. Bis ins 20. Jahrhundert hinein blieb Baumwolle, nunmehr geerntet von schwarzen und weißen Tagelöhnern, das Rückgrat der Wirtschaft. Erst die von Kohle- und Eisenerzfunden angekurbelte Stahlindustrie in Birmingham lenkte Alabama auf den Weg in die Gegenwart. Während der 1950er- und 1960er-Jahre war Alabama ein Zentrum der Bürgerrechtsbewegung. Ihr von großen Opfern begleiteter Kampf war jedoch von Erfolg gekrönt. 1979 wurde in Birmingham der erste afroamerikanische Bürgermeister gewählt und 1984 saßen bereits 25 weitere schwarze Bürgermeister sowie 19 Parlamentsmitglieder in Amt und Würden.

BIRMINGHAM

Angeblich ist die den Ausläufern der Appalachen schachbrettartig übergestülpte Stadt die letzte Großstadt im Süden, in welcher Besuchern hin und wieder noch ein herzhaftes „How y'all doin'?" entgegenschallt. Tatsächlich ist die von einer modernen Skyline überragte, größte Stadt Alabamas stolz auf ihre Geschichte und ihre Kultur. Beide sind, da drei Viertel der Bewohner afroamerikanischer Herkunft sind, besonders von den schmerzhaften Ereignissen der letzten 60 Jahre geprägt.

Die meisten Sehenswürdigkeiten liegen in der kompakten Downtown. Südlich davon schließt Five Points South an, das vorbildlich revitalisierte Restaurant- und Shoppingviertel. Hoch über der Stadt erinnert auf dem Gipfel des Red Mountain die 17 Meter hohe, aus Gusseisen gefertigte Statue des Vulkan, des antiken Gottes des Feuers, an die einstige „Raison d'Être" Birminghams. Die Stadt wurde 1871 auf gewaltigen Eisenerz- und Kohlevorkommen gegründet und nach der Industriestadt

Hübsche Parkanlagen in einer ehemals hässlichen Stadt: Birmingham Garden

in England benannt. Innerhalb weniger Jahrzehnte war Birmingham als rasant gewachsene „Magic City" berühmt, mit praktisch über Nacht aus dem Boden geschossenen, neoklassischen Hochhäusern im Zentrum und Tag und Nacht die Hügel der Umgebung ausbeutenden Bergwerken.

Nach dem Zweiten Weltkrieg geriet der Motor angesichts preiswerterer Importe aus Übersee jedoch ins Stocken. Smog und ungelöste Umweltprobleme machten aus der „Magic City" das „Pittsburgh of the South". Als erheblich ernster stellte sich jedoch bald das ungelöste Problem der Rassentrennung heraus. Birmingham entwickelte sich zu einem Zentrum der Bürgerrechtsbewegung und erlebte bis weit in die 1960er-Jahre hinein eine Reihe rassistisch motivierter Bombenanschläge und brutaler Übergriffe, sodass die Presse alsbald aus „Bombingham" statt Birmingham berichtete.

Mit dem „Project C" („c" für confrontation), bei dem unter der Führung von Martin Luther King jr. Tausende friedlicher Demonstranten im Frühjahr 1963 zusammengeschlagen oder verhaftet wurden, und dem vom Ku-Klux-Klan orchestrierten Bombenanschlag auf die 16th Street Baptist Church im darauffolgenden Herbst, bei dem vier kleine Mädchen ums Leben kamen, erlebte Birmingham blutige Höhepunkte des „Civil Rights Movement". Heute zeigen die Schatten der Vergangenheit genau dies: Als Handels- und Finanzzentrum durchlebt Birmingham so etwas wie eine Wiedergeburt. Die alten Dreckschleudern sind abgerissen und durch glitzernde Bürotürme ersetzt worden, Biotechnik, Pharmazeutika und Verlagswesen sind die neuen Zauberworte.

Birmingham bei Nacht

Industriedenkmal in Birmingham, Alabama; Dokument der industriellen Vergangenheit der Stadt: the Sloss Furnaces, ehemaliges Werk zur Eisengewinnung

Der rund um den schönen Kelly Ingram Park im Herzen der Downtown liegende Civil Rights District beherbergt die wichtigsten Stätten jener Zeit. Im Keller der 16th Street Baptist Church, einer schönen doppeltürmigen Kirche im Neo-Barock, erinnert eine kleine Ausstellung an das Bombenattentat vom 15. September 1963. Der Anschlag auf vier kleine Mädchen vor ihrem ersten Schultag bündelte die Bürgerrechtsbewegung und beschleunigte die Arbeit der Bundesregierung an dem im Jahr darauf ratifizierten Civil Rights Act. Viele der Bilder von prügelnden Polizisten mit zähnefletschenden Schäferhunden entstanden damals im weitläufigen Ingram Park, wo sich die Demonstranten zu Kundgebungen und Sit-ins zu treffen pflegten. Heute erinnert u. a. eine Statue von Mar-

Stromgenerator in den alten Werkhallen von Sloss Furnace Iron Refinery

tin Luther King jr. an diese dramatische Zeit. Unmittelbar am Westrand des Parks liegt das Birmingham Civil Rights Institute, das in ergreifenden Ausstellungen – darunter befindet sich auch ein ausgebrannter Bus – den menschenverachtenden Alltag im Süden während der Rassentrennung darstellt und Birminghams Rolle auf dem Höhepunkt der Bürgerrechtsbewegung mit Filmen und Bildern dokumentiert.

Zwei Blöcke südlich vom Kelly Ingram Park eröffnete 1935 an der 4th Avenue North im Art-Déco-Stil eröffnete Carver Theatre for the Performing Arts. Heute beherbergt es die Alabama Jazz Hall of Fame,

Auch Alabama gründete seinen ursprünglichen Reichtum auf die Baumwollplantagen.

die mit Fotografien, Filmen, persönlichen Gegenständen und tollen Soundtracks all jene Größen des Jazz würdigt, die aus Alabama stammen oder hier auftraten. Ebenfalls zu Fuß erreichbar ist auch das im Norden der Downtown liegende Birmingham Museum of Art. Seine aus 17.000 Einzelstücken bestehenden Sammlungen europäischer, präkolumbischer und asiatischer Kunst zählen zu den besten im Süden.

HUNTSVILLE

Grün, adrett und pieksauber, mit grünen Hügeln ringsherum, die Namen wie Monte Sano („gesunder Berg") tragen, und eine Bevölkerung, deren Einkommen glatt über Alabamas Durchschnitt liegt: Die mit 172.000 Einwohnern größte Stadt im Norden des Bundesstaates ist modern und es geht ihr gut. Ein Blick auf den Arbeitsmarkt der Stadt weist unmissverständlich auf die Quelle des Wohlstands hin. Zehn Prozent aller männlichen Verdiener sind Ingenieure, fast ebenso viele sind Computerspezialisten und sechs Prozent sind im oberen Management beschäftigt.

Dieser Querschnitt harmoniert mit dem für diese Weltgegend überraschenden, internationalen Flair in Huntsville. Mehrere Fortune-500-Unternehmen sind hier ansässig, Raumfahrt- und Flugzeugindustrie unterhalten bedeutende Forschungs- und Produktionsstätten. Zudem betreiben japanische und koreanische Unternehmen hier Montagefabriken; ein Umstand, der sich auch im ethnischen Mosaik

von Huntsville widerspiegelt: Zehn Prozent der Bevölkerung sind Staatsbürger anderer Länder, knapp einhundert Sprachen werden hier gesprochen.

Dabei waren die ersten 140 Jahre alles andere als dynamisch. 1805 stellte ein gewisser John Hunt hier seine Blockhütte auf, dann kamen zunächst die Baumwolle und später die Eisenbahn. Nach dem Bürgerkrieg brachten Textilfabriken etwas Wohlstand, doch mit der Depression ging es wieder bergab. Als John Sparkman 1950 auftauchte, hatte Huntsville noch immer weniger als 20.000 Einwohner. Doch der Senator brachte deutsche Raketenbauer, darunter Wernher von Braun, mit. Zehn Jahre später hatte von Brauns Team jene Trägerrakete entwickelt, die Amerikas ersten Satelliten in die Erdumlaufbahn schoss.

Heute gehört Huntsville zu den am schnellsten wachsenden Städten des Südens und bietet mit dem von Wernher von Braun höchstpersönlich inspirierten US Space and Rocket Center eine im Süden einzigartige Attraktion. Zu sehen in den Hallen und Hangars ist die Hardware der bemannten Raumfahrt: Trägerraketen, u. a. die berühmte Saturn-V, Raumkapseln und Landefahrzeuge erinnern an die Sternstunden der amerikanischen Raumfahrt.

Zugleich sorgen interaktive Hightech-Spielzeuge wie der G-Force-Accelerator für Kurzweil. Seinen Wurzeln blieb Huntsville dennoch verbunden. Das nur einen Block vom alten Courthouse entfernt

Sie hat noch weitgehend ihr historisches Aussehen erhalten: Dauphin Street in Mobile.

liegende rekonstruierte Alabama Constitution Village ist ein aus acht Gebäuden bestehendes Freilichtmuseum, das den Alltag während der Kindertage Alabamas rekonstruiert. Und unweit davon, im Twickenham Historic District, erinnert die höchste Konzentration alter Antebellum-Häuser an das Leben in Huntsville vor dem Bürgerkrieg.

MOBILE

Ah, Mobile! Mobile, Alabama ... Prächtige Antebellum-Häuser, ehrwürdige katholische Kirchen und historische Häuserfronten, von deren gusseisernen, reich verzierten Balkonen Azaleen und Jasmin ihren betäubenden Duft verbreiten: Die mit 199.000 Einwohnern drittgrößte Stadt Alabamas am Ufer der glockenförmigen Mobile Bay hat mehr mit dem zwei Autostunden weiter westlich liegenden New Orleans gemeinsam als mit seinen angelsächsisch geprägten Nachbarn im eigenen Bundesstaat. Auch der Karneval, der seit 1703 gefeierte „Mardi Gras", steht dem von New Orleans an Ausgelassenheit und Farbenpracht kaum nach.

In den Cathedral Square im historischen Stadtzentrum münden Straßen mit wohlklingenden Namen – Erinnerung daran, dass Mobile nicht weniger als fünf Mal den Besitzer gewechselt hat. 1702 von frankokanadischen Edelleuten aus Neu-Frankreich gegründet und nach den hiesigen Mauvilla-Indianern benannt, war die älteste Stadt Alabamas bis 1763 Hauptstadt und später Militärgarnison Französisch-Louisianas. 1780 vertrieb Spanien die englischen Besatzungssoldaten. Bis 1813 gehörte Mobile zum spanischen Florida, dann wurde es im Krieg von 1812 von den Amerikanern erobert. Alsbald blühte Mobile als Handelsstadt und Verladehafen der Baumwolle aus dem Hinterland – und als eine der größten Sklavenhandelsstädte im Süden.

Während des Bürgerkriegs wehte die Flagge der Konföderierten über der Stadt, im frühen 20. Jahrhundert zementierte die Stadtverwaltung die Rassentrennung. Die Weltkriege sorgten für Arbeitsplätze im Schiffbau, der während der Bürgerrechtsbewegung von der Papier- und chemischen Industrie abgelöst wurde. Die Bürgerrechtsbewegung selbst verlief in Mobile weitaus weniger dramatisch als sonst im Süden.

Heute stützt sich diese schöne Stadt, die 2005 vom Hurrikan „Katrina" nur teilweise überschwemmt wurde, v. a. auf Dienstleistungen und die verarbeitende Industrie. Das dreihundertjährige Erbe wird sorgfältig gepflegt. Besucher lustwandeln gern in Mobiles historischen, dicht beieinander liegenden Vierteln, wie beispielsweise rund um den de Tonti Square, im Lower Dauphin Street Commercial District, im Oakleigh Garden District oder im Viertel Old Dauphin Way.

Die Ausstellungen im hervorragenden Museum of Mobile interpretieren das Gesehene im historischen Kontext, und auf den Zinnen des sternförmigen, etwas kleiner rekonstruierten Fort Condé von 1702 lässt sich beim Blick auf die Bürotürme des modernen Mobile über Zeit und Vergänglichkeit philosophieren. Gegenpole sind auch das verspielte Mobile Carnival Museum, das historische Umzugswagen und Kostüme zeigt, und der USS Alabama Battleship Memorial Park an der Mobile Bay, dessen Schlachtschiff „USS Alabama", heute zwar ein Museum ist, dem Besucher aber noch immer einen Schauer über den Rücken jagt.

Springbrunnen am Bienville Square in Mobile

MONTGOMERY

Gepflegt und mit Kleinstadtflair empfängt einen Alabamas Hauptstadt Montgomery. Gemütlichkeit verbreitet auch der träge, mitten hindurchfließende Alabama River – ein Widerspruch irgendwie, angesichts der modernen, Dynamik signalisierenden Banken- und Regierungsgebäude. So gut wie nichts im Stadtbild erinnert an die ersten Weißen, die hier hindurchkamen: der Konquistador Hernando de Soto im Jahre 1540, französische Pioniere, die 1717 unweit von hier Fort Toulouse gründeten, und englische Siedler, die sich hier nach dem French and Indian War (1754–1763) niederließen. Montgomery, benannt nach einem General des Unabhängigkeitskriegs, entstand erst 1819 aus der Zusammenlegung mehrerer Siedlungen, stieg jedoch als umtriebiger Handelsknotenpunkt schon 1846 zur Hauptstadt Alabamas auf. 1861 kurzzeitig auch die Hauptstadt der Konföderation, wurde Jefferson Davis hier zum Präsidenten der Südstaaten ausgerufen. Am 11. April 1861 sandte Davis von hier aus ein Telegramm nach Charleston, in dem er die Entfernung der Unionssoldaten aus Fort Sumter befahl. Davis' Befehl resultierte in den ersten Schüssen des Bürgerkriegs, den Montgomery

Blick in die Kuppel des Kapitols von Montgomery

Die Edmund Winston Pettus Bridge östlich von Selma. Im Jahr 1965 führte ein gewisser Dr. Martin Luther King jr. einen Protestmarsch des Civil Rights Movement über diese Brücke von Selma nach Montgomery an, bei dem man das Wahlrecht für die farbigen US-Amerikaner einforderte. Heute ist die Brücke Teil eines National Trail.

jedoch weitgehend unbeschädigt überstand. Die günstige Lage der heute mit 204.000 Einwohnern zweitgrößten Stadt Alabamas sicherte ihr während der nächsten 150 Jahre ein Auskommen als Handels- und Verkehrsknotenpunkt. Heute ist Montgomery zudem eines der Zentren der Milchwirtschaft im Süden und, dank des renommierten Alabama Shakespeare Festivals, Heimat einer blühenden Kunst- und Kulturszene.

Tatsächlich gibt es wohl kaum eine andere Stadt im Süden, die ihre Vergangenheit so energisch festhält und kenntnisreich aufbereitet hat wie Montgomery. Während der 1950er-Jahre gingen von hier aus entscheidende Impulse für die Bürgerrechtsbewegung aus. Das Rosa Parks Library and Museum auf dem Campus der Troy State University im Stadtzentrum ist der schwarzen Näherin Rosa Parks gewidmet, deren Weigerung, ihren Platz im Bus für einen weißen Fahrgast zu räumen, 1955 zu dem

gewaltlosen, von einem jungen Prediger namens Martin Luther King jr. geführten Bus-Boykott führte. In der Dexter Avenue King Memorial Baptist Church pflegte King zu predigen, von der Kanzel schwor er während des Boykotts seine Gemeinde auf gewaltlosen Widerstand ein. Umfassend und oft ergreifend werden die damaligen Ereignisse im Civil Rights Memorial Center präsentiert.

Andere lohnenswerte Museen in dem von Parks und Teichen aufgelockerten Stadtzentrum sind das dem auch 55 Jahre nach seinem Tod verehrten Country-Star Hank Williams gewidmete Hank Williams Museum im Süden und das F. Scott & Zelda Fitzgerald Museum. In dem seinerzeit vor dem Abriss geretteten Holzhaus verbrachte der Verfasser von „Der Große Gatsby" und „The Curious Case of Benjamin Button" mit seiner aus Montgomery stammenden Verlobten Zelda glückliche und produktive Jahre.

ARKANSAS

EINSTIMMUNG

Der 42. Präsident der Vereinigten Staaten ist noch immer der beste Werber für Arkansas. Wenn der auch mit über 60 Jahren immer noch jungenhafte William Jefferson „Bill" Clinton im breitesten Südstaatenakzent vom Beginn seiner politischen Karriere in „Little Rock, Ar-Kensaw" berichtet, schwingt er mit, der unwiderstehliche Charme des Alten Südens, und man möchte am liebsten gleich die Koffer packen. Und in der Tat: Arkansas würde seinem Spitznamen „The Natural State" alle Ehre machen: Klare Seen und Flüsse, dicht bewaldete Höhenzüge und tiefe, enge Täler, Sonnenuntergänge, die berühmt sind für ihre Farborgien aus rot, pink und orange sowie gemütlich in der subtropischen Wärme liegende Städtchen – all das macht Arkansas zu einem durchweg sympathischen Gastgeber.

Nicht zuletzt die Ozark Mountains haben mit dazu beigetragen, dass Arkansas den Beinamen „The Natural State" trägt.

Felder in Nord-Arkansas

ÜBERBLICK

Arkansas ist 137.754 Quadratkilometer groß und liegt im Süden der Vereinigten Staaten. Im Norden und Osten grenzt der „Natural State" an Missouri, im Osten dazu noch an Mississippi und Tennessee, und im Süden an Louisiana. Im Südwesten teilt sich Arkansas eine Grenze mit Texas und im Westen eine mit Oklahoma. Die mit Abstand größte Stadt ist die Hauptstadt Little Rock (187.000 Einwohner) in der geografischen Mitte des Bundesstaats. 2007 hatte Arkansas 2,8 Millionen Einwohner.

Im Norden und Nordwesten bilden die Ouachita Mountains und die Ozark Mountains die Arkansas Uplands. Durch die Mitte des Staats fließt in West-Ost-Richtung der in einem breiten Bett liegende Arkansas River dem Mississippi zu. Südlich vom Arkansas River läuft der Staat in den dicht bewaldeten Arkansas Lowlands aus. Die höchste Erhebung ist der Magazine Mountain (840 Meter) in den Ouachitas. Auch die übrigen großen Flüsse des Bundesstaats, darunter der Red, White und St. Francis River, fließen in den Mississippi.

Die geografische Lage und die Topografie bestimmen das Klima. Dieses ist in den Lowlands wärmer und feuchter als in den höheren Lagen nördlich des Arkansas River. In Little Rock wird es im Sommer durchschnittlich 27 °C warm, während im Winter das Quecksilber auf 4 °C sinkt. Biologen haben über 2600 einheimische Pflanzenarten, darunter wenigstens 26 Orchideenarten, gezählt. Vor

Romantische Abendstimmung am Lake Hamilton

Ländliche Idylle in den Ozark Mountains

allem die Flusstäler sind Schaufenster der heimischen Flora. Im Mississippi Valley wachsen Zypressen, Eichen, Eschen und Hickory, im Tal des St. Francis gedeihen die seltenen Korkeichen. Den Süden durchzieht ein Waldgürtel aus Eichen, Hickory und Kiefernarten. Die Tierwelt ist nicht minder vielfältig. Durch die Berge im Norden streifen Schwarzbären. Im gesamten Staat verbreitet sind Virginia-Hirsche, Minke, mehrere Fledermausarten und verschiedene Nagerarten. Am häufigsten zu sehen von den rund 300 Vogelarten sind Wachteln und Tauben. Der Fischadler hingegen ist vom Aussterben bedroht.

Sechs Naturgebiete bzw. -phänomene stehen unter dem Schutz des National Park System (welches die Erhaltung von Nationalparks, nationalen Denkmälern und anderen geschützten historischen Stätten regelt), darunter der Buffalo National River im Norden und der Hot Springs National Park.

BEVÖLKERUNG

Nach Little Rock sind Fort Smith, North Little Rock, Pine Bluff und Fayetteville weitere Ballungszentren. Die Bevölkerung ist überwiegend weiß: Über 80 Prozent haben europäische Vorfahren, 16 Prozent sind Nachkommen afrikanischer Sklaven. Die Nachfahren der meist aus Deutschland, England und Irland stammenden Pioniere wohnen hauptsächlich im Zentrum und in den Ozark Mountains. Arkansas' afroamerikanische Bevölkerung konzentriert sich im Süden. Das durchschnittliche Einkommen liegt bei 38.134 US-Dollar (2007). Damit ist Arkansas – vor West Virginia und Mississippi – der drittärmste US-Bundesstaat.

Mit viel Gefühl für eine stimmige Atmosphäre wurde diese alte Kornmühle wieder aufgebaut.

Als Teil des den gesamten Süden durchziehenden „Bible Belt" wird auch Arkansas von protestantischen Glaubensgemeinschaften geprägt. 40 Prozent sind die ihrerseits in verschiedene Gruppen zerfallenden Baptisten, der Rest verteilt sich gleichmäßig auf Methodisten, Pentecostals, Anhänger der Church of Christ und andere evangelikale Gemeinschaften.

WIRTSCHAFT

Bis weit ins 20. Jahrhundert regierte „King Cotton" die Wirtschaft. Daneben wurde etwas Kohle abgebaut und Holz geschlagen. Dann jedoch erlebte die Landwirtschaft mit der Hinwendung zu Sojabohnen, Reis und Geflügelzucht sowie dem Bau von Fischfarmen eine erfolgreiche Diversifizierung. Industrialisierungsbestrebungen blieben indes lange erfolglos.

RECHTE SEITE:
Wer möchte da nicht gleich seine Koffer packen?

Erst seit den 1990er-Jahren schält sich eine erfolgreiche verarbeitende, von Holz und Papier dominierte, Industrie heraus. Weitere Gewinne einfahrende Branchen sind Landwirtschaft und Tourismus. Letzterer fußt v. a. auf einem interessanten Outdoor-Angebot und den Mineral- und Solebädern von Hot Springs, Eureka Springs und Heber Springs.

Amishe warten auf eine Fähre über den See

GESCHICHTE

Die ältesten menschlichen Spuren in Arkansas sind rund 12.000 Jahre alt und wurden unter den Felsüberhängen am White River gefunden. Bei der Ankunft der ersten Weißen wohnten hier mehrere Stämme: die Quapaw im Süden, die Caddo im Westen und die kriegerischen Osage im Norden. Sie alle wurden während der ersten Hälfte des 19. Jahrhunderts nach Oklahoma deportiert. 1541 erkundete Hernando de Soto Arkansas. 1673 erreichten frankokanadische Trapper unter Louis Joliet von den Großen Seen aus auf dem Mississippi die Mündung des Arkansas River, und 1682 etablierte de La Salle auf seiner Expedition von den Großen Seen bis zum Golf von Mexiko den Anspruch Frankreichs auf das Mississippi-Tal.

Bis 1763 zeigte Paris mit dem Ort Arkansas Post am Mississippi-Ufer Flagge, dann trat es die winzige, älteste Siedlung im Bundesstaat an Spanien ab. 1800 fiel das Territorium vorübergehend wieder an Frankreich, das es jedoch drei Jahre später im Louisiana Purchase an die USA verkaufte. Im Rahmen der Aufteilung der gewaltigen Neuerwerbung wurde nach und nach auch Arkansas, das 1836 der Union beitrat, gebildet. Zu diesem Zeitpunkt lebten hier bereits 52.000 Menschen, davon waren 10.000 Sklaven.

Am 6. Mai 1861 schloss sich Arkansas den Konföderierten Staaten von Amerika an, erlebte aber, westlich des Mississippi liegend, nur relativ wenige Schlachten. Industrialisierung und Modernisierung kamen erst nach der Depression nach Arkansas.

Während der 1950er-Jahre geriet Arkansas in die Schlagzeilen, als Gouverneur Orval E. Faubus 1957 die von Washington angeordnete De-Segregation der Central High School von Little Rock rückgängig machte.

Erst unter dem Schutz der von US-Präsident Eisenhower geschickten Nationalgarde gelang es schwarzen Schülern daraufhin, am Unterricht teilzunehmen. In den 1980er-Jahren versuchte Arkansas, auch unter der Ägide eines jungen Bill Clinton, mit einer Reihe von Reformen und Steuervergünstigungen mit mäßigem Erfolg, Unternehmen anzuziehen und Arbeitsplätze zu schaffen. Der Hauptstadt kam und kommt dabei die Hauptrolle zu. Weniger als 800 Kilometer von gleich zehn wichtigen Wirtschaftszentren liegend, soll Little Rock zu einem Industrie- und Finanzzentrum ausgebaut werden.

LITTLE ROCK

Die moderne Stadt am Ufer des Arkansas River ist der politische und wirtschaftliche Mittelpunkt des Bundesstaats. Little Rock präsentiert sich zukunftsorientiert und traditionsbewusst zugleich – metallisch schimmernde Bürotürme und verträumte Antebellum-Residenzen stehen hier direkt nebeneinander. Der Name der Stadt stammt von einem frankokanadischen Trapper. 1722 erkundete Bernard de la Harpe diesen Abschnitt des Arkansas River und benannte ihn nach seiner Felsenböschung „La Petite Roche".

Hier spürt man noch den Hauch der Geschichte: stilvolle Doppeltreppe im alten State House in Little Rock, Arkansas.

1814 erstmals besiedelt und schon 1821 zur Hauptstadt des Arkansas Territory erhoben, ist Little Rock heute Sitz bedeutender Unternehmen wie AFCO Steel und AMERON. Regierung, Verwaltung und Schulen sind weitere wichtige Arbeitgeber.

Little Rock lässt sich am besten vom Riverfront Park aus erkunden. Die meisten der Sehenswürdigkeiten liegen im River Market District, dem inzwischen restaurierten Lagerhallenviertel. Bequem von hier aus zu Fuß erreichbar sind das Arkansas State Capitol, der 1915 fertiggestellte Regierungssitz des Bundesstaats, und das William J. Clinton Presidential Library and Museum. Die Bibliothek des hier hochverehrten früheren US-Präsidenten enthält neben 76 Millionen Dokumentenseiten und persönlichen Gegenständen Clintons auch eine Replik des Oval Office im Weißen Haus.

Das Historic Arkansas Museum, das größte seiner Art im Staatsgebiet, zeigt die Werke einheimischer Kreativer und unterhält zudem eine Reihe wunderschöner alter Häuser, die für ihre jeweilige Epoche typisch sind. Im MacArthur Park beherbergt das Arkansas Arts Center überdies gleich neun Galerien. Am Südwestrand der Downtown, jenseits der Interstate 630, erinnert die Central High School National Historic Site an die „Little Rock Nine", eine Gruppe mutiger afroamerikanischer Studenten, die trotz Schmähungen und Androhung von Gewalt im Herbst 1957 unter dem Schutz der Nationalgarde den Besuch des College erzwangen. Zurück im River Market District mag man noch den Farmers' Market besuchen, oder in einem der vielen Cafés und Restaurants die Beine ausstrecken.

Die Waterfront von Little Rock

Denkmal für die konförderierten Soldaten von Arkansas

Arkansas 151

Luxuriöse Südstaaten-Residenz im Stil der alten Plantation Homes

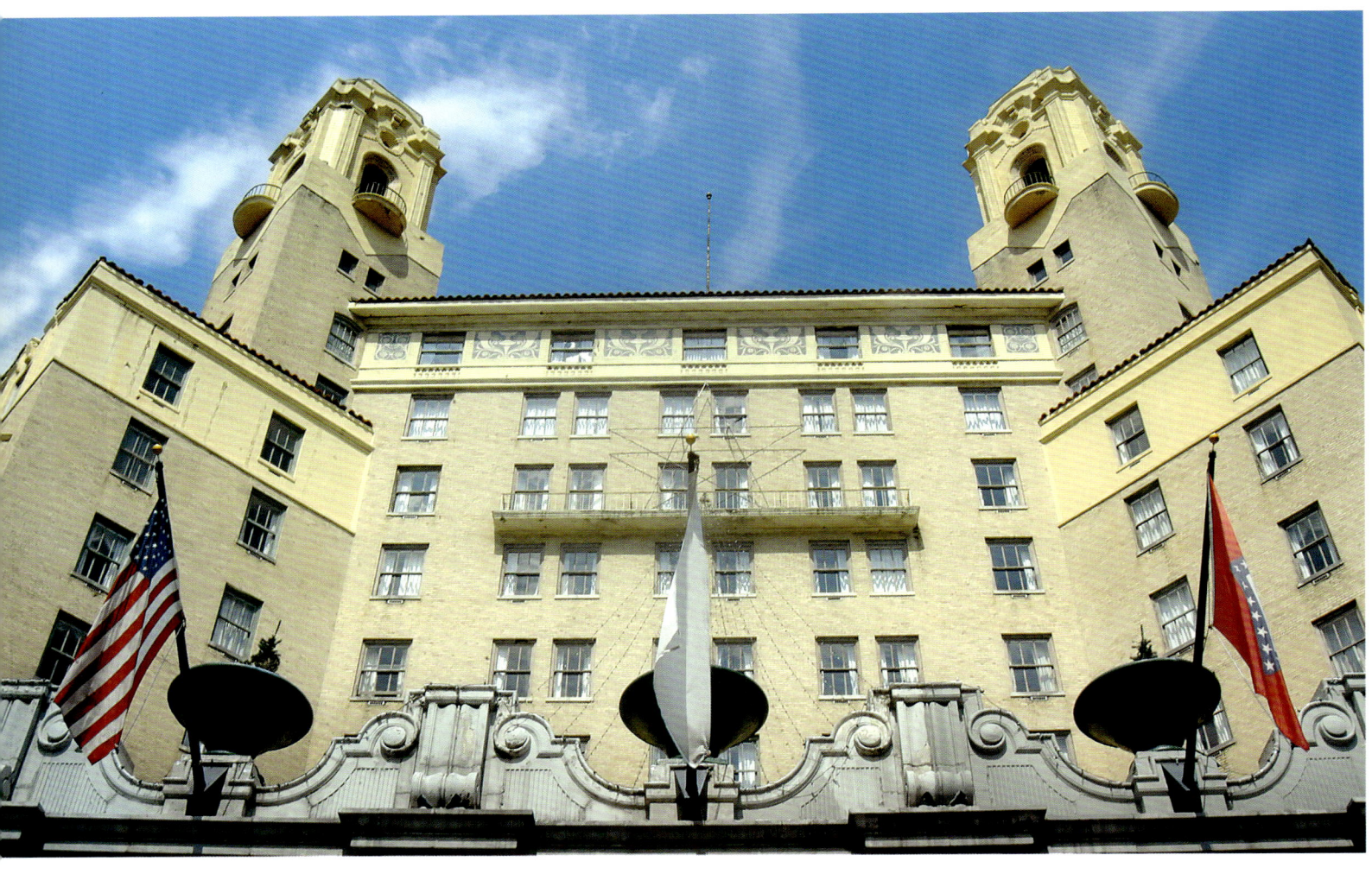

Traditionsreiches Haus im Badeort Hot Springs: das Arlington Hotel

EUREKA SPRINGS

Das 2300-Seelen-Städtchen in den grünen Ozark Mountains in Nordwest-Arkansas ist einer jener Orte, in denen Durchreisende länger als geplant bleiben. Viele bleiben sogar jahrelang hängen, manche ihr ganzes Leben. Ob dies nun daher rührt, dass Eureka Springs auf der Schnittstelle zweier Energiefelder liegt – solche Behauptungen halten sich seit jeher – mag dahingestellt bleiben. Tatsächlich sind es die im Umkreis von anderthalb Kilometern vom Stadtzentrum sprudelnden Heilquellen, die den Ort so attraktiv machen. Hinzu kommt die mit dem Kurort-Tourismus einhergehende Infrastruktur, die sich durch Galerien, feine Restaurants und Bars und Resorthotels sowie durch einen vollen Veranstaltungskalender auszeichnen.

Der Hauptgrund für den Besuch ist jedoch ein heißes Bad im mineralhaltigen Quellwasser der altmodischen Badehäuser. Diese sogenannten „Bath Houses" stammen nicht selten noch aus dem 19. Jahrhundert. Auf den steilen gewundenen Straßen im viktorianisch geprägten Eureka Springs Historic District kann man sich anschließend die Beine vertreten und nicht nur die frische Luft der Ozarks genießen, sondern auch das von April bis Oktober aufgeführte „Great Passion Play", ein Passionsspiel à la Oberammergau.

Das Ozark Badehaus in Hot Springs

HOT SPRINGS

Das südwestlich von Little Rock in den Ouachita Mountains liegende Städtchen hat knapp 40.000 Einwohner und ist dank seiner rund 50 heißen Quellen seit dem frühen 19. Jahrhundert ein beliebter Kurort. Verlässliche 64 °C heiß ist das mineralreiche Quellwasser, mit dessen Hilfe sich schon die US-Präsidenten F.D. Roosevelt und Harry Truman und sogar der Mafiaboss Al Capone gesund gekurt haben. Bereits 1832 wurde der Westhang des Hot Spring Mountain, wo sich die Quellen befinden, unter Schutz gestellt, 1921 wurde er zum Hot Springs National Park erklärt.

Hot Springs mit dem weltweit ersten mitten in einer Stadt liegenden Nationalpark hat sich zwischenzeitlich zu einem ansehnlichen Kurort entwickelt. Bis heute strahlt die Stadt die altmodische Vornehmheit des Fin de Siècle aus – vor allem an der von alten Magnolienbäumen gesäumten Central Avenue, die bekannter unter dem Namen „Bathhouse Row" ist. Dort pflegen acht verbliebene, im damals modischen maurisch-kolonialspanisch inspirierten Stil errichtete Badehäuser die Erinnerung an die gute alte, langsamere Zeit.

CONNECTICUT

EINSTIMMUNG

Pragmatisch, einfallsreich und nie mit dem Erreichten zufrieden: Nicht umsonst stattete der berühmte Mark Twain den Titelhelden seines Romans „Ein Yankee aus Connecticut an König Artus' Hof" mit klassischen Unternehmereigenschaften aus. Connecticut, der Winzling in der bereits von New York City überschatteten Südwestecke Neuenglands, gilt als die Heimat eines besonders geschäftstüchtigen Menschenschlags. Typische Zeugnisse der „Yankee-Ingenuity" sind der Telegraf von Samuel Morse, das Ersatzteilkonzept, der Korkenzieher und die Sicherheitsnadel, Venture Capital (Risikokapital) und Investmentfonds. Dass dieser Innovationsgeist nicht nur dem Land, sondern v. a. auch Connecticut selbst zugutekommt, zeigen die Zahlen. 2007 machten die Connecticut-Yankees ihren Staat mit einem mittleren Einkommen von 65.967 US-Dollar (USA: 50.740 US-Dollar) pro Haushalt zum drittreichsten des Landes.

Die Skyline von Hartford im Abendlicht

ÜBERBLICK

Connecticut ist mit nur 12.997 Quadratkilometern der drittkleinste Bundesstaat der USA und liegt im Südwesten der „Neuengland" genannten Nordostecke des Landes. Nachbarn sind Massachusetts im Norden und Osten, Rhode Island im Osten und New York im Süden und Westen. Die dem Long Island Sound (Meeresarm des Atlantiks, der Long Island vom Festland trennt) folgende Küstenlinie ist 400 Kilometer lang. Die größten Städte sind Bridgeport (138.000 Einwohner), New Haven (124.000 Einwohner) und die Hauptstadt Hartford (124.000 Einwohner). 2007 wohnten 3,50 Millionen Menschen in Connecticut.

Der Connecticut River teilt den Staat in die Eastern und die Western Highlands. Die Eastern Highlands erreichen an der Grenze zu Massachusetts eine durchschnittliche Höhe von 250 und weiter südlich eine von etwa 70 Metern. Höchster Punkt der Western Highlands ist der Mount Frissell (726 Meter) im Nordwesten. Die flache, stark urbanisierte Südwestecke liegt bereits im Einzugsbereich von New York City. Mit milden Wintern und warmen Sommern genießt Connecticut ein gemäßigtes Klima.

Das Goodspeed Opera House in dem kleinen Nest East Haddam erhebt sich direkt am Ufer des Connecticut River.

FLORA UND FAUNA

Gemessen an seiner geringen Größe bietet Connecticut überraschend viele unterschiedliche Vegetationszonen. In den Gezeitenmarschen (Schwemmland) am Long Island Sound wachsen Seegräser und Lavendel, in den Sumpfgebieten landeinwärts Farne, Pfefferbüsche, Johannisbeeren und falsche Nieswurz. In den höheren Lagen gedeihen Berglorbeer, verschiedene Azaleenarten, die amerikanische Maiblume und wilde Möhren.

Seit dem frühen 17. Jahrhundert intensiv besiedelt, zollte die Tierwelt der Erschließung schon früh Tribut. Schwarzbären, Berglöwen und Wölfe wurden ausgerottet oder zogen sich in die Wälder von Maine im Norden zurück. Nur kleinere Säugetiere, v. a. Waschbären, Streifenhörnchen, Stachelschweine und Stinktiere, schafften es, sich ihren ständig verändernden Lebensräumen anzupassen.

Im Umweltschutz hat Connecticut durchaus Erfolge vorzuweisen. Seit dem Immissionsschutzgesetz im Jahr 1986 ging die Luftverunreinigung um wenigstens 68 Prozent zurück. Recycling ist seit 1987 Bürgerpflicht.

Herbststimmung am Connecticut River

BEVÖLKERUNG

Bis zum Ende des Zweiten Weltkriegs war die Bevölkerung Connecticuts hauptsächlich europäischen Ursprungs. Neben den Nachkommen der englischen Pioniere gab es vor allem irische, polnische, italienische und frankokanadische Einwanderer, die sich hauptsächlich in den größeren Städten niederließen. Nach 1945 gesellten sich Afroamerikaner aus den Südstaaten sowie lateinamerikanische Immigranten dazu. Im Jahr 2000 waren zehn Prozent der Bevölkerung nicht im Land geboren worden.

Die Herrschaft der strenggläubigen, oftmals fanatischen Puritaner über die Gotteshäuser des Staats endete erst mit der Ankunft katholischer Zuwanderer am Ende des 19. Jahrhunderts. Heute stellen die Katholiken mit gut 1,3 Millionen Gläubigen die größte Glaubensgemeinschaft in Connecticut dar. Es folgen die United Church of Christ und die Episcopal Church.

WIRTSCHAFT

Schon im frühen 19. Jahrhundert ging Connecticut von der Landwirtschaft zu Walfang und Schiffsbau über. So früh industrialisiert, machte sich der Staat alsbald einen Namen als Erzeuger von Präzisionsinstrumenten. Heute werden in seinem Industriegürtel zwischen Hartford und Bridgeport u. a. Maschinenteile, Atom-U-Boote, Waffen, Düsentriebwerke und Hubschrauber produziert. Ein nicht geringer Teil der Experten und Spezialisten ist „hausgemacht": Mit der Yale University in New Haven und der United States Coast Guard Academy verfügt Connecticut über zwei renommierte Elitehochschulen.

Eis bedeckt das Wasser im Hafen von Mystic.

Connecticut 161

Leuchtturm im Hafen von Mystic

GESCHICHTE

Bei der Ankunft der ersten Europäer lebten 7000 einem Dutzend verschiedener Stämme angehörende Indianer in Connecticut. Die mächtigsten waren die an der Küste und dem Ufer des Connecticut River siedelnden Pequot. Doch bereits im Pequot War (1634–1637) wurden sie von landhungrigen englischen Siedlern vernichtet. Seitdem der Holländer Adriaen Block 1614 den Long Island Sound erkundet hatte, befand sich Connecticut im Visier glaubensfester Puritaner. 1638 schlossen sich die von ihnen gegründeten Orte Hartford, Wethersfield und Windsor zur Connecticut Colony zusammen, die sich wenig später die erste geschriebene Verfassung Nordamerikas gab und Connecticut den Beinamen „Constitution State" bescherte. 1662 schlossen sich New Haven und andere Küstenorte der Kolonie an.

Während des Unabhängigkeitskrieges produzierten Connecticuts Rüstungsfabriken Waffen für die Kontinentalarmee. Auch während des Bürgerkriegs und der beiden Weltkriege boomte die Wirtschaft des kleinen Staates. Nach 1945, vor allem aber seit dem Ende des Kalten Kriegs, diversifizierte Connecticut. Viele für das Militär produzierende Fabriken schlossen, Dienstleistungen traten an ihre Stelle. In den 1960er-Jahren begann der Staat mit der Sanierung seiner Innenstädte, in den 1980er- und 1990er-Jahren versuchte er – mehr schlecht als recht – mit Steuerpaketen die wachsenden Einkommensunterschiede zwischen den (weißen) Vorstädtern und (farbigen) Innenstädtern auszugleichen. Im April 2005 legalisierte Connecticut gleichgeschlechtliche Lebensgemeinschaften, im gleichen Jahr führte der Staat die seit 1960 ausgesetzte Todesstrafe wieder ein.

Gillette Castle, nicht weit von East Haddam hoch über dem Ufer des Connecticut River gelegen, wurde Anfang des 20. Jh. von dem Schauspieler William Gillette erbaut.

Träge fließt das Wasser durch das Marschland bei Old Saybrook. Berühmteste Bewohnerin von Old Saybrook war die Schauspielerin Katharine Hepburn.

RECHTE SEITE:
Der Hartford Memorial Arch ist ein Denkmal zur Erinnerung an die Gefallenen des Bürgerkrieges.

HARTFORD

Der ebenso begabte wie karrierebewusste Mark Twain wusste damals genau, was er tat, als er sein Haus in Hartford baute: Während der zweiten Hälfte des 19. Jahrhunderts war die Hauptstadt Connecticuts als Tummelplatz erfolgreicher Geschäftsleute eine der wohlhabendsten Städte im Osten. Bis heute trägt die 1636 gegründete Stadt am Oberlauf des Connecticut River den Titel „Insurance Capital of the World". Bis vor kurzem saßen hier noch 50 Versicherungsgesellschaften. Eine Reihe politischer Skandale und die Flucht der gut verdienenden Weißen in die Vorstädte hinterließen jedoch zahlreiche Wunden im Stadtbild, wie verwahrloste Häuserblocks und unkrautübersäte Bürgersteige. Im übersichtlichen Zentrum präsentiert sich Hartford jedoch wie eh und je mit einer leicht genießbaren Mischung aus kolonialer Vergangenheit und nüchternem Geschäftssinn.

Das 1879 eingeweihte State Capitol mit seiner goldglänzenden Kuppel, den kühn geschwungenen Bögen und Wänden aus grauem Connecticut-Marmor ist ein wahres Meisterwerk, welches neben

Skyline von Hartford

Auf dem Campus der Yale University in New Haven

der Regierung interessante Erinnerungsstücke an den Unabhängigkeitskrieg beherbergt, darunter das Feldbett des Marquis de Lafayette. Der an den Regierungssitz grenzende Bushnell Park stammt aus den 1850er-Jahren und ist damit der älteste Stadtpark der USA. Drei Blocks weiter östlich steht der unangefochtene Kulturtempel der Stadt, ein burgähnliches Gebäude mit Türmen und Zinnen. Das Wadsworth Atheneum ist das älteste Kunstmuseum des Landes. 1844 eröffnet, beherbergt es rund 45.000 Objekte, darunter Gemälde der Hudson River School sowie Porzellan aus Meissen und Sèvres. Westlich von State Capitol und I-84 steht „the house that Mark built". So nannte Amerikas berühmtester Schriftsteller Mark Twain seine 1873 begonnene, den schillernden Charakter Twains mit mehreren Baustilen und allerlei Exzentrizitäten reflektierende 19-Zimmer-Residenz. Heute ist das Mark Twain House eines der wohl interessantesten Hausmuseen der USA.

Ländliches Domizil in Litchfield

NEW HAVEN

Ist Connecticut die Heimat der Yankees, so ist New Haven die Wiege der „Yankee Ingenuity". Die Stadt am Ufer des Long Island Sound schenkte Amerika das Winchester-Gewehr und das Frisbee, den Hartgummi und den Hamburger. Penicillin fand hier erstmals klinische Verwendung und bis heute bleibt die 1638 gegründete Stadt, die im 19. Jahrhundert als Industriestandort für Waffen- und Maschinenfabriken boomte, ein Zentrum für Forschung und Technik. Nicht unwesentlich daran beteiligt ist die Yale University. Die 1701 gegründete Eliteuniversität gehört zur berühmten Ivy League und wurde von zahlreichen US-Präsidenten, Nobel- und Pulitzer-Preisträgern besucht.

Yale gehört daher bei jedem Besuch auf jeden Fall zum Pflichtprogramm. Die mitten im Stadtzentrum liegende Campus-Uni flößt mit ihrer dunklen, mit Efeu überwachsenen Neogotik Respekt ein. 11.000 junge Leute studieren hier in zwölf Colleges, und bei einer von Studenten geführten Tour besichtigt man u. a. das Payne Whitney Gymnasium, die größte Turnhalles des Landes, die vornehme Beinecke Rare Books Library und die Yale University Art Gallery, die mit ihren Picassos, Lichtensteins und Monets eines der besten Kunstmuseen im Osten ist. Das schönste Gegenprogramm findet sich am Südrand des Uni-Geländes. In einem winzigen Gebäude aus rotem Ziegelstein werden seit nunmehr 110 Jahren Hamburger verkauft. Damit gilt „Louis' Lunch", 1895 von Louis Lassen als Arbeiterkantine gegründet und noch immer in Familienbesitz, als Erfinder des beliebtesten

Schnellgerichtes der Welt. Allerdings haben Louis' Hamburger mit dem Produkt der größten Fastfood-Kette kaum etwas gemeinsam. Hier gehen sie immer noch so, wie sie Louis im Jahr 1900 rein zufällig kreierte, über die Theke: als Buletten zwischen zwei Toastscheiben und – aber nur auf Wunsch – mit etwas Senf und ein paar Gurkenscheiben garniert.

MYSTIC

Seine einstige Bedeutung sieht man dem verschlafenen Städtchen an der Mündung des Mystic River in den Long Island Sound nicht an. Über eine altertümliche Hebebrücke erreichbar, drängen sich in den engen Straßen kleine Steinhäuschen aus dem 18. und frühen 19. Jahrhundert aneinander. 1988 gelangte der Ort vorübergehend in die Schlagzeilen, als Hollywood seinen Namen für den Film „Mystic Pizza" auslieh. Doch der Film, der Julia Roberts' Filmkarriere einläutete, brachte Mystic keine zusätzlichen Besucher. Diese kamen – und kommen bis heute – der Vergangenheit wegen. Im 19. Jahrhundert war das 4000-Einwohner-Städtchen Mystic ein bedeutendes Schiffsbauzentrum. Damals liefen hier die schnellsten Segelklipper der Welt vom Stapel. Im Mystic Seaport, dem schönsten maritimen Freilichtmuseum der Ostküste, wird mit zahlreichen Originalgebäuden, historischen Werften und Lagerhäusern der Blütezeit gedacht. Einer der hier ankernden Stars ist die 1841 gebaute „Charles W. Morgan", das letzte noch existierende hölzerne Walfängerschiffe der Welt.

Hartford von der Flussseite her gesehen

DELAWARE

EINSTIMMUNG

Klein, aber oho: Was der zweitkleinste Bundesstaat dem verwöhnten USA-Reisenden an Naturschauspielen verwehrt, macht er mit viel Kolonialgeschichte wieder mehr als wett. Das beginnt bereits beim Namen, der diesmal nicht von einem Indianerstamm herrührt, sondern von einem Gouverneur, einem gewissen Thomas West, Baron de La Warr. Schweden versuchte sich hier als Kolonialmacht, die Niederlande ebenso. Dann übernahmen die Engländer die Regie und gaben sie – zumindest gefühlt – bis heute nicht mehr ab. So viele fein restaurierte Städtchen, Häuser und Gärten gibt es hier und mit ihnen so viele Hinweise auf Geschichts- und Traditionsbewusstsein, dass das sonst chronische atemlose, alles Neue anbetende Amerika, verkörpert von den Delaware umzingelnden Ballungszentren Washington, Baltimore und Philadelphia, auf einen anderen Stern verbannt zu sein scheint.

Zaun in den Dünen an der Küste von Delaware

ÜBERBLICK

Delaware ist 6447 Quadratkilometer groß und liegt auf dem spitzwinkligen Landzipfel zwischen Delaware und Chesapeake Bay. Die größte Ost-West-Ausdehnung beträgt 56 Kilometer, die größte Nord-Süd-Ausdehnung ist mit 154 Kilometern nur wenig größer. Nachbar im Norden ist Pennsylva-

Ein Sturm braut sich über dem Strand von Rehoboth, nicht weit von Lewes, zusammen.

nia. Im Osten sind es New Jersey und der Atlantik. Im Süden und Westen grenzt Delaware an Maryland. 2007 wohnten 0,87 Millionen Menschen im Staat.

Mit Abstand größte Stadt ist Wilmington (72.700 Einwohner). Die zweitgrößte ist Delawares Hauptstadt Dover (35.800 Einwohner). Topografisch ist fast ganz Delaware Teil der Küstenebene. Nur der

Nordzipfel gilt als dem Piedmont Plateau zugehörig. Von Norden nach Süden senkt sich das Land fast unmerklich auf Meereshöhe ab. Dabei geht die sanfte Hügellandschaft am Ende in Marsch- und Dünenlandschaften über. Fast alle Flüsse Delawares fließen der gleichnamigen Bay zu. Dutzende kleine Binnenseen setzen hübsche Akzente. Das feuchtgemäßigte Klima mit seinen milden Wintern und warmen Sommern ist für diese Übergangszone zwischen Nord und Süd ebenso typisch wie der überraschende Artenreichtum der Flora. Neben den Laubbäumen des Nordens gedeihen hier auch für den Süden typische Arten, wie Hickory, Sassafras- und Walnussbaum.

Felsiges Ufer des Delaware River

Kleiner Anglerpier in der Rehoboth-Bucht

Vom Großwild hat, angesichts der relativ hohen Bevölkerungsdichte erstaunlich, der Virginia-Hirsch die 400-jährige Anwesenheit des weißen Mannes überlebt. Kleinere Tiere sind Rot- und Graufuchs, Waschbär und Bisamratte. Die Fischadlerpopulation Delawares gilt als bedroht.

BEVÖLKERUNG

20 Prozent der Bevölkerung sind afroamerikanischen Ursprungs, fünf Prozent sind als spanisch sprechende „Hispanics" registriert, weitere fünf Prozent wurden nicht im Land geboren. Die meisten dieser Neueinwanderer stammen aus dem Vereinigten Königreich, Deutschland und Indien. Die größten religiösen Gruppierungen sind Katholiken, Methodisten, Episkopalen und Presbyterianer. Fast die Hälfte aller Einwohner gibt an, keiner religiösen Gemeinschaft anzugehören. Das durchschnittliche Haushaltseinkommen liegt bei 54.610 US-Dollar (2007).

WIRTSCHAFT

Delaware gehört traditionell zu den wohlhabenden Staaten des Landes. Die seit Beginn des 21. Jahrhunderts sinkenden Verkaufszahlen in der hiesigen verarbeitenden Industrie – Autoindustrie und chemische Industrie – konnten bislang durch den unverhältnismäßig stark wachsenden Dienstleistungssektor abgefedert werden. Eine modernisierte Landwirtschaft produziert vor allem Getreide, Mais, Sojabohnen, Melonen und Erbsen. Milchwirtschaft und Fischfang produzieren meist für den regionalen Bedarf.

Der Great Blue Heron (Kanadareiher) im Bombay Hook Wildlife Refuge steht auf der Liste der gefährdeten Vogelarten.

GESCHICHTE

Bei der Ankunft der Europäer wurde der Norden Delawares von den Lenni-Lenape-Indianern kontrolliert, während der Süden zum Territorium der Nanticoke und Assateague gehörte. 1631 gründeten die Niederländer unweit des heutigen Städtchens Lewes den Handelsposten Zwaanendael. Die Schweden folgten 1638 mit Fort Christina, der Keimzelle ihrer Kolonie Neu-Schweden, und mit dem heutigen Hafenstädtchen und Banken- und Versicherungszentrum Wilmington. 1655 beendeten die Niederländer das schwedische Kolonialabenteuer, 1664 mussten die Niederländer wiederum den Engländern weichen. 1682 überschrieb die Krone das Gebiet William Penn, dem Gründer Pennsylvanias. 1704 begannen die Repräsentanten des späteren Delawares, sich in einem eigenen Parlament zu treffen. 1776 löste sich Delaware vollständig von Pennsylvania, trat wenig später auf Seiten der übrigen Kolonien in den Unabhängigkeitskrieg ein und unterzeichnete 1787 als Erster die Verfassung der USA.

Die Verlegung der Eisenbahn von Philadelphia nach Baltimore durch Wilmington schob zu Beginn des 19. Jahrhunderts die Industrialisierung an. Gegen Ende des Jahrhunderts etablierte sich die Textil- und chemische Industrie in Delaware. Während der 1950er-Jahre wurden Delawares Schulen integriert, doch noch 1978 musste per Gerichtsbeschluss erzwungen werden, dass die Routen der Schulbusse so gelegt wurden, dass alle Schulen weiße und schwarze Schüler in gleicher Zahl erhielten.

WILMINGTON

Ganz „business" und „trendy", den Blick fest nach vorn gerichtet und die Wurzeln tief in der Geschichte verankert: Trotz seiner modernen Skyline verliert Delawares größte Stadt das „gute" Leben nicht aus den Augen. Gärten und Parks zum Picknicken, Jogging-Trails und Radwege, und etliche hervorragende Galerien, Museen, Restaurants und Cafés machen die im Nordzipfel fast schon im Einzugsgebiet Philadelphias liegende Stadt zu einer sympathischen Gastgeberin. Wilmingtons hohe Lebensqualität zieht vor allem neue Hightechunternehmen und junge Familien an, die ihre Familien lieber hier als in Philadelphia gründen wollen. Die wichtigsten Ereignisse in der Chronik der 1638 von Schweden am Ende der Delaware Bay gegründeten Stadt waren: ihre Rolle im Unabhängigkeitskrieg als George Washingtons Hauptquartier, die Niederlassung des heute weltweit zweitgrößten Chemiegiganten DuPont im frühen 19. Jahrhundert und die Revitalisierung der Innenstadt nach den Rassenunruhen unmittelbar nach der Ermordung von Martin Luther King jr.

Von der DuPont-Familie stammen auch einige der schönsten Attraktionen der Stadt. Nemours Mansion and Gardens ist das 77-Zimmer-Heim von Alfred I. DuPont, das er sich 1909 bis 1910 im aufwendigen Louis-XVI-Stil errichten ließ. 16 Kilometer nördlich liegt Longwood Gardens, das botanische Meisterwerk eines anderen DuPont, Pierre Samuel. Vielerorts erinnert Wilmington auch an andere Kapitel seiner langen Geschichte. Die Wiege Wilmingtons steht im Fort Christina State Park. Dort erinnert heute das Monument eines schwedischen Künstlers an die Keimzelle der Stadt. Un-

Longwood Gardens, ein botanischer Garten der Extraklasse in Wilmington, ist das Werk von Pierre Samuel DuPont, einem Spross der DuPont-Dynastie.

Beliebter Badestrand im Cape Henlopen State Park in Lewes

Beim Dover International Speedway in Dover, der Hauptstadt von Delaware, wird ein heißer Reifen gefahren.

weit davon ankert der hochseetüchtige Nachbau der „Kalmar Nyckel", jener Dreimaster, der 1638 die ersten schwedischen und finnischen Kolonisten brachte, im Christina River. Prachtvolle Zeugen der englischen Kolonialzeit sind nicht fern. Die Holy Trinity „Old Swedes" Episcopal Church von 1698 gilt als älteste aktive Kirche des Landes. Das Delaware History Museum erzählt die Geschichte Delawares, das Grand Opera House von 1871, hier liebevoll „The Grand" genannt und geschmückt mit einer der schönsten gusseisernen Fassaden im Osten, beherbergt heute das Delaware Center for the Performing Arts. Nicht weit entfernt: der rotziegelige Quaker Hill Historic District mit seinen schönen alten Häusern, deren fromme Besitzer einst George Washington beherbergten und später, als überzeugte Sklavereigegner, entlaufene Sklaven auf dem Weg nach Kanada versteckten. Lokalkolorit atmet auch die Riverfront. Der anderthalb Kilometer lange Park folgt dem Lauf des Christina River und bietet entlang seinem Plankenweg nicht nur schöne Aussichten aufs Wasser, sondern auch hübsche Cafés und Restaurants in historischen Gebäuden.

DOVER

Die Hauptstadt Delawares liegt 72 Kilometer südlich von Wilmington in der Mitte des Staats. 1683 gegründet und seit 1777 Hauptstadt, ist Dover bekannt für sein gepflegtes Grün im Zentrum des Old Dover Historic District, einer verträumten Wiege aus schöner Backsteinarchitektur im georgianischen und viktorianischen Stil, von der aus schattige Alleen zum erholsamen Flanieren einladen. Als Hauptstadt wird Dover natürlich auch seinen Pflichten als Schaufenster von Kunst und Kultur gerecht. Im Biggs Museum of American Art werden in 14 Galerien die schönsten Werke aus über 200 Jahren amerikanischen Kunstschaffens ausgestellt, darunter Werke der Hudson River School und

Alte Grabsteine auf einem kleinen Friedhof in New Castle

der amerikanischen Impressionisten. Sehenswert ist auch das etwas außerhalb liegende Delaware Agricultural Museum and Village, wo eine weitläufige Freilichtanlage den Weg der Landwirtschaft Delawares von 1670 bis zur Gegenwart nachzeichnet.

NEW CASTLE

1640 erst von Schweden, 1651 dann von Niederländern besiedelt, hieß New Castle zunächst „Nieuw Amstel", bis die Engländer es 1664 in seinen heutigen Namen umbenannten. Nach der Unabhängigkeit der USA war die wichtige Hafenstadt vorübergehend Hauptstadt Delawares, bis diese Würde an Dover überging. Im 19. Jahrhundert blühte die Stadt als Handels- und Verwaltungszentrum. Mit der Umleitung der Eisenbahn im späten 19. Jahrhundert fiel sie in einen Dornröschenschlaf, aus dem sie erst während der letzten 20 Jahre erwachte. Nicht zuletzt auch deshalb wirkt das ruhige, zehn Kilometer südlich von Wilmington am Ende der Delaware Bay liegende 5000-Einwohner-Städtchen wie ein lebendes Museum. Viele der ältesten und schönsten Kolonialhäuser konzentrieren sich am Strand an der auf den Battery Park am Fluss zulaufenden Straße. Andere Straßen führen auf den Green im historischen Zentrum. An das kurze niederländische Intermezzo erinnert hier das gedrungene, aus dem späten 17. Jahrhundert stammende Dutch House. Als Quartier bevorzugten die Führer der amerikanischen Unabhängigkeitsbewegung 100 Jahre später jedoch das elegante, um 1730 im georgianischen Stil erbaute Amstel House. Interessantes aus der Stadtgeschichte, u. a. über ihre Einwohner, von denen viele geflohene Sklaven versteckten, bewahrt das im ältesten Regierungsgebäude Delawares untergebrachte New Castle Court House Museum.

LEWES

Das sympathische Strandresort (3100 Einwohner) liegt gegenüber von Cape Mary (New Jersey) am Cape Henlopen und „bewacht" den Eingang zur Delaware Bay. 1631 begann Lewes als niederländischer Handelsposten Zwaanendael und überstand in der Folge Angriffe von Indianern, Piraten und im Krieg von 1812 auch ein Bombardement britischer Kriegsschiffe. Der Name der Pilottown Road im fußgängerfreundlichen Zentrum erinnert an einen ehrenwerten Berufsstand: Damals stiegen hier die Lotsen zu, die die landeinwärts segelnden Schiffe sicher zu ihren Häfen brachten. Maritime Traditionen halten sich bis heute: Am renommierten College of Marine Studies der University of Delaware sind rund 100 Studenten eingeschrieben.

Die wechselvolle Stadtgeschichte erzählt das dem Rathaus im niederländischen Hoorn nachempfundene Zwaanendael Museum, weithin erkennbar an seinen rot-weißen Fensterläden und an der reich verzierten Giebelfront. Weitere fotogene alte Häuser präsentiert der als Lewes Historical Society Complex bekannte Abschnitt an der Shipcarpenter Street. Lewes vom Wasser aus erleben kann man von der schönen Fisherman's Wharf, wo auch Schiffe zu Walbeobachtungstouren ablegen. Die älteste Stadt Delawares kann aber auch jung und lärmend sein: Der nur wenige Minuten entfernte Rehoboth Beach ist im Sommer einer der beliebtesten Strände am Atlantik.

Schöner Name für einen Leuchtturm: Harbor Refuge Lighthouse

Kleines Wohn- und Geschäftshaus an einer Straßenkreuzung in Lewes

FLORIDA

EINSTIMMUNG

Micky Maus und Flipper, Walt Disney World und SeaWorld, heißer Salsa Cubano in South Beach, vor allem aber 365 Tage Sonnenschein, mit Palmen, Stränden und Schnorcheln im glasklaren Meer. Kein anderer Bundesstaat löst so viele Wohlfühlassoziationen aus wie Florida. Amerikas – und Kanadas – Pensionäre verbringen hier seit nunmehr über hundert Jahren den Winter, Amerikas Familien erleben in den gigantischen Themenparks von Orlando ihre blauen Wunder. Und Besucher aus Europa schwärmen – natürlich – von den endlosen Stränden und dem smaragdgrünen Meer. Alle mögen den „Sunshine State". Kein Wunder also, dass Florida zu den am schnellsten wachsenden Bundesstaaten des Landes gehört und der Tourismus Floridas wichtigste Einnahmequelle ist.

NACHFOLGENDE DOPPELSEITE LINKS:
Ein Van mit Bildern amerikanischer Mythen, aufgenommen in Miami

NACHFOLGENDE DOPPELSEITE RECHTS:
Bunt und auffällig sind die Häuschen der Strandwächter am Strand von Miami Beach.

Der Traum von Florida beinhaltet vor allem für Europäer Palmen, tropische Strände und Sonne.

ÜBERBLICK

Florida ist mit gut 152.000 Quadratkilometern Fläche fast halb so groß wie die Bundesrepublik Deutschland und liegt auf der den Atlantik vom Golf von Mexiko trennenden Florida-Halbinsel. Es ist der südlichste Bundesstaat der kontinentalen USA. Nachbarn im Norden und Nordwesten sind Georgia und Alabama. Im Osten grenzt Florida an den Atlantik, im Süden berührt der Staat mit der bis fast nach Kuba reichenden Inselkette der Florida Keys die Karibik. Die Strände der Westküste umspielt das warme Wasser des Golfs von Mexiko. Die mit Abstand größte Stadt ist Jacksonville (800.000 Einwohner), gefolgt von Miami (404.000 Einwohner), Tampa (333.000 Einwohner), Orlando (220.000 Einwohner) und Fort Lauderdale (186.000 Einwohner). In Floridas Hauptstadt Tallahassee leben 160.000 Menschen. 2007 hatte Florida 18,25 Millionen Einwohner.

TOPOGRAFIE

In Florida läuft alles aufs Wasser hinaus. Vor allem natürlich geografisch: Kein Punkt im Sunshine State liegt weiter als 113 Kilometer von einer der Küsten entfernt. Den „Panhandle" genannten, Alabama berührenden „Pfannenstiel" im Nordwesten charakterisiert sanft gewelltes Hügelland. Das Rückgrat der Halbinsel wiederum bildet ein in Nord-Süd-Richtung verlaufender, oft kaum erkennbarer „Höhenzug" mit fast 8000 Seen. Der Atlantikküste vorgelagert ist eine lange Kette natürlicher Wellenbrecher, die sogenannten „Barrier Islands". Hingegen weist die Westküste zahlreiche Bays und Buchten auf und im äußersten Südwesten ungezählte, mangrovenumwachsene Eilande, die Ten Thousand Islands. Das riesige Feuchtgebiet der Everglades, das einst den gesamten Süden der Halbinsel bedeckte, ist dort noch immer die beherrschende Landschaftsform. Eigentlich ein 80 Kilome-

Im Hafen von St. Augustin

ter breiter, aber nur wenige Zentimeter tiefer und extrem langsam fließender Fluss, der von seiner Quelle im Lake Okeechobee kaum wahrnehmbar seiner Mündung in der Florida Bay entgegen „fließt", sind die Everglades ein Paradies für Tiere und Pflanzen. Mit Hilfe von rund 200 natürlichen, kräftig strömenden Quellen schafft sich Floridas Grundwasser einen Weg durch dicke Kalkschichten an die Oberfläche.

KLIMA

Das Klima ist sonnig und mild. Die Durchschnittstemperaturen liegen im Norden zwischen 18 °C und 21 °C, im Süden zwischen 23 °C und 25 °C. Die Nähe zum Atlantik erzeugt eine hohe Luftfeuchtigkeit. Regen fällt reichlich, aber unregelmäßig. Lange Trockenzeiten sind nicht unbekannt. Mit seinen langen, flachen Küsten ist Florida den Hurrikans im Spätsommer und Herbst quasi wehrlos ausgeliefert. Zehn Milliarden Dollar kamen dem Sunshine State allein die Verwüstungen zu stehen, die Hurrikan Andrew im August 1992 anrichtete. Im Jahr 2005 trieben die kurz aufeinander folgenden Hurrikans „Katrina" und „Wilma" Floridas Versicherungsindustrie in den Ruin.

FLORA UND FAUNA, UMWELTSCHUTZ, NATIONALPARKS

Vorherrschende Landschaftsformen in Südflorida sind das stellenweise bis zu 90 Kilometer breite, längst erschlossene und dicht besiedelte Küstentiefland und im Inneren die ausgedehnten Feuchtgebiete der Everglades und des Big Cypress Swamp. Grasland, Sümpfe und Marschen, dazwischen etwas höher lie-

Kräftiges Gebiss eines Alligators, wie er in den Everglades vorkommt.

Die Sumpf- und Seenlandschaft der Everglades ist eine der Florida prägenden Landschaftsformen.

gende Eilande aus Hartholz, die sogenannten Hammocks, herrschen hier vor. Mangroven in den Florida Keys und Ten Thousand Islands, Farne und über 100 Palmenarten sind die prominentesten Vertreter einer üppigen, subtropischen Flora, Bougainvilleen, Frangipani und über 60 Orchideenarten setzen weitere kräftig leuchtende Akzente. Der Norden Floridas dagegen ist dicht bewaldet. Subtropische Urwälder und urweltliche Zypressensümpfe haben in einer Handvoll Schutzgebiete dem Vorwärtsdrang des Menschen widerstanden. Nadelbäume und Eichen sieht man dort am häufigsten.

Der Tierreichtum Floridas hat unter den massiven Eingriffen des Menschen arg gelitten. Von den einst über 80 Landsäugetierarten sind nur wenige übrig geblieben. Das Großwild ist nur noch vom immer scheueren Virginia-Hirsch vertreten. Der früher in ganz Florida vorkommende Florida-Panther wurde bis auf einige wenige Exemplare in den Everglades ausgerottet. Zur Kontrolle des Bestandes sind diese Tiere mit Halsbändern ausgestattet, die Funksignale aussenden. Von den winzigen, in den Florida Keys lebenden Key-Hirschen gibt es nur noch wenige Dutzend, und auch in den Flussmündungen sieht es kritisch aus: Die dort lebenden, Manatees genannten, Seekühe sind ebenfalls vom Aussterben bedroht.

Kleineren Säugern gelang die Anpassung besser. Wildschwein und Fuchs hausen noch immer in den Wäldern, Waschbären, Kaninchen und Streifenhörnchen leben in unmittelbarer Nachbarschaft des Menschen. Pelikane, Fregattvögel, Kraniche und viele der über 30 Entenarten sind die am leichtesten zu beobachtenden Vogelarten. Die Everglades sind berühmt für ihre Reptilien, allen voran Alligatoren und Krokodile. Das bekannteste Feuchtgebiet der USA ist zudem berühmt für seine über 300 Schmetterlingsarten.

Floridas rasantes Wachstum wird von zahlreichen Umweltproblemen begleitet. Die Kontaminierung des Grundwassers gehört zu den größten. Die scheinbar unaufhaltsame Senkung des Grundwasserspiegels stellt ein weiteres dar.

BEVÖLKERUNG

Florida ist einer der am schnellsten wachsenden Bundesstaaten des Landes. Zwischen 1980 und 2009 verdoppelte sich die Bevölkerung. Heute ist der Sunshine State der nach New York bevölkerungsreichste Bundesstaat im Osten. Das durchschnittliche Haushaltseinkommen liegt bei 47.804 US-Dollar (2007). Die Floridianer haben in der Regel nordeuropäische, afroamerikanische und lateinamerikanische Wurzeln. Fast 20 Prozent wurden außerhalb der USA geboren. Anderthalb Millionen stammen aus Kuba, weitere knapp drei Millionen aus anderen Spanisch sprechenden Ländern. Rund zweieinhalb Millionen sind Afroamerikaner. Das Zusammenleben verlief nicht immer friedlich. Im Frühjahr 1980 erlebte Miami einige der schlimmsten Rassenunruhen der amerikanischen Geschichte.

Der Widerstand der Ureinwohner gegen den landgierigen weißen Mann dauerte in Florida weitaus länger als im übrigen Osten. Vor allem die Seminolen konnten erst nach mehreren blutigen und kostspieligen Kriegen von ihrem Land verdrängt werden. Ihre Nachfahren, insgesamt eine knappe Million Menschen, leben heute in fünf über den Bundesstaat verteilten Reservaten sowie in den Städten.

Main Street in Disney World, Orlando

Tourismus ist die wichtigste Einnahmequelle Floridas und unter den Touristen sind amerikanische Rentner mit am häufigsten vertreten.

WIRTSCHAFT

Floridas Wirtschaft zählt zu den größten der USA. Bei Weitem wichtigste Industrie ist der Tourismus. Schon Ende des 19. Jahrhunderts reisten die ersten Touristen per Eisenbahn an. Heute registriert Florida mehr als 60 Millionen Besucher jährlich – viele hundert Kilometer Sandstrände, ein ganzjährig warmes Klima und Mega-Themenparks bleiben die wichtigsten Aktivposten des Staates. Orlando, die Heimat von Walt Disney World und weiterer riesiger Amüsierbetriebe, ist noch vor Las Vegas die größte Touristenattraktion des ganzen Landes. Die meisten Küstenstädte besitzen herrliche Strände und sind deshalb ebenfalls Top-Reisedestinationen: Städte wie St. Petersburg, Clearwater, Fornt Lauderdale und Palm Beach ziehen ganzjährig, vor allem aber im Winter, Besucher an.

Floridas zweitwichtigste Ressource ist die Landwirtschaft. Die hier angebauten Zitrusfrüchte werden weltweit exportiert. Anfang des Jahrtausends produzierte Florida nahezu 80 Prozent aller Orangen und Pampelmusen der USA. Der Staat ist auch der zweitgrößte Gemüseproduzent des Landes. Wichtige weitere Posten in der Rechnung: Zuckerrohr, Baumwolle, Mais, Tabak, Sojabohnen und Weizen. Die größten Weidegebiete der ebenfalls wichtigen Viehzucht liegen bei Kissimmee. Hier grasen die meisten der fast zwei Millionen Rinder des Staates.

Die Phosphatindustrie produziert ein Viertel des Weltbedarfs, größte Abnehmer sind China, Indien und Osteuropa. Die wichtigsten Branchen der verarbeitenden Industrie sind die Nahrungs- und chemische Industrie sowie die Elektrobranche. Der Weltraumbahnhof in Cape Canaveral hat während der letzten 40 Jahre eine florierende Raumfahrtindustrie erzeugt. Drei Viertel des Fischfangs finden im Golf von Mexiko statt. Die wichtigsten Fangtiere sind Hummer, Krabben und Shrimps sowie Schwertfisch, Zackenbarsch und Schnapper. Zu Beginn des 21. Jahrhunderts bestand Floridas Fischereiflotte aus rund 9000 Kuttern.

GESCHICHTE

Die moderne Zeitrechnung begann für Florida am Ostersonntag des Jahres 1513, als der spanische Seefahrer Juan Ponce de León die Küste sichtete. In Anlehnung an das spanische Osterfest „Pascua Florida" nannte er das neue Land Florida. Wenig später landeten auch Franzosen hier, es begann ein oft blutiges Ringen um die Vorherrschaft, in dem die Spanier die Oberhand behielten. 1565 gründeten sie St. Augustine, die erste feste Siedlung in Nordamerika. Fünf Jahre später war Florida bereits eine Provinz der von Mexiko aus regierten Kolonie Neu-Spanien. Im 18. und frühen 19. Jahrhundert geriet Florida zum Zankapfel zwischen Spanien und Großbritannien, bis es 1821 an die USA ging. Mit der indianischen Bevölkerung versuchte Washington, getrieben von einer landhungrigen Lobby, kurzen Prozess zu machen. Die Seminolen und die mit ihnen verbündeten Creek wehrten sich jedoch in drei Kriegen, bis sie endlich bis auf kleine Reste nach Oklahoma deportiert wurden. Im Bürgerkrieg stand Florida auf Seiten der Südstaaten. Ende des 19. Jahrhunderts verbanden die

Ein kleiner Leuchtturm bei Key Biscayne

Eisenbahnmagnaten Flagler und Plant Florida mit dem Rest der USA. Den Investoren und Siedlern folgten die ersten Touristen auf dem Fuße. 1958 wurde von Cape Canaveral der erste US-Satellit in den Orbit geschossen. Drei Jahre später folgte der erste bemannte Raumflug. Nach 1945 begannen vier Jahrzehnte ungebremsten Wachstums. Die Entwicklung von Zitrusfruchtkonzentrat ließ die Orangenproduktion explodieren. Die Einführung des zweiwöchigen bezahlten Urlaubs brachte alljährlich Millionen Erholungsuchende. Vor allem die Südostküste sah einen beispiellosen Bauboom. In den 1960er-Jahren dann ein tief greifender gesellschaftlicher Wandel: Zehntausende ins Land strömende Kubaner veränderten die Demografie Floridas für immer. Der 1971 eröffnete Mega-Vergnügungspark Walt Disney World setzte neue Maßstäbe und zog weitere Anlagen nach sich. Immer mehr Rentner wählten Florida als Altersruhesitz. Im Jahr 2000 machte Florida wegen des kontroversen Ausgangs der US-Präsidentschaftswahl Schlagzeilen. Der Kampf um die Erhaltung und Restaurierung der von Industrie und Besiedelung bedrohten Everglades bleibt eine Priorität.

MIAMI

„The Magic City" – die magische Stadt. Miamis Spitzname könnte durchaus von den warmen Abenden herrühren, wenn die untergehende Sonne im farbenfrohen Art-Déco-Distrikt in South Beach badet und ein lauer Wind die Palmenwedel rascheln lässt. Doch dafür steht der Name nicht. Die Stadt

Blick auf Star Island, eine künstlich geschaffene Insel zwischen Miami und Miami Beach

Oldtimer am Ocean Drive im Art-Deco-District von Miami

Bunt leuchtet die Neonreklame im Art-Deco-District von Miami.

in der Biscayne Bay ist „magic", weil es die Stadt vor 110 Jahren noch gar nicht gab und sie heute leicht über 400.000 Einwohner hat, mit dem vorgelagerten Miami Beach sogar eine gute halbe Million. Ganz offensichtlich ist Miami beliebt, elf Millionen Besucher jährlich sprechen für sich. Das subtropische Klima und spektakuläre Strände gleich vor der Haustür ziehen Ruheständler an und alle, die vom Winter genug haben.

Der geschützte Naturhafen und die günstige Lage machen Miami zur Handelsdrehscheibe zwischen Nord- und Lateinamerika und zu einem der größten Häfen für Kreuzfahrtschiffe der Welt. Und – last but not least – zu einem amerikanisch-karibischen Schmelztiegel und quirligen Zentrum lateinamerikanischer Kunst, das seit dem Exodus der Anti-Castro-Kubaner, den Negativ-Schlagzeilen als Drogenzentrum und zuletzt seit dem Zusammenbruch des Immobilienmarktes jene Art von Patina angesetzt hat, die von Erfahrung und von ungebrochener Lebenskraft zeugt.

Downtown Miami ist ein Dschungel aus modernen, in vielen Pastellfarben leuchtenden Büro- und Kondominium-Türmen. Vom hier aus werden mehrere Dutzend zum Ballungsraum Miami-Dade gehörende Städte regiert, hier präsentiert die mitten hindurch führende Flagler Street das multikulturelle Miami am eindrucksvollsten. Und das hier liegende Historical Museum of Southern Florida, eines der größten der USA, beleuchtet das rasante Wachstum des Staates im geschichtlichen Kontext, während gleich daneben die Ausstellungen des modernen Miami Art Museum die aus zig Quellen gespeiste Kreativität der Stadt reflektieren.

Miami South Beach

Gegen die Seelenlosigkeit amerikanischer Downtowns stemmen sich in Miami einige berühmt gewordene Stadtviertel. Little Havanna beispielsweise, das weitläufige, zweigeschossige Viertel im Südwesten, ist die Heimat der Exilkubaner und bei jeder Wahl ein sicheres Stimmenreservoir konservativer Kandidaten. Eight Street, in Miami nur als „Calle Ocho" bekannt, ist die Lebensader und berühmt für seine kleinen und kleinsten typisch kubanischen Geschäfte, Cafés und Restaurants. Coconut Grove dagegen, im Süden der Stadt am Wasser liegend, wurde erst 1925 eingemeindet und hat sein unamerikanisch kompaktes Stadtzentrum, das heute als trendiges Coconut Grove Village Treffpunkt der Nachtschwärmer ist, mit zahllosen Straßenrestaurants und Boutiquen geschmackvoll verschönert. Ob dem Erntemaschinen-Fabrikanten James Deering der Auftrieb leicht bekleideter junger Menschen gefallen hätte? Zumindest dachte Deering auf höherem Niveau. Seine am Ufer der Biscayne Bay liegende Villa Vizcaya, ein 1916 fertiggestellter 34-Zimmer-Palazzo in italienischer Renaissance, beherbergt mediterrane Kunst vom Feinsten, ernst, würdevoll und sinngegebend.

CORAL GABLES

Nach ein paar Autominuten durch gesichtslose Wohnviertel stimmen unvermittelt auftauchende, herrschaftliche Pforten auf Miamis wohl ungewöhnlichstes Viertel ein. Coral Gables entsprang der Fantasie des Architekten George Merrick. Dieser träumte von einer mediterran inspirierten Stadt vom Reißbrett, einem so liebenswerten wie wohlhabenden Gemeinwesen aus sandsteinfarbenen Villen an schattigen Alleen und auch von im Alten Europa vorzeigbaren Boulevards mit allerlei repräsen-

Wer Geld sparen will, schaut sich Coral Gables am besten nur vom Kanal aus an.

Das richtige Licht macht aus einer einfachen Betonbrücke ein faszinierendes Monument.

tativer Prachtarchitektur. Ein teures Pflaster ist Coral Gables bis heute, und der Miracle Mile genannte Abschnitt der Geschäftsmeile Coral Way lässt am besten ahnen, was Merrick wollte: Schöner wohnen, schöner leben und – natürlich – schöner shoppen. Zum Coral-Gables-Feeling gehört vor allem auch der Venetian Pool, ein herrlich altmodisches, damals in einen Korallenkalkbruch gebautes Themenbad, in dem Hollywood die ersten Film-Tarzane planschen ließ und die Bewohner sich bis heute erholen. Ein paar Gehminuten entfernt erinnert das Biltmore Hotel an Pracht und Überfluss der 1920er-Jahre: Das Luxushotel mit dem fast 100 Meter hohen, spanisch inspirierten Turm ist außen wie innen eine verschwenderische Herberge, wie sie heute nicht mehr gebaut würde. Freunde der schönen Künste bedient Coral Gables mit dem alte Meister wie Pop Art zeigenden Lowe Art Museum.

MIAMI BEACH

Catwalk leicht bekleideter Schönheiten beiden Geschlechts, immer für Skandale gut, Party Town, Heimat von Gloria Estefan: Wenn die Welt Miami sagt, meint sie eigentlich Miami Beach. Die 90.000-Einwohner-Stadt liegt auf der Miami vorgelagerten Sandinsel gleichen Namens und ist gewissermaßen das Ende zweier endloser, in Nord-Süd-Richtung verlaufender, dem Strand folgender Hotelreihen, die sich hinten zu einem schachbrettartig angelegten Gemeinwesen ausbeulen. Besucher interessieren sich vor allem für die südlich vom Dade Boulevard liegende Hälfte. South Beach ist „in", und das nicht erst seit der TV-Erfolgsserie „Miami Vice". Zwischen den in Nord-Süd-Richtung verlaufenden Hauptverkehrsstraßen Collins und Washington Avenue liegen die meisten Restaurants,

So kennt man es auch aus dem Fernseher: Hochhäuser mit Eigentumswohnungen in Miami Beach.

Hotels und Geschäfte. Am Ocean Drive verbringen Models, kettenbehangene Talentscouts und bleiche Touristen den ganzen Tag mit Auf-und-Ab-Flanieren. Alles Sehen-und-Gesehen-werden wäre jedoch nur halb so schön, bildeten Gebäude aus der Retorte die Kulisse. South Beach jedoch ist ein fröhliches Biotop aus bunten Farben und verspielten Formen: Während der 1920er-, vor allem aber 1930er-Jahre entstand hier die größte Ansammlung damals modischer Art-Déco-Häuser der Welt. Inzwischen unter Denkmalschutz gestellt, ist der Art-Déco-Distrikt eine der größten Attraktionen Floridas. Besonders gut studieren lässt sich die Formensprache dieses Stils an den Hotels am Ocean Drive. Stromlinienförmige Rundungen, Bullaugen statt Fenster, keinerlei Ornamentik und tropische Vögel wie Flamingos und Pelikane als Stilmittel: Selten reflektierte ein Baustil den entspannten Lebensalltag in den Subtropen treffender als dieser. Besonders schön ist die Hotelzeile am Ocean Drive im warmen Spätnachmittaglicht. Nachts stellen hier Fotografen ihre Stative auf, um die schön altmodischen Neoreklamen zu verewigen.

EVERGLADES NATIONAL PARK

Eine immergrüne, von Riedgras dominierte Sumpf- und Marschlandschaft so weit das Auge reicht. Dunkelgrüne, knapp über die Linie des Horizonts reichende Punkte zeichnen sich darin ab. Das sind die Hammocks genannten, aus Mahagoni- und Gummilimbobäumen bestehenden Bauminseln. Eindimensional wirkt diese tropische Landschaft, und auch die drückende Schwüle macht sie nicht einladender. Wer jedoch genauer hinsieht, entdeckt einen einzigartigen Lebensraum, der von nicht weniger als 40 Säugetier-, 50 Reptilien- und sage und schreibe 300 Fisch- sowie 350 Vogelarten be-

RECHTE SEITE:
Sumpfzypressen gehören zu den wenigen Baumarten, die im sumpfig-nassen Boden der Everglades wachsen können.

Ein Name, der Angst auslösen könnte: Shark Valley im Everglades National Park

wohnt wird. 45 Pflanzenarten kommen einzig und allein hier vor. Dass das Gewässer in Wirklichkeit ein 80 Kilometer breiter Fluss ist, erkennt man mit bloßem Auge kaum; und doch: Eine Strecke von 700 Metern legt das knietiefe Wasser am Tag zurück. Statistiker haben übrigens ausgerechnet, wie lange ein Wassertropfen benötigt, um von seiner Quelle beim Lake Okeechobee bis zum Mündungsgebiet in der Florida Bay zu „reisen": einen ganzen Monat! Doch es gibt dort nicht nur Sümpfe und Marschen. Mangrovendickichte am Golf von Mexiko, breite Streifen Salzgrassteppen im Inneren und sonst eher aus Louisiana bekannte, geisterhafte Zypressensümpfe erklären die Artenvielfalt der Everglades. Neben zahllosen Alligatoren – die Everglades sind berühmt für ihre gepanzerten Echsen – gibt es hier Flamingos, Ibisse, Kormorane, Pelikane, Störche und Dutzende Watvogelarten. Waschbären, Schwarzbären und die akut vom Aussterben bedrohten Florida-Panther runden das Bild ab.

Doch die grüne Idylle ist bedroht. Die Everglades, die früher ein Drittel des Sunshine State bedeckten, sind arg geschrumpft. Um dem Bevölkerungsboom in Florida zu begegnen, wird bereits seit den 1920er-Jahren Wasser für landwirtschaftliche Nutzflächen abgeleitet. Einmal nutzbar gemacht, gelangen von dort Pflanzenschutzmittel und Dünger zurück in die Sümpfe – ein unheilvoller Teufelskreis, dem die Regierung Floridas mit Gesetzen, Reservoirs für Abwässer und dem Aufkauf und

Die Bewohner der Keys zeigen ein ausgeprägtes Wir-Gefühl.

der Restaurierung einst trockengelegter Abschnitte begegnet. 1947 wurde der damalige intakt gebliebene Rest der Everglades als Nationalpark unter Schutz gestellt, 1979 wurde er Teil des UNESCO-Weltnaturerbes. Mit über 6000 Quadratkilometern der größte Nationalpark im Osten der USA, können Besucher ihn von Miami aus auf mehreren Straßen und Wegen auf eigene Faust erkunden. Kurze Wanderwege führen zu hübschen, von der Parkverwaltung angelegten Aussichtspunkten. Mit Watvögeln – und Alligatoren! – auf Augenhöhe ist man im Kajak: Die von Everglades City am Westrand des Parks organisierten Paddeltouren führen durch die Mangrovendickichte der Küste.

FLORIDA KEYS UND KEY WEST

Autofahrer stellen schnell fest, dass sie Florida verlassen haben. Seit geraumer Zeit führt die Straße über die offene See. Pelikane fliegen auf Augenhöhe ein Stück weit mit und am Horizont – irgendwo dort draußen liegt Kuba – verschwindet das Asphaltband zwischen Himmel und Meer im konturlosen Blau. Seit der Eröffnung der US-1 im Jahre 1937 bietet die als Overseas Highway besser bekannte Straße ein Fahrerlebnis der ganz besonderen Art. Gut 200 Kilometer lang, folgt sie dem Verlauf der Florida Keys, die vom Südzipfel Floridas aus einen weiten Bogen durch den Norden der Karibik bis fast vor die Tore Havannas beschreiben. Erst 150 Kilometer vor der kubanischen Hauptstadt in Key West ist Schluss, und bis dahin hat sie auf 42 langen Brücken das Meer überquert und ist dabei an 30 der mehreren hundert Koralleninseln, die hier Keys – aus dem Spanischen cayo -

heißen, vorbei gekommen. Nicht nur Besucher fühlen sich weit weg von Florida. Die rund 80.000 Insulaner pflegen ein ausgeprägtes Wir-Gefühl. Sie nennen sich, nach einer Muschelart, „Conchs", haben eine eigene Flagge und feiern einmal jährlich in Key West ihre „Conch Republic". Allzu ernst gemeint ist das zwar nicht, aber doch bezeichnend für den „Key Spirit", das entspannte Lebensgefühl der Menschen in Florida Keys. 1513 wurden die nur wenige Meter aus dem Meer ragenden Inseln von dem spanischen Seefahrer Juan Ponce de León entdeckt. Seitdem kamen Piraten, Fischer und Abwracker vorbei, doch erst seit 1800 ließen sich Menschen auf den größeren der Eilande nieder. Die 1912 kühn über das Meer nach Key West gebaute East Coast Railroad hievte die bis dahin nur per Schiff erreichbare Inselwelt ins 20. Jahrhundert und öffnete sie dem Rest des Landes. 1937 folgte der kurz zuvor von einem Hurrikan ins Meer geblasenen Eisenbahnlinie der famose Overseas Highway. Auf ihm fuhren die Keys als subtropisches Paradies ins Kollektivbewusstsein der Amerikaner ein.

Tagesausflügler aus Miami konzentrieren sich auf die am nächsten liegenden Inseln der Upper Keys. Auf Key Largo lockt der John Pennekamp Coral Reef State Park, Amerikas erstes unterseeisches Schutzgebiet, das das den Keys vorgelagerte Korallenriff zumindest hier vor weiterer Zerstörung retten soll. Hochseeangler laufen von den Marinas auf Islamorada aus, in blendend weißen Motorbooten und mit Hosenträgergurten an ihren Sitzen festgezurrt, um sich mit den kräftigen Schwertfischen zu messen. In den Middle Keys zwischen Duck Key und Bahia Honda Key werden die Inseln kleiner und die Brücken immer länger. Im Städtchen Marathon auf Vaca Key ermöglich das Dolphin Research Center den Kontakt zu Delfinen in einer Lagune. Wenig später scheint man auf der über

Wer genügend Geld hat, kauft sich ein luxuriöses Anwesen auf einer der Keys.

elf Kilometer langen Seven Mile Bridge nach Bahia Honda auch das letzte Fleckchen festen Untergrunds hinter sich zu lassen. Im Bahia Honda State Park wartet der schönste der sonst an Stränden relativ armen Keys mit weißem Sand und Palmen, und in den anschließenden Lower Keys lohnt das National Key Deer Refuge noch einen Abstecher. Mit etwas Glück bekommt man dort eines der scheuen, vom Aussterben bedrohten Key-Rehe vor das Teleobjektiv. Die Key-Rehe sind mit gerade einmal 60 Zentimetern Schulterhöhe die kleinsten Rehe der Welt.

Und dann, endlich, der Augenblick, auf den man seit Miami gewartet hat: Key West! Amerikas liberalste Stadt, Biotop der Künstler und Lebenskünstler, dort, wo Hemingway einst seine Klassiker schrieb, vor allem aber aus Leibeskräften lebte wie heute noch so manche „Conchs". Am Ende des Overseas Highway biegt man entweder rechts oder links ab. Doch wie auch immer man sich entscheidet, verloren geht man in Key West nicht. Auf der drei mal sechs Kilometer „großen" Insel, die der Stadt (24.000 Einwohner) ihren Namen gab, führen alle Straßen, alle Wege und Gassen zum Ziel. Entweder ist dies der Mallory Square, der am Südwestende der Stadt, wo die Duval Street immer lauter und wuseliger wird, liegt und der der immer muntere Rummelplatz der Stadt ist. Oder es ist der für die Stadt typische „Key Spirit", den man am besten erlebt, indem man sich ziellos nur die Seitenstraßen, die Caroline und Ambrosia heißen, treiben lässt und das alte Key West in sich aufnimmt: die im tropischen Dickicht liegenden alten Holzhäuser

mit ihren schönen Veranden, den schweren Duft der Bougainvilleen, die frei laufenden Hühner und die Katzen, die zum Jagen zu träge sind, und abends das aus den Hinterhöfen über die Hecken auf die Straße dringende, leise Kichern und Lachen der „Conchs", die sich ein Leben woanders als hier nicht vorstellen können.

Sonnenuntergang über dem Meer bei Key West

Key Wests Geschichte ist reich an schillernden Charakteren. Den Abwrackern des 19. Jahrhunderts – manche bezeichnen sie lieber als gemeine Strandpiraten – widmet sich das Shipwreck Historeum. Die Geschichte der in diesen Gewässern untergegangenen spanischen Silberschiffe erzählt das Mel Fisher Maritime Heritage Museum und Pat Croce's Pirate Soul Museum widmet sich den gesetzlosen Gesellen, die einst die Karibik unsicher machten. Key Wests größte Attraktion könnte damit keine

Einsame Palme an den Bahia Honda Keys

bessere Gesellschaft haben. Das schöne, spanisch inspirierte Haus des berühmten Schriftstellers und Nobelpreisträgers Ernest Hemingway, der hier in den 1930er-Jahren lebte, ist heute ein Museum und erinnert mit vielen persönlichen Gegenständen an diesen so genialen wie trinkfesten Giganten der amerikanischen Literatur. Auch Sloppy Joe's, seine Lieblingsbar, gibt es noch. Wo „Papa" Hemingway einst mit einheimischen Fischern um die Wette trank, kippen heute Touristen aus aller Welt ihre Margaritas und betrachten dabei ehrfürchtig die schwarz gerahmten Fotos von „Papa" in seinem Element ...

NAPLES

Den Namen (auf Deutsch: Neapel) gaben ihr vor 120 Jahren Tourismus-Promoter, und die „Raison d'Être" der am Golf von Mexiko liegenden 22.000-Einwohner-Stadt ist der Tourismus bis heute geblieben. Dabei hatte das mit herrlichen Stränden gesegnete Naples von Anfang an vor allem wohlhabende Besucher im Visier. Mit der Hollywood-Prominenz der 1920er- und 1930er-Jahre fing es an, dann entdeckten Amerikas obere Zehntausend den Ort als Ruheständleroase. Diesem Image blieb Naples bis heute treu. Das hohe Durchschnittsalter wirkt sich beruhigend auf den Verkehr aus, was so erholsam ist wie die Strandspaziergänge am Abend, wenn die untergehende Sonne die Welt in köstliche Rot- und Orangetöne tunkt und man den Tag auf der 300 Meter langen Naples Pier Revue

Luxusyachten in einer Marina in Naples

passieren lässt. Man mag dann auch übersehen, dass das schachbrettartig angelegte Naples über kein nennenswertes Nachtleben verfügt.

Eventuell im Besucher aufkeimende Rastlosigkeit erstickt die Stadt am Abend mit vorzüglichen Restaurants und tagsüber mit erstklassigem Shopping an den palmengesäumten Straßen der „Altstadt" Old Naples. Nicht weniger anspruchsvoll ist das ausgezeichnete Naples Museum of Art mit seinen Sammlungen zeitgenössischer lateinamerikanischer Kunst. Wie Naples' Hinterland vor der Ankunft der Investoren und Spekulanten aussah, zeigt das etwas landeinwärts liegende Corkscrew Swamp Audubon Sanctuary, ein 45 Quadratkilometer großes, unberührtes Sumpfgebiet mit uralten Zypressen.

FORT MYERS

Anfangs dümpelte die 70.000-Einwohner-Stadt am Golf von Mexiko nur vor sich hin. Während des Zweiten Seminolenkriegs (1835–1842) gegründet, um die Seminolen im Hinterland in Schach zu halten, blieb es Thomas A. Edison vorbehalten, Fort Myers wach zu rütteln. In den 1880er-Jahren begann der geniale, bereits zu Lebzeiten prominente Erfinder, an der Mündung des Caloosahatchee River die Winter zu verbringen und einflussreiche Gäste zu bewirten. Damit rückte er Fort Myers und den bis dahin weitgehend unerschlossenen Südwesten Floridas ins Blickfeld Wärme suchender

Nächtliche „Lightshow" am Courthouse in Ft. Myers

Großzügiges Ferienhaus auf einer kleinen Insel bei Sarasota

Amerikaner von der Ostküste. Seit den letzten 20 Jahren gehört die Stadt wegen ihrer Strände zu den am schnellsten wachsenden Gemeinwesen Floridas. Edison mag das geahnt haben, als er verfügte, dass kein Gebäude der sonst eher nüchternen Stadt höher als die von ihm gepflanzten Königspalmen sein dürfe. Erholungsbedürftig, doch keineswegs tatenlos, verbrachte der Erfinder der Glühbirne die Winter in seinem Haus Seminole Lodge und arbeitete dort an zahlreichen seiner insgesamt über 1000 Erfindungen.

Sein Freund und Geschäftspartner, Autozar Henry Ford, wohnte nebenan im Cottage Mangoes, und heute sind die Edison & Ford Winter Estates, die u. a. auch Edisons Labor wie zu Lebzeiten des Erfinders zeigen, die Hauptattraktion von Fort Myers. Der Strandtourismus konzentriert sich 20 Autominuten südlich in Fort Myers Beach auf Estero Island. Eines der exklusivsten Badeziele liegt ebenfalls nicht weit entfernt. Die beiden Barriere-Inseln Sanibel und Captiva sind berühmt für ihre makellosen Strände und smaragdgrünes Wasser.

SARASOTA

Sie besucht gern Galerien und Museen, er geht lieber surfen: Der klassische (Ehe-)Streit hat schon so manchen Urlaub verdorben. Sarasota hingegen wird beiden Wünschen gerecht. Renommierte Museen machen die 53.000-Einwohner-Stadt an der Südwestküste zu einem der Kulturzentren Floridas. Gleichzeitig lassen die endlosen Strände von Lido Key und Siesta Key Sonnenanbeter jubeln.

Alles begann damit, dass im Jahre 1885 Werber in Schottland arme Familien nach Sarasota lockten, das zu dieser Zeit noch aus nicht viel mehr als einer Hauptstraße bestand. Unter ihnen befand sich auch ein gewisser John Hamilton Gillespie. Dieser Mann legte gleich nach seiner Ankunft einen Golfplatz an – Amerikas ersten überhaupt. 1902 wählten ihn die Sarasotaner zum Bürgermeister, und fortan hatte das schottische Erbe in Form von Highland Games und Aufmärschen kilttragender Dudelsackspieler einen festen Platz im Veranstaltungskalender von Sarasota.

Nach dem Ersten Weltkrieg kam die „High Society" aus dem Norden, und mit ihr John Nicholas Ringling. Der deutschstämmige Immobilienhändler, Eisenbahn- und Zirkusmann pumpte in den 1920er-Jahren Geld in die Infrastruktur, verlegte den Wintersitz seines erfolgreichen Ringling Brothers Circus dorthin und baute seiner Frau Cà d'Zan, die grandiose 30-Zimmer-Villa im venezianischen Stil mit Blick auf die Sarasota Bay. Der Stadt hinterließ der passionierte Sammler die beste Barockkunstsammlung des Landes. Beide – Villa und Sammlung – gehören heute zum Ringling Center for the Cultural Arts, welches mit seinen märchenhaften Gärten und rosafarbenen, mit Statuen und Arkaden geschmückten Gebäuden, die weitere ausgezeichnete Galerien sowie ein Theater beherbergen, scheinbar an die italienische Renaissance erinnert.

Die spielerische Darbietung von Kunst und Kultur mag mit der immer und überall spürbaren Badeschlappen-Atmosphäre der Stadt zusammenhängen. St. Armands Key und Siesta Key, dessen Crescent Beach es regelmäßig in die Top Ten der schönsten Strände des Landes schafft, liegen nur we-

Auf dem Intracoastal Waterway reisen auch große Schiffe mitten durch Tampa.

360-Grad-Panorama von Tampa

nige Minuten entfernt. Weitere herrliche Strände schließen nördlich an: Lido Key, Longboat Key und schließlich das bislang von Apartmentblocks verschont gebliebene Anna Maria Island, das bereits in die Tampa Bay blickt.

TAMPA

Floridas drittgrößte Stadt liegt in der Tampa Bay und ist das Herz eines während der letzten Jahrzehnte mit atemberaubender Schnelligkeit gewachsenen Siedlungsbreis von über drei Millionen Menschen. Doch so charakterlos die am Golf von Mexiko liegende Tampa Bay Area auch zunächst wirkt, so lohnend sind Expeditionen über ihre Highways und Freeways zu den größten Sehenswürdigkeiten der Stadt.

Nordöstlich der rund um den Tiefseehafen gewachsenen Downtown erinnert ein ungewöhnliches historisches Industrieviertel an eine der früheren Schlüsselindustrien der Stadt: Vom späten 19. Jahrhundert bis zur Weltwirtschaftskrise war Ybor City gleichbedeutend mit den besten handgedrehten Zigarren des Landes. In dem schachbrettartig angelegten Viertel lebten und arbeiteten kubanische Zigarrendreher, meist Angestellte des ebenfalls aus Kuba stammenden Unternehmers Don Vincente Martinez Ybor, und schufen während der Blütezeit des Viertels eine Insel kubanischer Kultur, Bars, Kaffeehäuser und Restaurants inklusive. Ihre Nachkommen setzten diese Tradition fort, und tatsächlich erinnern die schönen alten, mit Arkaden zum Bummeln versehenen Stadthäuser des Viertels an Alt-Havanna.

Die größte Attraktion der Stadt liegt jedoch im Norden und pflegt mit ihr in einem Atemzug genannt zu werden: Busch Gardens. Der jährlich von mehreren Millionen Menschen besuchte Mega-Vergnügungspark des Bierbrauers Anheuser-Busch bietet Themenbereiche, die afrikanischen Landschaften nachgebaut wurden und Tausende freilebender afrikanischer Wildtiere beherbergen. Die Action kommt natürlich nicht zu kurz: Allein die vier Achterbahnen des Parks zählen zu den spektakulärsten der Welt.

ST. PETERSBURG

Als Ferienresort im späten 19. Jahrhundert geboren, dann Rentner- und Ruheständler-Eldorado und heute auch noch Hightech-Mekka – in St. Petersburg war immer das Wetter die größte Trumpfkarte. 361 Sonnentage zählt die Statistik der Stadt am Golf von Mexiko. So sicher ist sie sich des Wetters, dass eine der Lokalzeitungen ihren Kunden verspricht, ihnen die Tagesausgaben bei schlechtem Wetter gratis zu überlassen!

Der Tourismus pflegt sich traditionell um The Pier zu tummeln. Der über 700 Meter weit in die Bay reichende, asphaltgedeckte Pier bietet Ballonverkäufern und Kleinkünstlern jeglicher Art Auslauf und trägen Pelikanen Platz zum Beobachten der vorbeiziehenden Menschen. Am Ende beult er sich zu einer weitläufigen Plattform mit Cafés und Sonnendecks aus. Während der Wintermonate liegt am Pier eine Replik der „Bounty" vor Anker.

Im Übrigen sind die St. Petersburger kunstliebende Leute. Der Veranstaltungskalender verzeichnet über 800 Events im Jahr, viele davon mit internationalen Stars. Trotz des fantastischen Wetters sind St. Petersburgs Museen und Galerien außerdem immer gut besucht. Vor allem das nur einen Katzensprung vom Pier entfernte Museum of Fine Arts mit seinen Sammlungen der Creme der amerikanischen Moderne ist ein Besuchermagnet. Partner des renommierten Smithsonian Institute ist das Florida International Museum, welches auf sogenannte Blockbuster-Ausstellungen spezialisiert ist, wie beispielsweise diejenige zum Leben und Sterben von Prinzessin Diana.

Kaum weniger Besucher zieht ein besonders exzentrischer Künstler an. Das am Wasser liegende Salvador-Dali-Museum präsentiert Dali-Fans die weltweit größte Kollektion von Werken des weltberühmten Surrealisten. Eines jedoch kann auch der große Katalane nicht verhindern: Sonne, Sand und Strand werden in St. Petersburg immer die größte Rolle spielen!

Zu den Stränden der Stadt ist es von dort nicht weit. St. Pete Beach, das jenseits der Boca Ciega Bay auf einer Barriere-Insel liegende Baderesort der Stadt, bietet Sonnenanbetern zehn Kilometer Sand-

Madeira Beach, St. Petersburg

Die Pier von St. Petersburg ist ein beliebter Treffpunkt von Einheimischen und Touristen.

strand und über 3000 Fremdenzimmer in einer Vielzahl von Hotels der unterschiedlichsten Preiskategorien. Das schönste ist ein pinkfarbenes, maurisch inspiriertes Märchenschloss aus der Blütezeit der Grand Hotels: Im Don CeSar Beach Resort genoss schon Al Capone die Sonnenuntergänge über dem Golf von Mexiko.

CRYSTAL RIVER UND DIE MANATEES

War es ihr Sinn für Humor? Hatten sie schlechte Augen? Oder war es die Enthaltsamkeit auf monatelanger Überfahrt, die Seeleute einst zu diesem Vergleich inspirierte? Kühn nannten sie Floridas Seekühe Meerjungfrauen. Was sie sich dabei dachten, mag man sich zwei Autostunden nördlich von Tampa in Crystal River (3600 Einwohner) fragen. Die Attraktion des unauffälligen, weit auseinandergezogenen Ortes ist der gleichnamige Fluss. Dank seines klaren, ganzjährig 22 °C warmen Wassers dient er den sonderbaren Wesen aus dem vom Herbst an kälteren Golf als „Winterresidenz".

Im Crystal River National Wildlife Refuge, das einen Teil des inselreichen Mündungsgebietes in der Kings Bay schützt, kann man unter Leitung erfahrener Biologen mit den Seekühen schwimmen. Alternativ kann man ihnen im Homosassa Springs Wildlife State Park etwas südlich von Crystal River auf die wulstige Pelle rücken: In einem in den kristallklaren Quellteich eingelassenen Unterwasser-Observatorium wird man sehen, dass Seekühe beim besten Willen nichts mit Arielle & Co. zu tun haben. Vielmehr ähneln sie schwimmenden Tonnen. Ihr Gewicht beträgt maximal 550 Kilogramm,

Florida 219

sie werden bis zu drei Meter lang und haben dicke, behaarte Oberlippen. Dahinter beginnt ein kleiner Kopf mit kugelrunden Augen, halbmondförmigen Nasenlöchern und winzigen Ohröffnungen. Seekühe sind fast blind, hören jedoch umso besser und nehmen Ultraschallwellen wahr. Die graue Haut ist leicht behaart, ihr Körper endet in einer paddelförmigen Schwanzflosse. Auch die beiden vorderen Gliedmaßen bildeten sich im Laufe von Jahrmillionen zu Flossen um. Der Vergleich mit Nixen wird damit wohl hinfällig!

In Florida heißen die Seekühe Manatees. Sie leben in flachen, warmen Gewässern, vor allem in Küstengewässern und Flussmündungen wie der Kings Bay. Mit 2000 bis 3000 Exemplaren weist Florida derzeit die größte Manatee-Population auf. In manchen Gegenden der Golfküste, u. a. in der Blue Spring und im Crystal River, wo sie seit mehr als 30 Jahren unter Schutz stehen, wächst ihre Zahl wieder. Umso stärker ist ihr Überleben in anderen Küstenabschnitten gefährdet.

Tatsächlich sieht die Zukunft der Manatees trist aus. Sie können nur sehr langsam schwimmen und müssen alle fünf Minuten zum Luftholen an die Oberfläche kommen – so sind diese harmlosen Ve-

Schon Wurzel oder noch Stamm? Der Stamm eines Banyonbaums bei St. Petersburg.

Ihre Zukunft sieht düster aus: Seekühe, die in Florida Manatees heißen

getarier gegen ihren größten Feind, den Menschen, absolut chancenlos und ihre Tage scheinen gezählt. Schätzungen zufolge werden alljährlich zehn Prozent der Seekühe Floridas von Booten und Jetskis zerfleischt oder zerquetscht, von Abwässern vergiftet oder sie verenden durch Plastikmüll im Magen.

Über eine Million registrierter Freizeitkapitäne sind auf Floridas Wasserstraßen unterwegs, der Streit zwischen Artenschützern und Interessenvertretern der Bootsindustrie tobt seit Jahren. Besorgte Artenschützer warnen: Die langlebigen Manatees werden erst spät geschlechtsreif, die Geburtenrate ist niedrig. Manatee-Kühe bringen nur alle zwei bis fünf Jahre ein einziges Junges zur Welt, und Jungtiere bleiben bis zu zwei Jahre bei der Mutter. Vor diesem Hintergrund erscheinen Maßnahmen wie Geschwindigkeitsbeschränkungen auf besonders stark frequentierten Wasserwegen wie der berühmte Tropfen auf dem heißen Stein.

Bestrebungen des Kongresses in Washington, den 1972 erlassenen „Marine Mammal Protection Act" zu Gunsten von Schifffahrtsinteressen zu verwässern, kommen erschwerend hinzu. Doch die Front der Manatee-Freunde wächst. Eine gewichtige Stimme im Chor der Artenschützer ist der 1981 u. a. vom damaligen Gouverneur Floridas gegründete Save-the-Manatee-Club. Heute über 40.000 Mitglieder zählend, koordiniert er Werbekampagnen, unterstützt Forschungsprogramme und sammelt Spenden.

RECHTE SEITE:
Das alte Florida State Capitol mit dem New Capitol im Hintergrund

TALLAHASSEE

Die Hauptstadt eines der dynamischsten Bundesstaaten der USA stellt man sich anders vor. Doch statt eines hektisch brummenden Nervenzentrums aus Wolkenkratzern und Freeways setzen alte Südstaaten-Architektur und verträumte Eichenalleen Kontrapunkte.

Tallahassee erinnert gern daran, im Bürgerkrieg die einzige Konföderiertenhauptstadt östlich des Mississippi gewesen zu sein, die nicht von Unionstruppen erobert wurde. Die Stadt scheint zu träumen und gern träumt man mit, z. B. beim Bummel auf schattigen Alleen, an denen gepflegte Südstaaten-Residenzen ihren Platz gefunden haben und gut gekleidete Menschen auf Parkbänken Zeit verstreichen lassen.

1539 kam der Konquistador Hernando de Soto hier vorbei. Ihm folgten spanische Kolonisten, die den Panhandle besiedelten und die einheimischen Apalachee-Indianer durch Krankheit und Krieg reduzierten. Viele Ureinwohner verließen in dieser Zeit ihre Heimat. Aus dieser Phase stammt wohl auch der Name „Tallahassee", der angeblich „verlassene Felder" bedeutet.

1822, als Florida amerikanisch wurde, wetteiferten St. Augustine am Atlantik und Pensacola an der Grenze zu Alabama um die Hauptstadtwürde. Da man sich nicht einig wurde, entschied man sich, diese Bedeutung einem Ort zukommen zu lassen, der sich an genau in der Mitte der beiden Städte

Sonnenuntergang über Lake Jackson in Tallahassee

Schnittige Yachten liegen im Hafen von Pensacola.

Kiefernwald bei Tallahassee

in der fruchtbaren Hügellandschaft befand. 1824 wurde dort, unweit von Georgia, Tallahassee aus der Taufe gehoben.

Anfangs war es eine raue Frontierstadt und ihre Einwohner „eine groteske Mischung aus Beamten, Spekulanten und Desperados", wie der Bostoner Schriftsteller und Feingeist Ralph Waldo Emerson in einem Brief nach Hause schrieb. Doch ihr fruchtbares Umland schob die Entwicklung an. Mit „King Cotton" handelte sich Tallahassee nach oben. 1860 lebten 9100 Sklaven in der Stadt und nach dem Bürgerkrieg wurden die Baumwollplantagen in Jagdcamps für reiche Nordstaatler verwandelt. Dank seiner Verwaltung wuchs Tallahassee langsam aber stetig.

Bis heute ist die Regierung der größte Arbeitgeber, gefolgt von Dienstleistungen und der Florida State University. Ihre über 25.000 Studenten verjüngen das Stadtbild und sorgen auch nachts dafür, dass die heute von 150.000 Menschen bewohnten „verlassenen Felder" vor Leben strotzen.

Die Insignien der Hauptstadtwürde sind groß, weiß und unübersehbar: Das 1845 vollendete, von einer Kuppel mit Glockenturm gekrönte Old State Capitol ist seit 1982 ein Museum. Der kurz zuvor eingeweihte neue Regierungssitz, ein schmuckloser, 22-stöckiger Kasten, ragt gleich dahinter auf – und mag sich so gar nicht in die gemütliche Südstaaten-Kulisse einfügen, die der Park Avenue Historic District gleich unterhalb des Kapitolhügels zu bieten hat. Herrliche alte Antebellum-Häuser säumen dort die Straßen und ein Besuch im hervorragenden Museum of Florida History hilft, das Gesehene in historischen Kontext zu bringen.

Noch wohlhabender waren einst die Bewohner des nördlich der Tennessee Street anschließenden Calhoun Street Historic District. „Gold Dust Street" hieß die Calhoun Street damals, ein Hinweis auf die reiche Oberschicht, die sich hier mit prächtigen Residenzen ein Denkmal setzte. Die „Spezialität" Tallahassees, die sogenannten Canopy Roads, trifft man in den Außenbezirken an. Eichen, Gummi- und Hickorybäume sind dort vielerorts zu regelrechten Tunneln zusammengewachsen, in denen die Sonne nur noch dünne Lichtspeere auf den Asphalt zu senden vermag. Die schönsten dieser „Blätterdach"-Straßen sind die Old St. Augustine Road östlich der Downtown und die Miccosukee Road im Norden der Stadt.

PENSACOLA

Die westlichste Stadt im Florida Panhandle liegt an der mit dem Golf von Mexiko verbundenen Pensacola Bay und hat etwas über 50.000 Einwohner. Oft mit Mobile und selbst New Orleans verglichen, teilt sie mit diesen eine über 400-jährige, bis zu den spanischen Konquistadoren zurückreichende Vergangenheit. Diese hat im historischen Zentrum eine charmante Patina hinterlassen. Bereits 1559 versuchte es Don Tristan de Luna von Mexiko aus mit einer kurzlebigen Siedlung, doch erst 1689 machten die Spanier mit der Kolonisierung dieses Küstenabschnitts Ernst.

Trockenen Fußes in den Golf von Mexiko: Pier am Pensacola Beach

Danach wechselte die Stadt so oft den Besitzer, dass sie sich heute, nicht ohne Stolz, „City of Five Flags" nennt. Spanier, Franzosen, Engländer, Amerikaner und Konföderierte, sie alle hissten ihre Fahnen über den Dächern der Stadt, die am Ende jedoch bei den USA blieb und heute hauptsächlich von ihrem Tiefseehafen und einem nahen Luftwaffenstützpunkt lebt. Die Pensacolans sind bis heute ein multikulturelles Volk jeglicher Hautfarbe, Religion und Herkunft. Wie ihre Vorfahren lebten und arbeiteten, zeigt das aus 22 schönen Häusern bestehende, im Seville Historic District liegende Freilichtmuseum Historic Pensacola Village. Das in einem ehemaligen Saloon untergebrachte Pensacola Historical Museum erzählt die Geschichte der Kreolen, freigelassenen Schwarzen, Spanier, Kolonialfranzosen und Engländer, die einst hier lebten. Es liegt im nach und nach vom Pensacola Downtown Improvement Board restaurierten Palafox Historic Business District, der sich beiderseits der vom Wasser aus landeinwärts strebenden Palafox Street ausbreitet.

Hier weht ein Hauch von New Orleans: Kreolische Häuser mit Balkonen und Arkaden zitieren die polyglotte Vergangenheit, kolonialspanische Renaissance und mediterran inspirierte Stilelemente prägen das Bild. Beispielhaft ist das reich verzierte, 1925 im spanischen Barock errichtete Saenger Theatre. Auf dem zu Beginn des 19. Jahrhunderts eingerichteten und nach dem spanischen Monarchen Plaza Ferdinand VII benannten Platz wurde 1821 erstmals die amerikanische Flagge gehisst.

ST. AUGUSTINE

Das 12.300-Einwohner-Städtchen in der Matanzas Bay an der Atlantikküste ist einzigartig im Sunshine State. Zum einen ist es die älteste Stadt der USA. Die Stadt wurde 1565 von den Spaniern gegründet. 1672 begannen die Arbeiten an der trutzigen Festung Castillo de San Marcos, um die Aktivitäten der Franzosen und Engländer in der Region zu unterbinden.

Bis 1763 erlebte das Castillo, in dessen Schatten St. Augustine zu einer hübschen spanischen Kolonialstadt heranwuchs, mehrere Piratenangriffe, u. a. von Francis Drake im Jahr 1586, und widerstand mehreren Belagerungen der Engländer. Nach einem britischen Intermezzo kehrten die Spanier 1783 zurück, übergaben aber Florida – und damit auch St. Augustine – im Jahr 1821 an die Amerikaner. Gegen Ende des 19. Jahrhunderts kam die Eisenbahn und mit ihr Investoren, Spekulanten und Touristen, die sich vor allem für die Strände der vorgelagerten Barriere-Insel Anastasia Island interessierten. Heute lebt das Städtchen vor allem vom Tourismus.

St. Augustine Flagler College

An dieser Stelle sei der zweite Grund für St. Augustins Einzigartigkeit erwähnt, denn keine Interstates durchziehen die Stadt, keine Hotelkästen, keine Werbeflächen für Vergnügungsparks verunstalten ihr kolonialspanisches Ambiente.

Statt „Mega Malls" hat die Stadt Charakter: Auf einem seit dem späten 16. Jahrhundert unveränderten Grundriss mit krummen, spanische Namen tragenden Straßen und Gassen stehen noch immer die alten „Casas", gedrungene Häuser mit gusseisernen Toren, durch die man in schattige Innenhöfe tritt. Kleine Parks und weitläufige Plazas mit Palmettos und moosbehängten Banyanbäumen erinnern an den Alten Süden, und abends flanieren die Einheimischen fein herausgeputzt und mit der ganzen Familie über die St. George Street, die alte „Avenida Menendez".

Florida 229

Daytona Beach mit seinem berühmten Strand, einer der wenigen, die mit dem Auto befahrbar sind.

Zwar ist der Tourismus inzwischen die wichtigste Einnahmequelle, doch arbeitet die Stadt energisch an der Bewahrung des historischen Stadtbilds. Neue Bauprojekte müssen sich anpassen, wie das Vier-Sterne-Hilton, das sich als Komplex aus 19 auf alt getrimmten Häusern nahtlos in die spanische Kulisse der Altstadt einfügt.

Die über 400-jährige Geschichte der Stadt ist mit ihren Massakern, Epidemien, Belagerungen und Piratenüberfällen, gelinde gesagt, turbulent. Doch dass der Bummel durch dieses älteste Stückchen Florida in ein trockenes Geschichtsseminar abgleitet, ist trotzdem nicht zu befürchten. Nach den Pflichtbesuchen, darunter im wuchtigen Castillo de San Marcos von 1695, im Old St. Augustine Village, im Oldest House und im Lightner Museum, bleiben nämlich vor allem die Menschen und ih-

re Geschichten im Gedächtnis haften. So wie diejenige vom spanischen Konquistador Ponce de León, der 1513 hier den sagenumwobenen Jungbrunnen gefunden zu haben glaubte, oder von der schlauen, vom Klondike kommenden Goldgräberin Diamond Lil, die die Quelle auf ihrem Land nördlich vom Castillo de San Marcos zu Ponces Jungbrunnen erklärte und 10 Cents pro Becher verlangte. Oder auch diejenige von dem namenlosen Vom-Winde-verweht-Fan, der über der Bar des „Scarlett O'-Hara's Restaurant" in der Hypolita Street in der Badewanne ertrank und die Gäste der Ghost Bar zu vorgerückter Stunde mit dem Plätschern von Badewasser unterhält.

DAYTONA BEACH

Jedes Jahr zur ersten Märzwoche wiederholt sich ein ausschweifendes Schauspiel. Hunderte knatternder Motorräder ziehen in einer Parade über die Main Street, bejubelt von leicht gekleideten „Boys" und „Girls". Am Straßenrand oder auf den Dachterrassen einschlägiger Kneipen wie dem Dog House oder dem Wise Guys Watering Hole fließt das Bier in Strömen, auf Biegen und Brechen wird gefeiert.

Die Bike Week lockt Zehntausende motorradsportverrückter Amerikaner an, das tiefe Tuckern der Harleys und das Kreischen der Ducatis ist noch viele Kilometer landeinwärts zu hören. Niemanden stört es.

Daytona Beach hat Maschinenöl gewissermaßen im Blut. Als Amerika vor hundert Jahren von der Pferdedroschke auf das Auto umstieg, entdeckte es den 40 Kilometer langen, betonharte Strand von Daytona Beach als Renn- und Hochgeschwindigkeitsstrecke. Ende der 1950er-Jahre wurden die Autorennen vom Strand in die neu erbaute Arena des Daytona International Speedway verlegt. Bis heute finden dort Rennen statt, darunter natürlich auch das legendäre „Daytona 500", die 500 Meilen lange Mutter aller Stockcar-Rennen.

Sloppy Joe's Bar, einst die Stammkneipe Hemingways

Typisch amerikanisch ist, dass es natürlich auch zu diesem Thema ein ultramodernes Informationszentrum gibt: Im World Center of Racing Visitor Center wird nicht nur die dramatische Renngeschichte des 150.000-Plätze-Ovals präsentiert, sondern werden auch Touren durch die Arena veranstaltet. Im Übrigen bleibt Daytona Beach auch außerhalb der Motorsportveranstaltungen seiner Liebe zu fahrbaren Untersätzen treu: Auf den jenseits der endlosen Hotelreihen an der Atlantic Avenue liegenden Strand lassen die Stadtväter die Autofans bis heute. Im Schritttempo fahren diese so lange auf dem Sand auf und ab, bis sie „ihren" Platz gefunden haben – zum Picknicken, Sonnenbaden und Biertrinken.

KENNEDY SPACE CENTER

In den 1960er- und 1970er-Jahren waren sie Höhepunkte des noch jungen Live-Fernsehens: die Starts der gigantischen Saturn-V-Raketen, die Mondfahrzeuge, Baumodule für Weltraumstationen und natürlich mutige Astronauten an Bord hatten, und auf einem Feuerschweif ins All ritten. Hunderte von Kameras, in sicherer Entfernung aufgebaut, übertrugen diese ersten Schritte des Menschen in den Weltraum weltweit, Millionen lauschten den magischen Worten: „... 4 – 3 – 2 – 1 – lift off"! Bis heute ist das 80 Kilometer östlich von Orlando liegende Kennedy Space Center auf dem vorgelagerten Cape Canaveral Amerikas Weltraumbahnhof.

Nach dem Zweiten Weltkrieg stiegen hier die ersten amerikanischen Raketen auf, von deutschen Technikern unter der Leitung von Wernher v. Braun modifizierte V-2-Raketen aus Hitler-Deutschland. Die Mercury- und Gemini-Programme der frühen 1960er-Jahre folgten und im Juli 1969 startete im

Im Kennedy Space Center sind Raketen-Modelle zu bewundern.

Rahmen des Apollo-Projekts jene Trägerrakete, mit deren Hilfe Neil Armstrong und Edwin Aldrin am 20. Juli als erste Menschen zum Mond gelangten. Das Weltraumlaboratorium Skylab folgte und im April 1982 begann hier mit dem Jungfernflug der „Columbia" die Ära der wiederverwendbaren Raumfähren.

Neben den vielen historischen Triumphen machte das Kennedy Space Center auf Cape Canaveral auch mit Tragödien Erfahrung. Anfang 1967 verbrannten drei Astronauten bei einem Test am Boden in ihrer Kapsel. Im Januar 1986 explodierte die Raumfähre „Challenger" kurz nach dem Start und im Februar 2003 löste sich die von ihrer Mission zurückkehrende „Columbia" in der Erdatmosphäre auf. Für 2010 ist die Einstellung des Shuttle-Programms vorgesehen, doch Nachfolger sind längst in Planung.

Wie groß die Raketen, Triebwerke und Shuttles wirklich sind und welche Leistungen Wissenschaftler, Techniker und Astronauten hier vollbringen – trotz aller Budgetkürzungen der letzten Zeit arbeiten noch immer weit über 10.000 Menschen auf Cape Canaveral – wird einem erst im weitläufigen Kennedy Space Center Visitor Complex bewusst.

Das Besucherzentrum, das 1967 gebaut wurde, um Angehörigen der Astronauten und NASA-Angestellten das ungestörte Beobachten der Raketenstarts zu ermöglichen, lässt, über mehrere Gebäude und Hangars verteilt, 60 Jahre amerikanischer Raumfahrt Revue passieren. Neben modernsten Multi-Media-Ausstellungen gibt es hier IMAX-Vorführungen und Shuttle-Flugsimulationen. Im „Apollo/Saturn V Center" können Besucher über eine echte, an der Decke hängende Saturn-V staunen und in ein Mondlandefahrzeug klettern.

Bustouren führen zu den gewaltigen Abschussrampen, doch bei Raketenstarts pflegt das Kennedy Space Center für die Öffentlichkeit geschlossen zu werden. „Mondsüchtige" wissen jedoch Rat: Gute Beobachtungspunkte gibt es entlang des Indian River im nahen Titusville und entlang der A1A in Cocoa Beach.

ORLANDO

Wenn amerikanische Schüler gefragt werden, wohin die nächste Klassenfahrt gehen soll, pflegt die Antwort wie aus der Pistole geschossen zu kommen: Orlando! Die sich weit über Zentral-Florida ausbreitende 220.000-Einwohner-Stadt ist neben Las Vegas die Entertainment-Hauptstadt Amerikas. Doch während die Stadt in der Wüste vor allem ein Zockerparadies für Erwachsene ist, zielt die Unterhaltungsindustrie in Orlando auf Familien ab.

Über 30 Millionen Menschen besuchen jährlich die drei großen Themenparks der Stadt: Walt Disney World, SeaWorld und Universal Studios. Knapp 50 Millionen machen jährlich im Großraum Orlando Ferien oder besuchen Geschäftsmeetings. Mit mehr als 100.000 Hotelzimmern ist die Stadt auf den Besucherstrom bestens vorbereitet. Andere Branchen zogen nach. Der Konferenztourismus, die Hightech- und Filmindustrie sind ebenfalls bedeutende Arbeitgeber, selbst Raketen baut die Stadt des Vergnügens. Dabei ist Orlandos Erfolgsstory gerade erst 170 Jahre alt. Um 1850 stand hier nur ein kleiner Handelsposten. 1875 läutete der Anbau von Orangen Orlandos erste Blütezeit ein. Bis zum Zweiten

Weltkrieg war die Zitrusindustrie König und Orlando ein ruhiges Städtchen mit overalltragenden Farmern, doch dann wurde plötzlich alles anders.

1971 eröffnete Walt Disney World. Der erste Mega-Themenpark der Welt schlug ein neues Kapitel in der Unterhaltungsindustrie auf und löste einen noch nicht da gewesenen Bauboom in Zentral-Florida aus. SeaWorld folgte 1973, das Epcot Center 1982, die Disney-MGM Studios wurden 1989 eröffnet und Universal Orlando schließlich 1990. In kaum mehr als 30 Jahren war aus dem schläfrigen Orangen-Farmer-Nest ein Touristen-Mekka geworden.

Orlandos Themenparks ziehen Besucher aus aller Welt an. Um zu gewährleisten, dass der Strom der Besucher niemals versiegt, denken sich Tüftler und PR-Strategen immer neue Attraktionen aus. Allein die vier Parks in Walt Disney World – Magic Kingdom, Epcot, Animal Kingdom und die Disney MGM-Studios – enthüllen mit alljährlicher Regelmäßigkeit neue spektakuläre Fahrgeschäfte, Galerien, Restaurants und Hotels. Universal Orlando setzt die Kinoerfolge der Saison noch während ihrer Spielzeit in immer kühnere Multimedia-Spektakel um und präsentiert, neben vielen anderen Attraktionen, wilde Stunt-Shows aus dem Wilden Westen. SeaWorld wiederum ist berühmt für seine Delfin- und Orca-Shows. Pausen kennt die Spaßindustrie nicht, schließlich lautet das Motto auch hier: „The show must go on!".

Ron Jon – Laden des weltbekannten Surfausstatters in Cocoa Beach

PALM BEACH

Großbritannien hat seine Royals, die USA haben ... Palm Beach. In dem noblen Ort auf der palmenbestandenen Sandinsel nördlich von Fort Lauderdale wohnen zwar keine gekrönten Häupter mit amerikanischem Pass, doch ein Querschnitt durch die hier lebende Prominenz kommt dem Adjektiv „königlich" schon recht nahe.

Promis aus allen Bereichen des öffentlichen Lebens wohnen hier oder haben hier zumindest ein Haus: Baulöwe Donald Trump ebenso wie der erzkonservative Radiomoderator Rush Limbaugh, Netscape-Gründer James H. Clark und auch Modeschöpferin Vera Wang, Floridas beliebtester Schlager-Barde Jimmy Buffet genauso wie die Lauder-Familie. Einmal mehr war es Henry M. Flagler, der die entscheidende Vision hatte. 1894 brachte seine Eisenbahn die ersten – reichen – Touristen, die im eigens gebauten Royal Poinciana Hotel untergebracht wurden, auf die Insel.

Nach dem Ersten Weltkrieg schuf der für seinen fantasievollen, mediterran inspirierten Baustil berühmte Architekt Addison Mizner (1872–1933) hier jene Villen, die bis heute die Postkarten der 10.000-Einwohner-Stadt zieren. Viele davon folgen der Worth Avenue, der wohl teuersten Einkaufsstraße im Osten der USA. Designer, die der Normalsterbliche nur vom Hörensagen oder gar nicht kennt, residieren hier aufgereiht hinter dezent verdunkelten Scheiben. Luxuskarossen vorbei, Rassehunde werden Gassi geführt, schöne Menschen joggen an der Straße entlang.

Kaum weniger sehenswert sind das 1926 eröffnete Luxushotel The Breakers am Strand und das prachtvolle Anwesen Whitehall, das Flagler seiner dritten Frau Mary Lily Kenan zur Hochzeit schenkte. Heute beherbergt es das Museum für Flagler selbst, der Floridas Schicksal prägte wie kein anderer nach ihm.

FORT LAUDERDALE

Beim Blick durchs Autofenster fragt man sich, ob man das richtige Verkehrsmittel gewählt hat. Immer wieder überquert der Las Olas Boulevard einen Wasserweg und kurz öffnet sich der Blick dann auf einen schiffbaren Kanal, auf dem weiße Jachten vor palastartigen Villen parken oder langsam an Orangen- und Zitrushainen vorbeituckern.

Fort Lauderdale nennt sich das „Venedig Amerikas", und schnell sieht man, weshalb: Mehrere hundert Kilometer Kanäle durchziehen die Stadt, verbinden Marinas und künstlich angelegte Finger Islands miteinander, münden irgendwann in den Intracoastal Waterway und schließlich auch, sich Wege durch die Reihen der modernen Strandhotels bahnend, in den Atlantik.

Spätnachmittags badet Fort Lauderdale in Pastelltönen. Schlank und schön heben sich die Umrisse der Palmen an den Stränden vom purpurnen Abendlicht ab. Müßiggänger bummeln auf dem Las Olas Boulevard zurück in ihre Wohnviertel und schauen dabei dem Abendlicht zu, wie es in der Dämmerung noch eine Weile auf den ankernden Jachten schimmert. Fort Lauderdale (165.000 Einwohner) ist jedoch nicht nur ein Tummelplatz der Reichen und Schönen. Der Ocean Boulevard folgt dem makellosen weißen Strand bis zur viele Kilometer entfernten Stadtgrenze, Hotels, Motels und

Resorts jeglicher Preiskategorie passierend. Tourismus ist die Haupteinnahmequelle, aber auch Konferenzen zieht es in das einnehmende Ineinander von Stadt, Land und Meer.

Wer es schafft, den Sand zumindest vorübergehend abzuschütteln, besucht am liebsten das moderner Kunst gewidmete Museum of Art in der landeinwärts liegenden Downtown. Oder er geht flanieren, auf der Beach Promenade vielleicht, oder auf dem den New River begleitenden River Walk. Wasser, süß oder salzig, ist nie weit in diesem amerikanischen Venedig. Vielleicht möchte man auch deshalb die Autofenster herunterkurbeln, sobald man die City Line überquert.

Schier endlose Sandstrände laden bei Fort Lauderdale zum Ausspannen ein.

GEORGIA

EINSTIMMUNG

Selten behaupten sich Klischees so hartnäckig und die Realität hat es so schwer, sich durchzusetzen, wie bei Atlanta. Atlanta ist Olympiastadt, Heimat von CNN, Coca-Cola und vieler anderer Mega-Unternehmen. Das klingt modern und zukunftsgewandt, und so ist es eigentlich auch. Uneigentlich jedoch assoziiert man mit Atlanta, Georgia, etwas anderes und plötzlich klingt Atlanta nicht mehr ganz so modern.

Man denkt an den Süden. An Magnolienbäume und Spanisches Moos, an Blues und Baumwolle, und natürlich an „Vom Winde verweht", den großen Südstaatenklassiker von 1937, dessen Verfilmung die Klischees von galanten Draufgängern und schönen „Southern Belles" bis heute konserviert. Natürlich gibt es ihn in Georgia, den Alten Süden. Fernab der großen Städte existiert er noch. Dort hilft der Gentleman einer Dame noch immer in den Mantel, dort wird noch immer gern das „High School Sweetheart" geheiratet. Hier Südstaatenromantik, dort die Informationsgesellschaft: Georgia ist stolz auf seine Vergangenheit – und schaut gerade deshalb umso selbstbewusster in die Zukunft.

Die von Eichen beschattete Straße erinnert sehr an den Film „Forrest Gump".

ÜBERBLICK

Georgia ist 152.576 Quadratkilometer groß. Seine größte Ost-West-Ausdehnung beträgt über 400, seine größte Nord-Süd-Ausdehnung 515 Kilometer. Im Südosten der USA liegend sind seine nördlichen Nachbarn North Carolina und Tennessee. Im Osten grenzt er an South Carolina und den Atlantik und im Süden an Florida. Im Westen teilt er seine Grenze mit Alabama. Die drei größten Städ-

te des Staates sind die Hauptstadt Atlanta (490.000 Einwohner), Columbus (190.000 Einwohner) und Augusta (192.000 Einwohner). Die Gesamtbevölkerung Georgias beträgt 9,4 Millionen Einwohner.

Im Norden Georgias laufen die zu den Appalachen gehörenden, hier über 1400 Meter hohen Blue Ridge Mountains in einem wildromantischen Finale aus. In Zentral-Georgia fällt die zum hügeligen Piedmont gerechnete Landschaft nach und nach auf gerade einmal 100 Meter über Meereshöhe ab.

Ein amerikanischer Alligator liegt träge in der Sonne (aufgenommen in Billy's Lake im Stephen C. Foster State Park, der wiederum zum Okefenokee National Wildlife Refuge gehört).

Georgia 241

Das Okefenokee National Wildlife Refuge ist der Überrest eines ehemals riesigen Sumpfgebietes.

Südlich der Linie Columbus–Georgia beginnt die nur dünn besiedelte Küstenebene. Vor Jahrmillionen war dies ein riesiges Sumpfgebiet, das heute jedoch bis auf den Okefenokee-Sumpf ausgetrocknet ist.

Das Klima entspricht dem Gelände. Die Bergregion im Norden verzeichnet Durchschnittstemperaturen um 4 °C im Winter und 26 °C im Sommer. Im Rest Georgias sind die Winter erheblich milder, während die Sommer Spitzentemperaturen um 40 °C erreichen können.

Georgias Flora ist enorm artenreich. Allein mehr als 250 Baumarten wachsen hier, vor allem Roteichen, mehrere Kastanien- und Kiefernarten, Pekannussbäume, Sassafras, Zypressen und Magnolien. Das am weitesten verbreitete Großwild ist der Virginia-Hirsch. In den Blue Ridge Mountains haust eine gesunde Schwarzbär-Population, an Waschbären, Mardern und verschiedenen Nagerarten besteht kein Mangel. Von den über 160 Vogelarten Georgias sind die im Okefenokee-Sumpf lebenden Weißen Ibisse und Schmuckreiher die eindrucksvollsten. Auf der Liste der bedrohten Tierarten stehen u. a. Seeadler, Seekühe und Störe. Zu den größten umweltpolitischen Herausforderungen Georgias gehört die Reduzierung seiner Giftmülldeponien und der Wasserverschmutzung.

Mit einem Bevölkerungszuwachs von 26 Prozent zwischen 1990 und 2000 und weiteren 14 Prozent bis 2006 zählt Georgia zu den dynamischen Bundesstaaten des Landes. Der weiße Bevölkerungsanteil beträgt 65, der schwarze 30 Prozent. Die meisten Weißen geben englische, schottische und irische Wurzeln an. Das durchschnittliche Haushaltseinkommen liegt bei 49.136 US-Dollar (2007) Die größten religiösen Gemeinschaften sind die Southern Baptist Convention, die United Methodists, die Presbyterianer und die Episkopalen.

WIRTSCHAFT

Von Sklaven getragene, auf Baumwolle, Indigo und Reis basierende Plantagenwirtschaft sowie Holz- und etwas verarbeitende Industrie prägten Georgia vor dem Bürgerkrieg. Nach Kriegsende lag die Wirtschaft, wie überall im Süden, in Trümmern, doch sollten schon bald von Atlanta die entscheidenden Impulse für eine Konjunkturverbesserung ausgehen.

Als eines der profitabelsten Produkte stellte sich zu Beginn des 20. Jahrhunderts ein brauner Sirup namens Coca-Cola heraus, und schnell machte Atlanta als Zentrum des „New South" von sich reden. Nach dem Zweiten Weltkrieg entdeckten Unternehmen aus dem Norden das günstige Investitionsklima Georgias. Verarbeitende Industrien lösten die Landwirtschaft als wichtigste Einnahmequelle ab. Bis heute sind Papier und Zellstoff, Maschinenteile sowie Nahrungsmittel und Textilien die wichtigsten Industrien.

Anlage zum Reinigen von Baumwolle

RECHTE SEITE:
Das Hamilton Turner House im Zentrum von Savannah beherbergt heute ein Hotel.

GESCHICHTE

Bereits 12.000 v. Chr. war Georgia von Menschen bewohnt. Erster Weißer war der spanische Konquistador Hernando de Soto, der Georgia 1540 auf der Suche nach den märchenhaften sieben Städten von Cibola durchquerte und damit den spanischen Anspruch auf die Region anmeldete. Zu Beginn des 18. Jahrhunderts drängten englische Siedler die Spanier von ihren Kolonien in den Carolinas aus zurück nach Florida. 1732 gründeten sie, von James E. Oglethorpe angeführt, die Kolonie Georgia. Oglethorpe gründete Savannah und beendete in mehreren siegreichen Gefechten die Bedrohung durch Spanien. Während des Unabhängigkeitskriegs war Georgia vorübergehend von den Engländern besetzt.

Nach Kriegsende erlebte der Staat dank der Erfindung der Baumwollentkernungsmaschine einen Wirtschaftsboom. Georgias Hinterland wurde für den Baumwollanbau erschlossen. Dies und ein kurzlebiger Goldrausch brachte die Creek- und Cherokee-Indianer in Bedrängnis: Zwischen 1826 und 1838 wurden beide Stämme deportiert, die Cherokee auf dem berüchtigten „Trail of Tears" nach Oklahoma, wobei mehrere Tausend ums Leben kamen. Während des Bürgerkriegs konnten konföderierte Truppen den Vormarsch der Nordstaatler lange verhindern. 1864 brannte Unionsgeneral William T. Sherman Atlanta nieder und marschierte, einen 60 Kilometer breiten Streifen verbrannter Erde hinter sich lassend, auf Savannah zu, das er Weihnachten einnahm.

Fort Pulaski – auf einer Insel im Mündungsgebiet des Savannah River gelegen – war Teil der Küstenverteidigung. Heute ist es eine nationale Gedenkstätte.

Neu gebaut, aber dem alten viktorianischen Stil nachempfunden: Haus an der Küste im Süden von Georgia

Die Fassade eines historischen Hauses an der Riverfront von Savannah

1870 durfte Georgia in die Union zurückkehren, doch während der nächsten 60 Jahre wurde das politische Leben von handfesten Geschäftsinteressen beherrscht, bei denen skrupellose Populisten die Situation der verarmten Farmer für ihre Zwecke ausnutzten und das Gefälle zwischen Stadt und Land vertieften. Während der 1960er-Jahre war Atlanta ein Zentrum der Bürgerrechtsbewegung unter Martin Luther King Jr. 1965 gab Georgia den Schwarzen das Wahlrecht, 1973 erhielt Atlanta seinen ersten schwarzen Bürgermeister.

1971 wurde Jimmy Carter Gouverneur von Georgia. Als erster Spitzenpolitiker seines Staates erklärte Carter die Rassentrennung für beendet. Während der nächsten drei Jahrzehnte erlebte Atlanta einen beispiellosen Aufschwung, der die Hauptstadt zum Sitz zahlreicher Weltunternehmen machte und ihr 1996 die Olympischen Sommerspiele bescherte.

Seit dem besonders trockenen Sommer des Jahres 2000 und den daraus resultierenden Engpässen bei der Trinkwasserversorgung im überdurchschnittlich schnell wachsenden Großraum Atlanta arbeitet Georgia mit den Nachbarn Florida und Alabama an einer umweltfreundlichen Nutzung der Wasservorräte der Region.

Die Toccoa Falls im gebirgigen Nordosten von Georgia

RECHTE SEITE:
Die Kuppel des Kapitols von Atlanta

ATLANTA

Die Liste ist beeindruckend und standesgemäß. Über 750 Fortune-100-Unternehmen sitzen in Atlanta, allen voran Coca-Cola, deren berühmtes Getränk 1886 erstmals hier verkauft wurde. UPS hat hier sein Hauptquartier, die American Cancer Society ebenso, und im CNN Center an der Marietta Street hob Medienzar Ted Turner 1980 mit dem Cable New Network den ersten reinen Nachrichtensender aus der Taufe.

Im Großraum Atlanta, Einwohnerzahl: 4,2 Millionen, produzieren zudem fast 4000 Fabriken alles Notwendige für den modernen Alltag, v. a. Autos, Möbel, Flugzeuge und Chemikalien. Atlanta ist deshalb das wirtschaftliche Zentrum des sogenannten „New South". Größer wirkend als die Einwohnerzahl suggeriert, lässt der Wald moderner Bürotürme in der Downtown keine Zweifel an Atlantas Rolle in der Region. Tag und Nacht leiten kreuz und quer verlegte Freeways den Verkehr in die Stadt und wieder aus ihr hinaus.

Die Skyline von Atlanta

Mit dem Wohlstand kam auch Kultur und Lebensart. Atlantas Kunstszene steht denen der Ostküste in nichts nach, und auch kulinarisch hat Atlanta längst zu den Essens-Tempeln des Landes aufgeschlossen.

Die Südstaatenromantik blieb bei diesem atemlosen Sprint durch das 20. Jahrhundert auf der Strecke. Ganz verschwunden ist sie jedoch nicht. In Dutzenden alter Stadtviertel, wie Druid Hills und Buckhead, an schattigen Alleen mit alten Holzhäusern auf saftig grünem Rasen, erinnert sie an die alten Zeiten. Und daran, dass Atlanta gerade einmal 170 Jahre alt ist!

Die schönsten Sehenswürdigkeiten reflektieren verschiedene Facetten dieser Erfolgsstory. Superlative spielen dabei natürlich eine große Rolle. Die „Großen Drei" konzentrieren sich rund um den Centennial Olympic Park. Das 2005 eröffnete Georgia Aquarium ist mit seinen gigantischen, 31.000 Kubikmeter fassenden Fischtanks das größte der Welt und Atlantas neuester Besuchermagnet.

Mit dem riesigen Informationszentrum „World of Coca-Cola" hat sich die berühmteste Brause der Welt nicht nur ein kitschiges, sondern auch informatives Denkmal gesetzt. Und wer „Inside CNN Atlanta" bucht, erlebt eine ungewöhnliche Tour durch die verkabelten und verdrahteten Eingeweide des Hauptquartiers von CNN.

Der Schriftstellerin, die Atlanta der ganzen Welt vorstellte, wird dagegen in überraschender Bescheidenheit gedacht. Das im Haus der Pulitzer-Preisträgerin eingerichtete Margaret Mitchell House & Museum beherbergt nur eine kleine Ausstellung zur Entstehung von „Vom Winde verweht". Entschieden mehr Bedeutung misst Atlanta seiner Rolle während der Bürgerrechtsbewegung zu. Im Schwarzen-Stadtteil Sweet Auburn erinnert die aus mehreren Gebäuden bestehende Martin Luther King Jr. National Historic Site an Amerikas bedeutendsten Bürgerrechtler. Neben dem Museum und dem Grab Kings ist der Besuch eines Gospel-Gottesdienstes in der Ebenezer Baptist Church, in der auch King einst predigte, ein zutiefst inspirierendes Erlebnis. Zugleich erinnern frische Kränze auf dem Historic Oakland Cemetery an die ungebrochene Popularität mancher Südstaatengeneräle.

Sehenswert ist auch die Jimmy Carter Presidential Library, die Carters Werdegang vom Erdnussfarmer zum US-Präsidenten und Friedensnobelpreisträger dokumentiert. Schreine der Kunst und Kultur nicht nur des Südens sind schließlich das Woodruff Arts Center, die Heimat der Atlanta-Symphoniker, und das High Museum of Art, dessen Sammlung von Arbeiten heimischer Kreativer zu den besten des Südens zählt.

SAVANNAH

„Die schönste Stadt Amerikas", schwärmen Besucher aus Europa, und meinen damit das Stillleben aus eleganter, alter Südstaatenarchitektur, moosbehangenen Eichen, herrlichen, in verschwenderischem Grün dösenden Parks und Plätzen, und angenehm warmem Klima. Tatsächlich gilt Savannah – so charmant wie stolz, als DIE Südstaatenstadt schlechthin. Dieses Image zog und zieht natürlich auch Hollywood an. Filmen wie „Forrest Gump" und „Midnight in the Garden of Good and Evil" verlieh Savannah Flair und Exotik und trug damit wesentlich zu deren Erfolg bei.

Tybee Island ist eine kleine Insel mit Leuchtturm, die Savannah vorgelagert ist.

1733 von James Oglethorpe auf einer Klippe über dem Savannah River gegründet und damit die älteste Stadt Georgias, florierte Savannah bald als Hafen für die Verschiffung der landeinwärts angebauten Baumwolle. Zweimal, während des Bürgerkriegs und in den 1940er-Jahren, entging Savannah der Zerstörung bzw. abrisswütigen Städteplanern dank seiner Schönheit. Dass 21 seiner 24 von Oglethorpe angelegten Plätze bis heute überlebten, verdankt Savannah energischen Bürgerinnen, die damals mit der Savannah Historic Foundation eine der ersten Restaurierungskampagnen der USA anstießen.

Heute ist der Historic District die größte Attraktion der Stadt. Knorrige, moosbehangene Eichen säumen gerade Straßen, die auf sorgfältig gestaltete Plätze zulaufen. Mehrere hundert Häuser aus dem 18. und frühen 19. Jahrhundert mit gusseisernen Balkonen und pittoresken Springbrunnen in den Vorgärten verlangsamen den Schritt, verleiten zum Träumen, verzaubern.

Sieben der schönsten sind als Museen zugänglich, darunter das Owens-Thomas House (1816–1819), das Davenport House (1815–1820) und das 1848 gebaute Andrew Low House. Historisch bedeutsame Gebäude posieren in üppiger Vegetation, wie die First African Baptist Church von 1861 oder der Temple Mickve Israel von 1876, das spirituelle Zentrum einer der ältesten jüdischen Gemeinden der

Das Colonial Armstrong House im historischen Teil von Savannah

Georgia 255

RECHTE SEITE:
Die Kirche St. John the Baptist in Savannah

USA. Der Bonaventure Cemetery wurde in dem Bestseller „Mitternacht im Garten von Gut und Böse" literarisch von John Berendt verewigt.

Die Bank, auf der Forrest Gump, alias Tom Hanks, auf den Bus wartete, stand auf dem Chippewa Square und ist jetzt im Savannah History Museum zu bewundern. Auch andere Plätze werden gern als Kulisse benutzt.

Auf dem Telfair Square pflegt beispielsweise die City Lights Theatre Company „Shakespeare on the Square" zu produzieren, und zwar in illustrer Gesellschaft: Das Telfair Museum of Art, bei seiner Gründung im Jahre 1885 das erste seiner Art im Südosten, beherbergt eine herrliche Sammlung amerikanischer und europäischer Impressionisten sowie die grazile, aus dem Film „Mitternacht im Garten von Gut und Böse" bekannte Statue „Bird Girl".

Zu den schönsten Straßen zählen der am Savannah River entlangführende, für seine Eisenbrücken und sein Kopfsteinpflaster berühmte Factors Walk, und die River Street, deren alte Lagerhäuser längst nicht mehr Baumwolle lagern, sondern schöne Restaurants, Galerien und Geschäfte beherbergen.

Springbrunnen im Forsyth Park von Savannah

Jeder Sportbegeisterte kennt den Golfkurs von Augusta.

AUGUSTA

Bill Gates und Warren Buffett zählen zu seinen rund 300 Mitgliedern. Diese müssen vorgeschlagen werden – einfach die mit „nur" 10.000 US-Dollar als niedrig erachtete Jahresgebühr zu zahlen, reicht nicht. Gegen die Aufnahme weiblicher Mitglieder wehrt er sich seit Jahrzehnten erfolgreich, auch wenn es an Änderungsversuchen in der Vergangenheit nicht gefehlt hat: Die Rede ist natürlich vom Augusta National Golf Club, einem der exklusivsten Golfklubs der Welt. Alles fing damit an, dass reiche Yankees damit begannen, in der auf halbem Weg zwischen Atlanta und Savannah liegenden Stadt zu überwintern.

Bis Ende des 19. Jahrhunderts war die 190.000-Einwohner-Stadt ein exklusives Winterresort mit den vornehmsten Hotels in der Region. Dann hatte ein Hotelbesitzer die Idee, für seine Gäste einen Neun-Loch-Golfplatz zu bauen. Schon im Jahr darauf wurde an der Stelle des heutigen Augusta National Golf Club ein 18-Loch-Green angelegt. Seit 1934 richtet der Klub alljährlich im April das prestigeträchtige, zur PGA-Tour gehörende Masters-Turnier aus. Die Liste der Sieger führen Jack Nicklaus und Tiger Woods an. Die Golfer-Legenden haben das Turnier sechs- bzw. viermal gewonnen.

Kein Wunder, dass sich alles in der Stadt am Savannah River um Golf zu drehen scheint. Dabei hat die 1736 gegründete, zweitälteste Stadt Georgias noch mehr zu bieten. Viele Stadtviertel stehen un-

Der Allatoona Lake im Red Top Mountain State Park, Georgia, ist ein künstlicher Stausee, der als Trinkwasserreservoir angelegt wurde.

ter Denkmalschutz, darunter das Viertel Summerville und der Olde Towne Historic District. Ihre Schokoladenseite zeigt die Stadt unterdessen am Fluss.

Die als „Riverwalk" zuammengefassten, von Bäumen und Blumenbeeten gesäumten Straßen und Wege zwischen 5th und 10th Street, bieten Flaneuren ein wunderbares Revier. Beim ziellosen Bummeln durch die hübschen Straßen ist das hier liegende Morris Museum of Art kein wirklicher Kontrapunkt, im Gegenteil: Die hier ausgestellten Künstler des Südens spielen so gekonnt mit den Farben und Formen vor der Türe, dass angeblich schon mancher Besucher vergaß, in einem Museum zu sein.

GOLDEN ISLES

14 große und kleine Barriere-Inseln schützen die Südküste Georgias vor den Unbilden des Atlantiks. An den der offenen See zugewandten Stränden hinterlassen Spaziergänger keine Spuren im Sand – steinhart haben ihn die unablässig heranrollenden Wellen im Lauf der Zeit gemacht. Zwischen Inseln und Festland liegen ausgedehnte Marsch- und Schilfgebiete. Prielen mäandern in weit geschwungenen Schleifen dem Meer entgegen.

Ein Paradies für See- und Watvögel, doch die Spanier hatten im 16. Jahrhundert alles andere als Federvieh im Sinn, als sie den vier größten Inseln der von Savannah bis nach Florida reichenden

Inselkette den Namen „Islas del Oro" gaben. Sie suchten, wie überall auf dem Kontinent, auch hier nach Gold. Doch als sie keines fanden, gaben sie ihren Besitzanspruch keineswegs auf. Sie errichteten Missionsstationen und Stützpunkte, bis sie 1742 in der Schlacht von Bloody Marsh von englischen Kolonialmilizen unter James Oglethorpe vertrieben wurden. Danach wurden auf den nunmehr Golden Isles genannten Inseln St. Simons Island, Little St. Simons Island, Jekyll Island und Sea Island Baumwollplantagen angelegt. Während der nächsten 150 Jahre lebten die Insulaner in ruhiger Abgeschiedenheit.

Erst gegen Ende des 19. Jahrhunderts wurden sie wiederentdeckt – als exklusives Ferienparadies für die Ostküstenprominenz. J.P. Morgan und William Rockefeller erwarben Jekyll Island, bauten luxuriöse Cottages und benutzten die Insel als Jagdrevier. Dem von ihnen gegründeten Jekyll Island Club gehörten bald so viele Milliardäre an, dass, wie Historiker später ausrechneten, von Jekyll Island aus zeitweilig ein Sechstel der Finanzreserven der Welt kontrolliert wurde. Während der Weltwirtschaftskrise verloren Amerikas Superreiche schließlich das Interesse an der Insel, doch nach dem Zweiten Weltkrieg begann Jekyll Islands Aufstieg zu einer der beliebtesten Resortinseln der Ostküste.

Auch die anderen drei „Goldinseln" mutierten zu Nobelresorts. Sea Island wurde eine von US-Präsidenten, darunter Calvin Coolidge, Richard Nixon und George H. W. Bush, bevorzugte Ferieninsel. St. Simons Island, die größte und touristisch erschlossenste der von insgesamt rund 14.000 Menschen bewohnten Inseln, nennt heute einige der schönsten Strandhotels und Ferienanlagen sein Eigen. Nur Little St. Simons, ein 40 Quadratkilometer großes Eiland nördlich von St. Simons Island, wahrte seine Exklusivität: Seit 1908 in Privatbesitz und deshalb die ursprünglichste der Golden Isles, wird das Betreten der Insel nur kleinen Gruppen gestattet.

Nach über einhundert Jahren im Tourismus bieten die Inseln – drei sind durch Brücken und Dämme mit dem Festland verbunden – natürlich eine breite Palette von Aktivitäten. Wassersport, Vogelbeobachtung, Radfahren, lange Strandspaziergänge und Faulenzen, stehen auf der Beliebtheitsskala ganz oben.

Im Übrigen sind die Inseln reich an historischen Sehenswürdigkeiten. Auf St. Simons Island erinnert das Fort Frederica National Monument an die Schlacht von Bloody Marsh, die die Inseln den Spaniern entriss. Pier Village, die einzige nennenswerte Siedlung, liegt im Süden: ein verträumtes Nest mit hübschen Häusern, guten Restaurants und dem strahlend weißen, 1872 in Betrieb genommenen St. Simons Lighthouse. Jekyll Island lockt mit einem 16 Kilometer langen Strand, romantischen Dünenlandschaften und dem Jekyll Island Club Historic District. Dort erinnern die im Schatten moosbehangener alter Bäume ruhenden, „bescheidenen" Cottages der damaligen Klubmitglieder an ein Amerika vor Einkommensteuer und Anti-Trust-Gesetzen.

Indes, die Zeiten haben sich geändert. Das Klubhaus der Milliardäre, eine viktorianische Schönheit mit Türmchen und Veranden, ist heute ein Hotel und heißt als Jekyll Island Club Hotel auch Nicht-Millionäre an der Rezeption willkommen!

Der Leuchtturm von St. Simons Island

Georgia 261

ILLINOIS

EINSTIMMUNG

Einst war hier Grasland: ein Meer aus Gras, wie die frankokanadischen Waldläufer es ehrfürchtig nannten, und statt silbern glitzernder Fischschwärme lebten hier riesige Büffelherden, die so groß waren, dass die ersten Weißen manchmal tagelang warten mussten, bis sie vorüber gezogen waren. Auch spätere Generationen spürten die Erhabenheit der flachen Endlosigkeit, über der im Sommer der „Big Sky" sein mit schneeweißen Kumuluswolken getupftes, blaues Zeltdach spannte.

Als Farmland schuf Illinois einen Menschenschlag mit festen Überzeugungen. Abraham Lincoln, Amerikas 16. Präsident, und Carl Sandburg, Illinois' berühmtester Schriftsteller und zweifacher Pulitzer-Preisträger, trugen die Prärie zeitlebens in sich, und auch Stararchitekt Frank Lloyd Wright, der lange hier hier lebte, nannte sie immer wieder seine Inspiration.

Doch Illinois ist nicht nur Grasland. Mit der Millionen-Metropole Chicago am Südende des Lake Michigan bietet der „Prairie State" eine der aufregendsten Städte im Osten.

Weit und flach – und vereinzelt auch sumpfig, so sehen weite Teile des Staates Illinois aus.

Ländlich idyllisch geprägte Flecken wie diesen findet man im modernen Illinois nur noch wenige.

ÜBERBLICK

Illinois ist 140.998 Quadratkilometer groß und liegt im Mittleren Westen der USA. Nachbar im Norden ist Wisconsin. Im Osten grenzt Illinois an den Lake Michigan und Indiana. Im Süden berührt er Kentucky und im Westen Missouri und Iowa. Seine größte Nord-Süd-Ausdehnung beträgt 613, seine größte Ost-West-Ausdehnung 340 Kilometer.

Die mit Abstand größte Stadt des Bundesstaats ist Chicago (2,8 Millionen Einwohner). Hauptstadt ist Springfield (117.000 Einwohner). Im Ballungsraum Chicagoland leben neun Millionen Menschen, das sind rund drei Viertel der insgesamt fast 13 Millionen Einwohner von Illinois.

TOPOGRAFIE

Illinois ist so flach wie eine holländische Polderlandschaft. Lediglich im Süden, wo er das Ozark-Plateau berührt, wird der Staat etwas hügelig. Die wichtigsten Flüsse sind der Wabash und der Ohio, die im Südwesten und Süden die Grenzen markieren. Der Mississippi bildet die Westgrenze. Dem später zum „Ol' Man River" anschwellenden Fluss fließt der den Staat durchquerende Illinois River zu. Kalte, schneereiche Winter und heiße, feuchte Sommer sind ebenso charakteristisch wie deutlich voneinander abgrenzbare Jahreszeiten.

Die Pflanzen- und Tierwelt von Illinois fiel weitestgehend der Erschließung zum Opfer. Vom einst Zentral-Illinois durchgehend bedeckenden Grasland blieb so gut wie nichts übrig, auch die früher im Norden typischen Eichen- und Hickory-Wälder sind fast verschwunden. Nur im hügeligen Süden haben ein paar Waldinseln mit Walnuss-, Ahorn-, Weiden- und Sycamore-Bäumen Urbanisierung und Kommerzialisierung widerstanden. Auch Büffel, Bären und Wölfe sind verschwunden. Opossums, Waschbären, Füchse und verschiedene Nagerarten hingegen haben sich angepasst und sind selbst in dicht besiedelten Gebieten zu finden.

Von den rund 350 Vogelarten in Illinois kann man am häufigsten die verschiedenen Meisenarten, Blauhäher und Kardinäle beobachten. Die Verschmutzung der Gewässer hat den einheimischen Fischbestand nahezu vernichtet. Auf der Liste der bedrohten Tiere stehen zu Beginn des dritten Jahrtausends 13 Arten, darunter der Seeadler und der graue Wolf.

BEVÖLKERUNG

Chicagoland ist der drittgrößte Ballungsraum des Landes. Weitere urbane Zentren sind Rockford und Peoria mit jeweils rund 350.000 Einwohnern. Die Bevölkerung ist ein multikulturelles Patchwork. Rund zwei Drittel stammen aus Europa, meist aus Deutschland, dem Vereinigten Königreich, Skandinavien, Polen und Italien. 15 Prozent sind afroamerikanischer Herkunft und leben vor allem in

Lake Michigan mit dem Chicago Shedd Aquarium und dem Adler Observatorium

Wahlplakate in Lake Villa
im Norden von Illinois

Chicago. Weitere 15 Prozent kommen aus Lateinamerika, der Rest aus asiatischen Ländern. Die größte religiöse Gemeinschaft sind die Katholiken. Die größten protestantischen Gemeinschaften sind die Southern Baptists und verschiedene Zweige der Lutheraner.

WIRTSCHAFT

Die Wirtschaft des „Prairie State" hat Höhen und Tiefen erlebt. Zu Beginn des 20. Jahrhunderts war Chicagos Stahlindustrie – nach der von Pittsburgh – die größte des Landes. Nach 1950 verlagerten sich auch in Illinois die Gewichte zugunsten der Dienstleistungsindustrie. In den 1980er-Jahren richtete die Konkurrenz aus Japan erstmals spürbaren Schaden in der Auto- und Elektroindustrie des Staates an. Mit der Schließung der Schlachthöfe schwand außerdem Chicagos Bedeutung als Fleischverarbeitungszentrum.

Der Zuzug internationaler Handelsbanken federte in jener Zeit die Talfahrt jedoch ab. Damals wie heute ist Illinois' verarbeitende Industrie besonders vielseitig. In den Zentren Chicago, Rockford, Rock Island und Peoria residieren mehrere Dutzend, meist im Maschinenbau und der Elektrobranche tätige Fortune-500-Unternehmen.

Anlage zur Stromerzeugung in Champaign im Westen des Staates

Der Illinois-River-Damm

Chicago ist das bedeutendste Handelszentrum des Mittleren Westens für Möbel, Haushaltswaren und Textilien; verschiedene, landesweit operierende Handelshäuser sind hier beheimatet. Doch es ist die Landwirtschaft, die Illinois prägt. Mit über 14 Millionen Tonnen ist der Staat Amerikas größter Lieferant von Sojabohnen. Mais, Weizen, Milchprodukte, Vieh- und Schweinezucht sind weitere wichtige Standbeine. Illinois ist zudem der größte Sand- und Schotterlieferant. Das durchschnittliche Haushaltseinkommen liegt bei 54.124 US-Dollar (2007).

GESCHICHTE

Die ältesten sichtbaren Zeugnisse menschlicher Anwesenheit in Illinois sind die „mounds", rituelle, von der Mississippi-Kultur um 900 n. Chr. an vielen Flussufern errichtete Hügel. Bei der Ankunft der ersten Weißen, frankokanadische Trapper aus Neu-Frankreich, Ende des 17. Jahrhunderts wohnten algonkin sprechende Stämme wie die Ojibwa, Sauk, Illinois und Ottawa in der Region. Fehden, Kriege und letztlich von den Weißen eingeschleppte Ansteckungskrankheiten dezimierten ihre Zahl jedoch dramatisch. 1832 wurden die letzten Indianer nach dem verlorenen Black Hawk War von der Regierung nach Gegenden westlich des Mississippi deportiert.

Illinois' erste feste Siedlung war ein französischer, 1699 gegenüber vom heutigen St. Louis (Missouri) bei Cahokia angelegter Missionsposten. Nach dem Frieden von Paris (1763), der den French and

Die „Statue of the Republic" (1918) in Chicagos Jackson Park ist eine verkleinerte Replik der gleichnamigen Statue von Daniel Chester French, die dieser zur Weltausstellung von 1893 geschaffen hatte, und die nach der Ausstellung wieder zerstört wurde. Von French stammt auch die riesengroße Statue von Abraham Lincoln im Lincoln Memorial in Washington, DC.

Indian War beendete und die Franzosen aus Nordamerika vertrieb, übernahmen die Engländer die Kontrolle über Illinois.

Nach der amerikanischen Unabhängigkeit wurde das Gebiet zunächst dem Indiana Territory zugeschlagen, bis es 1809 als eigenes Territorium aus der Taufe gehoben wurde und 1818 schließlich, um Wisconsin verkleinert, als Bundesstaat der Union beitrat. 1839 wurde Springfield zur Hauptstadt erhoben.

Während der nächsten Jahrzehnte erlebte Illinois einen Run auf das weitgehend leere, von den Indianern geräumte Land. Obgleich der Staat offiziell gegen die Sklaverei und mit zahlreichen geheimen Stationen eine wichtige Etappe im geheimen Fluchthelfernetzwerk der Underground Railroad darstellte, erlaubte Illinois dennoch Sklavenhaltern aus dem Süden, ihnen entlaufenen Sklaven nachzustellen und wieder einzufangen.

Während des Bürgerkriegs unterstützte der Heimatstaat Abraham Lincolns die Nordstaaten massiv mit Soldaten und Nahrung. Nach dem Krieg erlebte Chicago einen beispiellosen Boom, aber auch, als Bastion der amerikanischen Arbeiterbewegung, die ersten gewalttätigen, oft blutig verlaufenden Streiks und Arbeitskämpfe. Der Stadtbrand von 1871 legte Chicagos Stadtzentrum in Schutt und Asche – und damit den Grundstein für die Renaissance der Stadt als eine der schönsten Metropolen des Landes.

Altes Brückenhaus im Zentrum
von Chicago am Chicago River

Nach dem Ersten Weltkrieg blühte die Kunstszene. Schwarze Arbeiter aus dem Süden begründeten Chicagos noch heute erstklassige Blues- und Jazzszene, Architekten aus dem ganzen Land schufen jene Gebäude, die Chicago auf den Weg zur Architekturhauptstadt der USA schickten. Während der Prohibition blühte in der Stadt das organisierte Verbrechen: Al Capone und seine Spießgesellen wurden zu Legenden und fütterten mit ihren Bluttaten Hollywoods Drehbuchschreiber. Nach 1945 hielt der vom Zweiten Weltkrieg verursachte Wirtschaftsboom an und bescherte Illinois Wohlstand und Vollbeschäftigung.

Die drängendsten Forderungen der 1960er- und 1970er-Jahre beantwortete u. a. auch Chicago 1979 mit der Wahl der ersten Bürgermeisterin und 1983 mit der Wahl des ersten schwarzen Stadtvorstehers. Seit den 1990er-Jahren kämpft Chicago um die dringend erforderliche Modernisierung seiner Infrastruktur und seines Verkehrsnetzes.

CHICAGO

„Gem of the Prairies", „Windy City", „Jewel of the Lakes": Amerikas drittgrößte Stadt hört auf viele Kosenamen. Als einzige Großstadt im Landesinnern vermag sie es mit den Metropolen der Küsten aufzunehmen. Chicago, 2,8 Millionen Einwohner, ist das Finanz- und Handelszentrum des Mittleren Westens. Sein Flughafen, der Chicago O'Hare Airport, ist der größte der Welt. Der Hafen ist nicht weniger bedeutungsvoll. Er wird von Containerschiffen aus der ganzen Welt, die über den St.-Lorenz-Seeweg hierher gelangen, angelaufen.

Die Chicagoer Skyline vom Lake Michigan aus gesehen

Kopflose, rostende Metallskulpturen im Grant Park

Chicagos Kulturszene steht der New Yorks nicht nach. Seine Museen und Galerien sind ebenso „Cutting Edge" wie die Manhattans, seine Einwohner nicht minder multikulturell und kosmopolitisch. Als „Tummelplatz" der besten amerikanischen und internationalen Architekten reflektiert Chicago seit mehr als einhundert Jahren schließlich die Architekturgeschichte der USA wie keine andere Stadt des Landes.

Für die seit dem späten 17. Jahrhundert über die Großen Seen hereinkommenden Pelzhändler aus Neu-Frankreich war das spätere Stadtgebiet ein Zwischenstopp auf dem Weg zum Mississippi: Den „Ol' Man River" erreichten sie von hier aus über den Chicago und den Des Plaines River.

Einer von ihnen, ein gewisser Jean Baptiste Point DuSable, errichtete 1779 am Seeufer einen kleinen Handelsposten, doch erst zu Beginn des 19. Jahrhunderts entwickelten die USA ihre Nordwest-Frontier. Unter dem Schutz des 1804 fertiggestellten Fort Dearborn machten die herbeiströmenden Siedler-Pioniere das Hinterland urbar. Das Nest Chicago – benannt nach einer Illinois-Bezeichnung für eine übel riechende, knoblauchähnliche Pflanze – wuchs dank seiner strategisch günstigen Lage als Verkehrsdrehscheibe und Umschlagplatz für Holz, Getreide und Vieh zu einer bedeutenden Stadt heran. 1870 hatte sie bereits 300.000 Einwohner und wurde von einer meist aus Irland und Deutschland stammenden Arbeiterschaft in Gang gehalten.

Illinois 273

Ein kleiner Sporthafen am Lake Michigan wird hauptsächlich von kleinen Segelbooten genutzt.

Im Oktober 1871 fiel jedoch das gesamte Geschäftsviertel, mehr als 8000 Gebäude insgesamt, einem mehrere Tage wütenden Feuer zum Opfer. Doch Chicago erhob sich aus der Asche – schöner und erfolgreicher als zuvor. 1893 richtete es die von 21 Millionen Menschen besuchte World's Columbian Exposition aus und etablierte sich als Weltstadt.

Junge Architekten experimentierten mit neuen Baumaterialien, entwickelten den Stahlgerüstbau und zogen die ersten Wolkenkratzer hoch. Ihr als „Chicago School" berühmt gewordener Baustil wurde beim Bau kommerzieller Gebäude weltweit richtungsweisend, und später tobten sich auch noch berühmte Reißbrett-Stars wie Mies van der Rohe und Frank Lloyd Wright hier aus.

Im 20. Jahrhundert prägten die „Wilden Zwanziger" Chicagos Image als Gangster-Metropole. Während der Prohibition kämpften Gangsterbanden, korrupte Polizisten und Politiker um die Kontrolle des illegalen Alkoholgeschäfts. Hunderte von Morden machten Chicago zeitweilig zur gefährlichsten Stadt der USA – und zur Inspiration der Drehbuchautoren in Hollywood.

Bis heute ist das „Juwel der Prärie" für die enge Verflechtung von Politik und Gangstertum berüchtigt, doch dies ist nur eine Facette im reichen Genpool dieser Stadt. Die von Einwanderern aus aller Welt erzeugte Spannung und Kreativität und das meist friedliche Nebeneinander der unterschiedlichsten Kulturen und Religionen machen Chicago zu einer durch und durch sympathischen Stadt, die Hoffnung für die Zukunft macht.

Der nächtlich illuminierte Buckingham Fountain vor der Skyline von Chicago

THE LOOP

Drei der zehn höchsten Gebäude der Welt recken sich hier den Wolken entgegen, und auch das höchste Apartmentgebäude, das größte Hotel und das größte Postamt des Landes sind hier zu finden. Die Skyline des Geschäftszentrums „The Loop" erhebt sich über dem Seeufer wie eine schwerelose Fata Morgana. Der Sears Tower überragt sie alle. Der – mit Antenne – 520 Meter hohe Sitz des Sears-Handelsimperiums ist eines von fünf über 500 Meter hohen, freistehenden Gebäuden auf der Welt. Von seiner Aussichtsplattform im 103. Stockwerk blickt man aus 412 Metern Höhe über eine spektakuläre urbane Landschaft in allen Formen und Farben. Schwarz schimmert das 343 Meter hohe John Hancock Center, silbern der nagelneue, 415 Meter hohe Trump International Hotel and Tower. Drei weitere Gebäude sind über 300 Meter hoch: das Aon Center (346 Meter), das AT&T Corporate Center (307 Meter) und das Two Prudential Plaza (303 Meter).

Tief unten in den Straßenschluchten liegen weitere „Hingucker". Das James R. Thompson Center, eine Kuppel aus Glas und Stahl, wirkt wie ein 17-stöckiges UFO. Das 60 Meter hohe, 1893 fertiggestellte Monadnock Building war zu seiner Zeit das größte Bürogebäude der Welt. Architekturstudenten pilgern zum Manhattan Building: Die 1891 eingeweihte Struktur gehört zum ältesten noch stehenden, ganz in der damals revolutionären Stahlgerüstbauweise errichteten Gebäude. Historisch Interessierte nehmen den über 40 Meter hohen Water Tower an der Michigan Avenue in Augenschein: Der spindeldürr wirkende Wasserturm überstand als eines der wenigen Gebäude des

Illinois

Die Chicago L verkehrt als Hochbahn im Bereich von The Loop.

Geschäftsviertels das Feuer von 1871 und vermittelt eine Ahnung davon, wie Chicago früher ausgesehen hat.

Noch weitere wichtige Gebäude liegen hier, darunter das 130 Meter hohe Wrigley Building, der von der französischen Renaissance inspirierte Sitz des Kaugummiherstellers Wrigley, und der grandiose, gotische Tribune Tower, das 141 Meter hohe Hauptquartier der Tageszeitung Chicago Tribune. Dieser und anderer herrlicher Gebäude wegen, aber nicht zuletzt auch aufgrund der vielen noblen Geschäfte, Hotels und Restaurants, wird dieser Abschnitt der Michigan Avenue von jeher die „Magnificent Mile" genannt. Die Statistik treibt dem Konsumenten Tränen des Glücks in die Augen!

Auf fast 300 000 Quadratmetern kommerziell genutzter Fläche warten fast 500 Geschäfte, 50 Hotels und 280 Restaurants auf zahlende Gäste. Und deren Kreditkarte muss locker sitzen. Wohl alle weltweit bekannten Designer sind hier vertreten: Jimmy Choo, Gianni Versace, Yves Saint Laurent, Vera Wang, Gucci und Hermès, um nur einige zu nennen.

Ebenfalls an der Magnificent Mile oder in ihrem Dunstkreis befinden sich Luxushotels wie das Four Seasons Hotel Chicago, das Ritz-Carlton und das 1920 eröffnete Drake Hotel, dessen High Tea am Nachmittag zu den rituellen Pflichten jedes Chicago-Besuchers gehört. Und, natürlich, ist das ebenfalls hier liegene Museum of Contemporary Art eines der besten im Osten.

Wer sich Chicago von der Seeseite aus nähert, bemerkt viel Grün. Der das Seeufer berührende Grant Park wird oft als Chicagos Vorgarten bezeichnet. 1844 angelegt, war er seither Zeuge zahlloser Großveranstaltungen, wie zuletzt bei der Siegesfeier von US-Präsident Barack Obama.

Auch das Chicago Blues Festival findet hier statt, eine Verbeugung vor der langen Blues- und Jazztradition der Stadt, die mit der „Great Migration" der Afroamerikaner in die Stadt am Anfang des 20. Jahrhunderts begann und in der House- und Hip-Hop-Szene ihre Fortsetzung gefunden hat. Kunst wird im Grant Park großgeschrieben. Das im Park liegende Art Institute of Chicago, ursprünglich als Teil der World's Columbian Exposition gebaut, gehört zu den besten Kunstmuseen des Landes. Der als Millenium Park bekannte Nordteil des Parks steht Künstlern als Betätigungsfeld zur Verfügung.

Zu den meistfotografierten Kunstwerken gehört das Cloud Gate, eine über 100 Tonnen schwere, wulstartige Stahlskulptur, die von den Einheimischen respektlos „The Bean" genannt wird, und der 15 Meter hohe Crown Fountain, bei dem hinter Glasbausteinen übereinander getürmte Flachbildschirme die Porträts von über tausend, den verschiedenen Ethnien Chicagos angehörenden Einheimischen zeigen. Auch das auf einer künstlich aufgeschütteten Halbinsel liegende John G. Shedd Aquarium steht der Stadt gut an. Als eines der größten Aquarien der Welt beherbergt es 22.000 Süß- und Salzwasserbewohner, darunter Belugawale, Delfine und Seelöwen.

Auch das ist Chicago: das Chicago Harbor Lighthouse

OAK PARK

Holzhäuser in Oak Park

Der zu den einflussreichsten Architekten der Geschichte gerechnete Frank Lloyd Wright (1867–1959) ließ sich 1889 hier nieder und drückte dem Vorort im Südwesten Chicagos während der nächsten 20 Jahre seinen Stempel auf. Inspiriert von der Weite der Landschaft von Illinois entwickelte er hier den „Prairie Style", einen die Endlosigkeit der Prärie vor allem mit horizontalen Linien, flachen Dächern und großen, vertikalen Fenstern zitierenden Baustil.

Außer seinem Haus, dem heute auf geführten Touren zu besichtigenden Frank Lloyd Wright Home and Studio, entwarf er zwei Dutzend noch heute ungemein modern wirkende Häuser in Oak Park. 80 weitere, vom Prärie-Stil inspirierte Häuser stammen von seinen Schülern.

Als Frank Lloyd Wright Historic Distrikt im renommierten National Register eingetragen, erfreut sich Oak Park deshalb internationaler Aufmerksamkeit. Nicht weit entfernt erblickte ein anderer kreativer Amerikaner das Licht der Welt. Später kehrte er Oak Park allerdings den Rücken und zog in die weite Welt hinaus. Heute erinnert hier das Ernest Hemingway Museum mit seltenen Fotos und Gegenständen aus dem Familienbesitz an den berühmten Literatur-Nobelpreisträger.

In diesem Mausoleum in Springfield liegt Abraham Lincoln mit seiner Frau und dreien seiner Kinder begraben.

SPRINGFIELD

Illinois nennt sich, als Verbeugung vor Amerikas populärstem Präsidenten, „Land of Lincoln". Die fast in der Mitte des Bundesstaates liegende Hauptstadt Springfield mag da nicht zurückstehen. Mit „Lots of Lincoln" wirbt sie um Besucher, und selbst ausländische Landesväter folgen dem Ruf, um sich „All Things Lincoln" anzuschauen. Bis er in den Zug nach Washington, DC, stieg, lebte und arbeitete Abraham Lincoln 17 Jahre als Rechtsanwalt und Politiker in Springfield.

Seine Verdienste für die USA – Abschaffung der Sklaverei, Wahrung der nationalen Einheit – werden hier mit größtem Ernst gewürdigt. Zentrum des Lincoln-Tourismus ist das Wohnhaus der Familie. Längst als Lincoln Home National Historic Site der Nachwelt bewahrt, ist es, detailgenau auf das Aussehen von 1860 getrimmt, das Kernstück eines vier Häuserblocks umfassenden, historischen Viertels, das für den Verkehr gesperrt ist und Atmosphäre wie zu Lincolns Zeiten konserviert.

Andere Sehenswürdigkeiten, die Lincoln betreffen, sind nicht weit. Auch Lincolns Anwaltsbüro, heute die wie dazumal spartanisch eingerichtete Lincoln-Herndon Law Offices State Historic Site, ist ein Museum. Im Old State Capitol hielt Lincoln 1858 vor rund 1000 Delegierten seine berühmte „House Divided"-Rede, in der er die Einheit der Nation beschwor und die Sklaverei verurteilte. Nach seiner Ermordung im Jahr 1865 lag er hier aufgebahrt.

Zur letzten Ruhe gebettet wurde der 16. Präsident der Vereinigten Staaten, der zum Mythos wurde, auf dem Oak Ridge Cemetery. Das Familiengrab, ebenfalls eine Gedenkstätte, ist eine beeindruckende, von einem Obelisken gekrönte Krypta. Bronzetafeln zitieren Passagen aus Lincolns bedeutendsten Reden, darunter die Gettysburg-Rede und die Antrittsrede zur zweiten Amtszeit. Nach dem Soldatenfriedhof von Arlington (Virginia) ist der Oak Ridge Cemetery der am häufigsten besuchte Friedhof der USA.

RECHTE SEITE:
Freundliches Wohnhaus im renommierten Chicagoer Wohnviertel Oak Park

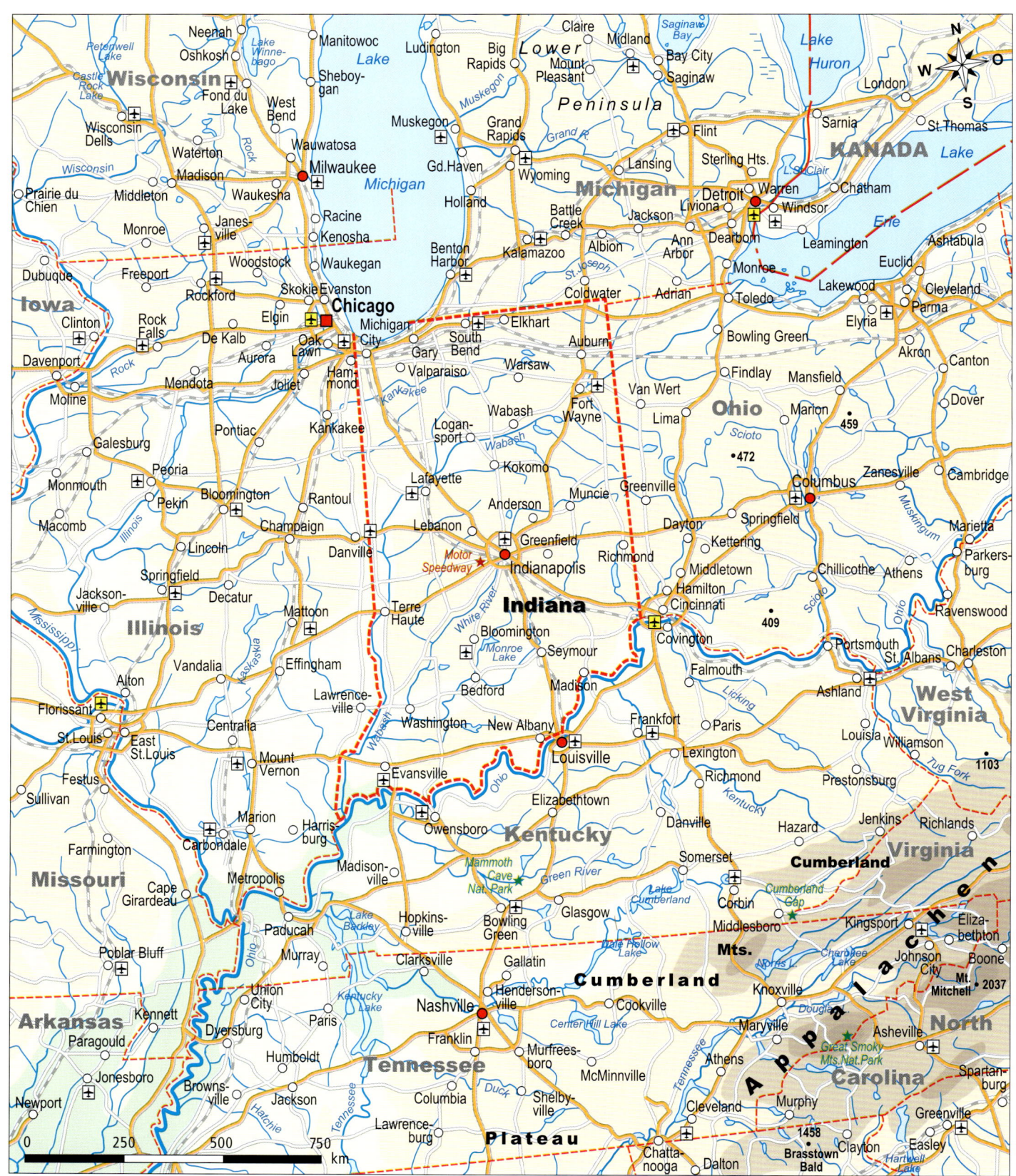

INDIANA

EINSTIMMUNG

„Ladies and Gentlemen, start your engines!" In den Ohren amerikanischer Motorsportfans klingen diese Worte wie Sirenengesang. Wenn sich beim alljährlichen Indy 500 in Indianapolis die grüne Fahne senkt und die hochgezüchteten Motoren von drei Dutzend schwerer Boliden aufheulen, verfallen mehrere Hunderttausend Zuschauer im Speedway-Oval von Indianapolis dem Geschwindigkeitsrausch, fiebert halb Amerika vor dem Fernseher mit.

Doch man täte Indiana unrecht, reduzierte man den Bundesstaat auf spektakuläre Überholmanöver und glühend heiße Bremsbeläge. Denn eigentlich liebt Indiana die Langsamkeit. Wer den ländlichen Staat wirklich kennenlernen will, muss den Fuß vom Gas nehmen und einen niedrigeren Gang einlegen. Vor allem im Nordosten, wo die gemäßigten Fundamentalisten der Glaubensgemeinschaft der Amischen noch immer in schwarzen Pferdedroschken über die Straßen zuckeln. Oder im romantischen Park County rund um Rockville, wo die vielen romantischen überdachten Brücken von jungen Pärchen wie eh und je als „Kissing Bridges" zweckentfremdet werden. Auch die pastoralen Weinanbaugebiete im Süden lassen sich am besten in aller Ruhe erforschen.

Typisch für den Norden Indianas: blauer Himmel, weites Land

Weltbekannt unter Motorsportfreunden: die Nascar-Series von Indianapolis

Indiana 285

ÜBERBLICK

Indiana bedeckt 94.321 Quadratkilometer Fläche und ist der kleinste der Staaten des Mittleren Westens. Seine größte Nord-Süd-Ausdehnung beträgt 450, die größte Ost-West-Ausdehnung 257 Kilometer. Im Norden grenzt Indiana an Michigan, im Osten an Ohio. Im Süden und Südosten teilt es sich die Grenze mit Kentucky, und im Westen berührt Indiana seinen Nachbarn Illinois. Die mit Abstand größte Stadt ist die Hauptstadt Indianapolis (800.000 Einwohner). Auf den Plätzen zwei und drei folgen Fort Wayne (252.000 Einwohner) und Evansville (117.000 Einwohner). 2007 wohnten 6,35 Millionen Menschen in Indiana.

Zwei Landschaftsformen charakterisieren den Staat: Weites, leicht gewelltes Terrain im Norden und etwas rauere Hügellandschaft im Süden. Wabash und Tippecanoe sind die wichtigsten Flüsse. Neben dem Lake Michigan, den Indiana im Norden berührt, gibt es im Nordteil rund 400 weitere Seen. Das Wetter sieht kalte Winter und warme Sommer sowie reichlich Niederschlag vor. Südlich von Indianapolis reicht die Zahl der Sonnentage für den Weinanbau.

Die unaufgeregte Topografie und das relativ einheitliche Klima haben für eine gleichmäßige Verteilung der Flora gesorgt. So sind die über 100 einheimischen Baumarten, u. a. 17 Eichenarten sowie verschiedene Obstbaumarten überall im Staat anzutreffen. Einziges fleischfressendes Säugetier ist

Winterszenerie im Indiana Dunes State Park

Bretter, die die Welt bedeuten: Blick von der Bühne eines Amphitheaters in den Cox Hall Gardens (bei Indianapolis) auf die leeren Ränge

Indianapolis ist auch Industriestadt: hier eine Anlage zur Energiegewinnung aus Kohle, die die Stadt mit Strom versorgt.

der Fuchs. Kojoten und Wölfe verirren sich nur hin und wieder nach Indiana. Die Feuchtgebiete im Bereich der Seen bieten Wat- und Wasservögeln wie dem blauen Kranich einen Lebensraum. Im Jahr 2003 galten zwei Dutzend Tierarten, darunter der Seeadler und der graue Wolf, als bedroht. Zu den größten Herausforderungen im Umweltschutz zählt in dem landwirtschaftlich geprägten Bundesstaat die Restaurierung und Reinhaltung der Seen und Feuchtgebiete.

BEVÖLKERUNG

Indiana teilt das Problem der Landflucht mit anderen, ländlich geprägten Bundesstaaten. Der überdurchschnittlich wachsende Ballungsraum Indianapolis zieht vor allem junge Leute aus den ländlichen Gebieten an. Fast ein Viertel der Bewohner geben deutsche Vorfahren an.

Eine Vielzahl an kleineren und größeren Seen macht Indiana zur idealen Wassersportregion.

Während des 20. Jahrhunderts versiegte die Einwanderung nach Indiana fast völlig und nahm erst in den letzten Jahren wieder zu. Während der „Great Migration" zu Beginn des 20. Jahrhundert kamen viele Afroamerikaner aus dem Süden auch nach Indiana. Heute beträgt der schwarze Bevölkerungsanteil knapp 10 Prozent. Das durchschnittliche Haushaltseinkommen liegt bei 47.448 US-Dollar (2007).

Im Übrigen sind die Bewohner Indianas nicht etwa Indianer. Vielmehr nennen sie sich „Hoosier" – ein Name, über dessen Herkunft bis heute Unklarheit besteht. Im frühen 19. Jahrhundert zog Indiana zahlreiche religiöse Splittergruppen und utopische Gemeinschaften an, darunter die deutsche „Harmonie Society", deren Anhänger jedoch bald nach Pennsylvania zogen. Als dauerhafter erwiesen sich die Niederlassungen der Mennoniten und ihrer konservativen Vettern, der Amischen. Heute gibt es über 17.000 Mennoniten der verschiedensten Gruppierungen in Indiana, sowie rund 19.000 Amischen. Die meisten Hoosier sind allerdings Katholiken oder gehören protestantischen Gemeinschaften wie der United Methodist Church, der Church of Christ oder der American Baptist Church an.

WIRTSCHAFT

Die Industrialisierung Indianas kam erst spät, nach dem Bürgerkrieg, verlief dafür aber umso stürmischer. Schon um 1900 arbeiteten 150.000 Menschen in rund 18.000 Fabriken, zugleich ließ die Mechanisierung der Landwirtschaft die Zahl der Farmen explodieren.

Die Landwirtschaft – vor allem der Getreide- und Sojaanbau – spielt noch immer eine gewichtige Rolle in Indianas Wirtschaft.

Viktorianische Kleinstadtidylle, feinsäuberlich restauriert und bemalt, in Wabash

Indianas Rückgrat wurde die Stahlindustrie. Im Jahr 2000 stammte ein Viertel des amerikanischen Stahls aus diesem Bundesstaat. Bis zu diesem Jahr war das Wachstum der verarbeitenden Industrie (Wohnmobile, Maschinen, Möbel, Musikinstrumente) zweistellig. Seitdem stagniert es jedoch oder ist gar rückläufig.

Indianas Landwirtschaft zählt nach wie vor zu den leistungsfähigsten der USA. Hauptanbauprodukte sind Mais und Sojabohnen. Der Tourismus, bislang nicht so bedeutend, wächst langsam aber stetig.

GESCHICHTE

Bei der Ankunft des Weißen Mannes war Indiana das Jagdgebiet verschiedener nomadisierender Stämme wie der Potawatomi, Miami und Kickapoo. Frankokanadier auf dem Weg nach Westen und Süden, unter ihnen der Missionar Jacques Marquette und der Forscher René-Robert Cavelier, Sieur de la Salle, waren in den 1670er-Jahren die ersten Bleichgesichter in Indiana.

Ihre Forts und Siedlungen fielen 1760 nach dem French and Indian War, bei dem die Indianer unter Chief Pontiac auf Seiten der Franzosen gekämpft hatten, an die Engländer, die sie jedoch wenige Jahre später im Unabhängigkeitskrieg an die Amerikaner abtraten. Deren erste Gründung war das heute gegenüber Louisville (Kentucky) liegende Clarksville im Jahr 1784.

1809 wurde Indiana als Indiana Territory aus dem bis dahin als Northwest Territory bezeichneten Gebiet nordwestlich des Ohio getrennt und trat 1816, bewohnt von gerade einmal 30.000 Menschen,

Noch heute fahren die Amischen, die alle moderne Technik ablehnen, mit Pferd und Wagen.

als 19. Bundesstaat der Union bei. Die Ureinwohner spielten zu diesem Zeitpunkt schon keine Rolle mehr: In dem von Chief Tecumseh geführten Tecumseh's War (1811–1812) hatten sie die entscheidende Schlacht von Tippecanoe (1811) verloren und die Kontrolle Washingtons über Indiana anerkennen müssen. Bis 1846 hatten so gut wie alle Indianer Indiana verlassen.

1820 wurde Indianapolis gegründet. Irische und deutsche Einwanderer bauten Kanäle und errichteten Farmen. In den Bürgerkrieg trat Indiana trotz seiner Sympathien für die Sklaverei auf Seiten der Nordstaaten ein.

Nach Kriegsende läuteten Fleisch- und Nahrungsmittelverarbeitung, Möbelfabriken und Kutschenbauer die Industrialisierung Indianas ein. Den Beginn der amerikanischen Automobilindustrie erlebte Indiana in vorderster Reihe mit: Über 300 von Pferdekutschen flugs auf Autos umstellende Fabriken stießen das neue Fortbewegungsmittel aus, und 1911 wurde zum ersten Mal das 500-Meilen-Rennen in Indianapolis ausgetragen, das Indy 500. Nach 1920 verlor Indianas Autoindustrie gegenüber den Großen Drei in Detroit an Boden, doch die Zubringerindustrien blühten weiterhin.

Bald erlebte Indiana ein neues Phänomen: Die rapide Industrialisierung und Urbanisierung löste ein Farmsterben aus, bald lebten mehr Hoosier in den Städten als auf dem Land. Der Zweite Weltkrieg beschleunigte diesen Prozess, doch obschon heute drei Viertel der Bevölkerung in Städten lebt, blieb die Landwirtschaft ein wichtiger Posten im Haushalt des Bundesstaats. Auch im Kollektivbewusstsein der Bevölkerung ist sie bis heute, wo die großen Auto- und Stahlunternehmen, die nach 1945 die meisten Betriebe aus Indiana übernahmen, ins Trudeln geraten sind, ein Symbol für ein einfacheres, besseres Leben.

INDIANAPOLIS

Kaum eine andere amerikanische Großstadt steht so im Zeichen einer einzigen Sportart, ja eines einzigen Großereignisses, wie die Hauptstadt Indianas. Die Lust am Auto, DEM amerikanischen Fortbewegungsmittel, prägt die Stadt in der Mitte des Staates, seit vor mehr als über 100 Jahren die ersten Autos, darunter solche Asphaltlegenden wie die Luxuslimousinen der Marken Studebaker, Stutz, Cole und Duesenberg, die Montagehallen in der Umgebung verließen.

Bereits im Jahr 1911 maßen sich die ersten Rennwagen, hochbeinige Seifenkisten von erstaunlicher Geschwindigkeit, beim ersten 500-Meilen-Rennen in Indianapolis. In der Folgezeit stieg das Indy 500 zum berühmtesten Autorennen der USA auf und die knapp vier Kilometer lange, ovalförmige Rennstrecke des Indianapolis Motor Speedway, die Platz für bis zu 400.000 Zuschauer bietet, wurde zu einer Legende, die viele Dramen und Tragödien, aber auch zahllose Triumphe erlebt hat.

Heute werden in dem gigantischen Oval neben dem Indy 500 Ende Mai noch weitere Rennen, darunter das NASCAR Allstate 400 und das Red Bull Indianapolis GP, ausgerichtet. Doch außer diesen Megaevents bietet die Stadt, die 1820 in einem Sumpf am White River begann und heute nicht nur schnelle Autos im Blut hat, sondern auch Sitz pharmazeutischer Unternehmen und mehr als einhundert Softwareunternehmen ist, noch viel mehr.

An Pyramiden erinnert dieser ungewöhnliche Bürokomplex in Indianapolis.

Dörfliche Beschaulichkeit unweit Indianapolis in West Clay

Zahlreiche Hochschulen sind hier angesiedelt, darunter die Indiana University Medical School, eine der besten medizinischen Fakultäten der USA. Wohlstand und Bildung haben Kunst und Kultur angezogen.

Die schönen Museen und Sehenswürdigkeiten konzentrieren sich rund um den Monument Circle, den durch einen 87 Meter hohen Obelisken gekennzeichneten Mittelpunkt der modernen Downtown. Museen wie das Eiteljorg Museum of American Indians and Western Art und das Indianapolis Museum of Art, eines der größten und ältesten Kunstmuseen der Vereinigten Staaten, gehören zu den besten ihrer Art in den Vereinigten Staaten.

Zwei Dutzend hochwertiger Galerien, vor allem an der Massachusetts Avenue, präsentieren die Kunstszene des Mittleren Westens, und in Lockerbie Square, dem ältesten Viertel der Stadt, erlebt man sogar eine vorübergehende geografische Amnesie. Rotzieglige Schönheiten im Greek Revival und Federal Style, Kopfsteinpflaster und schöne Zäune aus schwarzem Gusseisen: Ist dies noch der Mittlere Westen oder doch eher schon die Ostküste, New Haven oder gar Boston?

WINE COUNTRY

Wein aus … Indiana? Für edle Rebensäfte ist der „Hoosier State" nicht gerade bekannt. Und doch: Im Süden produzieren mehr als drei Dutzend Weingüter annehmbare Weiße und Rote. Die Liste der abgefüllten Reben ist beachtlich und enthält auch alte Bekannte wie Baco Noir, Cabernet Franc, Ge-

In kräftigem Rot leuchtet diese kreisrunde Scheune der Amischen in Nappanee.

würztraminer, Maréchal Foch, Riesling und selbst den nur schwer zu kultivieren Franzosen Viognier. Zwar bauten schon die Pioniere Wein an, doch die eingeführten Rebsorten gingen ein und einheimische Arten enthielten zuviel Säure. Erst intensive Experimente und Subventionen von staatlicher Seite schafften Ende der 1970er-Jahre die Wende.

Der 1989 gegründete Indiana Wine Grape Council treibt Indianas Weinindustrie an, und verschiedene Weinbauern haben sich zusammengeschlossen, um Einheimische wie Touristen zum „Wine Tasting" auf ihre Anwesen zu locken. So ziehen mehrere „Wine Trails" kreuz und quer durch Süd-Indiana, die schönsten: der Indiana Uplands Wine Trail und der Indiana Wine Trail.

SHIPSHEWANA

Borntrager, Miller, Schrock: Deutsch klingende Familiennamen auf den einfachen Briefkästen am Straßenrand, dahinter schmucklose Häuser und Farmen, an denen die die Straßen begleitenden Stromleitungen vorbeigehen. Der LaGrange County im Nordosten Indianas, ein schönes, von sattgrünen Wiesen und kleinen Wäldchen überzogenes Flecken Erde, ist die Heimat der drittgrößten Amischen-Gemeinde der USA.

Die Amischen – US-amerikanisch: „Amish" – sind eine urchristliche, aus Süddeutschland und der Schweiz stammende Religionsgemeinschaft. Ihre konservativsten Gruppen lehnen alle Errungenschaften des modernen Lebens wie z. B. Autos, Strom, Telefon, etc. ab und leben ein einfaches, ländliches Leben.

In Europa wegen ihrer abweichenden Ansichten verfolgt, wanderten sie gemeinsam mit ihren Vettern, den Mennoniten, in die USA aus. Viele blieben in Pennsylvania, doch andere zogen weiter, nach Ohio, ins kanadische Ontario und auch nach Indiana.

Mit rund 12.000 Mitgliedern stellen die Indiana-Amischen heute die drittgrößte Gruppe dieser gemäßigten christlichen Fundamentalisten.

Im LaGrange County, in adretten kleinen Städtchen wie Howe, Mongo, Topeka, Wolcottville und Shipshewana stellen sie die Bevölkerungsmehrheit. Frauen in weiten, meist blauen Kleidern und weißen Häubchen im Haar arbeiten in ihren Vorgärten oder verkaufen selbst gefertigte, bunte Patchworkdecken, die sogenannten „Quilts".

Bärtige Männer in weißen Wollhemden und schwarzen Hosen steuern schwarze Pferdedroschken über das Land oder schreiten hinter schweren Pflügen ihre Äcker ab. Und kleine Jungen und Mädchen sitzen auf weißen Holzzäunen und schauen freundlich-neugierig Fremden nach.

Viele sprechen neben Englisch auch noch Pennsilfaanisch, das urtümliche Idiom aus dem Südwesten Deutschlands, das es dort längst nicht mehr gibt. Die beste Gelegenheit es zu hören, bietet sich auf dem Shipshewana Auction and Flea Market. Dieser von Mai bis Oktober stattfindende Flohmarkt ist der größte seiner Art im Mittleren Westen, und viele Amischen-Bauern und -Handwerker verkaufen hier ihre Produkte.

Schon an der Form der Heuhaufen kann man erkennen, dass die Amischen alle Arbeit noch von Hand erledigen.

IOWA

EINSTIMMUNG

Gelbe Kornfelder so weit das Auge reicht, kleine Städte und Farmen ohne sichtbare Nachbarn, schnurgerade leere Überlandstraßen, über die rostige Trucks rumpeln, und mittendrin die Hauptstadt Des Moines, die hier nur als „Big City" bekannt ist: Das ist Iowa, der „Tall Corn State" und das Herz dessen, was Amerikaner so stolz wie liebevoll „America's Heartland" nennen. Touristen haben lange einen weiten Bogen um den an Naturschauspielen armen Bundesstaat gemacht. In Zeiten jedoch, wo zunehmend Stille und Unverdorbenheit gefragt sind, erinnern sich immer mehr Reisende an dieses Fleckchen Erde im Mittleren Westen.

ÜBERBLICK

Iowa ist 145.752 Quadratkilometer groß, liegt westlich des Mississippi und ist der kleinste der Staaten im Mittleren Westen. Seine größte Ost-West-Ausdehnung beträgt 520, von Norden nach Süden sind es maximal 340 Kilometer. Nachbar im Norden ist Minnesota. Im Osten grenzt Iowa an Illinois und Wisconsin, im Süden an Missouri. Im Westen berührt der Staat South Dakota und Nebraska. Regierungssitz und bei Weitem größte Stadt ist das fast in der geographischen Mitte des Staats liegende Des Moines (209.000 Einwohner). Im Jahr 2008 lebten 3,0 Millionen Menschen in Iowa.

Nirgendwo auf der Welt wird so viel Mais produziert wie in Iowa.

Über 90 Prozent des Bundesstaats sind Farmland. Die Topografie ist dementsprechend ruhig und besteht im großen Ganzen aus einer sanft gewellten, vom Nordwesten bis zum Südosten des Staats nach und nach abfallenden Ebene. Iowas Lössboden gilt als der beste des Landes. Zwei Drittel des Staats entwässern in den Mississippi, ein Drittel in den Missouri. Größter See ist der 14 Kilometer lange Spirit Lake.

Deutlich voneinander abgegrenzte Jahreszeiten mit heißen Sommern und kalten, schneereichen Wintern sind typisch für das hier herrschende Kontinentalklima. Nach mehr als 150 Jahren unter dem Pflug weist Iowa natürlich längst nicht mehr die einst hier heimische Artenvielfalt auf. Dennoch gedeihen vor allem im Nordosten noch immer Bärentrauben und andere wilde Beerenarten, und selbst der Kaktusfeige begegnet man hier hin und wieder. Zahlreiche Wildblumenarten gelten als bedroht, darunter der Blaue Eisenhut und eine Orchideenart. Häufigste Säugetiere sind Rot- und Graufuchs, Waldmurmeltier, Waschbär, Opossum und Kaninchen. Leicht zu beobachtende Vögel sind der leuchtend rote Kardinal, die Purpurschwalbe, der Rosenbrustkernknacker und der kleine Goldzeisig.

Größte umweltpolitische Herausforderungen sind Management und Reduzierung der über 150, über den Staat verteilten Giftmülldeponien, Verhinderung von Bodenerosion und Schutz der letzten verbliebenen Feuchtgebiete.

Idyllische Parklandschaft im Central Park im Jones County

Klein ist dieses ehemalige Schulhaus, denn im vorwiegend ländlichen Iowa brauchte man früher kaum große Schulen.

Weit, flach und grün, aber nicht langweilig, so ist Iowa fast überall.

Bei der großen Überschwemmung im Jahre 2008 standen Teile Iowas noch lange unter Wasser.

BEVÖLKERUNG

Die demografische Entwicklung Iowas ähnelt der der übrigen Midwest-Staaten. Von einer Handvoll weißer Siedler in der ersten Hälfte des 19. Jahrhunderts schwoll die Bevölkerung bis 1840 auf 43.000, verdoppelte sich bis 1846 und wies bei der ersten Zählung im Jahr 1860 bereits über 670.000 Einwohner auf. Um 1900 waren 2,2 Millionen erreicht und erst im Laufe des 20. Jahrhunderts verlor das Bevölkerungswachstum nach und nach an Fahrt.

Heute sind die bei Weitem meisten Iowaner europäischer Herkunft. Ein Drittel nennt deutsche Vorfahren, es folgen Iowaner mit irischen und englischen Wurzeln. Religionsgemeinschaften protestantischer Ausrichtung herrschen vor. Eine halbe Million Iowaner sind römisch-katholisch.

WIRTSCHAFT

Iowas Wirtschaft wird von der Landwirtschaft geprägt. Eine blühende verarbeitende Industrie produziert vor allem landwirtschaftliche Geräte und Nahrungsmittel. Zu Beginn des Jahrtausends hatte Iowa etwa 90.000 Farmen, die durchschnittlich 138 Hektar Land bewirtschafteten. Mais, Weizen und Futtergetreide sind die vorherrschenden Anbausorten.

GESCHICHTE

Waldlandindianer waren die ersten Menschen, die feste Dörfer am Ufer des Mississippi anlegten. Bei der Ankunft der ersten Weißen in Iowa, den beiden Frankokanadiern Louis Joliet und Jacques Marquette im Jahre 1673, durchstreiften Sioux, Illinois- und Iowa-Indianer die Region. Bis 1762 gehörte Iowa als Louisiana zu Neu-Frankreich, dann vorübergehend zu Spanien, bis es als Teil des Louisiana Purchase 1803 den jungen USA einverleibt wurde.

Die ersten Einwanderer nach Iowa waren aus Illinois und Wisconsin von der US-Armee vertriebene Fox, Sauk und Winnebago-Indianer. Später wurden sie jedoch auch aus Iowa vertrieben, um Platz für weiße Siedler zu schaffen. 1846 trat Iowa als 29. Staat der Union bei. Die Besiedlung des fruchtbaren Landes zwischen Mississippi und Missouri verlief quasi im Handumdrehen.

In mehreren Wellen ließen sich Einwanderer aus Indiana, Virginia, den Carolinas und Neuengland, dann aus Deutschland und Skandinavien in Iowa nieder. Gegen die Sklaverei eingestellt, versorgte der Staat im Bürgerkrieg die Unionstruppen mit Fleisch und Getreide. Die Weltkriege ließen Iowas Wirtschaft prosperieren, und seit 1945 erlebt der lange monokulturell ausgerichtete Bundesstaat langsame Auffächerung seiner Wirtschaft zugunsten einer verarbeitenden Industrie.

Seit den 1990er-Jahren hat jedoch auch Iowa mit Landflucht zu kämpfen: Junge Leute kehren den Farmen und Iowa den Rücken, um Jobs in der Hightech-Industrie außerhalb zu suchen.

Kleine Ansiedlung auf einer Insel mitten im Mississippi

Büro- und Geschäftshäuser im Zentrum von Des Moines

DES MOINES

Wie eine Insel ragt Iowas Hauptstadt aus der Ebene. Ein halbes Dutzend moderner, von kleineren Gebäuden umgebener Bürotürme signalisieren Des Moines' Bedeutung: Mehrere große Versicherungskonzerne und Finanzunternehmen haben hier ihren Sitz und in den nationalen Rankings erringt die Stadt immer wieder vordere Plätze.

Die kurze Stadtgeschichte begann mit dem Fort Des Moines, das die US-Armee 1843 am Zusammenfluss vom Raccoon und Des Moines River anlegen ließ, um die unruhigen Sauk und Meskwaki-Indianer zu kontrollieren. 1857 wurde Des Moines Hauptstadt von Iowa, und 50 Jahre später wohnten bereits über 60.000 Menschen in der Stadt.

Während dieser Zeit begannen die Stadtväter die erste von mehreren Verschönerungskampagnen, an deren Ende zahlreiche öffentliche Gebäude im repräsentativen Beaux-Arts-Stil entstanden. Die derzeitige Skyline nahm während der späten 1970er- und 1980er-Jahre Gestalt an. In diese Phase fielen auch der Bau wichtiger Kulturstätten, u. a. des Civic Center of Greater Des Moines, wo Konzerte und Broadway-Shows aufgeführt werden, und des State of Iowa Historical Museum.

Neubaugebiet in der typisch amerikanischen Leichtbauweise in Des Moines

Zu Beginn des dritten Jahrtausends erlebt Des Moines einen wahren Bauboom. 2005 eröffnete das 217 Millionen Dollar teure Iowa Events Center, ein aus mehreren Hallen und Bühnen bestehender Komplex für Aufführungen und Konzerte.

2006 erhielt die Des Moines Public Library einen vom Londoner Stararchitekten David Chipperfield entworfenen Anbau, von dem maßgebliche Impulse für die Revitalisierung des Westteils der Stadt erwartet werden. Auf dem Ostufer des Des Moines River, zu Füßen der gold schimmernden Kuppel des 1886 eingeweihten Iowa State Capitol, war die Stadtverschönerung bereits erfolgreich.

Früher schwindsüchtig und heruntergekommen ist das East Village heute ein fußgängerfreundliches Viertel mit Trend-Restaurants und Boutiquen, und als Wohnviertel vor allem bei jungen Familien nachgefragt. Zusammen mit dem Des Moines Art Center, das Reißbrett-Stars wie I. M. Pei und Richard Meier entwerfen geholfen haben, und vielen schönen Residenzen aus der Gründerzeit, ist Iowas Hauptstadt eine überraschend aparte Gastgeberin, die inzwischen auch nachts lange aufbleibt.

Doch bei allem Zeitgeist: Das ländliche Iowa ist nie fern. Nur wenige Kilometer westlich der Downtown erinnern Living History Farms, ein Freilichtmuseum mit drei Farmen aus drei Phasen der Geschichte Iowas, an die Wurzeln des Bundesstaats. Und Restaurants mit Werbesprüchen wie „We kill it, you grill it!" stellen unmissverständlich klar, dass Iowaner, bei allem Sushi und Tofu in Des Moines, für ein gutes Steak noch immer alles stehen und liegen lassen. Am lautesten hört man das Herz des Bundesstaates alljährlich im August schlagen. Dann lockt die Iowa State Fair, eine Leistungsschau der Landwirte der Region, über eine Million Menschen nach Des Moines.

AMANA COLONIES

„Willkommen" steht auf dem Schild am Ortseingang, und willkommen fühlt man sich in den sieben alten Siedlungen in der Prärie östlich von Des Moines nicht nur des Empfangs in der eigenen Sprache wegen. Gepflegte Bauernhöfe ruhen in friedvoller, grüner Landschaft. Enten schwimmen auf stillen Feuerlöschteichen, und manch ein Einheimischer begrüßt den Gast aus Deutschland in einem Deutsch, das hörbar 160 Jahre Auslandserfahrung auf dem Buckel hat.

1855 fanden 1200 deutsche Pietisten unter der Führung von Christian Metz an dieser Stelle eine neue Heimat, die sie nach einer Bibelstelle „Amana" nannten – zu Deutsch: „Bleib treu". Auf der Basis ihrer Glaubensregeln, die u. a. auf gemeinschaftlichem Besitz und Gemeinschaftsarbeit fußten, erblühten bald sieben nur wenige Kilometer voneinander entfernte, landwirtschaftliche Gemeinden.

Wollspinnerei im Amana County

Diese stellten alles zum Leben Notwendige her und verkauften Überschüsse auf den Märkten außerhalb. 50 Gemeinschaftsküchen ernährten die Kolonisten, Kinder besuchten erst die Kindergärten der Gemeinschaft, dann ihre Schulen. 80 Jahre dauerte das Experiment des gemeinschaftlichen Lebens, dann wurde es von der Weltwirtschaftskrise beendet.

Ihrem Glauben blieben die Kolonisten weiterhin treu, Privatwirtschaft wurde indes zugelassen. Kinder wurden auf Colleges und Universitäten geschickt und die wirtschaftlichen Geschicke der Amana Colonies der gemeinnützigen Amana Society, Inc. übertragen.

Heute verbinden hübsche, "Trails" genannte Wege die sieben Siedlungen miteinander. Mit dem Auto oder Rad reist man auf dem "Amana Colonies Trail", auf dem "Kolonieweg Recreational Trail" radelt oder spaziert man durch die Kolonie Middle Amana und ein Stück hinaus in die offene Prärie.

Sehenswürdigkeiten unterwegs sind das Amana Heritage Museum zur Geschichte der Kolonie, die "Rüdy Küche" als einzige intakt gebliebene Gemeinschaftsküche aus der Blütezeit der Kolonie, der High Amana General Store, und das in der ältesten Scheune untergebrachte, mit altem landwirtschaftlichem Gerät vollgestopfte Communal Agriculture Museum.

Golfplatz in Amana

310 Kentucky

KENTUCKY

EINSTIMMUNG

„Home" ist eines der am häufigsten gebrauchten Worte im amerikanischen Fernsehen. Nach bestandenem Abenteuer gehen die Akteure „home", denn dort wartet die Familie, es herrscht Frieden und Einvernehmen. Nicht umsonst heißt auch Kentuckys offizielle Hymne „My Old Kentucky Home": Mit seinen – tatsächlich auch vorhandenen – Klischeebildern von Schaukelstühlen und Hängematten auf schattigen Veranden, seinen von weißen Zäunen umgebenen, sattgrünen Weiden und seinen niedlichen kleinen Dörfern, wo die Uhren langsamer schlagen und der General Store wie eh und je das Zentrum des Universums verkörpert, symbolisiert Kentucky für den Rest des Landes ein Stück Amerika im Idealzustand. Dass der Bundesstaat auch noch die Heimat von Bluegrass-Musik und Bourbon-Whiskey ist, rundet diesen Zustand noch ab.

ÜBERBLICK

Kentucky ist knapp 105.000 Quadratkilometer groß und liegt wie ein Puffer zwischen dem Mittleren Westen und den Alten Süden. Von der Ost- bis zur Westgrenze sind es maximal 570 Kilometer,

„Home, sweet home" heißt Kentuckys heimlicher Slogan.

Die Cumberland Falls im Südosten von Kentucky

Für Wassersportler hat Kentucky reichlich Platz.

die größte Nord-Süd-Ausdehnung beträgt 280 Kilometer. Nachbarn im Norden sind Illinois, Indiana und Ohio. Im Nordosten grenzt Kentucky an West Virginia, im Südosten an Virginia. Die Südgrenze teilt sich der Staat mit Tennessee, im Westen berührt er Missouri. Die beiden einzigen Großstädte sind Louisville (714.000 Einwohner) und Lexington (280.000 Einwohner). Die Hauptstadt ist Frankfort (27.000 Einwohner). 2007 wohnten 4,3 Millionen Menschen in Kentucky.

TOPOGRAFIE, KLIMA, FAUNA UND FLORA

Die Ausläufer der rauen Appalachen im Osten, die flache Mississippi-Ebene im Westen und dazwischen eine von „bluegrass" (deutsch: Rispengras) bedeckte, sanft gewellte Hügellandschaft: Kentuckys Topografie ist lieblich und ruhig. Das Klima ist moderat und niederschlagsreich: eine ideale Voraussetzung für die Landwirtschaft in Zentral- und West-Kentucky.

Mit fast 5000 Kilometern schiffbarer Wasserwege besitzt der Staat darüber hinaus angeblich mehr Süßwasser als die meisten anderen Bundesstaaten. Wichtigste Flüsse sind der Mississippi im Westen und der Ohio im Norden. Seit der Fertigstellung des Tennessee-Tombigbee Waterway besitzen die Kohlevorkommen in den Appalachen einen direkten Kanal zum Golf von Mexiko. Eine Besonderheit Zentral-Kentuckys liegt unter der Erde: Hier hat die Entwässerung durch stark porösen Kalkstein die Entstehung unterirdischer Passagen und riesiger Höhlenformationen bewirkt.

Die Wälder setzen sich meist aus Eichen und Hickorybäumen zusammen. Vier Magnolienarten, Hemlocktannen und Weißkiefern sind ebenfalls weitverbreitet. Das berühmte, in vielen Liedern besungene „Bluegrass" des Staates ist nicht wirklich blau, sondern wirkt nur im Mai blau, wenn Iris und Akelei blühen.

Kentuckys Tierwelt begegnet einem leider zunächst als „Roadkill". Waschbären, Opossums, Grau- und Rotfüchse, Biber und andere Nagerarten haben die Anpassung an die vom Menschen entscheidend veränderte Landschaft am besten geschafft. In den Flüssen haben Experten über 100 Fischarten gezählt. Mit einem Nationalpark und 45 State Parks konserviert der relativ kleine Staat zahlreiche Wildnisgebiete. Ende der 1990er-Jahre wurde der in Kentucky ausgestorbene Wapiti-Hirsch erfolgreich wieder ausgewildert.

BEVÖLKERUNG

Seinen größten Wachstumsschub erlebte Kentucky zwischen 1780 und 1820. In diesem Zeitraum stieg die Bevölkerung von einigen Hundert Menschen auf über eine halbe Million. Nach 1900 verlangsamte sich das Bevölkerungswachstum jedoch und sank später sogar unter den nationalen Durchschnitt.

Kentucky gehört zu den von Tornados stark gefährdeten Regionen der USA.

In diesen Gebäuden lagert Kentucky-Bourbon-Whiskey, um zu reifen.

Heute weisen über 500.000 Kentuckier deutsche Vorfahren auf. 420.000 haben irische, 380.000 englische Wurzeln. Knapp sieben Prozent sind Afroamerikaner; eine Zahl, die aus der Abwanderung der schwarzen Bevölkerung in Richtung der Industriestädte des Mittleren Westens resultiert. Protestantische Glaubensgemeinschaften dominieren. Die größte Kirche ist die Southern Baptist Convention mit über einer Million Mitgliedern.

WIRTSCHAFT

Landwirtschaft, Kohlebergbau und verarbeitende Industrien sind die wichtigsten Devisenbringer Kentuckys. Letztere werden seit den 1980er-Jahren immer wichtiger: So ist der Bluegrass State z.B. der größte Produzent von Steinkohle und Whiskey der Nation. Dabei lebten im Gegensatz zu den städtischen Industrierevieren und dem landwirtschaftlich geprägten Zentral-Kentucky die Menschen in den Kohlerevieren der Appalachen lange unter der Armutsgrenze. Mit Steuernachlässen und Unterstützungen bei der Firmengründung half Washington den Appalachen-Counties in den 1990er-Jahren aus dem Gröbsten heraus.

Zugleich vermochten Zuwächse in den Zubringerindustrien der Autobranche rückläufige, traditionelle Wirtschaftszweige wie Tabakanbau, Textilienherstellung und Stahl abzufedern. Zu Beginn des

Der Cave Run Lake ist ein künstlich geschaffener See, der einerseits der Wasserversorgung dient, andererseit aber auch viele Wassersportmöglichkeiten bietet.

dritten Jahrtausends verlangsamte sich jedoch das Wachstum der verarbeitenden Industrien, während Dienstleistungen zweistellige Zuwächse verbuchten.

GESCHICHTE

Kentucky spielt in der Geschichte Amerikas eine Schlüsselrolle. Bis Mitte des 18. Jahrhunderts hatten die Appalachen die Expansion der 13 Kolonien nach Westen verhindert. Dann jedoch entdeckte ein Trapper namens Thomas Walker das Cumberland Gap, einen Durchlass in den unwegsamen Cumberland Mountains, und öffnete damit die Tür nach Kentucky und zum Mississippi.

Widerstand seitens der Indianer gab es kaum – Cherokees und Shawnees aus Ohio und Tennessee jagten nur in der Region. Von 1770 an führten englische Waldläufer, darunter der legendäre Daniel Boone, Siedler durch das Cumberland Gap nach Kentucky.

Während des Unabhängigkeitskriegs litt Kentucky unter den Angriffen der mit den Engländern verbündeten Indianer. 1792 trat Kentucky der Union bei. Im Bürgerkrieg war der wohlhabende und durch seine Wasserwege mit dem Süden verbundene, strategisch wichtige Staat für beide Seiten die begehrteste Trophäe. Noch vor dem Krieg wurden mit dem Tabakanbau, der Whiskey-Produktion

Die Louisville Water Treatment Plant in der Nähe von Louisville dient der Trinkwassergewinnung.

und der Zucht von Vollblütern drei Aushängeschilder der Wirtschaft Kentuckys begründet. Nach Kriegsende litt Kentucky, das auf Seiten der Union gekämpft, zugleich jedoch 30.000 Männer an die Südstaaten-Armee verloren hatte, noch Jahrzehnte unter ungelösten Fragen wie der Behandlung der ehemaligen Sklaven und weißen, ihr Unwesen treibenden Geheimbünden wie dem Ku-Klux-Klan. Zugleich erlebte Kentucky dank der Erschließung seiner Holz- und Kohlevorkommen in den Appalachen einen wirtschaftlichen Aufschwung und ein rasantes Wachstum seiner beiden Großstädte Louisville und Lexington.

Der Boom hatte jedoch auch sozialpolitische Folgen. Die Kluft zwischen verarmenden Land- und Minenarbeitern und städtischer Mittel- und Oberschicht wurde immer größer. Um 1900 gipfelten die Auseinandersetzungen in Streiks und Attentaten, und Kentucky, politisch extrem polarisiert, durchlebte eine lange, von der Depression der 1930er-Jahre noch verschlimmerte, wirtschaftliche Talfahrt. Nach 1945 sorgten die Abwanderung vieler Farmarbeiter und die zunehmende Ächtung der Tabakindustrie für tiefgreifende Veränderungen. Immer mehr Farmer sattelten auf „Cash Crops" um, die extra nur für den Export und Verkauf angebaut werden. Regierungsprogramme sorgten außerdem für die Verbesserung der ländlichen Infrastruktur. Das dritten Jahrtausend begrüßte Kentucky mit einem millionenschweren, dem Ausbau der Hightech-Branche gewidmeten Regierungsprogramm.

LOUISVILLE

Die seit zwei, drei Jahrzehnten andauernde Wiederbelebung der amerikanischen Downtowns war auch in der größten Stadt Kentuckys erfolgreich. Besucher des am Ohio liegenden Louisville erleben eine moderne Metropole, die bequem auf ihrer langen Geschichte ruht, zugleich aber zuversichtlich in die Zukunft schaut. Private und öffentliche Investitionen von über zwei Milliarden US-Dollar haben u.a. auch die Revitalisierung der Innenstadt mit modernen Museen, trendigen Restaurants und coolen Bars und Kneipen ausgelöst.

Flaggschiff der alten, neuen Downtown ist das 2005 eingeweihte Muhammad Ali Center mit einem Dach in der Form eines Schmetterlings – ein Gesamtkunstwerk mit Besucherzentrum zu Ehren des berühmtesten Sohnes der Stadt. Und dann ist da, jenseits aller schnell verpuffenden Trends und Tendenzen, das dem Süden verpflichtete Old Louisville, ein elegantes Viertel mit Hunderten schöner Queen-Anne-, Kolonial- und Gothic-Revival-Residenzen südlich vom Business District, wo man den alten Süden spürt, zugleich aber auch den Norden erahnt.

Denn im Bürgerkrieg war Kentucky zerrissen, schlug sich auf die Seite der Union, erlebte aber zugleich, dass viele seiner jungen Männer sich der Sache des Südens anschlossen. 1778 gegründet, war Louisville im Krieg ein Versorgungszentrum der Unionstruppen, doch nach Kriegsende übernahmen die heimkehrenden Konföderierten wieder die Kontrolle über ihre Stadt – ein Übergang, der durchaus nicht reibungslos verlief. Viel traditionsreiches Louisville liegt auch an der West Main Street, einem schönen Abschnitt mit modifizierten alten Lagerhäusern, in die Cafés und Lofts eingezogen sind und die heute an SoHo in New York erinnert.

Hier liegt auch das Louisville Slugger Museum & Factory. Seit den 1880er-Jahren werden hier Baseballschläger hergestellt, eine Ausstellung präsentiert das den Amerikanern heilige Ballspiel in Wort, Bild und Film. Die Old Seelbach Bar im Seelbach Hilton befindet sich an der 4th Street, mit ihrer herrlichen Mahagoni-Bar, die so viel alten Bourbon im Angebot führt, dass man jeden Tag einen anderen Whiskey probieren könnte – und das viele Monate lang. Tatsächlich produzieren die Destillerien der Stadt über die Hälfte des weltweit konsumierten Bourbons, weitere große Destillerien, wie Jim Beam, Maker's Mark und Four Roses, liegen weniger als 90 Minuten außerhalb der Stadt. Letztlich ist es auch das alte Louisville, das beim Buhlen um die Gunst des Besuchers die Oberhand be-

In Pferdegestüten in Kentucky werden einige der besten Rennpferde der Welt gezüchtet.

hält. Der Grund, warum die meisten Fremden nach Louisville kommen, liegt südlich der Downtown, ist über 130 Jahre alt und ragt mit zwei neugotischen Giebeln über einem ehrwürdigen Klubhaus hoch über eine zu jeder Jahreszeit in sattem Grün schwelgende Pferderennbahn.

Seit 1875 ist Churchill Downs alljährlich im Mai Gastgeber des weltberühmten Kentucky Derby, der, wie die Einheimischen von Louisville versichern, spannendsten zwei Minuten, die es im Zuschauersport gibt. Rennsportneulinge können sich der edlen Disziplin auf einer vom angrenzenden Derby Museum organisierten „Backstage"-Tour durch die Stallungen nähern – dorthin, wo an Renntagen die bis zu 500.000 Dollar teuren Vollblüter auf ihren Einsatz warten, drahtige Jockeys mit mürrisch dreinblickenden Trainern fachsimpeln und es nach Schweiß, Mist und Magnolien riecht.

LEXINGTON

Es gibt Industrien, deren Ansiedlung die Alltagskultur vor Ort veredelt und die Entstehung einer zeitgeistigen Infrastruktur fördert. Beispielsweise pflegt ein erfolgreicher Weinbau Trend-Restaurants nach sich zu ziehen und die Küche einer Region nachhaltig zu beeinflussen. Im wirtschaftlichen und kulturellen Zentrum des Bluegrass State wird anstelle edler Reben etwas anderes, nicht minder nobles gezüchtet: Pferde.

Pferde auf der Weide eines Zuchtgestüts

Die gesamte Stadt – vor allem aber die viktorianische, schön anzusehende Backsteinarchitektur an der Main Street und im Gratz Park, das elegante Hunt-Morgan House, das 1887 eröffnete Lexington

Belüftete Tabakscheune auf dem Lande

Opera House und natürlich auch Ashland, die Residenz des damals prominenten Politikers Henry Clay – verströmt eine herrlich altmodische Südstaateneleganz, atmet den Geist stolzer Menschen, die lieber restaurieren und renovieren als abreißen und auch sonst viel Wert auf „Savoir-vivre" legen.

Die Erklärung für die Präsenz der vielen ausgezeichneten Restaurants in der Stadt liegt im Thoroughbred Park, einem kleinen, aber hübschen Park im Stadtzentrum. Dort verdeutlichen die Bronzen von sieben im vollen Galopp die Zielgerade entlangjagenden Vollblütern eindrucksvoll, um was es in der zweitgrößten Stadt Kentuckys geht: um Pferde nämlich, um reinrassige Vollblüter; und das schon seit der Stadtgründung im Jahr 1775. Zwölf Jahre später wurde hier das erste Pferderennen abgehalten.

Obwohl die ganz großen Rennen längst in Louisville stattfinden, blieb Lexington doch immer die Wiege der Pferdezucht. Vor den Toren der Stadt, im weitläufigen Hügelland des Bluegrass Country, wo endlose weiße Zäune grüne Weiden zusammenhalten und kuppelgekrönte Scheunen leuchtend rote Akzente setzen, bringen viele Dutzend Gestüte jährlich bis zu 50.000 dieser rassigen Tiere hervor, darunter viele Millionen Dollar teure Exemplare, die nicht nur Preisgelder, sondern später auch noch Zuchtprämien verdienen und am Ende von ihren stolzen Besitzern als Ölgemälde verewigt werden. Einige Gestüte kann man im Rahmen geführter Touren besichtigen.

Kentucky ist bekannt als Pferdeland.

Den beim Training in der Morgenfrische dampfenden Rennern kommt man beim Besuch im Thoroughbred Center am Nordostrand der Stadt am nächsten. Dem – amerikanischen – Bedürfnis, Hel-

den in einer „Hall of Fame" genannten Ruhmeshalle zu verewigen, haben natürlich auch die pferdeverrückten Lexingtoner nachgegeben. Im Kentucky Horse Park nördlich der Stadt sieht man nicht nur zwei Dutzend verschiedener Rassen, sondern auch – in der Hall of Champions per Video – die erfolgreichsten Vollblüter, die Lexingtoner Züchter jemals hervorgebracht haben.

Wo Pferde gezüchet werden, finden regelmäßig auch Pferderennen statt.

MAMMOTH CAVE NATIONAL PARK

Bevor es losgeht, versichern die Guides, dass sie noch nie jemanden verloren haben. So alt dieser Scherz zur Begrüßung auch ist, er tut doch immer wieder gut: Das treffend „Mammoth Cave" (Mammuthöhle) genannte Höhlensystem ist das größte und längste der Welt. 560 Kilometer dieses mehrere Counties in Zentral-Kentucky unterquerenden Netzes aus Tunnel, Gängen, Sälen und Hallen sind bislang erforscht, doch Experten glauben, dass mindestens noch einmal so viele Hohlräume auf ihre Entdeckung warten. Für Liebhaber unterirdischer Light- und Soundshows ist die Mammuthöhle jedoch nichts. Wohl besitzt auch sie Stalagmiten und Stalagtiten in allen erdenklichen Formen und Farben, doch ihre eigentliche Besonderheit ist ihre imposante Größe. Räume so weit wie Konzerthallen wechseln ab mit unverstellten Blicken in bis zu 500 Meter lange Korridore.

Den Indianern seit Urzeiten bekannt, wurde Mammoth Cave erst 1797 per Zufall wiederentdeckt. Im Laufe des 19. Jahrhunderts avancierte die Riesenhöhle neben den Niagarafällen zur zeitweilig meistbesuchten Touristenattraktion der Vereinigten Staaten. Touren führen bis über einhundert Meter tief ins Innere der 1941 zum Nationalpark anerkannten und 1981 in das UNESCO-Welterbe aufgenommenen.

Kentucky 323

LOUISIANA

EINSTIMMUNG

Liegt es an den Büchern von Mark Twain, an seinem „Leben auf dem Mississippi"? Liegt es an den schlüpfrigen Geschichten, die sich um die Entstehung des Blues in den Bordellen von New Orleans ranken, liegt es am zügellosen Karneval am „Mardi Gras", oder ist es ganz einfach der total entspannte Lebensstil, den Louisianas Menschen wie selbstverständlich pflegen und der New Orleans den Beinamen „The Big Easy" eingebracht hat?

Das Mississippi-Delta prägt das Leben der Menschen in Louisiana, deren Haut so viele Farben hat wie ihr Lieblingsreisgericht „Jambalaya". Dort, wo die Luft heiß und schwer über Städten, Sümpfen und Mangroven hängt und in den Adern der Einheimischen das Blut afrikanischer, spanischer, indianischer, kreolischer, französischer, karibischer und amerikanischer Vorfahren fließt, macht das nüchterne Mainstream-Amerika einem durch und durch romantischen Lebensgefühl Platz.

Französische Architektur im historischen Zentrum von Natchitoches, der ältesten Siedlung aus dem Louisiana Purchase

Blick in einen Sitzungssaal der Legislative von Louisiana

ÜBERBLICK

Louisiana ist 123.675 Quadratkilometer groß und liegt im zentralen Süden der USA. Nachbar im Norden ist Arkansas, im Osten Mississippi. Im Süden reicht Louisiana an den Golf von Mexiko, im Westen teilt man sich die Grenze mit Texas. Louisianas größte Ost-West-Ausdehnung beträgt 381 Kilometer, von Norden nach Süden ist es ebenso weit. Die größte Stadt ist New Orleans (290.000 Einwohner). Hauptstadt ist Baton Rouge (230.000 Einwohner). Im Jahr 2008 lebten rund 4,4 Millionen Menschen in Louisiana.

Flussmündungen, Marschen, Deltas: Mit 28.000 Quadratkilometern besitzt Louisiana, das im Großraum New Orleans sogar unter dem Meeresspiegel liegt, den größten Feuchtgebietsanteil aller

Bundesstaaten. Tatsächlich gilt der unablässig Land ins Atchafalaya Basin schwemmende Mississippi als „Baumeister" des Staates. Lake Pontchartrain, mit über 1600 Quadratkilometern größter See, ist eigentlich ein Lagune. Wichtigster Fluss ist der Mississippi, der bei New Orleans zu einem weitläufigen Delta ausfächert und durch ein Sieb aus Mangrovensümpfen und Kanälen, den „Bayous", in den Golf von Mexiko entwässert. Louisiana vorgelagert sind rund 250 Inseln.

Das Klima im Deltabereich ist ganzjährig feucht und warm mit einer durchschnittlichen Jahrestemperatur um 21 °C. Im Spätsommer und Herbst wird der Staat von tropischen Stürmen und Hurrikans heimgesucht. Louisianas Wälder sind meist lichte Kiefernwälder im Norden, mit Laubbaumbeständen in Senken und Mulden, sowie von moosbehangenen Zypressen dominierte Sumpfwälder im Süden. Leicht zu beobachten sind verschiedene Orchideen- und Hyazinthenarten. Die Vielzahl unterschiedlicher Lebensräume resultiert in einer facettenreichen Tierwelt. Im Norden hausen noch immer Virginia-Hirsche und Schwarzbären. Luchse, Minke, Bisamratten und Stinktiere kommen hinzu. Im Küstenbereich leben Seeschildkröten, und vor der Küsten kreuzen Wale. Rote und weiße Langusten sind bei Gourmets beliebte Meeresfrüchte.

Die ursprüngliche Fauna und Flora wird in Schutzgebieten, sogenannten „Wildlife Refuges", geschützt. Die beiden größten sind das Rockefeller Wildlife Refuge bei Cameron und das Marsh Island Refuge bei Iberia. Zu den drängendsten Umweltproblemen in Louisiana gehören das Management der Giftmülldeponien und die Luftverschmutzung.

BEVÖLKERUNG

Die Menschen Louisianas sind der vielleicht aufregendste Genpool der Vereinigten Staaten. Ein Drittel der Bewohner sind als Afroamerikaner Nachfahren verschiedener Gruppen, darunter ehemaliger Sklaven und freier schwarzer Unternehmer, die als farbige Kreolen zur Oberschicht in New Orleans gehörten. Ebenfalls zum Bild vor allem in New Orleans gehören die Nachkommen von Einwanderern aus der Karibik, den Philippinen und Lateinamerika.

Nichts außer den Gründungspfählen hat Hurrikan Katrina übriggelassen von den Häusern, die hier einmal standen.

Am stärksten mit Louisiana assoziiert werden indessen die weißen Kreolen und Cajuns, zwei französischsprachige Gruppen, von denen erstere von meist adligen Einwanderern aus Frankreich im 18. Jahrhundert abstammen, letztere hingegen die Nachfahren der Mitte des 18. Jahrhunderts aus Nova Scotia (Kanada) vertriebenen Akadier sind. Die Kreolen lebten vorzugsweise in New Orleans, die Cajuns hingegen bewahrten ihre Traditionen in den Sumpfgebieten südwestlich der Stadt.

Zwar haben sich beide Gruppen längst mit späteren Einwanderern, vor allem aus England und Deutschland, vermischt, doch gelang es vor allem den Cajuns, trotz eines über 50 Jahre anhaltenden Sprachverbots seitens der Bundesregierung ihre altertümliche, dem heutigen Französisch in der kanadischen Provinz New Brunswick ähnelnde Sprache zu bewahren. Insgesamt nennen fast 200.000 Menschen in Louisiana akadische Vorfahren.

New Orleans – das ist Musik auf der Straße, in Kneipen, in Kaschemmen, in Hinterzimmern, auf der Bühne.

WIRTSCHAFT

Bis zum Bürgerkrieg basierte Louisianas Wohlstand fast ausschließlich auf Zuckerrohr und Baumwolle und New Orleans diente als Verladehafen für die flussaufwärts produzierten Waren und Güter. Zu Beginn des 20. Jahrhunderts stießen Ölfunde im Golf von Mexiko die Industrialisierung an. Heute gehört Lousiana gemeinsam mit Texas zu den größten Ölproduzenten des Landes.

Wirtschaftsmotoren sind neben Öl weitere natürliche Ressourcen wie Holz und Erdgas. Die damit verbundene Abhängigkeit von Weltmarktpreisen ließ Louisiana Höhenflüge und Talfahrten erleben. Inzwischen gehen die Ölreserven im Golf zur Neige, und auch die Tage der Erdgasgewinnung sind

In Louisiana erinnern noch viele schöne Residenzen an die Blütezeit der alten Pflanzer-Aristokratie.

gezählt. Derzeit erkundet die Regierung in Baton Rouge Möglichkeiten der Erschließung anderer natürlicher Energiequellen, wie Braunkohle und Erdwärme. Weitere bedeutende Industrien sind Dienstleistungen, Verwaltung und Handel. Holz- und Papierverarbeitung sowie der Schiffsbau bleiben bedeutende Arbeitgeber. Mit rund 15 Millionen Besuchern jährlich ist der Tourismus eine immer wichtigere Einnahmequelle.

GESCHICHTE

Bei der Ankunft der ersten Weißen in Louisiana – spanische Konquistadoren unter dem Kommando von Hernando de Soto 1541 – bewohnten Indianer verschiedener Stämme, u. a. Natchez, Caddo und Muskogee, die Region. Auswirkungen hatten jedoch erst die französischen Kolonialbestrebungen. Anfang April 1682 erreichte de La Salle von Neu-Frankreich aus über die Großen Seen und den Mississippi den Golf von Mexiko und benannte das unterwegs entdeckte Land zu Ehren seines Königs Louisiana.

Französische Siedlungen folgten wenig später: Biloxi 1699, Natchitoches 1714, New Orleans 1718. Während der nächsten Jahrzehnte etablierte sich hier eine französisch geprägte Kultur und Lebensart, die auch die Übernahme durch Spanien im Jahr 1762 überdauerte. Louisiana erlebte eine wirtschaftliche Blütezeit, die Bevölkerungszahl stieg durch Einwanderer aus den englischen Kolonien, von den kanarischen Inseln, aus dem deutschen Rheinland und vor allem aus dem soeben englisch geworden Nova Scotia im Osten Kanadas. Bereits um 1800 war Louisiana ein multikulturelles, aus

Knorrige alte Eichen auf einer ehemaligen Plantage in Louisiana

rund 50.000 Menschen unterschiedlichster Herkunft bestehendes Mosaik. Sklaven aus Afrika und der Karibik bewirtschafteten die Zuckerrohr- und Baumwollplantagen flussaufwärts, den Grundstock für Louisianas Wohlstand legend. Im Jahr 1800 übergab eine schwache spanische Regierung ihren nordamerikanischen Besitz Napoleon Bonaparte, doch der ewig klamme General verkaufte sie drei Jahre später für 15 Millionen Dollar an die USA. US-Präsident Thomas Jefferson unterschrieb den später als besten Immobiliendeal der Geschichte bezeichneten Vertrag und verdoppelte mit einem Federstrich das Staatsgebiet um über zwei Millionen Quadratkilometer.

Das heutige Louisiana trat der Union 1812 als 18. Bundesstaat bei. Drei Jahre später schweißten britische Invasionsversuche die Bewohner zusammen: Unter dem Kommando von US-General Andrew Jackson vertrieb eine Armee aus Cajuns, Kreolen, Indianern, Sklaven und Piraten die Engländer in mehreren Schlachten aus dem Delta. Bis 1860 machte die Plantagenwirtschaft Louisiana zu einem der wohlhabendsten der Südstaaten.

Der Bürgerkrieg bedeutete für den Staat einen schweren Aderlass: Mehrere Zehntausend Männer blieben auf den Schlachtfeldern im Norden zurück, die Wirtschaft lag in Trümmern. Nach Kriegsende ließ der Aufschwung zunächst auf sich warten. Während New Orleans schnell wieder in die alte Rolle als Handelsdrehscheibe wuchs, führte die politische Entrechtung der Schwarzen und armen Weißen zur Verarmung ganzer Landstriche. Erst die Erschließung der Ölvorräte vor der Küste brachte den lang ersehnten Wandel. Die Talfahrt der Weltmarktpreise für Rohöl Mitte der 1990er-Jahre ließ die Arbeitslosenzahl in Rekordhöhen schießen, und vorübergehend machte der Staat als Armenhaus der Nation Schlagzeilen.

Mardi Gras ist die Südstaatenversion unseres Karnevals.

Im August 2005 erlebte Louisiana die schlimmste Katastrophe seiner langen Geschichte, als Hurrikan „Katrina" New Orleans und die Küstengebiete heimsuchte. Über 80 Prozent der Stadt wurden überflutet, mehr als 1500 Menschen kamen ums Leben. Die Erholung von dieser humanitären und wirtschaftlichen Katastrophe hat in den letzten Jahren enorme Fortschritte gemacht, ist aber noch längst nicht abgeschlossen.

NEW ORLEANS

Die „Joie de Vivre", die legendäre Lebensfreude der Stadt, scheint vorerst gesiegt zu haben. Im touristischen New Orleans wurden alle Erinnerungen an „Katrina" beseitigt. „Business as usual" lautet das Motto, auch wenn in manchen Außenbezirken die Menschen noch immer in Notunterkünften hausen.

Das alte Herz der Stadt, das French Quarter, ist so bezaubernd wie eh und je, und wie immer regt sein unwiderstehlicher Charme nicht wenige Besucher zum Nachdenken an. Wer einmal durch die historische Altstadt geschlendert ist, dem fällt es schwirig, wieder nach Hause zurückzukehren, als sei nichts gewesen. Der Bummel durch das in einer Schleife des Mississippi liegende French Quarter lässt den Alltagsstress für einen Moment vergessen – so viele Details zum Schauen warten!

Gusseiserne, fast 300 Jahre alte Häuser mit um sie herum laufenden Balkonen, von denen aus lächelnde Bewohner die Umzüge und natürlich das tolle Treiben während des „Mardi Gras" (Dienstag

Straßenszene in New Orleans

vor Aschermittwoch) verfolgen; Hinterhöfe, aus denen der betäubende Duft der Bougainvilleen auf die Straßen dringt und das Plätschern diskret in Palmetto gebetteter Springbrunnen; Liebespaare, die sich unter flackernden Straßenlaternen küssen, und Polizistinnen, die fünfe gerade sein lassen und mit der soeben ertappten Verkehrssünderin lieber über Prada plaudern. Aus unzähligen Kneipen dringt Live-Musik, hier Blues, dort Jazz, hier flotter Cajun-Two-Step, dort krachender Swamp Rock aus den Sümpfen vor der Stadt.

Heiß und schwül sind die Tage, lau und verführerisch die Nächte. Sie fordern Gehorsam, und so nimmt der Besucher das Tempo aus seinem Schritt und lässt sich treiben, von einer Kneipe zur anderen, in Hinterhöfe hinein und wieder aus ihnen heraus, und dabei stets Blütenduft in der Nase und den Geschmack von Mint Julep, dem hier ausgeschenkten Cocktail aus Bourbon Whiskey, braunem Zucker und frischer Minze, auf der Zunge.

FRENCH QUARTER

Zu sehen gibt es viel in dieser von Jean-Baptist Lemoine de Bienville (1680–1767) gegründeten Stadt. 1840 war sie eine der reichsten Städte der USA, besaß den größten Sklavenmarkt und war das Sprungbrett in die Karibik und nach Lateinamerika. Ihr intaktes Stadtzentrum, das French Quarter,

Der Mardi Gras von New Orleans ist der wohl farbenprächtigste Karneval in Nordamerika.

verdankt sie einsichtigen Stadtvätern: 1862 ergaben sich diese lieber den überlegenen Unionstruppen, als die Zerstörung zu riskieren. Um 1900 befand sich hier auch das Rotlichtviertel der Stadt, ein vielsprachiges, exotisch-schräges Biotop, das beinahe zwangsläufig später so berühmte Musiker wie Jelly Roll Morton, Louis Armstrong und Johnny Dodds hervorbachte. Sie alle spielten in Etablissements rund um die Bourbon Street, der bis heute berühmtesten Kneipenmeile der Stadt.

Inzwischen sind die Freudenmädchen zwar weitergezogen, doch wilde Partys feiert das French Quarter noch immer: Während des Mardi Gras im Februar vervielfacht sich die Einwohnerzahl der Stadt, zum Spring Break überfluten College-Studenten das Viertel.

Doch das „Vieux Carré", so der alte Name, ist nicht nur Partyzone. Auch wenn auf dem weitläufigen Jackson Square Blaskapellen Dixieland spielen: Der alte *place d'armes* (deutsch: Exerzierplatz) atmet unübersehbar Geschichte. Im Cabildo, dem Sitz der spanischen Gouverneure, wurde 1803 der „Louisiana Purchase" unterzeichnet. Heute ist eines der Gebäude des Louisiana State Museum hier untergebracht. Die herrliche St. Louis Cathedral an der Nordseite des Platzes stammt aus dem Jahre 1794, und in der Mitte wacht General Andrew Jackson, der Verteidiger von New Orleans und spätere US-Präsident, über das heute ebenso wie damals bunte Treiben der Stadt.

Dixieland-Kapellen wie hier auf der nächtlichen Bourbon Street gehören in New Orleans zum Straßenbild.

Von hier aus hat man die Qual der Wahl: für Latte und Croissants zum berühmten Café du Monde und dort dem prallen Leben zuschauen, oder doch lieber die Straßen des French Quarter erkunden? In der Chartres Street erinnert das alte, 1752 erbaute Ursulinenkloster an die französische Kolonialzeit und es gibt eine interessante Fußnote der Geschichte: Ob Napoleon, einmal aus seiner Gefangenschaft auf St. Helena befreit, wohl noch einmal in den Lauf der Geschichte in Europa eingegrif-

fen hätte? Der damalige Bürgermeister Nicolas Girod hatte sein Haus jedenfalls dem Kaiser der Franzosen als Refugium angeboten, und seither heißt das schöne Haus an der Ecke Chartres und St. Louis, das heute ein nettes Café beherbergt, Napoleon House. Und in der Dumaine Street stehen noch Häuser, die zu Beginn des 18. Jahrhunderts im kreolischen Stil – schattenspendende Bauweise, kleine Innenhöfe – gebaut wurden. In einem residiert das New Orleans Historic Voodoo Museum, das interessante Ausstellungen zu dieser lange von Schwarzen wie Weißen praktizierten Religion beherbergt. Besonders plastisch wird die abwechslungsreiche Stadtgeschichte schließlich im Conti Wax Museum in der Conti Street dargestellt.

Letztlich ist es jedoch das Nachtleben, dem New Orleans seinen Ruf als „Big Easy" verdankt. Vor der Kneipentour lohnt sich ein Abstecher auf den Old St. Louis Cemetery am Nordrand des French Quarter. Der älteste der Friedhöfe der Stadt wurde 1789 an der Nordseite der Basin Street angelegt und ist die letzte Heimstatt vieler prominenter Bürger, darunter Ernest Morial, der erste afroamerikanische Bürgermeister, und die berühmt-berüchtigte Voodoo-Priesterin Marie Laveau. Die Gräber sind, des hohen Grundwasserspiegels wegen, oberirdisch angelegt, was dem Friefhof die Atmosphäre einer Totenstadt verleiht.

Von den von Hurrikan Katrina angerichteten Vewüstungen erholt sich Louisiana nur langsam.

CAJUN COUNTRY

„Ma femme, elle est gone", jammert der Anrufer. Der Moderator von KVPI Cajun Country Radio tröstet so gut er kann: „Relax, cher", und legt zur Aufmunterung einen Gassenhauer von Steve Riley und den Mamou Playboys auf. KVPIs Sendegebiet liegt rund um Ville Platte in Süd-Louisiana. Außer Cajun-Musik bringt die Station 18 Stunden Wortbeiträge pro Woche.

Das dort zu hörende Französisch lässt Pariser erschauern und Normalverbraucher mit Schulfranzösisch verzweifeln. Die Grammatik passt auf ein DIN-A4-Blatt, der Subjunktiv ist unbekannt. Oft geht sowohl Anrufern als auch dem Moderator das Vokabular aus. Die Konversation gleitet dann ins „Fringlish" über, einer geselligen Melange aus breitestem Südstaatendialekt und französischen Spurenelementen.

Cajun Country, Verwaltungsname: Acadiana. 22 Kirchengemeinden zwischen New Orleans und Texas. In Dörfern und Städtchen, die Houma, Opelousas, Mamou oder Catahoula heißen, halten ihre Einwohner fest, was nach über hundert Jahren Karambolage mit Mainstream-Amerika von der Kul-

Louisiana 337

tur der Vorväter übrig geblieben ist. Die Ahnen waren Französisch sprechende Akadier aus Kanada und auf der Flucht vor den Briten gewesen, die 1755 das Volk komplett deportiert und in alle Welt verstreut hatten, weil es nicht den Treueeid auf den englischen König hatte leisten wollen.

In den Sümpfen des damals spanischen Mississippi-Deltas wurden aus ihnen Fischer, Jäger und Bauern. Isoliert von der Außenwelt, bewahrten sie ihre Sprache und Kultur. Aus „Acadiens" wurden „Cadiens" und schließlich „Cajuns".

Wer heute New Orleans Richtung Südwesten verlässt, landet bald in einer anderen Welt. An der Natur, die eher ruhig ist, liegt es nicht: Cajun Country ist flach und ländlich, atemberaubende Naturschauspiele gibt es nicht. Dafür signalisieren die Namen, dass eine unsichtbare Grenze überschritten wurde. Die Besitzer der Briefkästen heißen nun Boudreaux und Landry, der Autobody Shop wird von Téophile Cheramie betrieben, das Restaurant gehört Ginny LeBlanc und die Tankstelle einem gewissen J.B. Bonaventure. Auch den Gesichtern könnte man ebenso gut im Westen Frankreichs begegnen. Keine Spur mehr von den kantigen Yankee-Schädeln, den „Têtes Carrées".

Auch dieses Schiff fiel dem Hurrikan zum Opfer.

Pick-ups und Straßenkreuzer vor unscheinbaren Restaurants signalisieren „Boudin" (Wurst aus Reis und Schweinefleisch), „Gumbo" (Eintopf mit Fleisch), „Crawfish Étouffée" (pikant gewürzter Flusskrebs auf Reis) oder „Jambalaya" (Reisplatte mit allem Möglichen). Die Gespräche kreisen um Familie und um Freunde, um die Arbeit, Essen und Trinken, den Glauben und die Welt. „Who's your mama? Are you catholic? Can you make a roux (Mehlschwitze)?" Ein populäres Cajun-Kochbuch witzelt, dies seien die Fremden am häufigsten gestellten Fragen. Denn Ahnenforschung ist eine Obsession der Cajuns und ihrer in alle Welt verstreuten akadischen Verwandten. Der rechte Glaube muss nicht sein, öffnet aber trotzdem Türen. Und essen und trinken gehört auch hier zur gallischen „Joie de Vivre".

Als um 1900 im Golf von Mexiko Öl gefunden wurde, war es mit der Isolation vorbei. Nordamerika brach über die Sümpfe herein. Plötzlich galten die Cajuns, die oft nicht lesen und schreiben konnten und unverständliches Kauderwelsch sprachen, als Hinterwäldler. „Cajun" wurde ein Schimpfwort. 1916 wurde Französisch in den Schulen verboten. Cajun-Eltern erzogen ihre Kinder fortan englischsprachig, um ihnen Hänseleien in der Schule zu ersparen. Das Verbot galt bis 1974. Diese Zeit reichte, um zwei Generationen ihre Sprache auszutreiben.

Die Musik wurde während dieser *l'heure de la honte* (deutsch: Zeit der Schande) der Rettungsanker dieser in Nordamerika einzigartigen Kultur und wurde gespielt von Sendern wie KVPI, wo sich vor dem Mikrofon jeder traf, der ein Instrument halten konnte.

Bis heute wird diese Live-Musik-Tradition fortgesetzt: Seit über 50 Jahren überträgt der Sender beispielsweise jeden Samstagmorgen flotte Cajun-Rhythmen aus „Fred's Lounge", einer winzigen Musikkneipe in dem Nest Mamou. Knorrige Cajun-Farmer schieben quiekende Japanerinnen über das Parkett, das „Tanzen auf der Theke verboten"-Schild findet bald schon keine Beachtung mehr. Abends wird die Übertragung im Liberty Theater in Eunice fortgesetzt. In der „Grand Ol' Opry" der Cajun-Musik spielen jeden Samstagabend die besten Combos Louisianas.

„Ma femme, elle est gone." Ein Viertel der Cajuns in Louisiana sprechen oder verstehen noch Französisch. Allerdings liegt das

Louisiana 339

New Orleans, St. Louis Cathedral und das Denkmal für General Jackson

Durchschnittsalter der eine Million Einwohner bei 60 Jahren. Das ist zu hoch, als dass die von der Assimilierung bedrohte Cajun-Kultur sicher auf eigenen Beinen stehen könnte. Darum greift ihr CO-DOFIL unter die Arme. Der „Conseil pour le développement du français en Louisiane" wurde 1968 gegründet und kämpft seitdem um den Erhalt der alten Sprache. 1974 erreichte sie die Aufhebung des Französischverbots, danach engagierte sie Lehrer aus Frankreich und Französisch-Kanada für die Schulen im Cajun Country. Seitdem entscheiden sich Cajun-Kinder verstärkt für Französisch als Unterrichtssprache.

Am besten bereist man Cajun Country ohne Plan. Rührend besorgte Gastgeber weisen einem den Weg. Einer führt, von New Orleans aus, immer am Bayou Lafourche entlang, nach Grand-Isle am Golf von Mexiko. Kutter-Flotillen tuckern zum Meer hinaus, die hochgestellten Netze wie Schmetterlingsflügel an den Seiten. Weiße Kraniche stehen reglos am Ufer, Pelikane schweben über Teppiche purpurner Wasserhyazinthen. In Grand-Isle stehen alle Häuser auf Stelzen: Das platte, hitzeflimmernde Land liegt mitten auf der „Hurricane Alley".

Früher oder später kommt man auch durch das cremefarbene Städtchen St. Martinville, das „Petit Paris" am dunklen Bayou Teche. Auf den umliegenden „Vom Winde verweht"-Plantagen feierten die adligen Überlebenden der französischen Revolution mit ihren schwarzen Sklavinnen. Unter der mächtigen Évangeline Oak neben der Kirche liebte, litt und starb Emmeline Labiche. Unter der alten Eiche soll sie nach Jahren der Suche den ihr während der Deportation entrissenen Liebsten wiedergefunden haben. Der Lump hatte in der Zwischenzeit jedoch eine andere geheiratet. Emme-

In den Zypressensümpfen des Atchafalaya Basin verliert man schnell jegliches Zeitgefühl.

Die traditionelle Cajun Cuisine basiert zum großen Teil auf Seafood.

line starb am Liebesleid, und Amerikas Dichterfürst Longfellow, der sie als Évangeline im gleichnamigen, unsäglich kitschigen Poem verewigte, schenkte den Akadiern ihr Nationalepos.

Oder aber man versumpft – im wahrsten Sinn des Wortes – in den Dörfern im Atchafalaya Basin. Die Niederung, 40 Kilometer breit und 200 Kilometer lang, ist das größte Sumpfgebiet Amerikas; eine nasse, unzugängliche Wildnis, die von uralten, mit Spanischem Moos behangenen Zypressen bewacht wird und ein paar Fischern noch immer Katzenwelse an die Haken liefert. Mittendrin, versteckt in schmalen Seitenarmen, liegen die Hausboote der Hardcore-Cajuns. Sie leben vom Krabbenfischen und der Jagd, sprechen Englisch nur mit schwerem Akzent und ehren die Alten. Hollywood-Regisseure, so wird einem gesagt, können Statisten für ihre Filme hier nur engagieren, wenn die Großeltern sich zuvor einverstanden erklären.

Es gibt übrigens noch eine Frage, mit der man rechnen muss. Sie wird schamlos auch dem Fremden gestellt, der gerade nichtsahnend zur Tür herein gekommen ist. „Tu veux danser, cher, you wanna dance?" braucht einen jedoch nicht zu erschrecken. Auf den Tanzböden zwischen Houma und Eunice herrscht Freistil. Kein Frackzwang mindert das Vergnügen, keine noch so überzeugende Ausrede wird akzeptiert. „Laissez les bons temps rouler – Let the good times roll": Nie folgte man einem Werbeslogan williger.

MAINE

EINSTIMMUNG

Für ein solides und verlässliches, ohne Firlefanz angebotenes Produkt haben die Amerikaner einen treffenden Ausdruck: „What you see is what you get". Auch Maine könnte man so anbieten. Der Bundesstaat im äußersten Nordostzipfel der Vereinigten Staaten ist eine ehrliche Haut. Es regnet hin und wieder, Baden im Meer ist nur etwas für abgehärtete Frohnaturen, und auf Themenparks und ähnlich vorprogrammiertes Amüsement muss man verzichten.

Doch gerade das macht den Charme von Maine aus. Wildromantisch ist seine schärenreiche Felsenküste, einsam halten Leuchttürme dort Wache. Gleich hinter der Küstenstraße beginnen die endlosen, nach Kanada ziehenden Wälder. Und so natürlich wie die Landschaft sind auch die Menschen, die hier leben.

Eine der unzähligen schönen Buchten an der Küste von Maine

RECHTE SEITE:
Ein wunderschöner Herbsttag in Maine

ÜBERBLICK

Maine ist 86.156 Quadratkilometer groß und, in der Nordostecke des Landes liegend, der östlichste Staat der USA. Zugleich ist Maine der größte der Neuengland-Staaten. Nachbarn im Norden sind die kanadischen Provinzen New Brunswick und Québec. Auch im Osten grenzt Maine an New Brunswick sowie an den Nordatlantik, und Nachbar im Westen ist New Hampshire. Maines größte Nord-Süd-Ausdehnung beträgt 518 Kilometer, von Osten nach Westen sind es maximal 330 Kilometer. Größte Stadt ist Portland (63.000 Einwohner), die Hauptstadt ist Augusta (18.000 Einwohner). Im Jahr 2007 hatte Maine über 1,3 Millionen Einwohner.

Das Klima der Küste ist das ganze Jahr über relativ ausgeglichen. Die durchschnittliche Jahrestemperatur liegt hier bei 8 °C, mit sommerlichen Spitzentemperaturen um 28 °C und Frost knapp unter 0 °C im Winter. Landeinwärts übernimmt das für seine deutlich voneinander abgegrenzten Jahreszeiten bekannte Kontinentalklima. Dort sind lange Frostperioden bei Temperaturen um minus 20 °C keine Seltenheit, im Sommer kann es sehr heiß werden.

Die Küste ist extrem zerklüftet, felsig-rau und von zahlreichen, tief ins Land reichenden Buchten geprägt. Die höchste Erhebung ist hier der im Acadia National Park liegende, abrupt aus dem Meer

Eines der schönsten Leuchtturmensembles der amerikanischen Ostküste: Nubble Light am Cape Neddick in Maine

aufsteigende Mount Cadillac (467 Meter). Begleitet wird das Litoral von einer 10 bis 30 Kilometer breiten Ebene. Hier lebt die Mehrheit der Bevölkerung des Staats. Landeinwärts erreicht man im Süden bald die Ausläufer der zu den Appalachen gehörenden White Mountains, die in Maine noch immer weiter über 12000 Meter reichen.

Eine Besonderheit ist der allein stehende, im Norden aus den Wäldern ragende Mount Katahdin. Mit 1606 Metern ist er der höchste Berg von Maine. In Nord-Maine liegt auch der größte der über 2000 Seen, der über 300 Quadratkilometer große Moosehead Lake.

In Maines Wäldern – sie bedecken über 90 Prozent der Staatsfläche – dominieren Kiefern- und Fichtenarten. In den unteren, geschützten Lagen sowie im Küstenstreifen sind auch Ahorn, Eiche, Esche und Weide anzutreffen. Botanikfreunde freuen sich über 17 einheimische Orchideenarten.

Die Wälder im Norden sind ein ideales Revier für Weißwedelhirsche und Elche: Nord-Maine gilt als Jäger-Eldorado. Luchs, Waschbär, Rotfuchs, Flussotter, Biber und Hase sind ebenfalls hier heimisch. In den Gewässern vor der Küste sind im Sommer häufig Seehunde, verschiedene Delfinarten und Finnwale zu sichten. Die Penobscot Bay an der Nordküste Maines gilt als einziger Ort im Land, an dem Papageientaucher heimisch sind.

Eine herrliche Kulisse nicht nur für Wandertouren bietet Maines höchster Berg: der Mount Katahdin.

Frischer Hummer aus einem Fang bei Bar Harbor

BEVÖLKERUNG

Die Mehrheit der Bevölkerung lebt an der Küste, die Hälfte in Städten. Das Innere ist nur spärlich oder gar nicht besiedelt. Über 95 Prozent sind europäischen Ursprungs. Davon haben über 20 Prozent englische, 15 Prozent irische und 14 Prozent frankokanadische Vorfahren. Entsprechend stark ist die katholische Kirche vertreten: Über ein Drittel der Bevölkerung hört auf den heiligen Vater in Rom. Der Rest verteilt sich auf protestantische Glaubensgemeinschaften, allen voran stehen die Baptisten und Methodisten.

WIRTSCHAFT

Maines traditionelle Industriezweige sind der Fischfang und die Holzindustrie. Seit den 1980er-Jahren, angesichts der Fischereikrise und der immer größeren, durch den Holzschlag verursachten Umweltbelastung, schwenkt der Staat jedoch nach und nach auf Handel und Dienstleistungen um, wobei Portland als einziges nennenswertes städtisches Zentrum eine Führungsposition einnimmt. Heute hat die Holzindustrie auf Papier- und Zellstoffproduktion umgesattelt, doch inzwischen ist auch diese rückläufig.

An zweiter Stelle und immer weiter aufrückend rangiert der Tourismus: Die unverfälscht gebliebenen, natürlichen Reize Maines schätzen immer mehr Besucher. Der Schiffsbau, auch er eine Industrie mit langer Tradition in Maine, wird einzig in Bath und Kittery fortgesetzt. Fischfang wird nur

Wohl kaum ein anderer Bundesstaat in den USA hat so viele schöne Leuchttürme zu bieten wie Maine.

Hummerkäfige stapelweise auf der hölzernen Pier eines kleinen Hafens auf Mount Desert Island am Rand des Acadia National Parks

noch in kleinem Umfang betrieben. Nur der Hummerfang macht Profit. Die Landwirtschaft, durch steinige Böden und raues Klima gehandicapt, produziert meist für den lokalen Bedarf; und zwar Kartoffeln, Milchprodukte, Äpfel und Ahornsirup.

GESCHICHTE

Die Namen der ursprünglichen Bewohner von Maine sind nur in Ortsnamen überliefert. Die Abenaki, Passamaquoddy und Penobscots hießen die Europäer anfangs willkommen. Zu Beginn des 17. Jahrhunderts kamen die Franzosen, die in den heute zum Acadia National Park gehörenden Gewässern segelten und kurzlebige Handelsposten errichteten. Auch der von den Engländern im Jahr 1607 angelegten Popham Colony war keine Dauer beschieden. Zudem behinderte die damalige politische Großwetterlage die Besiedlung.

Während der nächsten 120 Jahre kämpften die beiden Großmächte, unterstützt von indianischen Verbündeten, um die Kontrolle dieser Küste. Maine wurde daher bis 1820 von der Massachusetts Bay Colony mitverwaltet und trat der Union erst dann als 23. Bundesstaat bei. 1832 wurde Augusta Hauptstadt.

Der Schiffsbau florierte. Die schnellen, in Bath, Brewer und Belfast gebauten Handelssegler waren auf allen Weltmeeren unterwegs. In den 1840er-Jahren erlebte Maine eine Einwanderungswelle iri-

scher Immigranten, im späten 19. Jahrhundert kamen Frankokanadier aus Québec, um in den Textilfabriken im Süden des Staats zu arbeiten. Anfang des 20. Jahrhunderts verwandelte eine modernisierte Holzwirtschaft den waldreichen Norden in ein Industriegebiet.

Die Ostküstenprominenz entdeckte die wilde Schönheit der Küste und legte mit ihren Cottages in Fischerhäfen wie Kennebunkport und Ogunquit den Grundstein für die bis heute florierende Resortstädtchen. Nach dem Zweiten Weltkrieg erlebte Maine, wie viele andere Bundesstaaten, die Abwanderungen seiner Textilfirmen in die preiswerteren Südstaaten. Augusta antwortete mit einer bis heute anhaltenden, durchaus erfolgreichen Umorientierung auf Dienstleistung, vor allem im Tourismus. Sichtbarster Ausdruck dieses Schwenks sind die riesigen Factory Outlets von Kittery und Freeport, die Touristen aus dem gesamten Osten anlocken.

KENNEBUNKPORT

Der Ort mit dem ungewöhnlichen Namen liegt etwas über 120 Kilometer nördlich von Boston und ist als Teil der sogenannten Kennebunks – die jeweils nur wenige Minuten voneinander entfernten Orte Kennebunk, Kennebunkport und Kennebunk Beach – eines der beliebtesten Resortstädtchen Neuenglands. Bereits um 1650 besiedelt, entwickelte sich das Gebiet zwischen dem Mousam und dem Kennebunk River im Laufe des 18. Jahrhunderts zu einem Schiffsbauzentrum Neuenglands, und zwischen 1800 und 1850 liefen allein in Kennebunkport rund eintausend der schnellen, „Clipper" genannten, Handelssegler vom Stapel. Der mit diesem prestigeträchtigen Gewerbe einhergehende

Wohlstand materialisierte sich in herrlichen Häusern, die ihre Besitzer, erfolgreiche Reeder und Schiffskapitäne, in allen damals modischen Stilen bauten.

Reiche Bostoner und New Yorker entdeckten Kennebunkport zudem als Sommerfrische und begründeten damit eine anhaltende Tradition: Zu den prominentesten Sommerfrischlern zählt heute die Familie des früheren US-Präsidenten George H.W. Bush, die draußen am Ocean Drive residiert. Kennebunkport ist dementsprechend wohlhabend und der Dock Square im verschachtelten Zentrum nicht nur ein so detailgenau wie finanziell großzügig restauriertes Schaufenster kolonialer und viktorianischer Architektur, sondern auch ein Laufsteg der Reichen und Schönen der Ostküste.

Teure Boutiquen und Galerien bieten vom Leben am Meer inspirierte Kunst und teure Oberbekleidung an, schicke Restaurants offerieren Seafood mit Blick auf die Marina, in der weiße Motorjachten dümpeln. Meistfotografierte Häuser sind das Nott House von 1853, eine Greek-Revival-Residenz mit dorischen Säulen, und das Wedding Cake House im benachbarten Kennebunk, dessen dekorfreudige Fassade von der Gotik des Mailänder Doms inspiriert sein soll.

Und auch die Küste bei Portland Head glänzt mit einem beeindruckenden Leuchtturm.

PORTLAND

Maines größte Stadt liegt am Ende der weit ins Land reichenden Casco Bay – und ist einem auf Anhieb sympathisch. Das tiefe Blau der allgegenwärtigen See und die salzgeschwängerte Luft, vor allem aber der Stolz auf die proletarische Vergangenheit als hart arbeitende Hafenstadt, die sich nie unterkriegen ließ, macht Portland zu einer einnehmenden Gastgeberin.

1632 gegründet, wurde sie dreimal zerstört, das erste Mal schon 1675, als marodierende Indianer und ihren frankokanadischen Verbündeten sie in Brand steckten und ihre Bevölkerung vertrieben. 1775 legten die Briten die Stadt, die sich nicht ergeben wollte, in Schutt und Asche, und 1866 war es ein Feuer, das 12.000 Menschen obdachlos machte. Portland, seinem Motto „Resurgam" („Ich werde wieder aufstehen") treu bleibend, ließ sich jedoch nie unterkriegen und blüht heute als Hafenstadt mit Unternehmenssitzen von fast 200 Firmen der verarbeitenden Industrie.

Eine kulturfreundliche Politik hat zudem zahlreiche Kreative aus der Region angelockt, deren Präsenz sich in so vielen Kaffeehäusern und kleinen Galerien äußert, dass das historische, das steile

In Kennebunkport ist es etwas leichter Gott zu danken.

Ufer hinaufkletternde Hafenviertel Old Port Exchange bereits mit Seattle und San Francisco in einem Atemzug genannt wird. Viktorianische Lagerhallen und Kontore aus roten Ziegeln säumen enge, kopfsteingepflasterte Straßen und Gassen.

Mutige Galeristen zeigen hier vielversprechende Talente: Nicht risikofreie Kunst ist hier angesagt, sondern Avantgarde und „Cutting Edge". Experimentierfreudig ist auch das renommierte Portland Museum of Art, dessen Charles Shipman Payson Building vom Reißbrett des amerikanisch-chinesischen Stararchitekten I. M. Pei stammt. In einem oft spektakulären Querschnitt durch 300 Jahre Kunstschaffen in Maine zeigt es auch wenig bekannte Werke und Künstler.

Eines hat Portland San Francisco sogar voraus: das Insel-Hüpfen. Die Calendar Islands in der Bay, 365 Inseln und Inselchen, von denen nur ein paar bewohnt sind, können mit dem täglich verkehrenden Postschiff besucht werden.

FREEPORT

Eine ganze Stadt eine einzige Shopping Mall: Freeport ist Amerikas Factory-Outlet-Hauptstadt. Das Prinzip des Fabrikverkaufs, bei dem Hersteller ihre Erzeugnisse mit großem Preisnachlass über eigene Niederlassungen absetzen, hat Freeport perfektioniert. Anstatt durch gesichtslose Verkaufshallen bummelt der Besucher durch eine riesige, als neuenglische Dorfidylle verkleidete Konsumschleuse.

Es gibt Restaurants und Straßencafés, Open-Air-Konzerte und gemütliche Hotels, in denen man sich von der Schnäppchenjagd erholen kann. Und Pausen sind nötig: Fast 200 Hersteller, darunter Weltunternehmen wie Nike, North Face und Gap, verkaufen in Freeport, ganz zu schweigen von L.L. Bean, dem legendären Outdoor-Ausstatter, dessen Unternehmensgeschichte vor mehr als einhundert Jahren unweit von hier begann.

ACADIA NATIONAL PARK

Neuenglands einziger Nationalpark verdankt seine Existenz der Ostküstenelite. Im 19. Jahrhundert nutzten John D. Rockefeller und seine Milliardärsfreunde das felsige, der Nordküste Maines vorgelagerte Mount Desert Island als private Spielwiese. Zu Beginn des 20. Jahrhunderts verkauften sie es der Regierung, die umgehend einen Nationalpark daraus machte. Heute gehört der Acadia National Park zu den „Kronjuwelen" im amerikanischen Nationalparksystem.

Auf nur 192 Quadratkilometern beherbergt er raue Felsenküste, herrliche Laub- und Nadelwälder, mehrere Dutzend Seen und über ein Dutzend schroffer, weit über 400 Meter hoher Granitbuckel, die abrupt aus dem Atlantik aufsteigen. Rund 500 Wildblumenarten gedeihen im Park, ferner wurden hier 273 Vogel-, 40 Säugetier- und 18 Amphibienarten gezählt.

Hikern stehen fast 200 Kilometer Wanderwege zur Verfügung, auch auf den Mount Cadillac, den höchsten der Mount Desert Mountains, der grandiose Aussichten in die Frenchman Bay und die offene See bietet. Autofahrer bringt die 43 Kilometer lange Loop Road zu den schönsten Stellen und Aussichtspunkten. Von Bar Harbor aus führt sie einmal um die Insel herum.

Der alte Fischerort am Rand des Nationalparks hieß einst East Eden, wurde dann aber von Rockefeller umbenannt und in eine luxuriöse Sommerfrische für Amerikas Superreiche verwandelt. 1947 vernichtete ein Feuer über 200 Häuser, darunter fast alle der Milliardärsresidenzen. Heute ist der hübsche, allerdings stark kommerzialisierte Ort vor allem als Basis für Touren in den Nationalpark und als Ausgangspunkt für Walbeobachtungstouren vor der Küsten bekannt.

Rote Scheune im Acadia National Park

MARYLAND

EINSTIMMUNG

Nachbar der Hauptstadt der mächtigsten Nation der Erde zu sein, ist manchmal ein Kreuz. Zwar gibt das Nervenzentrum der westlichen Welt vielen hier Arbeit, doch zugleich steht Maryland immer ein wenig im Schatten von Washington D.C. Dabei birgt der kleine Staat viele nette Überraschungen: Zum Beispiel eine sympathische Großstadt mit Arbeitervergangenheit und Kunstverständnis, viele idyllische Kleinstädte, eine tiefe ins Land reichende Bay, die eine der Spezialitäten der Ostküste hervorbringt, und viele Erinnerungen an eine ereignisreiche, oft dramatische Vergangenheit.

Rote Tabakscheune in St. Mary's County

Der Gunpowder River im herbstlichen Maryland

ÜBERBLICK

Maryland ist knapp 27.100 Quadratkilometer groß und liegt an der mittleren Atlantikküste. Im Norden grenzt der Staat an Pennsylvania, im Osten an Delaware und den Atlantik, im Süden und Südwesten an Virginia, den District of Columbia und an West Virginia. Marylands größte Ost-West-Ausdehnung beträgt 320, von Norden nach Süden sind es maximal 200 Kilometer. Die bei weitem größte Stadt ist Baltimore (632.000 Einwohner). Hauptstadt ist Annapolis (37.000 Einwohner). Im Jahr 2007 lebten 5,6 Millionen Menschen in Maryland.

Maryland wird von der Chesapeake Bay geprägt, vom Atlantik aus reicht sie über 300 Kilometer weit ins Landesinnere. Auch über Süßwasser – 23 ansehnliche Flüsse streben der Bay oder dem Meer zu – verfügt der Bundesstaat reichlich. Die Bay trennt Maryland in die jeweils zur Küstenebene gehörende Eastern und Western Shore. Weiter landeinwärts steigt das Land zu den zu den Appalachen gehörenden Allegheny Mountains auf. Hier liegt auch der Backbone Mountain, mit 1025 Metern Marylands höchster Berg.

Das Klima ist, für einen Staat dieser Größe, überraschend vielseitig und auf die Lage im Übergangsgebiet zwischen gemäßigtem Norden und subtropischem Süden zurückführbar. In den Alleghenies beträgt die jährliche Durchschnittstemperatur 9 °C, im Südosten der Chesapeake Bay hingegen 16 °C. Generell sind hier die Sommer heiß und feucht, während sie in den Alleghenies erheblich frischer sind.

Auch die Flora reflektiert die Übergangslage. Der den Staat durchziehende Laubwaldgürtel setzt sich aus Arten zusammen, die sowohl im Norden als auch im Süden anzutreffen sind, darunter Eichen, Buchen, Pappeln, Hickorybäume, Weihrauch-Kiefern und Weiß-Eschen. Geißblatt, Jungfernrebe, wilder Wein und wilde Erdbeeren kommen häufig vor. Auf den Wiesen der Alleghenies sorgen Wildblumen wie Storchschnabel, Amerikanische Maiblume, Veilchen, Wildrose und Goldrute für Farbe.

Die Fauna Marylands wurde weitgehend ein Opfer der Urbanisierung. In den dichter besiedelten Gebieten rund um die Bay sind nur Waldmurmeltier, Streifen- und Eichhörnchen anzutreffen. Größere Säugetiere, darunter Weißwedelhirsch, Rot- und Graufuchs und Waschbär, kommen nur noch in den höheren Lagen im Nordwesten vor.

Die Chesapeake Bay ist im Übrigen berühmt für ihre köstlichen Schalentiere. Landesweit begehrte Delikatessen sind Muscheln, Krabben und Austern. Umweltpolitisch stellt die in den 1980er-Jahren begonnene Säuberung der Chesapeake Bay die größte Herausforderung für den Bundesstaat dar.

BEVÖLKERUNG

Die unmittelbare Nachbarschaft zur Bundeshauptstadt Washington D.C. brachte Maryland seit dem Zweiten Weltkrieg zweistellige Zuwachsraten. Vor allem die Washington am nächsten liegenden Counties profitierten davon. Zugleich erlebte Baltimore, Marylands einzige Großstadt, einen dramatischen Bevölkerungsrückgang. Ein knappes Drittel der Bevölkerung ist afroamerikanischen Ursprungs. 60 Prozent der Marylander haben europäische Wurzeln, der Rest stammt vor allem aus dem Fernen Osten.

Mit einer Million hat die katholische Kirche in Maryland die meisten Anhänger. Nächstgrößte Glaubensgemeinschaften sind die United Methodists, Southern Baptists und die Lutheraner. Das durchschnittliche Haushaltseinkommen ist mit 67.900 US-Dollar (2007) das höchste des Landes.

WIRTSCHAFT

Anfangs lebte Maryland vom Tabakanbau. Erst zu Beginn des 19. Jahrhunderts vermochten ihn Schiffsbau, Metallverarbeitung und Handel an Bedeutung zu überholen. Baltimore stieg zu einer der bedeutendsten Hafenstädte der Ostküste und zu einem der führenden Textilienhersteller auf. Handel, Dienstleistungen, Bau, Regierung und Verwaltung sind die am schnellsten wachsenden Branchen Marylands.

Fischfang und Landwirtschaft, vor allem Milchwirtschaft und Geflügelzucht, sind ebenfalls bedeutsam. In den Alleghenies wird Kohle abgebaut, die verarbeitende Industrie schwenkt seit den 1990er-Jahren immer mehr auf High- und Informationstechnologie um.

GESCHICHTE

Vor der Ankunft der Europäer war das Gebiet rund um die Chesapeake Bay von Algonkin sprechenden Stämmen (Accomac, Wicomico, Susquehannock) bewohnt. Im Verlauf des 16. Jahrhunderts erkundeten Kapitäne verschiedener europäischer Nationen die Chesapeake Bay. Die Kolonie Maryland entstand 1634 unter der Führung Cecil Calverts, des zweiten Lord Baltimore, als Safe Haven für die im übrigen Vereinigten Königreich nicht gern gesehenen Katholiken.

Anfangs umfasste Maryland auch das heutige Delaware und Teile Pennsylvanias. Erst Mitte des 19. Jahrhunderts erhielt es seine endgültigen Grenzen. Die Herrschaft Lord Baltimores und seiner Nach-

fahren über Maryland war absolut und dauerte bis zum Vorabend der amerikanischen Revolution. 1776/1777 tagte der Kontinentalkongress in Baltimore, und Maryland trat an der Seite der übrigen Kolonien in den Unabhängigkeitskrieg ein. Der Wohlstand des Staats basierte auf Tabak und Weizen und Baltimore als blühendem Verladehafen.

Eleganter Fischer: Die Feuchtgebiete der Chesapeake bieten Reihern und vielen anderen Wasser- und Watvögeln Lebensraum.

Während der Schlacht von Antietam (bei Sharpsburg) erlebte auch die Burnside Bridge schwere Gefechte.

Im Krieg von 1812 widerstand Baltimore einer 25-stündigen britischen Kanonade und ging, nachdem sich der Pulverqualm über dem die Hafeneinfahrt bewachenden Fort Henry gelichtet hatte, in die amerikanische Mythologie ein: Der Anblick des zerfetzten, gleichwohl trotzig über dem Fort im Winde flatternden Sternenbanners ließ den Rechtsanwalt Francis Scott Key ein Gedicht schreiben, das später als Text für die Nationalhymne „The Star Spangled Banner" genommen wurde.

Die Zeit bis zum Bürgerkrieg stand im Zeichen eines 1827 von der Eröffnung der Baltimore and Ohio Railroad angeschobenen Wirtschaftswachstums und einer zunehmenden Spaltung beim Thema Sklaverei. Während des Krieges von der Union besetzt und zwei Mal von konföderierten Truppen überfallen, erlebte Maryland 1862 in Antietam die verlustreichste Schlacht des Krieges.

Nach Kriegsende hatten Schiffsbau, Textil- und Metallverarbeitung Konjunktur. Industriekapitäne investierten in Kultur, in Baltimore eröffneten die ersten Kunstgalerien. Der Bevölkerungs-Boom nach 1945, der vor allem in den Washington D.C. am nächsten liegenden Bezirken stattfand, ließ ein schwindsüchtiges Baltimore zurück.

Baltimore bei Nacht

In den späten 1970er-Jahren reagierten Baltimores Stadtväter auf die Verödung der Innenstadt mit einer Revitalisierungskampagne, die bis weit in die 1990er-Jahre dauerte und u. a. den Inner Harbor zu einem sozialen und kulturellen Gravitationszentrum machte. Der vor allem im Baltimore-Washington-Korridor angesiedelten Dienstleistungsindustrie verdankt Maryland heute die Spitzenposition im nationalen Einkommens-Ranking.

BALTIMORE

Lange war die Stadt am Ende der Chesapeake Bay im Rest des Landes nur für zwei Exporte bekannt: die Anrede „Hon" und die hübsch-hässliche, vor allem in den frühen 1960er-Jahren populäre Bienenstockfrisur. Beides kam jedoch von Herzen, und dies schlägt sich bis heute in den altmodischen – leider immer seltener werdenden – Frisiersalons und Dinner-Restaurants der Hafenstadt nieder.

Baltimore ist so etwas wie das Dortmund der Ostküste: Umgeben von einem Ring aus Ladekränen, Container-Terminals und gesichtslosen Wohnvierteln, wartet ein Stadtzentrum, dem man die einfache, aber ehrliche Arbeiterstadt trotz aller Verschönerungsprogramme noch immer ansieht. 1729 ge-

Geschmacksfrage: bunte Reihenhäuser, vom Mittelalter angehaucht

gründet und nach dem Gründer Marylands benannt, gehörte Baltimore bereits zu Beginn des 19. Jahrhunderts zu den bedeutendsten Hafenstädten der Ostküste.

In den Kneipen am Wasser tranken Gestalten, die auf allen Weltmeeren zu Hause waren, in Hunderten von Bordellen und Spielhöllen wurden Seeleute um ihre Heuer erleichtert – für den Dichter Edgar Allen Poe, den berühmtesten Sohn der Stadt, das ideale Revier für seine Streifzüge in die Abgründe der menschlichen Seele. Hafenstadt ist Baltimore noch immer, doch inzwischen verdient sie auch als Sitz neuer Hightech-Firmen ihr Geld.

INNER HARBOR

Während die großen Frachtschiffe ihre Ladung vor Fell's Point und Locust Point löschten, war der Inner Harbor einst Umschlagplatz leichter Segler und Passagierschiffe. Heute ist die Ausbeulung am Ende des Patapsco River von modernen Büro- und Eigentumswohnungs-Türmen umstellt und wird vor allem von Freizeitskippern genutzt.

Zahlreiche Sehenswürdigkeiten liegen in Fußgängernähe, allen voran das pyramidenförmige, an der Pier liegende National Aquarium mit seinen gigantischen Seewassertanks und die fotogene USS Constellation, die unweit vom Aquarium ankert. 1854 gebaut, ist der Dreimaster das letzte noch existierende Kriegsschiff aus dem Bürgerkrieg.

Ein paar Blocks landeinwärts präsentiert das B&O Railroad Museum all jene Lokomotiven, die maßgeblich an der Erschließung Amerikas beteiligt waren, und am Südufer des Hafenbeckens zeigt das American Visionary Art Museum die Kunstwerke von Normalverbrauchern, die irgendwann in ihrem Leben einem inneren Ruf folgten und mit Pinsel, Bohrmaschine und anderem Gerät kreativ wurden. Gleich dahinter beginnt das komplett unter Denkmalschutz stehende Federal Hill, ein altes Wohnviertel mit alten Ziegelhäusern an schattigen Alleen und schönen Blicken über den Inner Harbor.

Den Eingang zum alten Hafen bewacht das 1803 bezogene Fort McHenry. Dank des Gedichtes von Francis Scott Key besitzt die sternförmige Festung, die heute ein Museum ist, einen Ehrenplatz in amerikanischen Herzen.

DOWNTOWN UND FELL'S POINT

Auch die landeinwärts anschließende Downtown, eine Mischung aus moderner Inner City und Reihenhäusern aus dem späten 19. Jahrhundert, ist mit ihren Plazas und Skywalks gut zu Fußgängern. Hoch- und Alltagskultur finden gleichermaßen Würdigung, erstere vor im palazzoähnlichen Walters Art Museum, dessen aus mehreren Zehntausend Objekten bestehenden Sammlungen zu den besten des Landes gehören. Wie die Einheimischen ticken, erfährt man jedoch eher in einem rotziegligen Reihenhaus unweit des Orioles Baseball Stadium. Babe Ruth Birthplace and Sport Legends Museum

Blick von Süden auf Baltimore

heißt das Geburtshaus der unvermindert verehrten Baseball-Legende George Herman Ruth heute und enthält persönliche Gegenstände, an denen die Fans ehrfürchtig vorbei defilieren.

Distanzierter ist das Verhältnis der Stadt zu ihrem berühmtesten Dichter. Anfang Oktober 1849 wurde Edgar Allan Poe im Zustand geistiger Umnachtung nachts von der Straße aufgelesen und in das Washington College Hospital gebracht, wo er wenig später verstarb. Edgar Allan Poe's Grave Site and Memorial, eine schmucklose kleine Anlage am Nordrand der Downtown, erinnert an den so genialen wie getriebenen Verfasser zeitloser Schauerromane wie „Der Rabe" und „Der Untergang des Hauses Usher".

Dank seiner über 100 Pubs und vielen guten Restaurants ein Magnet für Nachtschwärmer, ist das östlich an den Inner Harbor anschließende Fell's Point doch weit mehr als ein Vergnügungsviertel. Kopfsteinpflaster, viktorianische Stadthäuser aus dem frühen 19. Jahrhundert und kleine Plätze mit alten Bäumen vermitteln einen Eindruck davon, wie ganz Baltimore einst aussah.

Zunächst ein Schiffsbauzentrum, dann Tiefseehafen, wartete hier Schiffsvolk aus aller Herren Länder auf die nächste Heuer und während des Kriegs von 1812 liefen von hier aus amerikanische Piraten zu ihren Kaperfahrten gegen die britische Marine aus. Trotz der „Gentrification" genannten Aufwertung mit Trend-Geschäften konnte Fell's Point seine charmante Kleinstadtatmosphäre bewahren.

Baltimores Sherwood Gardens sind ein beliebtes Naherholungsziel.

St. Leo's Church in Little Italy, Baltimore

Der Innenhafen von Baltimore

ANNAPOLIS

1649 gründeten Puritaner aus Virginia auf einer weit in die Chesapeake Bay reichenden Halbinsel eine Siedlung namens Providence. 1695 wurde die blühende Hafenstadt in Annapolis umbenannt und zur Hauptstadt der Kolonie Maryland erhoben. Prachtvolle Residenzen wuchsen auf einem von den barocken Städten Europas inspirierten Stadtplan, wonach die Straßen von einem Platz im Zentrum nach allen Richtungen ausstrahlen.

Im 18. und 19. Jahrhundert hielt die Konjunktur an, und Annapolis' reiche Kaufleute dekorierten ihre prachtvollen Häuser mit Möbeln aus Europa und suchten Zerstreuung bei der Fuchsjagd. 1845 wurde die US Naval Academy gegründet. Inzwischen hatte Baltimore Annapolis längst an wirtschaftlicher Bedeutung überholt und Annapolis, im Bürgerkrieg von Kampfhandlungen verschont, konzentrierte sich fortan ausschließlich auf das Regierungs- und Verwaltungsgeschäft.

Die relativ unaufgeregte Existenz im Schatten der rasant wachsenden Zentren Baltimore und Washington kam letztlich dem Stadtbild zugute: Mit rund 1500 Häusern, die älter sind als 100 Jahre und in einem Dutzend verschiedener Stile erbaut wurden, sorgt Annapolis vor allem bei europäischen Besuchern für – durchaus angenehme – geografische Amnesie.

Goldene Abendsonne taucht den Hafen von Annapolis in ein weiches Licht.

Fast glaubt man den Beifall der Delegierten zu hören, als General George Washington im Maryland State House, einem schönen, von einer weißen Kuppel gekrönten Backsteinbau, nach dem Sieg über die Briten von seinem Posten als Oberbefehlshaber der Kontinentalarmee zurücktritt.

Man meint Kutschen vorfahren und Gentlemen mit weißen Perücken aussteigen zu sehen, wenn man georgianische Schönheiten passiert wie das 1765 fertiggestellte William Pace House oder das Hammond-Harwood House von 1774.

Einen Spagat zwischen Vergangenheit und Gegenwart vollführen jeden Mittag die Kadetten der US Naval Academy: Ihr in Zweierreihen erfolgender Marsch in die Mittagspause ist ein beliebtes Fotomotiv. Doch Annapolis zeigt nicht nur heile Welt. Zwei Orte erinnern an diejenigen, auf deren Schultern ein kleiner Teil der Bevölkerung einst ein Vermögen machte.

So widmet sich das Banneker-Douglass Museum dem Anteil der schwarzen Marylander an der Geschichte des Staates, und bei den City Docks am Hafen erinnert das Kunta Kinte – Alex Haley Memorial, ein Ensemble aus Bronzetafel und -figuren, an das Schicksal des Sklavenjungen, dessen Geschichte 200 Jahre später von seinem Nachfahren, dem Schriftsteller Alex Haley, im Bestseller „Roots" erzählt wurde.

Die Felder von Antietam sahen den blutigsten Tag des Bürgerkrieges.

ANTIETAM NATIONAL BATTLEFIELD

Das sanft gewellte Weideland zwischen den Ausläufern der Appalachen war am 17. September 1862 Schauplatz einer Schlacht zwischen Nord und Süd, die nicht nur den weiteren Kriegsverlauf entscheidend beeinflusste, sondern auch als blutigster Tag in die Annalen des Bürgerkriegs einging. 12.410 Unionssoldaten und 10.700 Soldaten der Konföderation wurden während des Waffengangs getötet oder verletzt.

Bei Einbruch der Dunkelheit hatten die von General George McClellan befehligten Nordstaatler den ersten Vorstoß Robert E. Lees gestoppt. Hätte der legendäre Südstaatengeneral hier gesiegt, niemand hätte ihn von der Einnahme Washingtons abhalten können.

Im Besucherzentrum wird der Schlachtverlauf minutiös nachgezeichnet. Wie an allen Orten, an denen sich Schreckliches ereignete, hängt auch über diesem seither unveränderten Schlachtfeld eine Ernstesschwere, die noch lange nachklingen wird.

ASSATEAGUE ISLAND NATIONAL SEASHORE

Der Braune tritt aus der Deckung der Dünen heraus auf den Strand und hält für einen Augenblick die Nüstern in den Wind. Dann schüttelt er nervös den Kopf und trabt ein paar Meter auf und ab.

Als er überzeugt ist, dass keine Gefahr droht, lösen sich drei Stuten aus den Dünen und gesellen sich zu ihm. Gemeinsam setzen sie sich in Bewegung, erst langsam, dann aber schneller, der Braune vorneweg. Sand wirbelt auf, und wenig später ist auch der dunkle Donner ihre Hufe nicht mehr zu hören.

Der Anblick von Wildpferden in vollem Galopp ist beeindruckend. Auf Assateague Island, einer 60 Kilometer langen, nach Virginia reichenden Barriere-Insel vor der Südküste Marylands, leben rund 300 wilde Pferde. Zottelig und relativ klein, ernähren sie sich hauptsächlich vom hartem, salzüberzogenen Gras in den Marschen.

Über ihre Herkunft gibt es verschiedene Theorien. Die romantischste besagt, dass sie von den Pferden spanischer Konquistadoren abstammen, deren Galeone einst vor diesem Gestade sank. Wahrscheinlicher ist jedoch, dass ihre Vorfahren hiesigen Farmern davonliefen und verwilderten.

Die Beobachtung ist relativ einfach und kann von der Straße aus gemacht werden. Für wirklich denkwürdige Anblicke muss man jedoch den Wagen verlassen und sich auf einen der Wanderwege begeben – und vor allem viel Zeit und Geduld mitbringen.

Assateague Island ist die Heimat einer kleinen Herde abgehärteter Wildpferde.

MASSACHUSETTS

EINSTIMMUNG

Alles, was Amerika mit Neuengland verbindet – Elitehochschulen, Kultur, eine liberale Gesinnung – scheint in besonders starker Dosierung in Massachusetts vorzukommen. Vielleicht liegt es daran, dass der kleine Staat im äußersten Nordosten wiederholt die Rolle des Schrittmachers im Land spielte? Tatsächlich fanden zahlreiche Schlüsselereignisse der amerikanischen Geschichte in Massachusetts statt.

Mit über 400 Jahren ist Massachusetts dazu – nach amerikanischen Maßstäben zumindest – „uralt" und deshalb seit Langem erschlossen und aufgeteilt. Dem Tourismus kommt das zugute. Denn das Geschäft mit den Fremden findet nicht in anonymen Hotelsilos, sondern in traditionsreichen Country Inns und B&Bs statt; dort, wo „everybody knows your name ..."

ÜBERBLICK

Massachusetts ist 21.386 Quadratkilometer groß und einer der fünf Neuengland-Staaten im äußersten Nordosten der USA. Im Süden grenzt er an Rhode Island und Connecticut, im Westen an den Bundesstaat New York und im Norden an New Hampshire und Vermont. Im Osten stößt Massachusetts an den Atlantik. Hauptstadt und größte Stadt ist Boston (591.000 Einwohner), gefolgt von Worcester (176.000 Einwohner) und Springfield (152.000 Einwohner).

Seit 1890 bewacht das Leuchtfeuer Eastern Point Light den Hafeneingang von Gloucester.

Die größte Ost-West-Ausdehnung des Staats beträgt 306 Kilometer, von Norden nach Süden sind es maximal 177 Kilometer. 2007 lebten 6,4 Millionen Menschen in Massachusetts.

Trotz seiner geringen Größe bietet der Staat eine Reihe grundlegend unterschiedlicher Landschaftsformen. Das bis zu 80 Kilometer landeinwärts reichende Küstentiefland im Osten und Südosten charakterisieren Felsenküste, niedrige, bewaldete Vorgebirge und sandige Halbinseln, wie v. a. Cape Cod. Zentral-Massachusetts wird vom fruchtbaren Connecticut Valley bestimmt, dem

Rockport in Massachusetts ist ein kleiner Hafen, von dem aus unter anderem Hummerfänger in See stechen.

breiten Tal des in Nord-Süd-Richtung fließenden Connecticut River. Westlich davon steigt das Land allmählich an und erreicht in den bis zu 1000 Meter hohen, mittelgebirgsartigen Berkshire Hills seine größten Höhen.

Das Klima sieht in den Höhenlagen schneereiche Winter und mäßig warme Sommer vor. Der wegen seiner spektakulären Laubfärbung als fünfte Jahreszeit geltende „Indian Summer" findet Ende September, Anfang Oktober statt. Die Vegetation ist mit überall im Staat gedeihenden Buchen, Ahorn-

Herbst in Brimfield, einer kleinen Stadt im Hampden County, in der Nähe von Springfield

bäumen, Birken, Lerchen und verschiedenen Nadelbaumarten gleichmäßig verteilt. Zu den Wildblumen zählen diverse Orchideen-, Lilien-, Astern- und Goldrutenarten.

Die landschaftliche Vielfalt kommt der Tierwelt zugute. 76 Säugetierarten werden gezählt, darunter Schwarzbären, Virginia-Hirsche, Stachelschweine und Biber. Unter den über 300 Vogelarten in Massachusetts sind Roter Kardinal, Nachtigall, Wachtel und Fasan. Vor der Küste folgen verschiedene Walarten uralten Migrationsrouten von Norden nach Süden.

BEVÖLKERUNG

Mit über 300 Einwohnern pro Quadratkilometer gehört Massachusetts zu den am dichtesten besiedelten US-Bundesstaaten. Der Anteil Weißer liegt bei über 85 Prozent. Davon benennen 23 Prozent irische, 13,5 Prozent italienische und 13 Prozent frankokanadische Vorfahren. Knapp sieben Prozent sind afroamerikanischen Ursprungs. Boston, lange irisch geprägt, erfährt dieser Tage einen Zustrom von Einwanderern aus Lateinamerika, v.a. aus Brasilien.

Angehörige protestantischer Gemeinschaften und Katholiken haben zu verschiedenen Zeiten enormen Einfluss auf die Geschicke des Landes ausgeübt. Während der Kindertage der Kolonie legten die so strenggläubigen wie arbeitsamen Puritaner mit ihrem Glauben an die eigene Auserwähltheit und daran, dass jeder seines Glückes Schmied ist, das Fundament des Amerikanischen Traums. Bis zu Beginn des 19. Jahrhunderts dominierten protestantische Glaubensgemeinschaften, dann erlebte Massachusetts mehrere Einwanderungswellen aus Irland und Französisch-Kanada.

Ein steiler Aufstieg der bis dahin bedeutungslosen katholischen Kirche folgte, und mit dem politischen Aufstieg des aus Massachusetts gebürtigen Kennedy-Clans erlebte das Land 1961 die Wahl des ersten irischstämmigen, katholischen Präsidenten der USA. Heute ist die Bevölkerung Massachusetts' zu gleichen Teilen protestantisch und katholisch. Größte Gemeinschaften auf protestantischer Seite sind die United Church of Christ und die Episcopal Church.

WIRTSCHAFT

In den Textilfabriken in Massachusetts fing zu Beginn des 19. Jahrhunderts die Industrialisierung Amerikas an. Der Übergang von Landwirtschaft und Fisch- und Walfang war rasant: „Company Towns", von Textilunternehmen um Fabriken herum angelegte Städte, schossen aus dem Boden, bis zum Ende des 19. Jahrhunderts war Massachusetts der produktivste Staat des Landes.

Im Laufe des 20. Jahrhunderts wendet sich das Blatt jedoch. Die meisten Unternehmen wanderten in den preiswerteren Süden der USA ab, die verarbeitende Industrie wurde schwindsüchtig, blieb

Die Portuguese Bakery: bekannt und berühmt als älteste Bäckerei von Provincetown

Winterstimmung an der Mellon Hall der Harvard Business School in Boston

Hoch über dem alten Boston dominiert eine moderne Skyline den Luftraum der „Grand Old Lady".

jedoch das Rückgrat der Wirtschaft. Ende der 1970er-Jahre wurden im Großraum Boston die ersten Unternehmen der neuen Informationsbranche gegründet und in den folgenden 30 Jahren erlebte Massachusetts in „Silicon Valley East" Aufstieg, Fall und Renaissance der Dotcom-Industrie.

Massachusetts' verarbeitende Industrie ist stark diversifiziert. Neben Hard- und Software-Produkten werden vor allem Werkzeuge, Präzisionsmaschinen und Papier produziert. Wichtigste landwirtschaftliche Erzeugnisse sind Obst und Gemüse sowie Milchprodukte. Forschung, vor allem im High- und Biotech-Bereich, sowie Handel und Finanzwesen sind wichtige Arbeitgeber.

Ein Drittel der Beschäftigten ist im Dienstleistungssektor tätig. Mit 62.300 US-Dollar liegt das durchschnittliche Haushaltseinkommen in Massachusetts weit über dem Landesdurchschnitt.

GESCHICHTE

Bei der Ankunft der ersten Europäer im 16. Jahrhundert – Fischer aus ganz Westeuropa, die an den Gestaden Neuenglands ihren Fang trockneten – lebten Algonkin sprechende Stämme, darunter die Wampanoag, Nauset, Massachusetts und Nipmuck in Massachusetts. 1620 gingen die ersten Puritaner – protestantische Fundamentalisten, die in England wegen ihrer Kirchenkritik verfolgt wurden – an Land und gründeten Plymouth. Zehn Jahre später gründeten Puritaner unter der Führung von John Winthrop Boston. Die in ihrer Theokratie herrschende Intoleranz führte dazu,

Ansicht des Bostoner Hafens, in welchem die berühmte Boston Tea Party stattfand, die den Höhepunkt des Streits zwischen den amerikanischen Kolonien und dem Mutterland England markierte.

dass Kritiker Boston verließen, um sich anderswo niederzulassen. So entstanden weitere Städte in Massachusetts und den übrigen Neuenglandstaaten.

Schon 1650 lebten über 20.000 Menschen in Massachusetts, und der wachsende Druck auf das Land der Ureinwohner explodierte 1675/1676 im blutigen King Philip's War, der die Indianer der Region endgültig zu Nebendarstellern machte. Schiffsbau, Landwirtschaft und Dreieckshandel machten die Kolonie wohlhabend. Im 18. Jahrhundert erblühte Boston zu einer Großstadt mit eleganten Stadthäusern. Bis dahin hatten die Kolonisten treu zum englischen Mutterland gehalten.

Als London jedoch mit einer Reihe restriktiver Steuer- und Handelsgesetze versuchte, die Kosten des soeben zu Ende gegangenen French and Indian War (1754–1763) auf Massachusetts und seine Nachbarn abzuwälzen, schlug die Stimmung um. Als alle Forderungen der Kolonisten, allen voran die Aufhebung der als Knebelgesetze empfundenen Bestimmungen sowie die Forderung nach politischer Mitbestimmung, wirkungslos verhallten, kam es ab 1765 zu gewaltsamen Protesten, die zehn Jahre später in Lexington bei Boston in den ersten Schüssen des Unabhängigkeitskriegs gipfelten.

Im Sommer 1775 gewannen die Briten die Schlacht von Bunker Hill, doch im Frühjahr des folgenden Jahres gaben sie Boston auf, und das Kriegsgeschehen verlagerte sich nach Süden. Anfang 1788 trat Massachusetts als sechster Staat der Union bei. Zu Beginn des 19. Jahrhunderts bauten visionäre Unternehmer in Waltham, Lowell und Lawrence die ersten großen Textilfabriken des Landes. In Springfield siedelte sich der Waffenbau an, in Lynn Schuhe und Oberbekleidung. Salem war das

Zentrum des Chinahandels. Bis 1840 waren Nantucket und New Bedford die größten Walfangzentren der Welt, danach sattelten viele Hafenstädte auf Schiffsbau um.

Begleitet wurde die Industrialisierung Massachusetts' von einer Blüte von Kunst und Literatur. Das bei Boston liegende Städtchen Concord wurde Amerikas Weimar. Dort scharten sich Amerikas Intellektuelle um den Lehrer und Philosophen Ralph Waldo Emerson (1803–1882). Zentrales Thema des Concord-Kreises war der Weg zum unabhängigen Selbst in einer Demokratie freier, unabhängiger Menschen – kurz: der „Selfmade Man", das spätere Leitmotiv des American Dream. Dabei waren Selbstverwirklichung und Entfaltung des Individuums für sie eng mit einer intensiven Naturerfahrung verbunden. Nur in der Natur gelangte man zu sich selbst – und zu Gott.

Während der zweiten Hälfte des 19. Jahrhunderts erlebte Massachusetts Einwanderungswellen aus Irland, Deutschland, Italien und Osteuropa, und mit diesen ethnisch, religiös und sozial motivierte Klassen- und Arbeitskämpfe. Von der Mitte des 20. Jahrhunderts an erlebte die Wirtschaft eine langsame, aber stetige Revitalisierung, die durch die Ansiedlung neuer Zukunftsindustrien in den 1970er-Jahren Auftrieb erhielt. Als Bastion liberaler Gesinnung gilt Massachusetts bei Bundeswahlen als Stimmengarant der Demokraten und besitzt mit dem einflussreichen Kennedy-Clan die einzigen „Royals" der Vereinigten Staaten.

BOSTON

Viktorianische Stadthäuser mit bauchigen Erkern und gusseisernen Fußabstreifern einerseits, kühl schimmernde Bürotürme andererseits. Hier idyllische Parks mit Schwänen und Tretbooten und soviel Geschichte auf engstem Raum wie sonst selten im Land, dort glitzernde Sportpaläste und quirlige Trend-Viertel.

Boston, die „Grand Old Lady" der Ostküste, die 150 Jahre älter ist als die USA, ist eine muntere alte Dame. Sie ist die Hauptstadt von Massachusetts und zugleich das wirtschaftliche und kulturelle Zentrum Neuenglands. North End, Back Bay und Beacon Hill sind ihre schönsten Viertel. Auf ihren Flanierstraßen werden teure Rassehunde Gassi geführt, und in ihren krummen Gassen lassen sich die Besucher gern an jeder Ecke beeindrucken.

Der „Freedom Trail" macht viel Historie denkbar leicht verdaulich. Man folgt einfach der roten Linie auf dem Bürgersteig. Sie beginnt am parkähnlichen Boston Common in der Downtown und führt zu allen stadt- und landesgeschichtlich bedeutsamen Stätten.

So lernt man, en passant, die schmucklosen Friedhöfe der Puritaner kennen, darunter den Old Granary Burying Ground zum Beispiel, auf dem Samuel Adams, John Hancock und andere Helden des Unabhängigkeitskampfes ruhen. Unweit davon machten Tausende von Bostonern auf Volksversammlungen ihrem Unmut über die Steuergesetze Luft. 1773 erlebte das Old South Meeting House,

Im alten North End, dem heutigen Italiener-Viertel

Volkes Stimme: Schaufenster im North End

eine Kirche aus dem Jahre 1729, eine besondere hitzige Debatte. Danach zog eine wütende Menge zum Hafen, um ein paar Dutzend ihrer als Indianer verkleideten Mitbürger anzufeuern, die aus Protest gegen die Teesteuer die Teeladung eines englischen Handelsschiffs über Bord warfen. Von der „Boston Tea Party" geht es zum „Boston Massacre". Unter dem Balkon des Old State House, dem rotziegligen Sitz des englischen Gouverneurs, erschossen königliche Soldaten 1770 demonstrierende Bostoner, und in der Faneuil Hall, einem herrlichen Gebäude aus dem Jahr 1742, beschworen die Wortführer der Revolutionäre das Ende der britischen Fremdherrschaft.

Auch im von drei Seiten vom Charles River umgebenen North End strebt der Freedom Trail geradewegs zu „seinen" Sehenswürdigkeiten. Da ist das Paul Revere House am North Square, das 1680 gebaute Haus des Silberschmieds und Freiheitshelden Paul Revere, der durch die schwarze Nacht ritt, um die Rebellen in Lexington vor dem nahenden Feind zu warnen. Und die Old North Church, von der aus der Küster den Rebellen Signale gab.

Vor allem aber ist das North End, verwinkelt und kleinstädtisch, Bostons ältestes Viertel. Puritanische Siedler, irische und jüdische Immigranten, das Viertel, das wie eine Stadt in der Stadt wirkt, hat viel gesehen. Die zuletzt gekommenen Italiener haben ihm ihren Stempel aufgedrückt. Ihre Restaurants, Eisdielen und Bäckereien an der Hanover und der Salem Street gehören zu den besten Bostons.

Jenseits des Charles River endet der Freedom Trail schließlich zu Füßen eines 73 Meter über Bostons Nachbarstadt Charlestown ragenden Obelisken. Das Bunker Hill Monument erinnert an die Schlacht vom 17. Juni 1775, die von den Kolonisten wohl verloren wurde, ihnen jedoch, angesichts der hohen britischen Verluste, einen moralischen Sieg eintrug.

Anfangs streift der Freedom Trail auch die „rüstige Dame mit roten Wangen". So nannte der Schriftsteller Henry James das an den Boston Common grenzende, ganz aus rotem Backstein gebaute Nobelviertel Beacon Hill. Hier residierten die ersten Familien der Stadt, umsorgt von Dienern, Kutschern, Köchen und Hausmädchen, die in von ihren Arbeitgebern getrennten Straßenzügen wie der kleinen Acorn Street untergebracht wurden. Bis heute zählen die Häuser der wegen ihres luxuriösen Lebensstils „Boston Brahmins" genannten Patrizier zu den teuersten Immobilien der Stadt.

Kleine Straßen führen vom Boston Common aus den Hügel hinauf, zu viktorianischen Schönheiten mit bauchigen Erkern, schwarzen Eisenzäunen und Fußabstreifern, kunstvoll geschmiedeten Balkonen und vom Alter violett verfärbten Fenstern. Die schönsten Häuser liegen an der Mount Vernon Street, aber auch der Louisburg Square, wo u.a. auch US-Senator John Kerry ein Haus besitzt, ist eine veritable Zeitreise in die gute alte Zeit.

Wirken North End und Beacon Hill, bei allen Unterschieden, europäisch eng und in sich geschlossen, zeigt sich Boston in Back Bay, dem westlich an die Public Gardens angrenzenden Viertel, ele-

Jenseits des Charles River liegt Cambridge, Bostons Nachbarstadt und Heimat der weltberühmten Harvard University und des Massachusetts Institute of Technology (MIT).

Boston bei Nacht

gant und weltläufig. Breite, parallel zum Charles River verlaufende Boulevards prägen das Viertel, sechs- bis zehnstöckige Reihenhäuser im französischen Second-Empire-Stil atmen Pariser „Savoir-vivre"-Luft. Tatsächlich ließ sich Boston damals, als die Back Bay zwecks Landgewinnung zugeschüttet wurde, von den symmetrischen Gittermustern begeistern, mit denen Baron Haussmann gerade die französische Hauptstadt neu gestaltete.

Back Bay ist aber nicht nur ein Paradies für Flaneure, sondern bietet auch Sehenswürdigkeiten. Mehrere zugleich konzentrieren sich am Copley Square. Blau und spiegelglatt streckt sich dort der von I. M. Pei entworfene, 241 Meter hohe John Hancock Tower dem Himmel entgegen, dessen Kanten so scharf wirken, dass er den Luftraum zu zerschneiden scheint.

Als dramatischer Kontrapunkt wirkt die 1848 im italienischen Renaissance-Stil eröffnete Boston Public Library, deren herrlicher Lesesaal „Bates Hall" zu den meistfotografierten Interieurs der Stadt gehört. Weitere Hingucker sind das 221 Meter hohe Prudential Center, ein Einkaufszentrum, von dessen Spitze man den besten Blick über Bostons Downtown genießt. Westlich vom pompösen Hauptquartier der Christian Science Church schließt das von Studenten geprägte Fenway-Viertel an.

Ausruhen mit Aussicht:
Parkbänke am Charles River

Im Frühsommer tauchen Tulpenfelder den Boston Common in ein pralles Farbenmeer.

Reges Treiben auf der Commercial Street in Provincetown

Die beiden schönsten Gründe für Abstecher hierher sind Museen. Das Museum of Fine Arts gehört mit seinen erlesenen Sammlungen amerikanischer und europäischer Meister zu den besten des Landes. Das Isabella Steward Gardner Museum hingegen ist ein Spiegelbild seiner exzentrischen Schöpferin: Mrs. Gardner, einst als das schwarze Schaf der Bostoner High Society berühmt-berüchtigt, hatte nicht nur Geld und einen guten Geschmack, sondern schuf mit ihrer Villa „Fenway Court" auch ein fantasievolles Heim, das dem Genuss ihrer Rembrandts, Matisse und Degas' die Kunstmuseen sonst eigene Ernstesschwere nimmt.

CAPE COD

Die Lage muss es sein. Orte am Ende der Straße sind etwas Besonderes. Wer dort lebt, hat sich nicht zufällig dorthin verirrt. Provincetown ist so ein Ort. Hinter einer Dünenlandschaft verborgen, sitzt das 3500-Einwohner-Städtchen am Ende der Route 6 auf einem schmalen Streifen Sand, am nördlichsten Punkt vom Cap Cod, dem Kabeljau-Kap, auf dem es steckt wie ein Köder für Beutefische. Oder, wie der Besucher bald feststellt, wie eine Gegenwelt zum politisch korrekten, streng manikürten Amerika.

Denn seit Maler und Lebenskünstler, unter ihnen Jackson Pollock, Edward Hopper und George Grosz, den 1720 gegründeten Fischer- und Walfängerhafen entdeckten, wurde aus Provincetown „P-Town", eine liberale Oase für Kreative jeglicher politischen und sexuellen Orientierung.

Die enge, am Wasser entlanglaufende Commercial Street und die parallel verlaufende Bradford Street landeinwärts sind die Hauptstraßen. Kurze Querstraßen verbinden sie wie Sprossen einer Leiter. Für Bürgersteige ist meist kein Platz, man geht mitten auf der Straße und drückt sich bei Verkehr in Hauseingänge oder Vorgärten. Gleich neben der Commercial Street beginnt der Strand, liegen Fischkutter und Walbeobachtungsboote an der MacMillan Wharf vor Anker. Hier kann jeder abschalten, abtauchen oder in den Klamotten herumlaufen, in denen er sich am wohlsten fühlt.

Man sieht muskulöse Kerle auf dem Weg ins Fitness-Studio, per Schiff aus Boston gekommene Senioren, junge Eltern mit quengelnden Kindern, ein lesbisches Pärchen mit Dackel, schwule Väter mit Adoptivkind, ein Mädchen mit Tattoos und Rastalocken und einen als Celine Dion verkleideten Transvestiten. Die Sehenswürdigkeiten sind so ungewöhnlich wie die Stadt. Vor allem sind es die vielen Galerien an der Commercial Street, die Besucher aus nah und fern anlocken.

Der Pilgerväter, die hier 1620 kurz an Land gingen, bevor sie nach Plymouth weitersegelten, gedenkt das Pilgrim Monument, ein 76 Meter hoher Turm, der dem Campanile im toskanischen Siena nachempfunden wurde. Piraten und Halsabschneidern widmet sich das Whydah Museum auf der MacMillan Wharf. In dunklen kleinen Räumen werden dort die vom Meeresboden gehobenen Reste des 1717 vor Cape Cod gesunkenen Piratenschiffes „Whydah" gezeigt und das kurze Leben des Kapitäns, des berüchtigten „Black Sam" Bellamy, rekonstruiert.

Von der Salzluft grau gefärbte Zederschindeln, umlaufender Balkon: typisches Ferienheim auf Cape Cod

OBEN:
Der Nobska-Leuchtturm von Woods Hole steht ebenfalls am Cape Cod.

RECHTE SEITE:
Das Highlands Lighthouse am Cape Cod National Seashore

Cape Cods Ruf als Sommerfrische der Bostoner gründet vor allem auf den herrlichen Stränden des Capes. Provincetown hat sie gleich vor der Haustür, kilometerlange Sandstreifen, von Dünen geschützt. Im Cape Cod National Seashore sind es sogar 70 Kilometer unverstellter Dünenlandschaft, hinter der der makellose Sand zum Faulenzen einlädt. Auf dem „Bizeps" des wie ein angewinkelter Arm aussehenden Capes verbindet die alte Route 6A die ältesten Dörfer Neuenglands miteinander.

Im 17. Jahrhundert von Fischern, Quäkern und Walfängern gegründet, träumen sie heute im Schatten knorriger Bäume von der Vergangenheit, ihre schönen alten Kapitänshäuser und Kirchlein nur denen zeigend, die den Fuß vom Gas nehmen und sich die Zeit zum Schauen nehmen.

Das schönste Dorf liegt gleich hinter der Brücke zum Festland und heißt Sandwich. 1637 gegründet, scheint es direkt aus einer Neuengland-Broschüre zu stammen. Wie aus dem Modellbaukasten zusammengestellt wirken die Häuser und die kleine Kirche, die an makellosen Grünflächen stehen und den geplagten Großstädter zu Fluchtfantasien anregen.

DIE BERKSHIRES

„Ich war in meinem Haus in den Berkshires", pflegen manche Bostoner montags im Büro zu sagen. Damit meinen sie dreierlei: Dass sie das Wochenende in ihrem Cottage in den Berkshire Hills verbracht haben, dass sie sich es leisten können, und dass sie Wert auf Kultur und einen verfeinerten Lebensstil legen.

Die Berkshire Hills, Ausläufer der Green Mountains im äußersten Westen Massachusetts', sind eine pastorale Landschaft aus grünen Hügeln und Bergen und kleinen Städtchen. Im 19. Jahrhundert entdeckten die reichen Familien der Ostküste die idyllischen Berkshires und begannen, die Sommer hier zu verbringen. Kunst und Kultur folgten, und heute weisen die noch immer ländlichen Berkshires, trotz ihrer Entfernung zu den Zentren an der Küste, ausgezeichnete Restaurants, Hotels, Museen und Festivals von Weltruf in einer Dichte auf, wie man dies in Europa nur aus dem Elsass kennt.

Wie gemalt wirkt Stockbridge, und tatsächlich rührt die Popularität des 2500-Einwohner-Städtchens auch daher, dass kein geringerer als Norman Rockwell, Amerikas beliebtester Maler und auf Heile-Welt-Idyllen spezialisiert, lange Zeit hier lebte und irgendwann auch die Häuserfront der Main Street porträtierte. Bald schaffte es das Bild auf Titelseiten und Kaffeetassen, und seitdem IST Stockbridge die Berkshires. Das Norman Rockwell Museum zeigt die schönsten Werkes des berühmten Illustrators, und in der Umgebung pflegen gleich zwei weltberühmte Festivals, das Tanglewood Music Festival, auf dem die Bostoner Symphoniker spielen, und das Jacob's Pillow Dance Festival in Becket, den Ruf der Berkshires als Kulturmekka.

Auch Williamstown und North Adams, ein vornehmes College-Städtchen das eine, eine frühere Industriestadt das andere, sind weitere Kunstzentren. So ist das Sterling and Francine Clark Art Institute in Williamstown mit seiner über 30 Renoirs bietenden Sammlung eines der besten Kunstmuseen im Osten,

Ein klein wenig scheint die Zeit stehen geblieben zu sein: alter Holzzaun in Stockbridge

während in den riesigen Fabrikhallen des Massachusetts Museum of Contemporary Art in North Adams die Avantgarde der zeitgenössischen Kreativen immer neue, gewagtere Installationen präsentiert.

Einst war diese friedvolle Landschaft auch die Heimat der Shaker, einer religiösen Gemeinschaft, die in 19 autarken Dörfern zwischen Maine und Kentucky mit einem einfachen und naturnahen Leben die Nähe zu Gott suchte. Heute sind ihre Dörfer Museen, mit dem größten unweit von Pittsfield. Das Hancock Shaker Village wurde 1790 gegründet, erlebte seine Blütezeit in den 1840er-Jahren und wurde 1960 – man lebte enthaltsam – wegen Mitgliederschwund aufgegeben.

Heute sind die 20 Gebäude, schmucklose Architektur in Weiß und Rot, zu besichtigen. Beste Beispiele für das Shaker-Credo, jeden Tag das Beste zu geben, sind das „Brick Dwelling" genannte Wohnhaus und die große Rundscheune. In Ersterem arbeiteten und schliefen 100 „Believer" unter einem Dach: die Brüder auf der Ost-, die Schwestern auf der Westseite. Im sensiblen Wohnbereich trennte nur eine unsichtbare Linie, an die einzig ein Glockenstrang in der Mitte des Hauseingangs erinnerte, die Geschlechter. Mönche und Nonnen, auf diese Weise ohne Schloss und Riegel zusammenlebend, das war einzigartig auf der Welt. Die „Round Barn" genannte Rundscheune, ein architektonisches Meisterwerk, war so angelegt, dass ein einziger Mann 52 Stück Vieh füttern und die gesamte Scheune in kürzester Zeit ausmisten konnte.

Die friedvolle ländliche Idylle der Berkshires ist bis heute ein beliebtes Ziel für gestresste Großstädter.

400 Michigan

MICHIGAN

EINSTIMMUNG

Memphis, Tennessee. Atlanta, Georgia. Aber Detroit, Michigan? Die Tage, an denen Stadt und Staat stolz in einem Atemzug genannt wurden, scheinen endgültig vorbei. Detroit, Sitz der „Großen Drei" General Motors, Ford und Chrysler und seit fast 100 Jahren Inbegriff der mobilen Gesellschaft, stirbt. Was die Zukunft bringen wird, weiß niemand. Touristisch wird sich Michigan wohl noch stärker auf die Vermarktung seiner Natur konzentrieren, davon hat der Staat genug. Endlose Wälder und Seen erinnern an die Wildnis im Norden – und tatsächlich: In Michigan ist Kanada nur einen Katzensprung entfernt.

ÜBERBLICK

Michigan ist 151.585 Quadratkilometer groß und der nördlichste Staat des Mittleren Westens. Gern mit dem rechten Handschuh einer nach innen gedrehten Hand verglichen, liegt er auf zwei Halbinseln, die von vier – Erie, Huron, Superior und Michigan – der fünf Großen Seen umspült werden. Die Upper Peninsula grenzt im Norden und Osten an die kanadische Provinz Ontario, wobei die Grenze im Lake Superior, dem St. Marys River und dem Lake Huron verläuft.

Herbst in Nordmichigan

Im Westen und Südwesten berührt Michigan die Nachbarn Wisconsin und Illinois. Im Osten verläuft die Grenze zu Ontario durch den Lake Huron, den St. Clair River und den Detroit River. Im Süden teilt sich Michigan Grenzen mit Ohio und Indiana.

Die mit Abstand größte Stadt ist Detroit (920.000 Einwohner). Hauptstadt ist Lansing (115.000 Einwohner). Das durchschnittliche Haushaltseinkommen beträgt 48.000 US-Dollar. 2008 hatte Michigan zehn Millionen Einwohner.

Beide Halbinseln sind generell flach bzw. leicht gewellt. Auf der Lower Peninsula steigt das Land nur im Westen bis auf 500 Meter an. Das Hochland auf der Upper Peninsula erreicht in den Porcupine Mountains maximal 610 Meter. Obwohl Michigan so groß ist wie Massachusetts, Delaware, Connecticut und Rhode Island zusammen, leben hier nur 300.000 Menschen. Vielerorts aus dem Boden hervorbrechender Granit erinnert daran, dass die Upper Peninsula zum Kanadischen Schild gehört, der größten geologischen Formation der Welt. Über 35.000 Inlandseen zeugen davon, dass dieses Land erst während der letzten Eiszeit vor rund 12.000 Jahren seinen letzten Schliff erhielt.

Das Klima ist gemäßigt, wobei es im Süden wärmer wird als im Norden. In Detroit liegen die Durchschnittstemperaturen im Sommer bei 22 °C im Sommer und –5 °C im Winter. In Sault Ste. Marie dagegen wird es Sommer durchschnittlich 18 °C warm, während im Winter das Quecksilber auf –11 °C

Landwirtschaft wird vor allem im Süden der Lower Peninsula intensiv betrieben.

Die Glanzzeiten Detroits sind längst passee.

sinkt. Ahorn, Birke und Nadelbaumarten, v. a. Hemlocktannen und Fichten, dominieren die Wälder der Upper Peninsula. Auf der Lower Peninsula wird der Laubwald stärker, neben Ahorn und Birken wachsen hier auch Espen, Buchen und Eichen. In vielen Gegenden Michigans gedeihen wilde Beeren, darunter Erdbeeren, Blaubeeren, Stachelbeeren und Johannisbeeren.

Einst ein Jagdrevier der Ureinwohner, wurden die größeren Säugetierarten Opfer von Besiedlung und Bejagung. Waren Wölfe und Elche einst im gesamten Staat verbreitet, haben sie sich heute auf die als Nationalpark geschützte Isle Royale im Lake Superior zurück gezogen. An Hochwild mangelt es dagegen nicht, auch Waschbären, Otter und Biber sind häufig anzutreffen.

BEVÖLKERUNG

Die Hälfte der Bevölkerung konzentriert sich im Großraum Detroit. Über 80 Prozent stammen aus Europa, davon nennen 20 Prozent deutsche, zehn Prozent irische und neun Prozent englische Vorfahren. Auf der Upper Peninsula gibt es große Enklaven finnischstämmiger Einwohner, der Westen der Lower Peninsula ist bekannt für sein holländisches Erbe. Der afroamerikanische Bevölkerungsanteil konzentriert sich in Detroit: Hier sind fast zwei Drittel der Bevölkerung schwarz.

Mit über zwei Millionen Mitgliedern ist die katholische Kirche die stärkste religiöse Gemeinschaft. Größte protestantische Gruppen sind die Lutheraner und Methodisten.

WIRTSCHAFT

Während der ersten Hälfte des 20. Jahrhunderts stand Michigan ganz im Zeichen einer boomenden Automobilindustrie. Begleitet von einem rasanten Bevölkerungswachstum, liefen in Detroit und anderen Städten Süd-Michigans die Autos für Amerika vom Band. Die Abhängigkeit von dieser Industrie hatte jedoch auch ihren Preis. In Rezessionszeiten lag die Arbeitslosenzahl weit über dem nationalen Durchschnitt, und selbst in guten Zeiten pflegten technische Neuerungen, ein steigender Benzinpreis und die Konkurrenz aus dem Ausland die Zahl der Arbeitsplätze zu reduzieren. Die En-

de 2007 vom amerikanischen Immobilienmarkt ausgegangene Wirtschaftskrise erreichte im Jahr darauf auch Detroit. Anfang 2009 stehen Amerikas Autobauer, allen voran GM, einst der weltgrößte Hersteller von Automobilen, vor dem Kollaps.

Im übrigen Süden der Lower Peninsula dominiert ansonsten die Landwirtschaft. Produkte der Milchwirtschaft sowie Viehzucht, Sojabohnen und Mais sind die wichtigsten Standbeine. Die Upper Peninsula dagegen blickt auf eine lange Tradition als Holz- und Mineralienlieferant zurück. Neben der Autoindustrie ist auch eine bedeutende Pharma- und chemische Industrie zu Hause.

Er dient seit 1907 der Stromgewinnung aus Wasserkraft: Croton Dam am Muskegon River, bei Newaygo.

Die Flagge Michigans

GESCHICHTE

Französische Missionare und Pelzhändler erkundeten seit dem frühen 17. Jahrhundert das zu jener Zeit von Algonkin sprechenden Stämmen bewohnte Gebiet. 1686 gründeten sie am St. Marys River zwischen Lake Superior und Lake Huron Sault Ste. Marie, Michigans älteste Stadt.

Bis Mitte des 18. Jahrhunderts wurde Michigan als Teil Neu-Frankreichs von Québec City aus verwaltet. Nach der Niederlage der Franzosen und verbündeten Indianer gegen die Briten 1763 ging das Gebiet an Großbritannien und im Pariser Frieden 1783 schließlich an die jungen USA über. 1794 wurden nach mehreren blutigen Auseinandersetzungen die Indianerstämme Michigans endgültig geschlagen und in Reservate abgeschoben.

Im Krieg von 1812 wurde Michigan noch einmal vorübergehend von englischen Truppen besetzt. Die Aufnahme in die Union, der Bau des Erie-Kanals und die Erschließung der rohstoffreichen Upper Peninsula (u. a. Holz, Kupfer, Eisen) ließ die Bevölkerungszahl in die Höhe schießen. Um 1900 vollzog Michigan den Wechsel zur verarbeitenden Industrie: Detroit wurde die Wiege der amerikanischen Automobilindustrie.

Die Auslagerung der Produktionsstätten in billigere Fertigungsländer nach dem Zweiten Weltkrieg zog den Bundesstaat zwar arg in Mitleidenschaft, doch konnten andere boomende Industriezweige wie Bio- und Informationstechnologie, Bildungswesen und Gartenbau die von der strauchelnden Autoindustrie verursachten Verluste zunächst ausgleichen. Anfang 2009 allerdings, als Ergebnis von jahrelangem Missmanagement und Innovationsresistenz, stand der Konzern General Motors vor dem Aus. Die Konsequenzen für Michigan sind noch unabsehbar.

GRAND RAPIDS

Im nicht gerade für urbanen Chic bekannten Mittleren Westen bietet die 195.000-Einwohner-Stadt im Südwesten Michigans eine bemerkenswerte Überraschung. Die Stadt am Grand River, die zu Beginn des 19. Jahrhunderts als Pelzhandelsposten begann und bis heute einen ausgezeichneten Ruf als Möbelstadt genießt, ist modern, kunstsinnig und macht Spaß.

Der Tropengarten im Frederik Meijer Garden & Sculpture Park in Grand Rapids

Mehrere Tausend an Colleges und Universitäten eingeschriebene Studenten verjüngen sichtlich das Straßenbild, und wer in Michigan sich für ein paar Tage mit Lifestyle und coolem Design umgeben will, checkt im JW Marriott ein, der noblen Zeitgeistmarke der Hotelkette, von dessen Mitgliedern es weltweit nur wenig mehr als ein Dutzend gibt. Nach dem Martini mit Kalamata-Olive im „Mixology", einer Retro-Bar mit gläsernem Kamin und Blick auf den Grand River, mag es dann zum Grand Rapids Art Museum hinübergehen. Der futuristische, ganz aus Glas und Beton bestehende Kunstschrein ist das erste Museum des Landes mit Umweltzertifikat und beherbergt europäische und amerikanische Kunst aus mehreren Jahrhunderten. Licht und weitläufig, ist es zudem der bevorzugte Brunch-Treff der hiesigen Trendsetter.

Auch die Kindertage der Stadt wurden wiederbelebt. Das Van Andel Museum Center, dem JW Marriott gegenüber am Grand River liegend, widmet sich der Möbelindustrie der Stadt und zeigt sogar einen komplett rekonstruierten Straßenzug aus den 1890er-Jahren. Gleich daneben erhielt der 40. US-Präsident nach Amtsende sein Museum: Das postmoderne Gerald R. Ford Presidential Museum bietet neben einer freundlichen Aufarbeitung von Leben und Karriere des früheren Football-Stars auch eine holografische Tour durch das Weiße Haus.

Doch bei aller Lust auf urbanen Lifestyle hat Grand Rapids seinen Bürgersinn nicht verloren. Den östlich an die Downtown anschließenden Grand Rapids Heritage Hill mit seinen schönen alten Häusern retteten besorgte Bürger in den 1970er-Jahren vor dem Abriss. Heute ist Heritage Hill mit seinen Alleen und viktorianischen Schönheiten das beliebteste – und teuerste – Wohnviertel der Stadt.

ANN ARBOR

In amerikanischen Trivial Pursuit-Spielen ist die 114.000-Einwohner-Stadt unweit Detroit Stammgast. Ann Arbor, benannt nach den Ehefrauen der beiden ersten Siedler zu Beginn des 19. Jahrhunderts, hat das größte Universitätskrankenhaus der Welt, die älteste medizinische Fakultät der USA, mehr als 100.000 Bäume im Stadtgebiet und ist Hauptquartier einer Pizza- und einer Buchhandlungskette, die beide landesweit operieren.

University of Michigan Law School, Ann Arbor

Historischer Turm auf dem Campus der University of Michigan

Derlei Attribute verweisen auf einen prominenten Lehrbetrieb, und tatsächlich wird Ann Arbor von der 1837 von Detroit hierher gezogenen University of Michigan ähnlich geprägt wie sonst nur die College Towns Neuenglands. Campus, Unigebäude und Downtown sind heute untrennbar zu einer urbanen, überaus fußgänger- und menschenfreundlichen Oase verwachsen. Viktorianische Ziegelhäuser begleiten die Straßen, moderne, ins Auge stechende Bürotürme gibt es kaum.

Die meisten Geschäfte und Restaurants befinden sich an State, Liberty und Main Street, in restaurierten alten Gemäuern mit nostalgischen Fassaden, und auch der nördlich anschließende, historische Kerrytown District atmet Boheme. Häufig stattfindende Kunst- und Musikfestivals locken im Sommer Zehntausende Besucher an, doch selbst in diesem sympathischen Gewusel stößt man früher oder später auf eines der ehrwürdigen, neogotischen Universitätsgebäude. Tatsächlich gehören viele Sehenswürdigkeiten der Uni.

Das im Jahr 2008 erweiterte University of Michigan Museum of Art beispielsweise, eines der führenden Universitätsmuseen der USA, zeigt zahlreiche Picassos und amerikanische Meister wie Frankenthaler und Whistler. Das Kelsey Museum of Archaeology präsentiert Forschungsergebnisse und aktuelle Grabungen der Fakultät in aller Welt, und im Museum of Natural History warten Dinosaurier, Fossilien und spannend inszenierte Völker- und Naturkundeabteilungen.

ISLE ROYALE NATIONAL PARK

Eine Insel in einer anderen Welt. Fern der Zivilisation, straßenlos und wild. Bewohnt von Elchen, drei oder vier Wolfsrudeln, Ottern, Bibern und Eistauchern und nur per Schiff und Wasserflugzeug erreichbar.

Das felsige Ufer ist tief zerrissen und geschützt von vorgelagerten Schären, das Wasser in den kleinen Buchten glasklar und fischreich. Landeinwärts erzählen langgezogene Felsenkämme und stille Seen Geschichten aus der letzten Eiszeit, als die Gletscher sich zurückzogen und mit Schmirgel aus Eis und Geröll diese Insel formten.

Die Isle Royale, 72 Kilometer lang und an ihrer „dicksten" Stelle knapp 14 Kilometer breit, liegt in der Nordwestecke des Lake Superior, drei Bootsstunden von Copper Harbor am Nordufer Michigans entfernt. Nach Kanada ist es hingegen nur ein Katzensprung, und tatsächlich finden die Tiere der Insel im Winter ihren Weg über das Eis hierher.

Auch die menschliche Geschichte reicht weit zurück. Archäologen entdeckten Spuren von Kupferabbau, die mehr als 3000 Jahre zurückreichen. Im 19. Jahrhundert benutzten weiße Fischer die Insel als Hafen, wenig später diente sie als Ferienresort. 1940 wurde die Isle Royale zum Nationalpark erklärt, und 1981 folgte in Anbetracht ihrer herausragenden Bedeutung als isolierte, nahezu unberührt gebliebene Wildnis die Ernennung zum Biosphere Reserve. Naturfreunde können die Insel auf einem knapp 300 Kilometer langen Wegenetz erkunden oder sie auf schönen, „Portages" genannten Kanurouten mit Tragestellen durchqueren. Die Parkverwaltung betreibt mehrere Campingplätze und erlaubt lediglich eine rustikale Lodge in Rock Harbor.

Chippewa Harbor im Isle Royale National Park: Idylle, Naturreservat, eine Welt außerhalb von Raum und Zeit?

MINNESOTA

EINSTIMMUNG

Die Coen-Brüder Joel und Ethan stammen aus Minnesota. Wer „Fargo", das Meisterwerk der beiden Regisseure, gesehen hat, hat bereits einen guten ersten Eindruck von diesem Staat. Flach und weit ist er, und die Winter sind lang, kalt und schneereich. Bevölkert ist er von exzentrischen, langsam denkenden und nicht allzu modebewussten Charakteren, von denen viele zudem skandinavische Nachnamen tragen. Natürlich haben die Coen-Brüder hier aus dramaturgischen Gründen etwas übertrieben, doch ein kleines Quäntchen Wahrheit bleibt.

Die Minnesotans mögen politisch unkorrekte Typen. Den Ex-Catcher Jesse Ventura machten sie einst zu ihrem Gouverneur, und den aus Minneapolis stammenden Pop-Avantgardisten Prince, der es seinen Fans nie leicht gemacht hat, ihn zu mögen, nennen sie bis heute stolz einen der ihren. Ob es die Nähe zum liberalen Nachbarn Kanada ist, die die Minnesotans zu dem macht, was sie sind, oder die von gut 15.000 Seen gesprenkelte, waldreiche Landschaft, mag dahingestellt bleiben. Das Blau des allgegenwärtigen Wassers und das Grün der Ahorn- und Nadelbäume beruhigen jedenfalls die Nerven, und gern nimmt man die Einladung zum Seele-baumeln-lassen an.

Ländliche Idylle in Minnesota

Von Stararchitekt Frank Gehry entworfenes Weisman Art Museum an der University of Minnesota

ÜBERBLICK

Minnesota bedeckt eine Fläche von 218.601 Quadratkilometern und liegt im äußersten Norden des Mittleren Westens. Die größte Nord-Süd-Ausdehnung beträgt 653, von Osten nach Westen sind es maximal 576 Kilometer. Nachbarn im Norden sind die kanadischen Provinzen Manitoba und Ontario. Im Osten grenzt der Staat an Michigan und Wisconsin, im Süden an Iowa. Im Westen hat Minnesota eine Grenze mit South und North Dakota gemein. Größte Stadt ist Minneapolis (380.000 Einwohner), die Hauptstadt ist St. Paul (274.000 Einwohner). Dicht zusammenliegend und nur vom Mississippi voneinander getrennt, sind die beiden Städte auch als „Twin Cities" bekannt. Ende 2007 lebten 5,2 Millionen Menschen in Minnesota.

Die Topografie besteht vor allem aus flachem, von der letzten Eiszeit glatt gehobeltem Land. Minnesota liegt am nördlichen Ausläufer der Central Plains. Nur im Südosten wird es etwas hügelig, während das Land im rauen Arrowhead Country im Nordosten bis auf über 700 Meter ansteigt. Mit seinen Seen, Flüssen und Feuchtgebieten gehört Minnesota zu den Staaten mit den größten Trinkwasserreserven. Auch der Westarm des Lake Superior, des größten der Großen Seen, liegt zum Teil in Minnesota. Der Mississippi, das Rückgrat der Nation, entspringt im Lake Itasca. Im Stadtgebiet der Twin Cities gesellt sich der Minnesota River dem Mississippi hinzu. Typisch für das hier herrschende Kontinentalklima sind die klar voneinander unterscheidbaren Jahreszeiten, mit kalten, schnee-

Landstraße nach einem Wintereinbruch in Nordminnesota

Herbststimmung auf dem Land

reichen Wintern und angenehm warmen Sommern. Die durchschnittliche Wintertemperatur am Lake Superior beträgt im Januar −14 °C und in Minneapolis −11 °C. Im Sommer liegen die Temperaturen in den Twin Cities durchschnittlich bei 23 °C. Von November bis April fallen durchschnittlich 170 Zentimeter Schnee.

Die drei Vegetationszonen des Staates sind leicht ausmachbar. Im Seenland des Nordens und Ostens herrschen Mischwälder vor. Die Prärie im Westen und Südwesten hingegen wurde weitgehend landwirtschaftlich nutzbar gemacht. Eiche, Ahorn, Birke, Pappel, Espe und diverse Nadelbaumarten dominieren die Wälder. Botaniker haben fast 1500 Wildblumenarten gezählt, darunter Flammenblume und Lady Slipper. Zu den am meisten verbreiteten Tierarten gehören Opossum, Waschbär, Stinktier, Dachs, Fuchs, Biber, Otter, Luchs und Stachelschwein. Größte Säugetiere sind Weißwedelhirsch und Elch. Vom Aussterben bedroht ist das Waldland-Karibu, eine Rentierart. Minnesota bietet überdies Lebensraum für rund 240 Vogelarten, darunter Eistaucher, Zaunkönig und Stelzenwaldsänger. Seltener ist der vor allem auf dem Lake of the Woods lebende Weiße Pelikan. Die Gewässer des Staats wimmeln von Fischen, beliebte Beutefische sind Zander, Hecht und mehrere Forellenarten.

BEVÖLKERUNG

Vor 160 Jahren lebten gerade einmal 6000 weiße Siedler in Minnesota. Dann aber öffneten Verträge mit den Indianern und der Dampfschiffverkehr das Minnesota Territory der Besiedlung, und noch vor Ausbruch des Bürgerkriegs war die Bevölkerungszahl auf 150.000 gestiegen. Nach Kriegsende strömten, angelockt vom fruchtbaren Farmland der Plains, vor allem europäische Einwanderer nach Minnesota. 1880 lebten fast 800.000 Menschen im Staat, 1920 waren es schließlich 2,4 Millionen. Seitdem liegt die Wachstumsrate mit 0,66 Prozent unter dem nationalen Durchschnitt.

Das größte Ballungszentrum sind die Twin Cities, die heute neben St. Paul und Minneapolis aus weiteren 180 Städten und Countys bestehen und von über 3,5 Millionen Menschen bewohnt sind. Min-

nesotans schwedischer und deutscher Herkunft stellen noch immer die größten Bevölkerungsgruppen. Von den rund 60.000 Indianern lebt etwa die Hälfte in einem der insgesamt zwölf Reservate. Der afroamerikanische Anteil an der Gesamtbevölkerung beträgt 4,5 Prozent, 3,5 Prozent sind asiatischer Herkunft (v.a. Vietnamesen, Chinesen, Koreaner). Protestantische Glaubensgemeinschaften herrschen vor. Die meisten Mitglieder haben die Evangelical Lutheran Church in America, die Lutheran Church – Missouri Synod und die United Methodist Church.

Methodistenkirche in Minneapolis

Über Fort Snelling, der Keimzelle der Twin Cities, weht die amerikanische Flagge.

WIRTSCHAFT

Minnesotas Wirtschaft hat in den letzten 200 Jahren einen weiten Bogen gespannt. Anfangs Lieferant begehrter Pelze in Europa, verwandelte sich der Staat zunächst zum Holz- und Weizenlieferanten und stieg dann auf Milchwirtschaft, Zellstoff, Eisenerz, Mais, Sojabohnen und andere verarbeitende Industrien um. Seit den 1990er-Jahren nehmen Dienstleistungen an Bedeutung zu.

GESCHICHTE

Archäologen identifizierten zwar mehr als 11.000 prähistorische Begräbnishügel in Minnesota, doch die ältesten Zeugnisse menschlicher Anwesenheit reichen noch weiter zurück. Mindestens 10.000 Jahre alt sollen die verkohlten Feuerstellen der Paläo-Indianer sein, die hier einst den Büffelherden nachstellten. Mitte des 17. Jahrhunderts, als die ersten französischen Waldläufer von Neu-Frankreich aus hier auftauchten und wenig später der Edelmann Daniel Greysolon, Sieur du Lhut, die Region für Frankreich reklamierte, war Minnesota Stammesgebiet der konkurrierenden Dakota und Ojibwa.

Bis Mitte des 18. Jahrhunderts durchzogen pelzhandelnde Coureurs du Bois (dt.: Waldläufer) die Gegend, dann übernahmen die Briten nach dem siegreichen French and Indian War 1763 die Kontrolle. Aus manchen Pelzhandelsposten entwickelten sich Städte, wie z.B. Grand Portage. 1787 gelangte die Gegend östlich des Mississippi in den Besitz der jungen USA, der Westen Minnesotas folgte mit dem Louisiana Purchase 1803. Bis in die 1830er-Jahre dominierte der Pelzhandel im so-

Die sogenannte Great Hall ist Teil des Grand Portage National Monuments, in dem man die Geschichte der frühen Pelzhändler anschaulich rekonstruiert hat.

genannten Northwest Territory. Dann öffneten Verträge mit den Indianern das Land der Erschließung durch Holzfäller und Siedler. Viele Städte Minnesotas begannen als Holzfällernester, darunter auch die Twin Cities.

1849 wurde das Minnesota Territory ausgerufen, 1858 trat Minnesota als 32. Bundesstaat der Union bei. Vom Bürgerkrieg blieb Minnesota, das der Union über 20.000 Soldaten schickte, verschont. Stattdessen erlebte es 1862 einen Aufstand der Dakota, der jedoch blutig niedergeschlagen wurde.

Die Eisenbahn brachte die Einwanderung ins Rollen, und bereits um 1880 hatten Siedler und Farmer die Prärie untergepflügt. Im Nordosten wurde Eisenerz entdeckt, und um 1900 hatte sich Duluth zu einem bedeutenden Verladenhafen gemausert. Während der ersten Hälfte des 20. Jahrhunderts zwangen wirtschaftliche Veränderungen die Farmer zur Umstellung auf Mais und Sojabohnen und zur Gründung einer neuen Nahrungsmittelindustrie.

1948 schob sich die verarbeitende Industrie erstmals in ihrer Bedeutung vor die Landwirtschaft, zwei Jahre später lebten zum ersten Mal mehr Menschen in Städten als auf dem Land. Vor allem der – Ende der 1970er-Jahre mit Umweltauflagen gedrosselte – Eisenerzabbau und der Hightech-Sektor sorgten für Geld in der Kasse, und in den 1990er-Jahren diversifizierte Minnesota mit dem Aufstieg der Dienstleistungsindustrie, v.a. Banken und Versicherungen, einmal mehr erfolgreich. Die gegen Ende des Jahrtausends ins Trudeln geratene Landwirtschaft unterstützt die Regierung des Staats mit Steuernachlässen in Milliardenhöhe.

DULUTH

Das auf Hügeln über dem Lake Superior thronende Duluth ist geradeheraus. In der zu den wichtigsten Binnenhäfen der USA gehörenden 80.000-Einwohner-Stadt wurde stets hart gearbeitet, und die raue Schale lässt bis heute nicht an ihren Prioritäten zweifeln. Trends und Lifestyle und der schöne Schein gehören nach Minneapolis. Duluth dagegen ist eine ehrliche Haut, nicht immer schön, aber immer sympathisch. Benannt nach dem französischen Entdecker Daniel Greysolon, Sieur du Lhut, der die Stelle am Westende des größten der Großen Seen 1679 erreichte, hinterließen Immigranten aus vielen Teilen der Alten Welt hier ihre Spuren.

Die Schotten drückten ihr mit rotziegligen Kirchen und öffentlichen Gebäuden im strengen, gotischen Stil ihren Stempel auf. Die später hinzugekommenen Skandinavier beeinflussen bis heute das oft humorvolle Miteinander in der Stadt: Autoaufkleber wie „Don't laugh – Finnish Driver" sind typisch für Duluth. Tatsächlich fühlen sich viele Einheimische vor allem als Schweden, Iren und Schotten – und dann erst als Amerikaner.

Die Aerial Lift Bridge in Duluth ist ein Magnet für Touristen.

Vom Enger Tower hat man einen wunderbaren Blick über Duluth und den Oberen See.

Minnesota 423

Modern und dynamisch: Minneapolis

Die Sehenswürdigkeiten der Stadt haben fast alle mit dem Binnenmeer vor der Haustüre zu tun. Die meisten Gäste zieht es magisch zur Aerial Lift Bridge, einer bis auf knapp 70 Meter anhebbaren Stahlbrücke, unter der die Frachtschiffe vom Lake Superior in den großen Hafen einlaufen. Wie die Schifffahrt auf den Großen Seen funktioniert und welche Bedingungen sie dabei bewältigen muss – die zehn Meter hohe Wellen produzierenden Wetterumschwünge auf dem Lake Superior sind berüchtigt –, wird im Lake Superior Maritime Visitor Center erklärt. Von der Aussichtsterrasse des Zentrums kann man die haushohen, dicht vorbeiziehenden Kolosse aus nächster Nähe beobachten. Ebenfalls am Wasser liegt das Great Lakes Aquarium. Das äußerlich einer alten Fischfabrik nachempfundene Aquarium ist das einzige nur Süßwassertanks enthaltende Aquarium des Landes. Es widmet sich der Unterwasserwelt der Großen Seen und zeigt in naturgetreu rekonstruierten Biotopen die entsprechenden Bewohner.

DIE TWIN CITIES

Die erste Orientierung ist einfach: Minneapolis liegt auf dem West-, St. Paul hingegen auf dem Ostufer des Mississippi. Minneapolis ist spritzig, trendy, kunst- und kulturverrückt und Sitz so vieler Hightech-Firmen wie sonst nur Boston und San Francisco. Dieser Tage arbeiten namhafte Architektenbüros an einem zugleich zukunftsweisenden als auch menschenfreundlichen Facelifting der Stadt. Zahlreiche öffentliche, mit neuen Formen und Farben experimentierende Gebäude und Er-

St. Paul's Cathedral im Zentrum von St. Paul

weiterungen kamen in den letzten Jahren dazu, daunter das 2005 grandios erweiterte Walker Art Center und das 2006 neu eröffnete Guthrie Theatre. St. Paul, Minnesotas Hauptstadt, wirkt dagegen, trotz des neuen, Dynamik versprühenden Xcel Energy Center, ernst und fast ein wenig langweilig - ein Unterschied, den man bereits während der Anfahrt über den Mississippi bemerkt. Auch die Geschichte meinte es nicht gut mit St. Paul: Der genüssliche Hinweis, der ehrwürdige Regierungssitz habe 1807 als Siedlung namens Pig's Eye angefangen, fehlt in keiner Broschüre. Beide begannen als winzige Nester mit einer bunt zusammengewürfelten Bevölkerung aus frankokanadischen Trappern, Priestern und amerikanischen Holzfällern. Schon bald hatte Minneapolis, das seinen endgültigen Namen erst Mitte der 1850er Jahre erhielt, dank seiner Sägewerke und Getreidemühlen die Nase vorn und gab die Führung – die die Einwohner St. Pauls im Übrigen heftig bestreiten – nicht mehr ab. Zu Beginn des dritten Jahrtausends gilt Minneapolis zudem als Paradebeispiel für die gelungene Revitalisierung heruntergekommener Stadtviertel – Resultat einer progressiven Stadtpolitik, die „drüben" in St. Paul angestoßen wurde.

„Land of 10.000 Lakes" nennt sich Minnesota gern, und Wasser spielt auch in den Twin Cities die Hauptrolle. 16 der Seen liegen bereits im Stadtgebiet von Minneapolis, eine quer durch die Stadt verlaufene Seenkette mit schönen Parks bildend. Hin und wieder schäumt es auch dramatisch, wie bei den St. Anthony Falls und den Minnehaha Falls. Auch die übrigen Publikumsmagnete von Minneapolis besitzen menschenfreundliches Maß. Die herrlich altmodische Nicollet Mall in der moder-

Minnesota offiziell: das Minnesota State Capitol, Sitz der Regierung des Bundesstaates

nen Downtown ist eine Fußgängerzone mit Nachbarschaftsatmosphäre. Beiderseits der sich über den Mississippi spannenden Stone Arch Bridge lädt der freundliche Mill District zum Bummeln und Shoppen mit anschließendem Essengehen ein: Junge Architekten haben die heruntergekommenen Lagerhäuser aus dem 19. Jahrhundert in schicke Szenetreffs verwandelt. Südwestlich der Downtown wartet Kunstgenuss vom Feinsten. Von Kritikern zum Guggenheim des Mittleren Westens erklärt, beherbergt das Walker Art Center Gemälde von Picasso, Lichtenstein, Warhol und zahllosen illustren Mitgliedern des Künstler-Pantheons.

St. Pauls „staatstragende" Attraktion ist natürlich das Minnesota State Capitol. Der von einer gewaltigen Marmorkuppel gekrönte, palastartige Sitz der beiden Kammern wurde 1905 nach fast zehnjähriger Bauzeit eingeweiht und liegt in einem weitläufigen Park. St. Pauls Antwort auf Minneapolis' Parks und Plätze ist der im Zentrum liegende Rice Park. Ein eleganter Springbrunnen in der Mitte und viktorianische Stadthäuser drum herum, darunter das fotogene Landmark Center und die Central Library, scheinen die Zeit anhalten zu wollen. Hier liegt auch das Minnesota Museum of American Art. Es stellt vor allem einheimische Künstler aus. Eine wahre Zeitmaschine fernab der Großstadthektik der Twin Cities steht im Fort Snelling State Park. 1825 bezogen amerikanische Soldaten hier das soeben fertig gewordene Fort Snelling, um von hier aus die unruhigen Dakota und Ojibwa zu kontrollieren und die Erschließung der Region einzuleiten. 17 zum Teil restaurierte Steinhäuser, wuchtiges Mauerwerk und kostümierte Darsteller erinnern an die Frontierzeit von vor bald 200 Jahren.

GRAND PORTAGE NATIONAL MONUMENT

Halbwilde Gesellen, eitle Weiberhelden. Unzuverlässige Partner, treue Gefährten. Gehorsame Angestellte, freiheitsliebende Weltenstürmer. Prahlhänse, stille Heroen. Die Urteile der Zeitgenossen über die Voyageurs gingen weit auseinander. In einem waren sich jedoch alle einig: Die frankokanadischen Paddler damals vollbrachten Leistungen, die niemand sonst schaffte. Von 1780 bis 1820 waren sie das Rückgrat des kanadischen Pelzhandels. Auf der Gehaltsliste der Montrealer North West Company stehend, paddelten sie in großen Kanuflottillen quer durch den Kontinent. Sie verbrannten 7000 Kalorien täglich (der Normalverbraucher von heute verbraucht weniger als die Hälfte) und schafften bis zu 70.000 Paddelschläge pro Tag. Die über 2000 Kilometer von Montreal nach den Handelsposten am Westende des Lake Superior legten sie in sechs Wochen zurück – Handelsbarone transportierende Expresskanus mit Elitepaddlern schafften sie sogar in 18 Tagen.

Des Lesens und Schreibens unkundig, blieben ihre Erlebnisse nicht der Nachwelt erhalten. Ihre noch immer gesungenen Lieder erzählen jedoch von Leistenbrüchen und ertrunkenen Kollegen, vom Liebreiz der Indianermädchen, von Tod und Teufel und vom Stolz, ein homme du nord, ein Mann des Nordens, zu sein. Jeden Sommer machten sie den Trip zum „Grand Rendezvous" nach Fort Williams (heute: Thunder Bay, Ontario, Kanada) oder zum „Grand Depot" nach Grand Portage in Minnesota. Nach dem traditionellen, mehrtägigen Saufgelage mit Indianern und Amerikanern luden sie die wert-

Rekonstruktion eines alten Indianercamps im Grand Portage National Monument

volle Fracht in die großen Kanus: bis zu vier Tonnen Biberfelle aus dem Norden, vom Lake Athabasca zumeist. Dann ging es wieder heimwärts, über Dutzende gefährlicher Stromschnellen, ermüdender Portages und über Seen, die groß genug waren, gefährlich hohen Seegang zu produzieren. Schriftliches über sie gab es nur von denen, die sie transportierten. Einem dieser Passagiere diktierte ein alter Voyageur ins Tagebuch: „Keine Portage war zu lang für mich. Wo andere Zeit verloren, habe ich stets Zeit gewonnen. Ich konnte paddeln, schleppen und sang fröhliche Lieder selbst bei härtester Arbeit. Niemand wagte mir Befehle zu geben. Ich hatte ein Dutzend Frauen und paddelte schneller als jeder Indianer. Ich hatte viel Geld und habe alles verspielt. Jetzt besitze ich nur das, was ich auf dem Körper trage. Und doch, wäre ich wieder jung, ich würde es wieder tun. Denn es gibt keinen Ort, an dem ein Mann mehr Glück und Freiheit genießt als im Indianerland." „Portages" waren aufgrund von Stromschnellen und Wasserfällen unmöglich zu bewältigende Flussabschnitte, an denen ein Kanu vorbeigetragen werden musste. Eine der wichtigsten Portages Nordamerikas lag ei-

nen knappen Kilometer vom heutigen Städtchen Grand Portage entfernt. Sie verband den Lake Superior mit dem 14 Kilometer entfernten, nach Westen führenden Pigeon River und war das Nadelöhr des transkontinentalen Pelzhandels. Wer weiter nach Westen wollte, musste hier durch. Auch kamen hier alle Pelze aus dem hohen Norden unterwegs nach Montreal durch. Hier wurden sie auf die seegängigen, bis zu zwölf Meter langen „Canots de Maître" umgeladen. Zwischen 1780 und 1810, zur Zeit der Dominanz mächtiger Pelzhandelsunternehmen wie der North West Company, war dieser Vorgang ein munteres, ritualisiertes Sommerfest, bei dem Wein und Bier in Strömen flossen und die bloße Menge kostbarer Pelze die Anlage bewachter Lagerhäuser erforderte. Im Grand Portage National Monument bei Grand Portage wurden diese Gebäude mithilfe archäologischer Forschungsergebnisse naturgetreu rekonstruiert. Ausgezeichnete Ausstellungen dokumentieren den Ablauf des Pelzhandels und porträtieren mit viel Freude am Detail auch die frankokanadischen und indianischen Handelspartner.

Blue Lake in Northern Minnesota

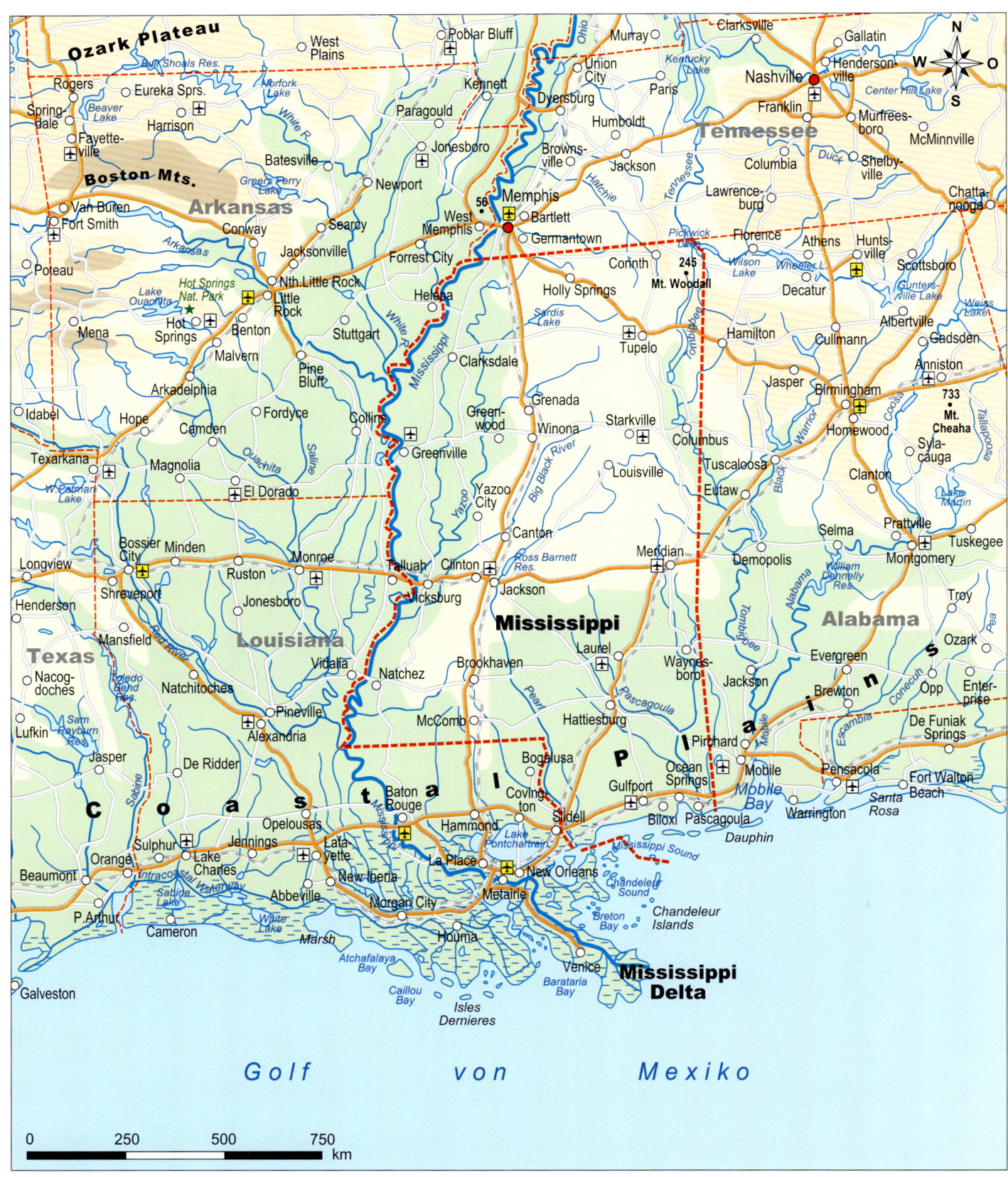

MISSISSIPPI

EINSTIMMUNG

Oft meinte es die Geschichte nicht gut mit diesem Staat, doch immer wieder half ihm die unbändige Lebenskraft seiner Menschen auf die Beine. Der Bürgerkrieg verwandelte Mississippi nicht nur in ein Trümmerfeld, sondern beendete auch eine ganze Lebensart – zunächst ohne eine andere an ihre Stelle zu setzen..

Der Weg ins dritte Jahrtausend war entsprechend lang und schmerzhaft und ist bis heute noch nicht zu Ende: Mississippi gehört zu den ärmsten Bundesstaaten der USA. Seine Fortschritte sind jedoch unübersehbar, und das Nebeneinander alter „Vom Winde verweht"-Residenzen, ländlicher Langsamkeit und moderner Großstädte macht den Staat zu einem sympathischen Gastgeber.

Der alte Südstaatencharme blieb bei all dem ungebrochen. Verbeulte Leiterwagen rumpeln über stille Landstraßen, Fremde grüßen einander, und abends dringen aus den kleinen Bars und Kneipen jene drei, vier klagenden Akkorde, die Mississippi als Heimat des Blues bekannt gemacht haben.

Willkommensschild an der Grenze des Bundesstaates Mississippi

Ein sumpfiger Flussarm –
im Amerikanischen
„Bayou" genannt – am
Natchez Trace Parkway

Hurrikan Katrina hat ein altes Haus auf die Eisenbahnschienen geweht.

ÜBERBLICK

Mississippi ist 123.514 Quadratkilometer groß und liegt im zentralen Südosten der USA. Im Norden grenzt der Staat an Tennessee, im Osten an Alabama. Im Süden berührt er den Golf von Mexiko und Louisiana, im Westen bildet der Mississippi River die Grenze zu Louisiana und Arkansas.

Die größte Nord-Süd-Ausdehnung beträgt 566 Kilometer, von Osten nach Westen sind es maximal 300 Kilometer. Größte Stadt und Regierungssitz ist Jackson (176.000 Einwohner). Gulfport (64.000 Einwohner), Hattiesburg (50.000 Einwohner) und Biloxi (44.300 Einwohner) folgen auf den Plätzen. 2007 wohnten 2,9 Millionen Menschen in Mississippi.

Die Topografie des Staates reicht von den Ausläufern der Appalachen im Nordosten bis zum Mississippi-Delta und den fruchtbaren Lössböden der Küstenebene. Im Allgemeinen sanft hügelig, ist der höchste Punkt Mount Woodall (245 Meter) im Nordosten. Wichtigster Fluss ist der Namensgeber des Staates, der Mississippi.

Lange, feuchtheiße Sommer und kurze, milde Winter charakterisieren das Klima. Die Durchschnittstemperaturen variieren kaum und betragen im Sommer 28 °C und im Winter 8–10 °C. Die Wälder Mississippis setzen sich vor allem aus süß duftenden Magnolien, Eichen, Ahorn- und Hickorybäumen zusammen. Jungfernreben, Rudbeckien und mehrere Rosenarten gehören zu den häufigsten Wildblumenarten.

Auffällig buntes Art-Deco-Gebäude in Meridian

Große Säugetierarten gibt es im seit mehreren Hundert Jahren kultivierten Mississippi nicht mehr. Häufigste Kleintierarten sind Opossum, Stinktier, Gürteltier und Kojote. Verschiedene Zaunkönig-, Grasmücken- und Drosselarten bevölkern das Unterholz, und am Himmel kreisen Habichte und Seevögel.

BEVÖLKERUNG

Mississippi ist einer der ländlichsten Staaten der USA. Über die Hälfte der Bevölkerung lebt nicht in Städten. Knapp 40 Prozent sind afroamerikanischer Herkunft, der Rest hat europäische Wurzeln. Mit einem durchschnittlichen Haushaltseinkommen von 36.000 US-Dollar (2007) rangiert Mississippi am Ende der nationalen Einkommensskala. Größte religiöse Gemeinschaften sind die Southern Baptist Convention und die United Methodist Church.

WIRTSCHAFT

Bis zum Bürgerkrieg gehörte Mississippi zu den wohlhabendsten Staaten des Landes. Der Reichtum basierte auf Plantagenwirtschaft und Sklavenarbeit – über die Hälfte der Bevölkerung war versklavt. Da die Plantagenbesitzer ihre Umsätze nicht in die Infrastruktur – Schulen, Straßen etc. – investiert hatten, stagnierte Mississippi bis weit ins 20. Jahrhundert. In den 1950er-Jahren blockierte die ungelöste Rassenfrage die Entwicklung, doch Ende der 1960er-Jahre beschäftigte die verarbeitende Industrie erstmals mehr Menschen als die Landwirtschaft: Vor allem Textilunternehmen aus dem Norden hatten sich in Mississippi wegen der niedrigeren Löhne angesiedelt.

Zu Beginn der 1990er-Jahre erhielt die Wirtschaft durch die Legalisierung des Kasinobetriebs einen weiteren Schub. Am Anfang des dritten Jahrtausends profitierte die im Süden angesiedelte Raumfahrtindustrie von der Erhöhung des Verteidigungshaushaltes.

GESCHICHTE

Die ersten Weißen in Mississippi waren spanische Konquistadoren auf der Suche nach dem märchenhaften Eldorado. Verschiedene Expeditionen, darunter die des Hernando de Soto 1540–1541, passierten den Staat, ohne jedoch das begehrte Edelmetall zu finden.

Auswirkungen hatte erst die Ankunft französischer Missionare und Händler im 17. Jahrhundert. 1682 erreichte Robert Cavelier Sieur de La Salle von den Großen Seen kommend das Mississippi-Delta und benannte die durchquerten Gebiete nach seinem König Louisiana.

Weitere französische Expeditionen folgten und Mobile (1702), Natchez (1716) und New Orleans (1718) wurden gegründet. Nach der Niederlage im French and Indian War gegen England (1754–1763) trat Frankreich Louisiana an seinen spanischen Verbündeten ab. Danach wechselten die Besitzer noch mehrere Male, bis Mississippi nach vielen Jahren amerikanischer Verwaltung im Jahre 1817 als 20. Bundesstaat der Union beitrat.

Verträge mit den Choctaw und Chickasaw, in denen diese sich bereit erklärt hatten, ihr Land zu verkaufen und nach Oklahoma zu ziehen, öffneten auch Mississippi für die Besiedlung.

Bald war das fruchtbare Land mit Baumwollplantagen und kleinen Farmen überzogen. Anfang 1861 verließ Mississippi als zweiter Staat (nach South Carolina) die Union, um sich den Konföderierten Staaten anzuschließen. Seine strategisch günstige Lage kam Mississippi im Bürgerkrieg mit 30.000 Toten teuer zu stehen. Die Einnahme von Vicksburg durch Unionstruppen im Sommer 1863 trennte die Versorgungslinien der Konföderierten und stellte die Weichen für den weiteren Kriegsverlauf.

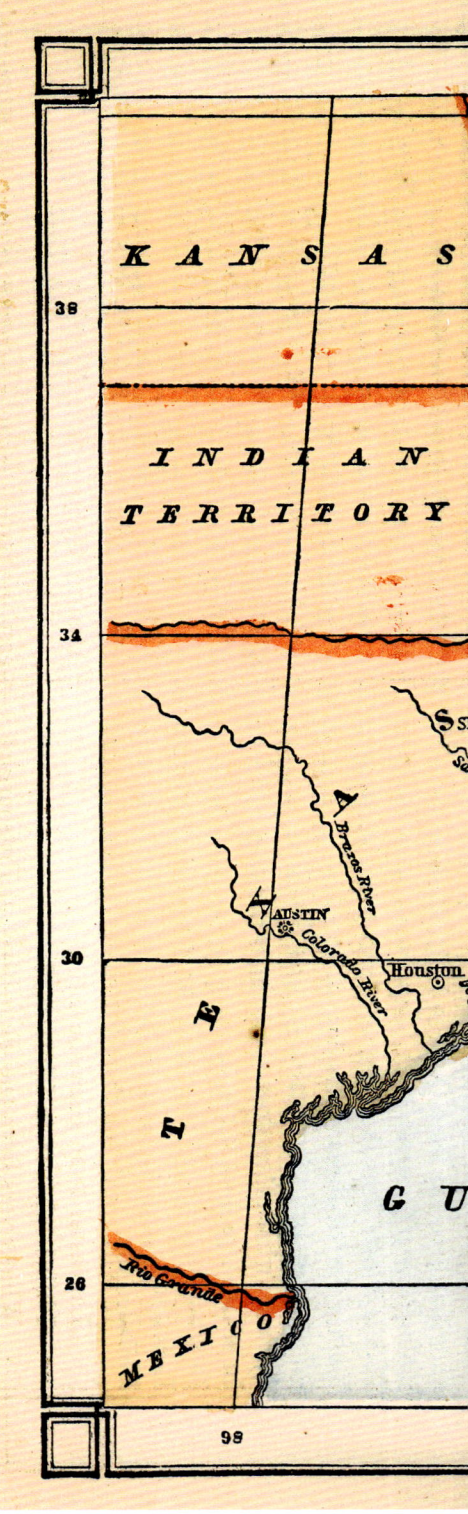

Alte Karte der Südstaaten

Nach dem Krieg erlebte Mississippi eine lange Phase politischer und sozialer Stagnation. Die inzwischen freie schwarze Bevölkerung wurde durch immer neue Rassentrennungsgesetze drangsaliert und bewirtschaftete die Baumwollfelder nunmehr als rechtlose Pächter.

Das John Ford Home im Marion County erinnert an die ersten Siedler der Region und ist ein historisches Dokument des Baustils jener Zeit.

Erst der Zweite Weltkrieg öffnete den Staat dem Rest des Landes. Die Kriegswirtschaft stimulierte die Mechanisierung der sich nach und nach diversifizierenden Landwirtschaft. Verarbeitende Industrien ließen sich hier nieder, zugleich verließen viele Afroamerikaner auf der Suche nach besser bezahlten Jobs den Staat.

Mit dem wirtschaftlichen Aufstieg ging ein sozialpolitischer Wandel einher. Bis 1975 waren die letzten Rassenschranken beseitigt – meist auch mit Hilfe der einheimischen Weißen, die angesichts der brutalen Verbrechen gegen schwarze und weiße Bürgerrechtler letztendlich von der Unausweichlichkeit der Gleichstellung der Rassen überzeugt wurden.

NATCHEZ

So behäbig wie der Mississippi vor der Haustür fließt hier auch der Alltag vorüber: unten an der „Natchez-under-the-Hill" genannten Restaurantmeile aus kleinen roten Steinhäusern ebenso wie oben, auf der Uferböschung, wo schöne Kolonialhäuser mit schattenspendenden Arkaden in der schwülen Hitze brüten.

Natchez, 1716 von den Franzosen als Fort Rosalie gegründet, dann französisch-britisch-spanisches Handelszentrum und Mittelpunkt der amerikanischen Pflanzeraristokratie, ist berühmt für seine herrlichen Antebellum-Residenzen. In ihnen erholten sich die reichen Baumwollpflanzer im Winter von ihren Reisen nach Europa. Im Krieg unversehrt geblieben, da Natchez sich umgehend ergeben hat-

Abendstimmung auf den Mississippi-Brücken bei Vicksburg

te, bieten diese mit kostbarem Originalmobiliar aus Frankreich, Italien und China eingerichteten Häuser einen eindrucksvollen Einblick in eine elegante, längst vergangene Zeit.

Viele dieser „Zeitmaschinen" sind während der sogenannten „Natchez Pilgrimage" im Frühjahr und Herbst, andere aber auch ganzjährig zu besichtigen. Zu den schönsten Häusern zählen Longwood (aus dem Jahre 1861), ein achteckiges Anwesen mit 120 korinthischen Säulen und einem runden Observatorium auf dem Dach, und das komplett von Säulen umgebene Dunleith (1856).

VICKSBURG

Kasinoschiffe ankern vor dem Felsen an der Biegung des Mississippi. Die alte Vicksburg Bridge streckt ihre eisernen Glieder über den Fluss nach Louisiana, und darunter wälzt sich, braun, schlammig und aufreizend langsam, der „Ol' Man River" in seinem Bett. Nichts erinnert mehr an die strategische Bedeutung, die dieser Stelle einst zukam.

Damals wurde sie das „Gibraltar der Konföderation" genannt: Wer sie beherrschte, kontrollierte die quer durch die Südstaaten verlaufenden Kommunikations- und Versorgungsstränge. Die 27.000-Einwohner-Stadt begann 1719 als französisches Fort St. Pierre. 1790 bauten die Spanier einen Posten namens Nogales, doch Schwung in die Entwicklung kam erst mit den 1798 auf der Bildfläche erscheinenden Amerikanern. 1825 erhielt der Ort unter dem Namen Vicksburg die Stadtrechte und erblühte bald als Hafen und Verkehrsknotenpunkt verschiedener Eisenbahnlinien.

Im Sommer 1863 zogen Unionstruppen unter dem Befehl von General Ulysses Grant nach zwei verlustreichen, aber erfolglosen Angriffen auf die schwer befestigte Stadt einen Belagerungsring um Vicksburg, um die Einwohner auszuhungern. Die Stadt kapitulierte nach 47 Tagen am 4. Juli 1863. Diese Niederlage der Südstaatler zerschnitt die Konföderation in zwei Hälften, gab der Union die Kontrolle über den Mississippi zurück und zog damit als Wendepunkt des Bürgerkriegs zugunsten der Nordstaaten in die Geschichtsbücher ein.

All das ist lange her. Vergessen ist es nicht, auch wenn nur wenige der prächtigen Antebellum-Residenzen die damalige Kanonade unbeschädigt überstanden haben. Der Vicksburg National Military Park am Nordrand der Stadt hat das Schlachtfeld und die blutigen Ereignisse für die Nachwelt eingefroren. Dutzende Denkmäler, ein Friedhof mit fast 20.000 Gefallenen, Kanonen und den Resten von Kanälen und Befestigungsanlagen sind beklemmendes Zeugnis jener schrecklichen Tage. Im Besucherzentrum wird der Belagerungsverlauf getreulich rekonstruiert, eine 26 Kilometer lange Straße durch das hügelige Gebiet führt zu den damaligen Brennpunkten.

Kanonen auf dem Gelände des Vicksburg National Military Park, der an den Bürgerkrieg erinnern soll

Stilles Mahnmal im Vicksburg National Military Park

Mississippi 441

BILOXI

„Relax, it's the Mississippi Gulf Coast" lautet das Motto des hiesigen Fremdenverkehrsamts, und angesichts der noch immer anhaltenden Aufbauarbeiten nach „Katrina" klingt das auch ein wenig trotzig. Tatsächlich wurden während der Hurrikan-Saison 2005 zahlreiche Hotels, mehrere Kasinos und historische Sehenswürdigkeiten zerstört. Mehrere Tausend Einwohner kehrten ihrer Stadt für immer den Rücken, doch der Rest krempelte die Ärmel hoch und schon wenige Monate später arbeitete der Tourismus wieder auf vollen Touren.

An der Küste reihen sich glitzernde Kasinohotels, Marinas, Fischverarbeitungsfabriken und Schiffswerften und auf einigen Abschnitten des Beach Boulevard sind noch schöne Antebellum-Häuser zu sehen, darunter Beauvoir, jenes Haus, in dem der glücklose Südstaatenpräsident Jefferson Davis seine Memoiren schrieb. „Katrina" fügte ihm großen Schaden zu, doch inzwischen sind die Reparaturarbeiten so gut wie beendet. Das 1848 eröffnete Biloxi Lighthouse, von jeher das beliebteste Fotomotiv der Stadt, überstand die Naturkatastrophe hingegen fast unbeschadet – und gilt heute als ein Symbol für den Überlebenswillen der Stadt.

Die alte Brücke von Biloxi nach Ocean Springs nachdem Hurrikan Katrina mit ihr fertig war.

MISSOURI

EINSTIMMUNG

Seiner Lage nach gehört der Staat zwar zum Mittleren Westen, doch im Kollektivbewusstsein der Nation symbolisiert er noch immer die alte Frontier: In Missouri war es, an den schlammigen Ufern des Mississippi, wo sich einst die Planwagen aus dem Osten zu riesigen Wagentrecks zusammenfanden und mit Männern, Frauen und Kindern an Bord und allem, was nicht niet- und nagelfest war, nach dem gelobten Land im Westen aufbrachen. Das alte Leben hinter sich lassen und ganz von vorne anfangen – in St. Louis, dem Gateway zum Westen, träumten damals Millionen von Menschen den Traum, der später als der Amerikanische berühmt werden sollte. Dabei fiel so manches mühsam für den Neubeginn Ersparte bereits hier gewissenlosen Betrügern in die Hände, denn natürlich lockte der plötzlich boomende Rand des damals bekannten Amerikas auch weniger ehrliche Zeitgenossen an. Viele dieser schillernden Charaktere gehören heute zum Pantheon des Wilden Westens, allen voran die berüchtigte James-Bande, und es ist vor allem dieses Kapitel der amerikanischen Geschichte, das einen Besuch in Missouri lohnenswert macht. Die Spuren dieser Zeit des Aufbruchs liegen überall verstreut im Staat, liebevoll restauriert und detailreich dokumentiert.

ÜBERBLICK

Missouri ist 180.516 Quadratkilometer groß und liegt gänzlich westlich des Mississippi. Der „Ol' Man River" bildet die Grenze zu Illinois, Kentucky und Tennessee im Osten, während Iowa, Arkansas,

Großer Graureiher im Marschland des Missouri Rivers

Oklahoma, Kansas und Nebraska die Nachbarn im Norden, Süden und Westen sind. Missouris größte Ost-West-Ausdehnung beträgt 457, von Norden nach Süden sind es maximal 496 Kilometer. Größte Stadt ist Kansas City (450.000 Einwohner), der Regierungssitz ist Jefferson City (40.000 Einwohner). 2007 lebten 5,8 Millionen Menschen in Missouri.

Der Black River im Johnson's Shut-Ins State Park in idyllischer Herbstumgebung

Der vom Missouri in eine Nord- und Südhälfte geteilte Bundesstaat besitzt klar voneinander unterscheidbare Landschaften. Südlich des bei St. Louis in den Mississippi mündenden Missouri River erstreckt sich fruchtbares Tiefland, das nach Westen zum 500 Meter hohen Ozark-Plateau ansteigt. Nördlich davon hat der Staat Anteil an den weitläufigen, leicht hügeligen Central Plains mit ihren

Roter Kardinal, der auch in Missouri häufig anzutreffen ist

landwirtschaftlich äußerst ergiebigen Lössböden. Von den rund 1600 Kilometern schiffbarer Wasserwege sind Missouri und Mississippi die bedeutendsten. Weitere kommerziell genutzte Flüsse sind der White, Osage, Current und Chariton. Das kontinentale Klima des Staats zeichnet sich durch klar voneinander unterscheidbare Jahreszeiten aus, mit kalten, durchschnittlich knapp unter 0 °C kalten Wintern und angenehm warmen Sommern. Es geht allerdings auch wesentlich kälter (und wärmer): Am kältesten war es in Missouri im Jahre 1905, als −40 °C gemessen wurden, am heißesten dagegen 1954, als eine Hitzewelle Rekordtemperaturen von über 45 °C zustande brachte.

FLORA UND FAUNA

In den Central Plains Missouris haben sich trotz intensiver Landwirtschaft Inseln mit ursprünglicher Prärie erhalten. In den meist südlich des Missouri stehenden Wäldern sind Hartriegel, Scharlacheiche, mehrere Weide-, Zedern- und Pappelarten leicht auszumachen. Weißdorn, Portulak und diverse Orchideenarten gehören zu den zahlreichen, beiderseits des Missouri gedeihenden Wildblumenarten. Weißwedelhirsch, Bisamratte, Waldkaninchen und Rotfuchs sind diejenigen tierischen Bewohner Missouris, die man am häufigsten zu Gesicht bekommt. Den Luftraum beherrschen Hüttensänger, Rote Kardinäle, Graukopfvireos und mehrere Grasmückenarten.

In den Gewässern des Staats leben Barsche, Karpfen, Zander und Flusskrebse. Eine der größten Herausforderungen des Staats in Sachen Umweltschutz ist die Bodenerosion. Deshalb wird auch ein Prozentsatz der Verkaufssteuer in einen Fonds zur Finanzierung von Gegenmaßnahmen abgeführt.

BEVÖLKERUNG UND KULTUR

Das Bevölkerungswachstum der frühen Jahre reflektiert eindrucksvoll die damals herrschende Aufbruchstimmung: Von 1830 bis 1860 verdoppelte sich die Bevölkerungszahl in jedem Jahrzehnt und betrug vor Ausbruch des Bürgerkriegs 1,18 Millionen. Heute leben über die Hälfte aller Menschen in den beiden großen Ballungsgebieten Kansas City und St. Louis. Damals zogen im Übrigen nicht alle Planwagen nach Westen weiter. Viele Familien blieben, wenig später brachte die Eisenbahn weitere Siedler nach Missouri.

Die größten Einwanderergruppen kamen aus Deutschland, Irland, Italien und Osteuropa. Heute benennen allein über 20 Prozent deutsche Vorfahren. 13 Prozent sind irischer, vier Prozent französischer Herkunft. Rund zwölf Prozent sind Afroamerikaner und leben v.a. in Kansas City und St. Louis. Dank der frühen Besiedlung durch Frankokanadier und später irischer und deutscher Einwanderer ist die römisch-katholische Kirche die stärkste der Glaubensgemeinschaften Missouris. Die größten protestantischen Gruppierungen sind die Southern Baptist Convention und die United Methodist Church.

WIRTSCHAFT

Pelztiere, fruchtbare Böden, die zentrale Lage im Herzen des Kontinents und ein zu weit entfernten Märkten führender Fluss: Von der Mitte des 18. Jahrhunderts an wuchs Missouri als Umschlagplatz für in der Region produzierte Güter, zunächst Pelze, später dann Vieh, Getreide, Tabak und landwirtschaft-

Weißwedelhirsch auf einem Feld in Westmissouri

liche Produkte wie Schweinefett und Speck. Dampfschiffe transportierten die in Dutzenden von Getreidemühlen, Whiskeydestillerien und Fleischverarbeitungsfabriken hergestellten Güter nach Süden.

Heute präsentiert sich Missouris Wirtschaft, wenngleich während der letzten Jahre stark gebeutelt, noch stärker diversifiziert. Fleisch, Sojabohnen und Milchprodukte sind die wichtigsten landwirt-

Auch heute noch trägt die Landwirtschaft einen gewichtigen Teil zum Bruttoinlandsprodukt Missouris bei.

schaftlichen Erzeugnisse. Die Auto- und Raumfahrtindustrie war lange die wichtigste verarbeitende Industrie, musste aber schwere Schläge einstecken. Der von der reichen Vergangenheit des Staats profitierende Tourismus verzeichnet dagegen kontinuierlich Zuwächse. Auch die übrigen Dienstleistungsindustrien sind im Wachsen begriffen.

Das Haus des ehemaligen amerikanischen Präsidenten Harry S. Truman in Independence, Missouri

GESCHICHTE

Die ältesten menschlichen Spuren in Missouri sind wenigstens 4000 Jahre alt: Archäologen fanden vor allem im Ufergebiet von Mississippi und Missouri Pfeilspitzen, Keramikreste und Begräbnishügel. Bei der Ankunft der Europäer war Missouri von Algonkin sprechenden Stämmen (Illiniwek, Fox und Sauk) und Sioux-Sprechern (Iowa, Osage und Missouri) bewohnt. Bis 1836 hatten diese Stämme dem von den weißen Siedlern ausgeübten Landdruck nachgegeben und ihre Heimat in Richtung Oklahoma verlassen.

Die ersten Weißen in Missouri waren frankokanadische Forscher, Missionare und Trapper, u.a. Pater Jacques Marquette und Louis Joliet, die von Montreal und den Großen Seen aus den Mississippi flussabwärts paddelten und 1673 die Mündung des Missouri passierten. 1682 kam Robert Cavelier, Sieur de La Salle, hier vorbei und reklamierte das gesamte Mississippi-Tal für Frankreich. 1735 bzw. 1764 gründeten frankokanadische Siedler Ste. Genevieve und St. Louis. 1762 fiel Missouri mit dem Rest des Louisiana Territory an die Spanier, 1803 ging es im Louisiana Purchase endgültig an die USA über. Ein Jahr später brach das Corps of Discovery unter Lewis und Clark von St. Louis aus zum Pazifik auf. Nach der Abtrennung von Arkansas 1819 trat Missouri zwei Jahre später als 24. Staat der Union bei. In den folgenden Jahrzehnten wurde Missouri Ausrüstungszentrum und

Blick in den Innenraum der Kathedrale von St. Louis

Gateway für westwärts ziehende Wagentrecks. Der Bürgerkrieg spaltete den sklavenhaltenden Staat, der jedoch nicht der Konföderation beitrat. 1860 schickte der Pony Express seinen ersten Postreiter nach Kalifornien. Die Reiter, Teenager meist, schafften den 3600 Kilometer langen Ritt nach Sacramento in zehn Tagen – bis Telegrafenleitungen im Jahr darauf ihre Dienste obsolet machten.

Während der nächsten Jahrzehnte trieb die Landwirtschaft Missouris Entwicklung voran. Fleisch, Geflügel, Milchwirtschaft und Getreide beschäftigen bis heute die meisten Menschen.

ST. LOUIS

Früher galt die Stadt am Mississippi als letzter Vorposten der Zivilisation. Heute haben nur noch die Städte am Westrand Missouris, allen voran Kansas City, mehr mit den Städten des Westens gemein als mit den Städten am Mississippi selbst. In St. Louis jedoch, der alten Frontierstadt, fühlt man heute dagegen weder mehr den Pioniergeist des Westens, noch die nüchterne Betriebsamkeit des Mittleren Westens. So gemächlich geht es in manchen Stadtvierteln zu, dass manche Besucher der Atmosphäre von St. Louis sogar eine gewisse Poesie zuschreiben. Andere nennen sie die nördlichste Stadt des Alten Südens. Ob dies mit dem französischen Erbe zu tun hat?

1764 baute der aus New Orleans stammende Franzose Pierre Laclède nahe der Mündung des Missouri einen Handelsposten, den er zu Ehren des französischen Königs Louis XV nannte. Der strategisch günstig liegende Posten zog Händler und Siedler an, erst aus New Orleans und dem soeben englisch gewordenen Neu-Frankreich, dann aus den jungen USA.

Zahlreiche amerikanische Forschungsexpeditionen starteten von hier aus ins Ungewisse, allen voran das berühmte Lewis & Clark Corps of Discovery, das als Erstes die Vereinigten Staaten auf dem Landweg durchquerte und 1805 den Pazifik erreichte. Die Ankunft des ersten Raddampfers 1817 verkürzte die Wege zu den Märkten im Süden, die Eisenbahn schloss im Jahre 1857 St. Louis einem modernen, immer dichteren transkontinentalen Verkehrsnetz an. Auf dem Höhepunkt der Westbewegung in den 1850er-Jahren überquerten hier mehr als 50 Planwagen täglich den Mississippi.

Gateway Arch vor der nächtlichen Skyline von St. Louis

Um 1870 hatte die Stadt bereits 300.000 Einwohner, mehr als 30.000 davon deutsche waren Einwanderer. 1904, als hier über eine halbe Million Menschen lebten, machte die Stadt mit der Ausrichtung der Louisiana Purchase Exposition weltweit Schlagzeilen. Nicht nur Hotdogs und Eistee wurden hier der Legende nach erstmals gereicht, wenig später erhielt die Stadt ein Kunstmuseum und zahlreiche Renommierobjekte, darunter das Jefferson National Expansion Memorial. In den 1960er-Jahren kam die moderne Skyline dazu, und an die Stelle heruntergekommener Industrieviertel traten schöne Wohngegenden und Sehenswürdigkeiten wie das Gateway Arch, das heutige Wahrzeichen der Stadt. Der Abwanderung seiner Bewohner in die Vororte konnten die Stadtväter jedoch nicht Einhalt gebieten.

Trotz der Revitalisierung der Innenstadt und teurer Prestigeprojekte wie dem 2006 eröffneten Busch Stadium führt der Trend aus der Stadt hinaus.

Das historische Gerichtsgebäude von St. Louis

Stadtbesichtigungen beginnen traditionell im Jefferson National Expansion Memorial, einer weitläufigen Parkanlage am Mississippi-Ufer. Hier stand der Handelsposten von Laclède, hier wurde 1965 das von Stararchitekt Eero Saarinen entworfene Gateway Arch eröffnet, ein 192 Meter hoher Bogen aus glänzendem Stahl, der St. Louis' historische Rolle als Tor zum Westen reflektiert. Landeinwärts, jenseits der Interstate 55, schließt die Downtown an, ein rund zwei Dutzend Häuserblocks umfassendes Rechteck mit zahlreichen Sehenswürdigkeiten aus verschiedenen Phasen der Stadtgeschichte. Das Old Courthouse steht hier, das weiße, 1862 im ehrwürdigen Greek Revival Style fertiggestellte Gerichtsgebäude, das sich trotzig gegen die glatten modernen Gebäude seiner Nachbarschaft zu wehren scheint. Drinnen erinnert eine Ausstellung an die Dred-Scott-Entscheidung: 1850 von diesem Gericht von der Sklaverei befreit, konnten sich Dred und Helena Scott nicht lange der Freiheit erfreuen. Nächsthöhere Instanzen verwarfen diesen Richtspruch und verstärkten damit die bereits gärenden Spannungen zwischen Nord und Süd.

Schlossähnlich wirkt die Union Station von 1894, steingewordenes Monument einer Zeit, als das Reisen mit der Bahn noch Zeitersparnis bedeutete. Im 1876 angelegten Forest Park westlich der Stadtmitte wurde 1904 die Louisiana Purchase Exposition ausgerichtet, und heute bietet er mit dem St.-Louis-Art-Museum und dem Missouri History Museum Kunst und Geschichte vom Feinsten. Im Süden der Downtown bietet das Viertel Soulard, das den Namen eines französischen Landvermessers trägt, ethnische Vielfalt, den größten Farmers' Market westlich des Mississippi und Lebensqualität in viktorianischen Backsteinhäusern.

BRANSON

Schrill und laut finden es die einen, unterhaltsam zumindest die anderen. Branson auf dem Ozark-Plateau ist eine Mischung aus Nashville, Las Vegas und Disneyland, lärmend, jovial und nicht immer ganz geschmackssicher. Flimmernde Neonreklame nachts, riesige Werbetafeln und preiswerte „All-U-Can-Eat-Buffets" tagsüber machen unmissverständlich klar, worum es hier geht: Entertainment total, und zwar familienfreundlich und „All American", mit Livekonzerten, Dinnershows und schmissigen Tanz- und Gesangshows mehrmals täglich. Die Liste der Stars aus Country- und Popmusik, die sich am Branson Strip schon die Ehre gegeben haben, reicht von Countrysänger Pat Boone und der Legende Johnny Cash über Amerikas Soul Lady Gladys Knight bis hin zur ewig jungen Osmond Family. Und wer hat sich an „seinen" Stars sattgesehen hat, kann sich auch anderweitig vergnügen: Themenparks mit Karussells, Achterbahnen und Wasserrutschen locken, IMAX-Kinos zeigen Naturschauspiele auf sechs Etagen hohen Leinwänden, diverse Museen widmen sich beliebten Schauspielern wie Western-Darsteller Roy Rogers und seinem Pferd „Trigger", und auch auf das obligatorische Wachsfigurenkabinett braucht man nicht zu verzichten.

Wie dieses noch immer gerade mal 6000 Einwohner zählende Nest in der hügeligen Südwestecke Missouris zu seinen jährlich über sieben Millionen Besuchern kommt, ist eine typisch amerikanische Erfolgsstory mit risikobereiten Geschäftsleuten in den Hauptrollen. Die ersten Countrykonzerte wurde Ende der 1950er-Jahre veranstaltet. Die Gründung des Themenparks Silver Dollar City im Jahr

Kinder an einem Herbsttag am Bootshaus von Branson

Riesige abgerundete Felsbrocken sind die Attraktion des Elephants National State Park.

darauf stellte die Weichen in Richtung Entertainment City. Schon in den 1980er-Jahren reichten die Motels und Hotels am Highway 76 bis fünf Kilometer vor die Stadt, und 2006 wurde schließlich mit dem 420 Millionen teuren Mega-Shopping- und -Entertainment-Zentrum Branson Landing die bisweilen letzte Phase der ereignisreichen Stadtchronik abgeschlossen.

ST. JOSEPH

„Die Stadt, in der der Pony Express begann und das Leben von Jesse James endete". Seitdem Schauspieler Brad Pitt den Outlaw Jesse James verkörperte, hat die nette 70.000-Einwohner-Stadt im Nord-

westen des Staats seine raue Vergangenheit neu entdeckt. Die frontierrelevanten Attraktionen im von roter Backsteinarchitektur geprägten Zentrum wurden überholt und präsentieren die Geschichte der Stadt, die 1826 begann, als der Trapper Joseph Robidoux an dieser Stelle der Blacksnake Hills einen Handelsposten anlegte. In den 1840er-Jahren brachte der Goldrausch in Kalifornien die Frontier und verwandelte den Einödposten über Nacht in eine lärmende Etappe und Postkutschenstation Richtung Westen.

Anfang 1861 nahm hier der Pony Express seinen Dienst auf. Schon im Jahr darauf von Telegrafen obsolet gemacht, existierte dieser Postzustelldienst doch lange genug, um einige der spannendsten

Wie die Teufel reitende Postboten: die Reiter des Pony Express

Geschichten des Westens zu produzieren. Die Pony-Express-Reiter, meist Teenager im Alter von 15-19 Jahren, transportierten in ihren Satteltaschen Eilbriefe in nur zehn Tagen zum über 2000 Meilen entfernten Sacramento (Kalifornien). Dabei ritten sie wie die Teufel, auch nachts, und wechselten die Pferde alle 30–40 Kilometer entlang einer mit Versorgungsstationen ausgerüsteten Route. Nevada passierten sie während des Paiute-Aufstands. So mancher wurde da aus dem Sattel geschossen, darunter auch Billy Tate. Der 14-Jährige Postreiter nahm ein halbes Dutzend Indianer mit, bevor er selbst ins Gras biss.

Im Pony Express National Museum, das in den alten Stallungen des Zubringerdienstes untergebracht ist, wird dieses aufregende Kapitel der amerikanischen Frontiergeschichte mit Gusto und dem bei solchen Themen unvermeidlichen Pathos aufbereitet. Die Büros des Pony Express befanden sich im Patee House, einst das beste Hotel westlich des Mississippi und heute ebenso ein Museum wie das aus Backstein von Joseph Robidoux bis 1850 für Neuankömmlige errichtete Reihenhaus Robidoux Row, das sich dem dramatischen Leben des Stadtgründers widmet.

Die Geschichte des Jesse James – des berühmtesten Sohnes der Stadt St. Joseph – wurde in vielen Abwandlungen verfilmt. Im Bild eine Szene aus „Jesse James – Mann ohne Gesetz".

Kinoreif – und in der Tat schon häufig von Hollywood verfilmt – ist das Leben des bis heute prominentesten Bürgers von St. Joseph. Das weiße Holzhaus zwischen roten Backsteingebäuden an der Ecke von Penn und 12th Street gehörte einst einem bärtigen, stets gut gekleideten Mann, der keiner Arbeit nachging und ein unauffälliges Leben zu führen suchte. Erst als am 3. April 1883 der Knall eines Schusses auf die Straße drang, kam seine wahre Identität ans Licht: Der unbescholtene Bürger war kein anderer als der legendäre Bank- und Zugräuber Jesse James, und der Mann, der ihn so schnöde von hinten getötet hatte, ein früheres Bandenmitglied namens Robert Ford. Das Einschussloch ist im Jesse James Home noch zu sehen, nebst einer ausgezeichneten Ausstellung zum Leben eines der berühmtesten Outlaws der amerikanischen Geschichte.

So reisten die Großeltern: in der Union Station von Kansas City.

HANNIBAL

„Welcome to Hannibal, America's Hometown". Und damit der Neuankömmling sogleich weiß, was die Städtväter des gemütlich am Mississippi dösenden 18.000-Seelen-Ortes damit meinen, ziert das freundliche Ortsschild an der City Line auch noch das Konterfei eines verschmitzt dreinblickenden Mannes mit beachtlichem Schnäuzer. Samuel Clemens, besser bekannt unter seinem Pseudonym Mark Twain, hat in Hannibal seine Kindheit verbracht. Zahlreiche Episoden aus dieser Zeit ließ der berühmte Humorist und Kritiker, den William Faulkner als den ersten wirklich amerikanischen Schriftsteller bezeichnete, in seine Bücher einfließen. Romane wie „Die Abenteuer des Tom Sawyer" und „Abenteuer und Fahrten des Huckleberry Finn" wurden Weltklassiker – kein Wunder also, dass Hannibal der Versuchung, ein wenig Honig zu saugen, nicht widerstehen konnte und einen vor allem auf reisende Familien ausgerichteten Twain-Tourismus, Mark Twain zitierende Restaurants und Souvenirläden eingeschlossen, angeleiert hat. Gravitationszentrum für Twain-Fans aus aller Welt ist

das liebevoll geweißte Mark Twain Boyhood Home and Museum, wo die Clemens-Familie von 1843 bis 1853 lebte und der junge Sam all jene Episoden erlebte, die er seinen Helden Tom Sawyer durchstehen lässt, darunter das Anstreichen des Zaunes und das unbeholfene Werben um die Richterstochter Becky Thatcher. Sehenswert ist auch die Mark Twain Cave, wo Tom Sawyer und Becky Thatcher sich auf der Flucht vor Indianer Joe grandios verirren und, sich dem Tode nahe wähnend, ewige Liebe schwören. Doch natürlich kann man sich dem großen Schriftsteller auch auf geführten Touren – zu Fuß, im Bus oder auf dem Mississippi – nähern. Man hat, Twain würde dies sicher nicht unkommentiert lassen, die Qual der Wahl …

KANSAS CITY

Schon von Weitem setzt sich die moderne Skyline der Stadt am Missouri River scharf gegen den Horizont ab. Umgeben von einer der landwirtschaftlich produktivsten Regionen des Mittleren Wes-

Nelson Atkins Art Gallery, Kansas City

tens, ist Missouris größte Stadt, obschon ein großer Teil ihrer Einnahmen aus Getreide und Viehzucht stammt, progressiv und weltoffen und gilt dank ihrer visionären Städteplaner als Wegweiser ins dritte Jahrtausend. Auf der Grenze zu Kansas liegend, gehört sie überwiegend zu Missouri. Die lapidar State Line Road genannte Grenze trennt es von Kansas City (Kansas), doch gemeinsam bildet man die Greater Kansas City Area, in der fast alle wichtigen Industrieunternehmen der USA residieren und der Stadtkämmerer seit den 1920er-Jahren traditionell einen Teil der städtischen Einnahmen in die Verschönerung der Stadt investiert.

Damals waren es breite Chausseen und Boulevards, dieser Tage ist es die Ende 2008 erfolgte Fertigstellung des trendigen Power & Light District, eines für mehrere Hundert Millionen Dollar revitalisierten Shopping- und Entertainmentviertels im Süden der Downtown. Die kurze Stadtgeschichte beginnt mit einem französischen Trapper im frühen 18. Jahrhundert, erlebt, wie die spanischen Behörden den Schiffsverkehr auf dem Missouri mit Zöllen belegen und zu Beginn des 19. Jahrhunderts die Expedition von Lewis & Clark vorbeikommt.

Erst 1853 erhält Kansas City, Missouri, die Stadtrechte, und kurz darauf geraten hier Gegner und Befürworter der Sklaverei blutig aneinander. Während des Bürgerkriegs erleben Stadt und Umgebung

Kansas City, urbane Insel in ländlicher Region

Siege und Niederlagen beider Seiten, und weil die Prohibition hier dank der seit Jahrzehnten politisch bestens vernetzten Familie Pendergast entspannter behandelt wurde als im Rest des Landes, schossen hier nach dem Ersten Weltkrieg Bars und Jazz-Kneipen wie Unkraut aus dem Boden. So hatte „The Vine", das Viertel rund um den Kreuzungsbereich 18th und Vine Street in den 1920er-Jahren nicht weniger als 200 Jazz Joints, in denen sich Bands aus Ost und West trafen und Solisten wie Count Basie und Big Joe Turner den Grundstein für ihre Ausnahmekarrieren legten. Heute erinnern hier zwei Museen unter einem Dach an die kulturellen Beiträge der Afroamerikaner.

Das American-Jazz-Museum huldigt den Jazz-Größen, die einst hier auftraten, allen voran Ella Fitzgerald und Duke Ellington. Und das Negro-Leagues-Baseball-Museum widmet sich jener Zeit, als die Rassentrennung auch vor dem Sport nicht haltmachte und eine eigene Baseball-Liga für Schwarze zustande brachte. Dass der Mittlere Westen nicht nur in Chicago, sondern auch in Kansas City überaus kunstsinnig ist, beweist das fantastische Nelson-Atkins Museum of Art. Jüngstes Ziel für Museumsgänger ist im Übrigen das 2006 neu eröffnete National World War One Museum am Liberty Memorial. Das einzige Museum des Landes zum Ersten Weltkrieg zeigt neben Schützengräben und Filmen Unmengen historischer Artefakte, darunter Waffen, Bomben und eine Harley-Davidson aus dem Jahr 1917.

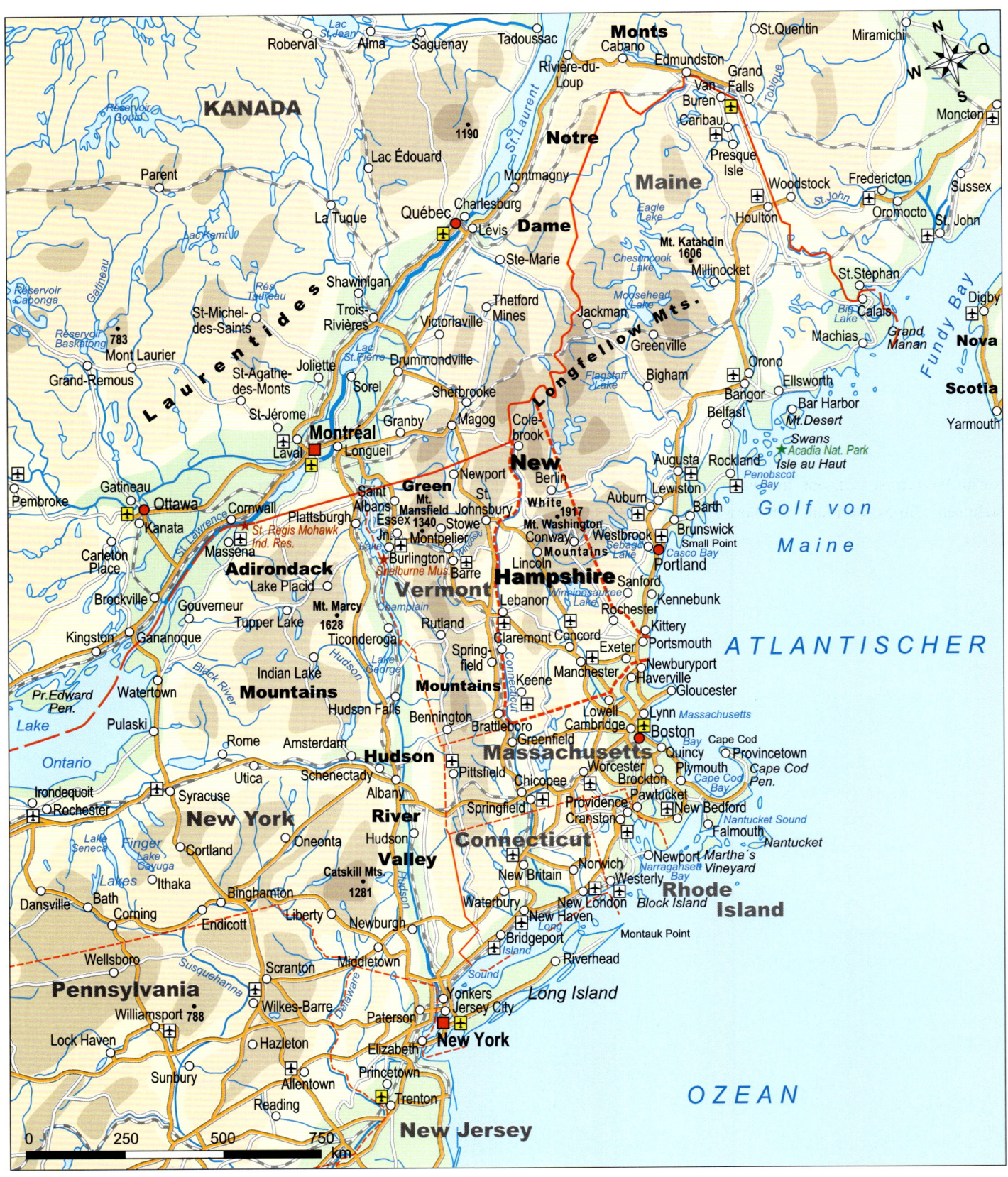

NEW HAMPSHIRE

EINSTIMMUNG

Niemand beschreibt die Essenz des Staates besser als der von einer mehrtägigen, verschärften Trekkingtour zurückkehrende Wanderer. Schmutzig, unrasiert und verschwitzt erzählt er mit leuchtenden Augen von steilen Trails, undurchdringlichen Wäldern, schmalen Graten und kahlen Mondlandschaften jenseits der Baumgrenze. Und von Aussichten, die bis zum Atlantik und nach Kanada reichen und seine Seele abheben ließen. New Hampshire ist ein Synonym für die Great Outdoors in der Nordostecke des Landes. Als Mitglied im Klub der Neuenglandstaaten hatte New Hampshire zudem Anteil an der bewegten Geschichte dieser Region. Zeugen der Vergangenheit sind überall zu finden.

ÜBERBLICK

New Hampshire ist 24.097 Quadratkilometer groß und liegt im äußersten Nordosten der USA. Nachbar im Westen ist Vermont. Im Osten grenzt der Staat an Maine und den Atlantik, im Süden an Massachusetts. Im Norden teilt sich New Hampshire ein Stück der amerikanischen Landesgrenze mit der kanadischen Provinz Québec. Seine größte Ost-West-Ausdehnung beträgt 150, von Norden nach Süden sind es maximal 290 Kilometer. Die größten Städte sind Manchester (109.000 Einwohner) und

Herbst an der Küste von New Hampshire

Nashua (87.000 Einwohner). Hauptstadt ist Concord (42.000 Einwohner). Ende 2007 hatte New Hampshire 1,32 Millionen Einwohner.

Fast durchgehend hügelig und felsig, weist New Hampshire drei Landschaftsformen auf. Der an den Atlantik reichende Südosten ist mehrere Dutzend Kilometer tief ins Landesinnere reichendes Küstentiefland. Der Süden und Südwesten hat Anteil an den bis zu 1000 Meter hohen New England Uplands. Weiter nach Norden übernehmen die von Südwest nach Nordosten strebenden Appalachen die Region. In den rauen White Mountains von New Hampshire erreichen sie mit dem Mount Washington (1917 Meter) ihre höchste Erhebung. New Hampshire ist weitestgehend von Wald bedeckt. Rund 1300 Seen – der größte ist der buchtenreiche Lake Winnipesaukee – sorgen für blaue Akzente. Die Winter – nach Kanada ist es nur ein Katzensprung – sind lang und schneereich, die Sommer angenehm warm und von jähen Temperaturstürzen begleitet. Die Durchschnittstemperaturen liegen im Sommer um 21 °C und im Winter um –6 °C.

Ulme, Ahorn, Buche, Eiche, Kiefer, Hemlocktanne und andere Nadelbaumarten dominieren die Wälder. Wegen der geografischen Lage New Hampshires liegt die Baumgrenze mit 1400–1500 Metern ungewöhnlich niedrig. Mit etwas Glück bekommt man wilde Orchideenarten zu Gesicht. Zu den

Flusslandschaft im Norden von New Hampshire

Die Canterbury Church in Canterbury, New Hampshire

Überdachte Brücke bei Albany

Auf einer Farm werden Kürbisse direkt zum Verkauf angeboten.

einheimischen Säugetieren zählen Biber, Bisamratte, Stachelschwein, Weißwedelhirsch und Hase. Finnwal und Seeadler sind als bedroht eingestuft.

Wegen der Nähe zur Greater Boston Area hat sich das Merrimack Valley im Süden zum Ballungszentrum des Staates entwickelt. Über ein Viertel der Bevölkerung haben französische oder frankokanadische Wurzeln. Vor allem nahe der kanadischen Grenze wird noch vereinzelt französisch gesprochen. Jeweils zehn Prozent haben deutsche und italienische Vorfahren. Aufgrund der massiven Einwanderung italienischer und frankokanadischer Fabrikarbeiter im 19. Jahrhundert bilden die Katholiken die größte Glaubensgemeinschaft. Mitgliederstärkste protestantische Konfessionen sind die United Church of Christ, United Methodist Church und die American Baptist Churches.

WIRTSCHAFT

Der Süden, wo über 80 Prozent der Bevölkerung leben, ist auch der industrielle Ballungsraum des Staates. Vor allem an den Uferstreifen des Merrimack River nahm im frühen 19. Jahrhundert die Industrialisierung der USA ihren Ausgang. Die damals größten Textilfabriken der Welt sind inzwischen Zukunftsindustrien gewichen. Angezogen von der Niedrigsteuerpolitik des Staats haben sich junge Hightech-Firmen aus Boston sowie Metall und Plastik verarbeitende Unternehmen hier angesiedelt.

Wichtigster Industriezweig ist jedoch der Tourismus. Badestrände, Wassersport auf den Binnenseen und die Great Outdoors in den White Mountains machen New Hampshires Anziehungskraft aus.

GESCHICHTE

Vor der Ankunft der Europäer lebten, meist im Einzugsgebiet des Merrimack River, algonkinsprachige Stämme auf dem heutigen Staatsgebiet. Im 16. Jahrhundert erkundeten europäische Seefahrer die Küste Neuenglands. 1614 erforschte John Smith die New Hampshire vorgelagerten Isles of Shoals. 1623 entstand am Piscataqua River die erste englische Siedlung. Bis 1680 gehörte New Hampshire zu Massachusetts. Im 18. Jahrhundert erfolgte – gegen den letztlich erfolglosen Widerstand der Indianer – die Erschließung der Gebiete nördlich des Merrimack River. Portsmouth, die größte Stadt an der Küste, entwickelte sich zu einem blühenden Hafen und Schiffsbauzentrum. Heimat eines traditionell freiheitlich denkenden Menschenschlages, gründete die Kolonie New Hampshire 1776 noch vor der Unabhängigkeitserklärung der USA eine eigene Regierung. Im Laufe des 19. Jahrhunderts löste die Textilindustrie Überseehandel und Fischfang als Haupteinnahmequelle ab. Zwischen 1850 und 1900 strömten Zehntausende irischer und frankokanadischer Immigranten in die Fabriken. Nach dem Ersten Weltkrieg zogen die Textilunternehmen in den billigeren Süden und stürzten New Hampshire in die Krise. Der Tourismus und im Norden die Holz- und Papierindustrie halfen dem Staat nach dem Zweiten Weltkrieg wieder auf die Beine. Das in den 1960er- und 1970er-Jahren rasant wachsende Boston und die Niedrigststeuerpolitik New Hampshires lockten Hightech-Industrien und junge Fachkräfte in den Staat. Ihr Zuzug lockerte auch die traditionell konservative Weltan-

Diese Brücke über den Piscataqua River verbindet Portsmouth in New Hampshire und Kittery im Bundestaat Maine.

Boote von Hummerfischern im Hafen von Portsmouth

schauung der alteingesessenen Bevölkerung, doch ist New Hampshire bis heute bei Bundeswahlen ein sicherer Stimmengarant der Republikaner.

LAKE WINNIPESAUKEE

Mit über 180 Quadratkilometern ist der Lake Winnipesaukee der mit Abstand größte See New Hampshires. Zwischen die welligen Ausläufer der White Mountains gebettet, entstand er während der letzten Eiszeit vor 10–12.000 Jahren. Auf ihrem Rückweg hinterließen die Gletscher rund 250 Inseln und Inselchen und eine extrem zerfaserte Uferlinie mit ungezählten Buchten und Halbinseln. Seine maximale Nord-Süd-Ausdehnung beträgt 30, von Osten nach Westen sind es bis zu 15 Kilometer. Alles in allem beträgt die Uferlänge fast 500 Kilometer. An seiner tiefsten Stelle ist der Lake Winnipesaukee 65 Meter tief.

Der Name stammt wohl aus der Sprache der Pennacook-Indianer und bedeutet „Lächeln des Großen Geistes". Tatsächlich hat der schöne See schon immer die Menschen verzaubert. In voreuropäischer Zeit kampierten die Pennacook an seiner Ufern, fischten und jagten und legten an der Mündung des Winnipesaukee River am Südufer die einzige feste Siedlung an. Später gründeten englische Kolonisten an dieser Stelle ein Dorf und nannten es seines weißen Strandes wegen Weirs Beach. Bald hörten wohlhabende Kaufleute aus Boston von der Schönheit des Sees und bauten sich hübsche Wochenendhäuser. Mitte des 19. Jahrhunderts begann der Tourismus, angespornt von Ruder- und Segelregatten. Eisenbahnlinien wurden direkt bis an den Strand verlegt, Raddampfer in Dienst gestellt. Seitdem ist die Beliebtheit des Sees als Erholungsgebiet ungebrochen. In den Marinas des Hauptortes Weirs Beach liegen Segel- und Motorjachten, an den Stränden sonnen sich die Städter von der Ostküste. Neben dem stark kommerzialisierten Weirs Beach sind auch die Orte Wolfeboro, Center Harbor und Meredith auf Touristen eingestellt.

Wasserfall in der Nähe des Lake Winnipesaukee

WHITE MOUNTAINS

Mit 1917 Metern besitzt dieser Berg nicht gerade Gardemaß. Doch die Tafel im Eingang zur Gipfelkantine rückt die Verhältnisse wieder zurecht. Sie listet die Namen mehrerer Dutzend Wanderer auf, die an seinen Hängen bislang ums Leben kamen. Häufigste Todesursache: Erschöpfung. Der Mount Washington, höchster der nach US-Präsidenten benannten Berge der Presidential Range in den White Mountains, gilt als einer der gefährlichsten Berge der Welt. Seine Wetterstürze, die innerhalb weniger Minuten erfolgen können, und seine bis 100 Stürme pro Jahr, fordern immer wieder Opfer unter Wanderern und Skiläufern.

Golfplatz in New Hampshire, im Hintergrund die White Mountains

Auf seinem Gipfelplateau, einer subarktischen, nahezu vegetationslosen Mondlandschaft aus Stein und Geröll, wurde in den 1930er-Jahren die höchste Windgeschwindigkeit außerhalb eines Hurrikans gemessen: 372 km/h, Resultat des bis dato turbulentesten Gipfeltreffens warmer Luft aus dem Süden und kalter Luftmassen aus Kanada. Doch man muss den Mount Washington nicht unbedingt zu Fuß erklimmen. 1861 wurde, erst für Pferdewagen, später für Autos, eine Straße zum Gipfel angelegt. 1869 folgte die bis heute täglich bergan schnaufende Cog Railway, die steilste dampfbetriebene Eisenbahn der Welt. 1902 wurde zu Füßen des Berges das grandiose Mount Washington Hotel eröffnet, heute eines der letzten der traditionsreichen Grandhotels im Nordosten.

Der Tourismus boomte in den White Mountains und tut es bis heute. Wanderern stehen mehrere Tausend Trail-Kilometer zur Verfügung und, entlang des hier kreuzenden Appalachian Trail, ein gutes Dutzend bewirtschafteter Hütten und einfacher Shelter. Dass man sich auf die Füße tritt, ist nicht zu befürchten. Charakteristisch für das „Dach Neuenglands" sind extrem steile Berge und tiefe, V-förmige Täler. Das Terrain ist so schwer zugänglich, dass noch zu Beginn des 19. Jahrhunderts bis dahin unbekannte Stellen entdeckt wurden.

Neben dem Mount Washington gibt es viele weitere landschaftliche Höhepunkte. Die Franconia Notch ist ein tief eingeschnittenes Trogtal mit beiderseits nahezu senkrechten Bergwänden. Der Kancamagus Highway (Route 112) von Lincoln nach Conway ist eine der schönsten Panoramastraßen der Region, und im Echo Lake State Park klettern Climber an der nahezu senkrechten Cathedral Ledge herum. Auch für weniger sportlich veranlagte Zeitgenossen ist gesorgt. In romantischen kleinen Orten wie Jackson können sie sich in schicken Resorts erholen. Und in den Läden und Factory Outlets im (sehr) touristischen North Conway dem amerikanischen „Shop 'til You Drop" frönen.

NEW JERSEY

EINSTIMMUNG

Der Winzling vor den Toren von New York City hatte es schon immer schwer mit seinem Image. Schlicht unvorstellbar scheint es, dass so nahe des Big Apple so viele botanische Gärten liegen und Obstplantagen gedeihen. Schlafstadt für New York und Philadelphia nennen es stattdessen die einen, New Yorks – angesichts der hässlichen Fabriken und Schornsteine in Industriestädten wie Newark und Elizabeth – proletarische Schwester die anderen. Dabei könnte nichts verkehrter sein. Tatsächlich rangiert das durchschnittliche Haushaltseinkommen in den landesweiten Rankings traditionell an der Spitze, wohnen hier überdurchschnittlich viele Millionäre. Es lohnt sich also, aus dem Dunstkreis des Big Apple auszubrechen. Denn mit jedem Kilometer, den man sich von New York entfernt, wird New Jersey seinem offiziellen „The Garden State" gerechter.

ÜBERBLICK

New Jersey, mit 20.168 Quadratkilometern der viertkleinste der amerikanischen Bundesstaaten, liegt an der mittleren Atlantikküste. Im Norden und Nordosten grenzt er an den Nachbarn New York. Im

Nicht nur die große Nachbarstadt New York hat eine imposante Skyline zu bieten.

Osten berührt er den Atlantik. Im Süden und Südwesten reicht er an Delaware und Nachbar im Westen ist Pennsylvania. Die größte Nord-Süd-Ausdehnung beträgt 267, von Osten nach Westen sind es maximal 92 Kilometer. Größte Stadt ist Newark (282.000 Einwohner), Hauptstadt ist Trenton (84.000 Einwohner). 2007 lebten 8,7 Millionen Menschen in New Jersey.

"Vielfalt im Kleinen" könnte New Jerseys Motto auch lauten. Die Nordwestecke wird von Ausläufern der Appalachen bestimmt und erreicht 550 Meter über dem Meer. Auch der Osten und Süden liegt noch im Einzugsbereich dieses Höhenzuges, weist jedoch zahlreiche Seen auf. Zum Atlantik hin läuft der Staat in der von Feuchtgebieten und schönen Sandstränden charakterisierten Küstenebene aus. Wichtigste Flüsse sind der die Grenze mit Pennsylvania bildende Delaware River sowie der Hackensack und der Passaic River. Das gemäßigte Klima sieht feuchtwarme Sommer und kalte Winter vor.

FLORA UND FAUNA

Obschon stark urbanisiert, besitzt New Jersey bis heute mehrere deutlich erkennbare Vegetationszonen, darunter die Küste und das zu den Appalachen gehörende Allegheny-Hochland. In den Wäldern am häufigsten anzutreffen sind roter Ahorn, Buche, Birke, Hickory, Gemeiner Schotendorn und rund 20 verschiedene Eichenarten. Im Nordwesten kommt auch eine Lorbeerbaumart vor. Unter den

Ein Blick auf die New-Jersey-Seite des Delaware Water Gap – dieser trennt die nördlichen Appalachen in die Blue Ridge Mountains (Pennsylvania) und die Kittatiny Ridge auf der Seite von New Jersey.

Ein Weizenfeld im „Garden State" genannten New Jersey

Der Fisherman's Walkway führt durch die Dünen im Island Beach State Park.

vielen Wildblumenarten befinden sich auch Rudbeckie und Löwenzahn. Auch New Jerseys Tierwelt ist überraschend vielfältig. Größte Säugetiere sind Schwarzbär und Weißwedelhirsch. Zudem gibt es Grau- und Rotfüchse, Beutelratten, Stinktiere und diverse Streifenhörnchenarten. Den Luftraum der Küste beherrschen Silbermöwen, die Strände und Feuchtgebiete des Küstenstreifens Kraniche und kleinere Watvogelarten. Landeinwärts gibt es Rotkehlchen, Rotaugenvireos, Kardinäle, Einsiedler-

drosseln und Pirole. Petrijünger schwärmen von Hechten, Forellen und Barschen. Als bedroht gelten u.a. Salamander, Seeadler und vier Schildkrötenarten. Die Nähe zum Moloch New York und die unmittelbare Nachbarschaft von Natur- und Industriegebieten macht die Luftverschmutzung zu einem umweltpolitischen Dauerthema, das der Bundesstaat u.a. mit einer der strengsten Umweltgesetzgebungen des Landes beantwortet.

Viktorianische Häuser in Barnegat Light an der Küste von New Jersey

BEVÖLKERUNG

Mit 453 Einwohnern pro Quadratkilometer weist New Jersey die höchste Bevölkerungsdichte des Landes auf. Der größte Ballungsraum des Staates befindet sich im Nordosten, mit Milltown und Newark im Zentrum. Dabei war New Jersey lange Zeit relativ spärlich besiedelt. Seit 1950 hat sich die Bevölkerung allerdings verdoppelt, wobei die Abwanderung vieler New Yorker eine Rolle spielt. Hinsichtlich der Abstammung seiner Bürger gehört New Jersey zu den heterogensten Staaten des Landes. Zur Jahrtausendwende waren fast 20 Prozent nicht in den USA geboren. Damit nimmt New Jersey hinter Kalifornien und New York den dritten Platz ein. Der Staat besitzt zudem den höchsten jüdischen Bevölkerungsanteil des Landes nach New York, und – nach Michigan – die meisten Moslems der USA. Sieben Prozent sind italienischer, sechs Prozent kubanischer und vier deutscher Herkunft. Mit knapp 15 Prozent liegt der Anteil afroamerikanischer Bürger über dem Landesdurchschnitt. 16 Prozent sind zudem hispanischer Herkunft. Zahlreiche Glaubensgemeinschaften sind in dem kleinen Staat zu Hause. Die zahlenmäßig Größte bilden mit rund 3,5 Millionen die Katholiken. An zweiter Stelle liegen die Juden mit etwa 400.000 Mitgliedern. Größte der vielen protestantischen Konfessionen ist die United Methodist Church. Die Moslems zählen rund 120 000 Mitglieder.

Verträumte Brücke über einen kleinen Bach in der Parkanlage von Sayen Gardens in Hamilton

El Toro – ein Rollercoaster in Jackson, New Jersey – soll eine der schnellsten Holzachterbahnen der Welt sein.

WIRTSCHAFT

Mitte des 19. Jahrhunderts lösten verarbeitende Industrien die Landwirtschaft ab und bestimmen seitdem mit den ebenso wichtigen, von der Nähe zu New York und Philadelphia geprägten Dienstleistungssektoren das wirtschaftliche Profil des Staats. Größte Einnahmequellen der hoch diversifizierten Wirtschaft New Jerseys sind Pharma- und Nahrungsmittelindustrie, die Elektronikbranche, Druck- und Verlagswesen und der Tourismus. Zahlreiche Pharmaunternehmen unterhalten hier ihren Hauptsitz. Nicht mehr zentral, doch immer noch bedeutsam ist die Landwirtschaft, die v.a. Garten- und Obstanbau betreibt. Die Bildungsindustrie spielt eine kleine, für das Image New Jerseys jedoch nicht zu unterschätzende Rolle. So ist das 14.000-Einwohner-Städtchen Princeton seit Mitte des 18. Jahrhunderts Heimat der noblen Princeton University. Die private Elite-Hochschule ist eines der acht Mitglieder der legendären Ivy League und weist zahlreiche Prominente, darunter First Lady Michelle Obama, unter ihren Absolventen auf. Die meisten Jobs New Jerseys konzentrieren sich in nächster Nähe zu den Ballungsgebieten New Yorks und Philadelphias.

GESCHICHTE

Niederländische Kolonisten waren im frühen 17. Jahrhundert die ersten Weißen vor Ort: Bis 1664 gehörte New Jersey zur Kolonie Nieuw Holland. Danach wurde es eine englische Quäkerkolonie. Im Unabhängigkeitskrieg – zu diesem Zeitpunkt hatten Ansteckungskrankheiten die einheimischen

Alter Bahnhof im Liberty State Park in Jersey City

Lenni-Lenape-Indianer auf wenige Hundert reduziert – als strategisch wichtige Kolonie Schauplatz einiger entscheidender Schlachten, unterzeichnete New Jersey 1787 als dritter Gründungsstaat die amerikanische Verfassung. Im 19. Jahrhundert ermöglichten Kanäle und wenig später Eisenbahngleise den Anschluss an die Märkte im Norden und Süden. Eine blühende Landwirtschaft, und später die Textilverarbeitung, legte das Fundament für den Durchmarsch zum Bundesstaat mit einem der höchsten Pro-Kopf-Einkommen des Landes. Im Bürgerkrieg kämpfte New Jersey, wenngleich in der Sklavenfrage arg zerstritten, auf Seiten der Union. Die Weltkriege stimulierten die Wirtschaft. Abgeschnitten von deutschen Chemikalien, erlebte New Jersey die Gründung einer eigenen Pharmaindustrie. Die Zahl Prominenter aus New Jersey ist lang und reicht von Bon Jovi, Bruce Springsteen, Whitney Houston und Queen Latifah bis zu Count Basie und Frank Sinatra. Internationale Schlagzeilen machte New Jersey 1932, als der Zeppelin „Hindenburg" bei seiner Ankunft in Lakehurst explodierte.

ATLANTIC CITY

In den frühen 1970er-Jahren war die alte Resortstadt am Ende. Lieber kauften die Amerikaner des Nordens ein preiswertes Flugticket nach Florida oder Kalifornien, lieber setzten sie sich dorthin ins Auto, als ihren Urlaub in diesem im frühen 19. Jahrhundert gegründeten Seebad zu verbringen. Dann aber schaffte die Stadt die Wende: Gleich nach der Legalisierung des Glücksspiels in New Jersey im Jahr 1976 setzten die Stadtväter alles auf eine Karte – und gaben der Verwandlung von Atlantic City in ein Las Vegas des Ostens ihren Segen. Heute bewachen, von diesem nur durch den berühmten Boardwalk und einen Grünstreifen getrennt, ein Dutzend glitzernder Kasinoresorts den breiten Sandstrand. Viele Namen kennt man aus Las Vegas: Caesar's, Harrah's, Bally's und das Sands. Auch am Atlantik ziehen diese und andere Zockerpaläste ihren Gästen das Geld aus der Tasche. Zehntausende einarmiger Banditen rattern und klingeln 24 Stunden am Tag um die Wette, an Hunderten von Roulette- und Black-Jack-Tischen werden tagtäglich Unsummen verloren, denn: Das Haus gewinnt immer. Am liebsten fotografiert, vor allem nachts, wird das glamouröse Trump Taj Mahal, ein Tausend-und-Einer-Nacht entsprungenes Mega-Resortkasino mit schlanken Minaretten und fantasievollem, orientalisch inspiriertem Dekor.

Das neueste Kasinohotel ist das 2003 eröffnete Borgata, ein Zockertempel in modernem, schnörkellosem Design. Hinter seinen Spiegelfassaden beherbergt es 2000 Zimmer, 22 Restaurants, diverse Nachtklubs und 4100 einarmige Banditen und 200 Spieltische auf rund 15.000 Quadratmetern. Leicht über 30 Millionen Gäste verzeichnet Atlantic City pro Jahr, und auf Trendwenden und Rezessionen reagiert es, indem es sich neu erfindet. Dieser Tage erfolgt die Verwandlung vom reinen Spielerparadies zur trendigen Entertainment-Hauptstadt des Ostens, exquisites Shopping und feinstes Dinieren inklusive. Flaggschiff der neuesten „Häutung" der Stadt ist The Pier at Caesars, der 2006 als Edel-Mall neueröffnete Konsumpalast aus dem Jahr 1906. Gucci, Armani und Hugo Boss, hier kann man sich ebenso einkleiden wie in Manhattan.

Atlantic City bei Nacht – beeindruckend vor allem das Trump Casino

Nächtliche Aufnahme von Cape May Lighthouse

CAPE MAY

Noch weiter weg vom Stress und der Hektik des Big Apple geht es in New Jersey nicht. Das 4000-Einwohner-Strandresort Cape May liegt nicht nur im äußersten Süden des Bundesstaats, sondern fühlt sich dank seines historischen Stadtkerns aus viktorianischen Schönheitsköniginnen auch an wie eine andere, langsamere Welt. Orte am Ende der Straßen pflegen dazu eine ganz besondere Atmosphäre zu haben. In Cape May ist nicht nur die Interstate 9 zu Ende, sondern auch ein bisschen die ganze Welt: Auf drei Seiten vom Wasser des Atlantiks und der Delaware Bay umgeben, pflegt Cape May jene sympathische Schläfrigkeit, die das Zählen der Tage vergessen lässt. Wer hier in eine der hübschen Pensionen am Strand eincheckt, für den geht ein Tag so nahtlos in den nächsten über wie am Strand eine Welle in die andere. Dort herrscht an heißen Sommertagen zwar schon mal Gedränge, doch an dem Städtchen ist der Urlauberrummel nicht zuletzt auch dank strenger Bauvorschriften bislang vorübergegangen – Regeln zur Bewahrung der historischen Integrität des Städtchens, das im späten 17. Jahrhundert von Quäkern gegründet und bereits einhundert Jahre später offiziell zu Amerikas erstem Strandresort gekürt wurde. Im Laufe des 19. Jahrhunderts entstanden die herrlichen viktorianischen Häuser, und heute ist Cape May eine von landesweit nur fünf komplett unter Denkmalschutz stehenden Städten der USA. Den besten Überblick über dieses schöne Fleckchen Erde bietet die 199 Stufen über dem Sand liegende Aussichtsplattform des Cape May Lighthouse. Der strahlend weiße Leuchtturm ist 48 Meter hoch. Er wurde 1859 in Betrieb genommen und warnt Schiffe vor Untiefen am Eingang der Delaware Bay. Eines der schönsten Häuser ist ein interessantes Museum: Das 1879 gebaute Emlen Physick House blieb mit Originalmobiliar eingerichtet und berichtet sowohl vom Alltag der Oberschicht als auch der Dienerschaft vor 130 Jahren.

NEW YORK

EINSTIMMUNG

Der Blick vom Empire State Building zeigt Wolkenkratzer und Hochhäuser, insulare Zeugnisse menschlichen Tatendrangs in einem Meer aus Beton und Asphalt. Er zeigt viel von New York, doch längst nicht alles. Denn jenseits der Stadtgrenze, irgendwo hinter dem Horizont, liegt der gleichnamige Bundesstaat, liegt einer der schönsten und abwechslungsreichsten Staaten im Osten. In Upstate New York laden die Winzer der Finger-Lakes-Region zu köstlichen Weinproben mit Baguettes und Käse ein. Hiker, Mountainbiker und Wassersportler finden in den mittelgebirgsähnlichen Adirondacks und Catskills reichlich Auslauf. Die Niagarafälle sind auch 150 Jahre nach Beginn des Massentourismus die Reise wert. Und dann ist da natürlich auch das Hudson River Valley, ein geschichtsträchtiger Landstreifen mit Fluss, zahllosen alten Geschichten und einer Vielzahl prächtiger alter Residenzen

ÜBERBLICK

New York ist 127.190 Quadratkilometer groß und liegt im Nordosten der USA. Nachbarn im Norden und Nordwesten sind die kanadischen Provinzen Ontario und Québec. Im Osten grenzt er an Vermont, Massachusetts und Connecticut, im Süden an den Atlantik, New Jersey und Pennsylvania.

Upstate New York: Bei New York denkt der Europäer automatisch an Wolkenkratzer, dabei hat der Staat New York auch ausgesprochen ländliche Gegenden zu bieten.

RECHTE SEITE:
Der Genesee River fließt nicht weit von Rochester entfernt in den Lake Ontario.

Nachbar im Westen ist ebenfalls Pennsylvania. Die größte Nord-Süd-Ausdehnung des wie ein rechtwinkliges Dreieck geformten Staates beträgt 500 Kilometer. Von Osten nach Westen sind es maximal 515 Kilometer. Größte Stadt ist New York City (8,2 Millionen Einwohner). Die Hauptstadt ist Albany (95.000 Einwohner). Ende 2007 lebten rund 19,4 Millionen Menschen in New York.

Das Relief charakterisieren Höhenzüge und ausgedehnte, tieflandähnliche Täler. Den Nordosten dominieren die bis über 1600 Meter hohen Adirondack Mountains. Die Südhälfte wird von den bis zu 1200 Meter hohen Catskill Mountains geprägt. Dazwischen liegen mehrere seenreiche Täler, u. a. die Finger-Lakes-Region, das Lake Champlain Valley und das Hudson River Valley. Insgesamt gibt es über 8000 Seen im Staat, und an Lake Erie und Ontario hält New York mehrere Tausend Quadratkilometer Anteil. New Yorks längster Fluss ist der 492 Kilometer lange, bis zur Hauptstadt schiffbare Hudson River. In Upstate New York herrscht ein von warmen Sommern und kalten, schneereichen Wintern geprägtes Klima. In New York City liegen die Durchschnittstemperaturen dagegen weitaus höher: 17 °C im Sommer, 8 °C im Winter.

Obgleich seit mehr als 300 Jahren erschlossen, ist New York ein Traum für Pflanzenliebhaber geblieben. Allein 150 Baumarten wurden gezählt, darunter die allgegenwärtigen Ahornbäume in Norden und die eher seltenen Gummibäume an der Küste. Hudson Valley und der Westen sind bekannt für ihre Obstplantagen.

Auch Kletterfreaks finden ihr Betätigungsfeld in Upstate New York

Rund 600 Tierarten leben überdies im Staat, darunter allein eine halbe Million Weißwedelhirsche. Im Gegensatz zu anderen Pelztieren wie Otter und Bisamratte hat der Biber die Hatz überlebt, die

Manhattan – die wohl berühmteste Skyline der Welt

Der Pulsschlag der Wallstreet beeinflusst die Gesundheit der Weltkonjunktur unmittelbar, wie zuletzt die weltweite Finanzkrise, die in den USA ihren Anfang nahm, bewiesen hat.

Bestände im Norden erfreuen sich guter Gesundheit. Die Baumwipfel werden von etwa 260 Vogelarten bevölkert. Von ihnen kann man am häufigsten Krähen und Rotkehlhüttensänger beobachten. Im 19. Jahrhundert ausgerottet, wurde der wilde Truthahn nach dem Zweiten Weltkrieg wieder erfolgreich angesiedelt.

BEVÖLKERUNG

Mit fast 20 Millionen Einwohnern ist New York nach Kalifornien und Texas der bevölkerungsstärkste Bundesstaat der USA. Mit New York City befindet sich hier auch die größte Stadt des Landes. New Yorks übrige Städte folgen weit abgeschlagen: Buffalo (276.000), Rochester (208.000), Yonkers (198.000). Auch der Ballungsraum des „Big Apple" ist der größte der Nation: Gut 20 Millionen Menschen, auf New York und die Nachbarstaaten verteilt, leben und arbeiten im Dunstkreis der Wolkenkratzer Manhattans. Ihrer Herkunft nach stammen sie aus aller Welt. Mehr als 200 Jahre lang war New York City das Tor, durch das fast alle Einwanderer in die USA gelangten. Heute beherbergt der Staat zudem eine der größten afroamerikanischen (17 Prozent) und asiatischen Bevölkerungen (sieben Prozent) des Landes. Mit über 40 Prozent bilden die Katholiken die größte religiöse Gemeinschaft. Die verschiedenen protestantischen Gruppierungen kommen auf 30, die Juden auf knapp zehn Prozent. Dreieinhalb Prozent der Bevölkerung sind Moslems.

WIRTSCHAFT

Wäre New York ein selbstständiger Staat, würde es hinsichtlich seiner Wirtschaftskraft einen Platz unter den 15 reichsten Ländern der Welt einnehmen. Stark vor allem im Bereich der verarbeitenden Industrie, produziert New York wissenschaftliche Präzisionsinstrumente, Elektroartikel, Chemikalien und Maschinen. Die hochmoderne Landwirtschaft steuert Milchprodukte, Fleisch, Gemüse und Geflügel bei. Am Ufer des Lake Ontario profitiert sie überdies von einem warmen Mikroklima, das den Anbau von Obst zulässt, und im Bereich der Finger Lakes wird profitabler Weinbau – pro Jahr werden bis zu 200 Millionen Flaschen abgefüllt – betrieben. Wichtigste Exportgüter sind Hard- und Software, Nahrungsmittel und Autoteile. Unumstrittener Wirtschaftsmotor des Staats – und der gesamten Nation – ist New York City. Als Banken-, Versicherungs- und Kommunikationszentrum beherbergt es u. a. die einflussreichste Börse und einige der größten Unternehmen der Welt.

GESCHICHTE

Archäologische Funde belegen die Anwesenheit des Menschen seit über 10.000 Jahren. Zur Zeit der Ankunft der Europäer gehörte New York zum Territorium der mächtigen, aus fünf straff organisierten Stämmen bestehenden Irokesen-Liga. 200 Jahre schafften sie es, ihre Interessen im Machtgerangel zwischen den englischen Kolonialherren und den von Neu-Frankreich aus operierenden Kon-

Vor allem für die späteren Einwanderer war die Freiheitsstatue das Symbol für die Ankunft im „Gelobten Land".

Das State Capitol des Staates New York steht in Albany.

kurrenten zu wahren. Der größte Fluss des Staats war lange Zeit die Lebensader der Region. 1609 segelte Henry Hudson als erster Weißer auf ihm flussaufwärts. 1614 gründeten die Niederländer bei Albany einen Handelsposten. 1626 kaufte Peter Minuit den Indianern die Insel Manhattan ab und gründete dort die Kolonie Neu-Amsterdam. 1664 ging diese an die Engländer, die sie in York umbenannten. Viele niederländische Siedler blieben. Bis 1763 war die Region Schauplatz kriegerischer Auseinandersetzungen zwischen Engländern und den von Kanada aus operierenden Franzosen. Während des gesamten amerikanischen Unabhängigkeitskriegs hielten britische Truppen New York besetzt, das schließlich im Jahre 1788 als elfter Staat der neuen Union beitrat. Bis zum Bürgerkrieg entwickelte sich New York, bevölkerungsstark und von enormer Wirtschaftskraft, zum Motor der Industrialisierung Amerikas. Danach wurde die Schatten des explosionsartig wachsenden New York City immer länger. Heute leben dort fast die Hälfte der Bevölkerung und so gut wie alle ethnischen

Minderheiten des Staates. Am 11. September 2001 erlebte New York City mit dem Anschlag auf die Zwillingstürme des World Trade Center den bis dahin schlimmsten Terrorangriff auf amerikanischem Boden. Im Herbst 2008 befand sich New Yorks Wall Street im Epizentrum der von der Immobilienkrise in den USA ausgelösten globalen Finanzkrise.

ALBANY

Der Hauptstadt New Yorks geht es ein wenig so wie einst Bonn. Stets im Schatten einer größeren, schöneren, vor allem aber beliebteren Stadt, wirkt die am Ende des schiffbaren Abschnitts des Hudson Rivers liegende Stadt immer ein wenig angestrengt – so als gelte es, die Aufmerksamkeit potenzieller Besucher mit aller Kraft auf sich zu lenken. Wuchtige, für eine Stadt dieser Größe fast mo-

numental wirkende Regierungsgebäude prägen die Skyline, und manchmal scheint es, als seien auf Klassenfahrt befindliche Schüler die einzigen Besucher von außerhalb. Lässt man sich indes auf Albany ein, dann überrascht die Stadt mit einer ungewöhnlichen Geschichte, die in sehenswerten Kunst- und Hausmuseen aufbereitet wurde und in dem wohl ungewöhnlichsten Regierungssitz des Landes eine stilgerechte Visitenkarte zückt. 1899 nach fast 30-jähriger Bauzeit fertiggestellt, verzichtet er auf das sonst unvermeidliche Dekorum wie Kuppel und Säulen, sondern gibt sich wie ein ganz gewöhnliches, nur größeres Rathaus. Tatsächlich ließen sich die Architekten vom Pariser Rathaus inspirieren, ließen aber zugleich so viele unterschiedliche Stilelemente einfließen, dass sich bis heute die Geister am New York State Capitol scheiden. Nicht minder umstritten, inzwischen jedoch notgedrungen von den Einheimischen adoptiert, ist die in den 1970er-Jahren entstandene Empire State Plaza, ein Komplex wuchtiger Regierungsgebäude, die damals als avantgardistisch galten. Einer der glatten Klötze ist das New York State Museum, dessen spannende Ausstellungen die Geschichte des Staats mit einem Irokesen-Langhaus, den Zeugnissen der niederländischen Pioniere und einer dramatischen Ausstellung zum 11. September 2001 abstecken. Etwas außerhalb steht die Wiege der Shaker-Bewegung. 1776 gründete die aus Manchester stammende Fabrikarbeiterin Ann Lee hier die erste Siedlung dieser sanften Fundamentalisten auf amerikanischem Boden. Die im alten Meeting House untergebrachte Shaker Heritage Society erinnert an die bemerkenswerte Glaubensgemeinschaft.

ADIRONDACKS

Das seenreiche Mittelgebirge im Norden des Staats ist die traditionelle Spielwiese der Großstädter aus dem Big Apple. Diese konzentrieren sich gern auf die Gegend um den Lake George. Der 50 Kilometer lange und bis zu sechs Kilometer breite See liegt 20 Kilometer nördlich von Glen Falls und

LINKE SEITE:
Raquette River nicht weit von den gleichnamigen Wasserfällen und vom Tupper Lake

Winterlicher Sonnenaufgang über dem verschneiten und gefrorenen Ufer des Canandaigua Lake in Upstate New York

Einer von vielen kleinen Wasserfällen in der Region der Finger Lakes

bietet im gleichnamigen Dörflein am Südende zahllose Freizeitangebote. Einst die Sommerfrische der Superreichen von der Ostküste, sind es heute vor allem Familien, die hier gern den Schaufelraddampfer „SS Minnehaha" zu erholsamen Touren über den See besteigen. Verschiedene Rafting- und Kajakveranstalter bieten von hier und den Orten ringsherum Trips auf den Gewässern der Umgebung an. Das weniger belebte Nordende des Sees hingegen reicht tief in die unberührte Stille der Adirondacks. Nicht weit entfernt liegt der Lake Placid. Das gleichnamige Städtchen richtete 1932 und 1980 die Olympischen Winterspiele aus.

FINGER LAKES

Die Finger Lakes sind ein populäres Erholungsgebiet in Upstate New York. Lang und schmal und allesamt in Nord-Süd-Richtung verlaufend, erhielten sie ihre endgültige Form während der letzten Eiszeit. Die Indianer hatten jedoch – wie so oft – eine schönere Erklärung für ihre Entstehung. Sie hielten sie für die Fingereindrücke des Großen Geistes. Die beiden größten, Lake Cayuga und Lake Seneca, sind heute nach zwei Stämmen der Irokesen-Liga benannt, und gehören zudem mit 133 bzw. 190 Metern Tiefe zu den tiefsten Binnenseen des Landes. Die vom Lake Ontario stam-

Sonnenaufgang über den Bootsanlegern des Owasco Yacht Clubs am Owasco Lake in Auburn

Wunderbar blauer See im Allegany State Park, Upstate New York

mende Wärme und der Umstand, dass sie ihrer Tiefe wegen im Winter nie ganz zufrieren, erzeugen ein Mikroklima, das in den letzten Jahren mehr als 100 Weingüter hat entstehen lassen. Besonders gern angebaute Rebsorten sind Riesling, Pinot Noir, Gewürztraminer und Chardonnay, die ausgedehnten Weinfelder verleihen der Region eine südländische Atmosphäre.

Hauptort ist das 31.000-Einwohner-Städtchen Ithaca am Südende des Cayuga Lake. Kultiviert und entspannt, ist es Sitz der renommierten, zur Ivy League gehörenden Cornell University. Deren Studenten und Angestellte machen über die Hälfte der Einwohnerschaft aus und sorgen für jene Dosis Studenten-Boheme, die Ithaca unwiderstehlich macht.

HUDSON VALLEY

Dramatisch am Ufer aufsteigende, inselgleich in dichten Wäldern schwimmende Felsen und ein breites, gleichmütig dem Atlantik zufließendes blaues Band sind die Markenzeichen des Hudson River Valley. In den Adirondack Mountains entspringend, fließt der Hudson River längs durch den Staat dem Atlantik entgegen. Das Land an seinen Ufern gilt als Wiege des Nordostens der USA. Hier segelte Henry Hudson, englischer Kapitän in niederländischen Diensten, 1609 als erster Europäer stromaufwärts. Hier begann die Besiedlung der Region, erst durch Niederländer, die sich 1610 unweit von Albany niederließen und wenig später auch Neu-Amsterdam, das spätere New York, gründeten, dann durch englische Siedler. Zunächst als Kriegsschauplatz und Aufmarschkorridor im

Schleuseneinrichtung am Eriekanal bei Rochester

French and Indian War und im Unabhängigkeitskrieg, erlebte das Tal im 19. Jahrhundert als Sommerfrische der Ostküstenelite dann ruhigere Zeiten. Zahllose prächtige Residenzen säumen die Ufer, viele sind der Öffentlichkeit zugänglich. Zu den schönsten gehört der im Westchester County am Ostufer liegende Kykuit Rockefeller Estate, der efeuumrankte, 1913 für John D. Rockefeller gebaute Herrensitz mit dem niederländischen Namen. Vier Generationen der Milliardärsdynastie lebten hier. Heute beherbergt „Schauinsland" eine feine Kunstsammlung mit Picassos, Moores, Calders und Nevelsons. Hyde Park, ein kleiner Ort zehn Kilometer nördlich von Poughkeepsie, überrascht mit etlichen historischen Stätten. So lohnt das als Franklin D. Roosevelt National Historic Site geschützte Geburtshaus Springwood des legendären US-Präsidenten ebenso den Besuch wie Vanderbilt Mansion, der üppige Palazzo des Großindustriellen Frederick Vanderbilt.

NIAGARAFÄLLE

Die Niagarafälle gehören zu Nordamerikas Top-Attraktionen, seit sie im frühen 19. Jahrhundert vom Tourismus entdeckt wurden. Pro Tag zehntausendfach fotografiert, pro Jahr von wenigstens zehn Millionen Touristen aus aller Welt besucht und jede Nacht vom kanadischen Ufer aus mithilfe gigantischer Scheinwerfer in kitschige Bonbonfarben getaucht, haben sie dem Touristenrummel bislang wacker widerstanden. Denn jeder, der sich den Fällen nähert, sei es im Boot der Maid-of-the-Mist-Flotte oder zu Fuß auf einer der nassen Treppen zum Gischtvorhang, muss eingestehen, dass die beste Show noch immer von Mutter Natur veranstaltet wird.

Mit bis zu 55 Metern nicht sonderlich hoch, verfügen sie umso mehr Wasser. Dreieinhalb Millionen Liter stürzen über die Geländestufe zwischen Lake Erie und Lake Ontario, und die Gischtwolke, die der Niagara River dabei erzeugt, ist bei Windstille bereits von Weitem zu sehen. Die kanadische Grenze teilt die Niagarafälle in zwei Hälften – wobei die Amerikaner mit den „nur" 330 Meter breiten American Falls den Kürzeren gezogen haben. Das klassische Fotomotiv, die hufeisenförmigen Horseshoe Falls, liegen auf der kanadischen Seite. 750 Meter lang und ein tosendes Inferno im wahrsten Sinne des Wortes, scheint sich hier der gesamte Lake Erie in die Tiefe zu stürzen. Natürlich fehlt es hüben wie drüben nicht an Möglichkeiten, den Fällen „auf den Pelz zu rücken".

Auf der amerikanischen Seite führen hölzerne Treppen bis zum Fuß der American Falls. Flussabwärts legt die „Maid of the Mist" zur gerade 500 Meter langen Fahrt in das Becken der Horseshoe Falls ab. Wer die Fälle zudem noch von hinten und von oben genießen möchte, muss dies auf der kanadischen Seite tun. Dort führt die „Journey behind the Falls" durch Tunnel hinter die Horseshoe Falls, während man im Drehrestaurant des 158 Meter hohen Skylon Tower das Naturschauspiel aus der Vogelperspektive genießen kann – bei Lamm und einem Gläschen Chardonnay.

Wer's gerne feucht hat, schaut sich die Fälle am besten von unten an.

Nicht weit von den Niagarafällen auf kanadischer Seite kann man die Schlucht des Niagaras aus der Seilbahn bewundern.

Blick vom Starret Lehigh Building auf Manhattan; rechts im Bild das Empire State Building

NEW YORK CITY

Samantha Jones, eine der Heldinnen aus der Erfolgsserie „Sex and the City" und New Yorkerin aus tiefster Überzeugung, bringt es in einer Episode auf den Punkt: „Warum in aller Welt sollte ich je aus New York fortziehen? Hier habe ich doch alles!"

Tatsächlich soll es Menschen geben, die New York noch nie in ihrem Leben verlassen haben – und nicht einmal im Traum daran denken. Dass es so etwas ausgerechnet in der mobilsten Gesellschaft der Welt gibt, ist kaum zu glauben, aber wahr. Selbst eingefleischte Landeier gestehen spätestens nach dem ersten Besuch in der Riesenstadt ein: New York ist die inspirierendste, stimulierendste, lauteste Stadt der Welt. Kein Superlativ reicht aus, sie zu beschreiben, und deshalb haben sich Einheimische und Auswärtige auf den so schlichten wie selbstbewussten Beinamen „Welthauptstadt" geeinigt. Zu Recht residieren hier die Vereinten Nationen, denn über 200 Sprachen werden hier gesprochen, 24 Stunden am Tag. New York schläft niemals, es ist einfach zu viel los hier: politisch, kulinarisch und kulturell ohnehin. Das Motto hoffnungsvoller Talente „If I make it here, I'll make it anywhere" ist nicht so ganz von der Hand zu weisen. Am Broadway, dem Inbegriff für darstellende Kunst vom Feinsten, zu spielen, ist der Traum jedes Schauspielers. Ein anderer, international bekannter und seit der globalen Finanzkrise leider auch berüchtigter Begriff: die Wall Street, Sitz zahlreicher weltweit handelnder Banken und der größten Börsen des Planeten.

Nächtlicher Blick vom Rockefeller Center über die Dächer von Manhattan

Erfolgreich gehandelt wurde hier schon immer. Am Anfang stand der beste Immobiliendeal des Jahrhunderts. 1626 kaufte der niederländische Gouverneur Peter Minuit den Indianern die Insel „Manhata" für umgerechnet 65 US-Dollar ab und gründete auf ihr die Siedlung Neu-Amsterdam. 1664 ging das Städtchen nach kurzem Kampf an die Briten, die es in Neu-York umbenannten. Danach wuchs New York zügig zu einer florierenden Handelsstadt heran. Am Vorabend des Unabhängigkeitskriegs galt sie bereits als eine der bedeutendsten Städte der Ostküste und den Kriegsparteien als größter Preis. 1789 wurde George Washington hier zum ersten Präsidenten der Vereinigten Staaten vereidigt. Drei Jahre später wurde an der Wall Street die New Yorker Börse gegründet. Danach boomte die Stadt. Die Bevölkerung wuchs von 150.000 zu Beginn des Jahrhunderts auf 3,5 Millionen um 1900.

Die Eröffnung des Eriekanals erschloss der Stadt die Märkte der Great Lakes und des Mittleren Westens, New Yorks Häfen wurden die geschäftigsten des Landes. Die 1850er- und 1860er-Jahre waren von Korruption, Gewalt, Einwanderung und der immer weiter auseinanderklaffenden Armutsschere geprägt. 1898 wurden Queens, Staten Island, Brooklyn, Manhattan und die Bronx zur Metropole Greater New York City zusammengelegt. Die ersten Wolkenkratzer eröffneten das Wettrennen nach oben, das Theater florierte und Künstler und Lebenskünstler sammelten sich in Vierteln wie Greenwich Village und Harlem. Mit dem Grand Central Terminal erhielt die Stadt den größten Bahnhof der Welt und mit dem Empire State Building das lange Zeit höchste Gebäude der Welt. Das gesamte 20. Jahrhundert hindurch blieb die Stadt der Superlative sich treu. Der Börsencrash im

Rockefeller Center

Jahre 1929 löste die Weltwirtschaftskrise aus, und gleich drei Baseballteams, die Yankees, Giants und Dodgers, holten Titel und Meisterschaften. Der Zweite Weltkrieg spülte Zehntausende europäischer Flüchtlinge in die Stadt, darunter zahlreiche Intellektuelle und Künstler, die der Kulturstadt New York neues Leben einhauchten. In den 1960er-Jahren durchlitt die Stadt schwere Rassenunruhen, in den 1970er- und 1980er-Jahren galten Teile der Stadt wegen der ausufernden Kriminalität als unregierbar, sah sich die Stadt mit dramatischen finanziellen Problemen konfrontiert. In den 1990er-Jahren erlebte New York City einen neuen Höhenflug, der jedoch von den Terrorangriffen 2001 jäh gestoppt wurde. Am 11. September brachten zwei in das World Trade Center gelenkte Verkehrsflugzeuge die Zwillingstürme zum Einsturz, wobei fast 3000 Menschen starben. Wenig später wurde der Bau eines neuen Gebäudes an der Stelle des World Trade Center beschlossen. Vorgesehene Eröffnung des One World Trade Center: Frühjahr 2013.

Es ist der Bezirk Manhattan, der mit New York City gleichgesetzt zu werden pflegt. 21 Kilometer lang und stellenweise knapp vier Kilometer breit, wird die längliche Insel im Westen vom Hudson

Besucher des MOMA (Museum of Modern Art) von außen fotografiert

und im Osten vom Harlem und East River begrenzt. Das südlich der 14th Street beginnende Lower Manhattan ist vor allem für sein Nebeneinander historischer und moderner Sehenswürdigkeiten und seine ethnischen Viertel bekannt. Midtown Manhattan (zwischen 14th und 57th Street) ist als größtes Geschäftsviertel der Welt der Wirtschaftsmotor der Stadt, und unter Uptown Manhattan wird gemeinhin das Gebiet nördlich der 57th Street verstanden.

LOWER MANHATTAN

Nach dem verhängnisvollen 11. September dauerte es nicht lange, bis sich Lower Manhattan aus der Schreckstarre löste und an die Säuberung und Revitalisierung der betroffenen Straßen und Stadtteile ging. Geschäfte, Hotels und Restaurants wurden renoviert und neu gestaltet, und heute pulst das Leben in den Straßenschluchten Lower Manhattans wieder so wie vor der Katastrophe. Die Stelle, wo die über 400 Meter hohen Türme einst standen, wird „Ground Zero" genannt und ist für die New Yorker „Hallowed Ground", heiliger Boden. Inzwischen wird dort wieder fieberhaft gebaut.

Auf dem Times Square pulsiert das Leben Tag und Nacht.

Seinen Reichtum und seine heutige Größe verdankt New York seiner Eigenschaft als Hafenstadt.

Das Nachfolgegebäude, der Freedom Tower (2009 umbenannt in One World Trade Center), soll 541 Meter hoch werden. Computergrafiken lassen erahnen, dass auch der neue Tower die Skyline dominieren und nicht nur über das Herz der USA, sondern der westlichen Welt schlechthin wachen wird. Hier summt es hinter den Fassaden der kühl schimmernden Hochhäuser des Financial District wie im Bienenstock, vor allem an der Wall Street, wo der New York Stock Exchange tagtäglich über das finanzielle Wohlergehen der Welt bestimmt.

Zwischen den Giganten aus Beton, Glas und Stahl ducken sich Erinnerungen an das alte New York, wie die 1719 erbaute Fraunces Tavern in der Pearl Street. Dort trafen sich am Vorabend der amerikanischen Revolution die „Sons of Liberty", dort verabschiedete bei Kriegsende ein siegreicher General George Washington seine Offiziere. Um Amerikas höchstes Gut geht es auch vier Kilometer vor der Südspitze Manhattans auf dem winzigen Liberty Island. Seit 1876 hält dort die 93 Meter hohe Freiheitsstatue das Licht der Freiheit in Gestalt einer Fackel empor – für viele Millionen armer, per Schiff anreisender Einwanderer das Erste, was sie von ihrer neuen Heimat sahen. Danach ging es zum benachbarten Ellis Island weiter. Zwischen 1892 und 1954 passierten dort insgesamt zwölf Millionen Einwanderer Zoll und Einwanderungsbehörden. Fantastische Aussichten auf Manhattan eröffnet auch der Fußgängerweg über die 1883 eröffnete Brooklyn Bridge, auch sie längst ein Wahrzeichen der Stadt und in vielen Filmen als dramatisch-düstere Kulisse benutzt. Unweit davon erinnert der Museumshafen South Street Seaport mit historischen Seglern und der höchsten Konzentration 200-jähriger Gebäude Manhattans an die Anfänge New Yorks als Hafenstadt.

Für die meisten Einwanderer war New York nur eine Zwischenstation. Einige aber blieben und ließen sich in der Nachbarschaft von Landsleuten nieder. So entstanden im Laufe der Jahrzehnte viele der ethnischen Neighborhoods Manhattans. Bei Besuchern beliebt ist ein Spaziergang durch die wuselige Chinatown, mit weit über 100.000 Einwohnern eines der größten Chinesenviertel in den USA. Unmittelbar nach Norden schließt das historische, sich rund um die Mulberry Street konzentrierende Little Italy an, das alte Viertel der italienischen Einwanderer. Viele der ursprünglichen Einwohner sind der hohen Mietpreise wegen inzwischen fortgezogen, doch das traditionell im September stattfindende, farbenprächtige San-Gennaro-Fest mit seiner feierlichen Prozession wird dort noch immer gefeiert. SoHo dagegen begann Mitte des 17. Jahrhunderts als Siedlung freigelassener afrikanischer Sklaven. Im 19. Jahrhundert wurde die Gegend mit hässlichen Lagerhäusern überzogen, die jedoch als erste Exemplare mit Stahlgerüstbauweise in die Architekturgeschichte eingingen. In den 1960er-Jahren bezogen Maler und Performance-Künstler die heruntergekommenen Gebäude, und heute gilt die Gegend um So(uth of)Ho(uston Street) als trendiges Galerienviertel. Künstler-Boheme und die Erinnerung an wilde Partys und haschgeschwängerte Dichterlesungen auch nordwestlich von SoHo.

Jenseits des New Museum of Contemporary Art beginnt Greenwich Village, in Manhattan nur als „The Village" bekannt. Heute ein gutsituiertes Wohnviertel, dessen schmale, untypisch geschwungenen Straßen noch heute an die dörflichen Ursprünge erinnern, war „The Village" im frühen 20. Jahrhundert der Treffpunkt der New Yorker Boheme und Interlektuellen. Eugene O'Neill, Isadora

Polizistin bei der jährlichen Gay and Lesbian Parade in Greenwich Village

Großes Wohnaus an einer Straßenkreuzung in Chelsea

Duncan und Max Bodenheimer gaben dem Viertel am Washington Square Flair, und in den 1950er-Jahren legten die Protagonisten der Beat-Bewegung, allen voran Jack Kerouac, Allen Ginsberg und William S. Burroughs, in Gedichten und Romanen ein dröhnendes Bekenntnis zu einem besserem, weniger konsumsüchtigen Amerika ab. In den 1960er-Jahren erlebten die schummrigen Kneipen des Viertels die Karrierestarts so mancher späteren Liedermacherlegenden, wie Bob Dylan, Joan Baez und Simon & Garfunkel. In den 1970er-Jahren löste sich die urbane Idylle angesichts steigender Mieten auf, doch kunstbewusst, liberal und kosmopolitisch ist Greenwich Village bis heute.

MIDTOWN MANHATTAN

New York City, XL: Hier befinden sich die meisten Wolkenkratzer, größten und teuersten Hotels und die meisten Geschäfte. Über 750.000 Pendler arbeiten hier, und Straßen und Plätze wie die Einkaufsstraße Fifth Avenue und der Times Square, Zentren des totalen Entertainment und Shopping, machen Midtown zum wohl glamourösesten und aufregendsten Teil der Stadt. Auf knapp zwölf Quadratkilometern konzentrieren sich so viele Geschäfte und Sehenswürdigkeiten wie sonst nirgends in den USA. Hauptverkehrsader ist die Fifth Avenue, sie beginnt am Washington Square und schneidet mittig durch Manhattan.

Dabei passiert sie zahlreiche Neighborhoods, wie Chelsea und Hell's Kitchen im Westen (Westside) und Gramercy, Murray Hill und Turtle Bay im Osten (Eastside). Viele Besucher schaffen es jedoch gar nicht erst bis hierher. Sie bleiben vielmehr im Dunstkreis der Fifth Avenue hängen, irgendwo zwischen 34th und 59th Street, um durch Geschäfte mit weltweit bekannten Namen zu bummeln. Tatsächlich gilt die Fifth Avenue als eine der teuersten Straßen der Welt: Cartier, Harry Winston, Gucci, Tiffany und FAO Schwarz, eines der größten Kaufhäuser für Kinderspielzeug des Landes, wo man Tom Hanks Klavier aus dem Film „Big" für eine viertel Million Dollar kaufen kann. Sie alle und noch viel mehr verlocken dazu, tief in die Tasche zu greifen. Shopping gilt vielen Umfragen zufolge in New York City als beliebteste Urlaubsbeschäftigung.

Sehenswürdigkeiten internationalen Ranges müssen also her, um die Aufmerksamkeit des Besuchers wenigstens für kurze Zeit von Schmuck und Design abzulenken. Und natürlich besitzt der Big Apple diese zur Genüge. Allein im Bereich der Fifth Avenue warten Attraktionen mit Muss-Charakter.

New York per Fahrrad – auch eine Art, die Stadt zu entdecken

Wer in New York ist, ohne den Aufzug auf die Aussichtsplattform des Empire State Building zu nehmen, war nicht wirklich in New York. Der 1931 fertiggestellte, insgesamt 449 Meter hohe Wolkenkratzer verkörpert die unvergleichliche Dynamik der Stadt ebenso wie das Rockefeller Center, der fahnengeschmückte Sitz der United Nations, und das fast religiös verehrte Museum of Modern Art (MOMA). Und natürlich sind da auch jene Stellen, an denen Glanz und Glamour sich zu einzigartigen, hochprozentigen Kulturkonzentraten vereinigen, wie am Broadway zwischen 40th und 52nd

Berühmt-berüchtigt und in vielen Geschichten und Filmen verewigt – die Yellow Cabs, die Taxis von New York

Street, wo die Unterhaltungsindustrie eine gewaltige Masse an Kinos und Theatern präsentiert. Oder am Times Square, um den herum sich allein drei Dutzend Theater gruppieren. Und hat man nicht dieses oder jenes Gebäude bereits im Kino gesehen? Wie die Säulen der New York Public Library aus dem Jahr 1911, oder den 1913 eröffneten Grand Central Terminal, in dessen Empfangshalle die Menschen wie Ameisen wirken?

UPTOWN MANHATTAN

Grün beruhigt, und vielleicht wirkt Uptown bzw. Upper Manhattan deshalb etwas weniger hektisch als Midtown. Das längliche Rechteck des Central Park mit seinen Wäldern, Seen und Spazierwegen ist die grüne Lunge der Mega-Metropole. Fast 3,5 Quadratkilometer Stadtgebiet bedeckend, wurde er 1857 von Frederick Law Olmstead angelegt, dem seinerzeit berühmtesten Landschaftsarchitekten Nordamerikas. Zahllose Filme wurden hier gedreht, heute legendäre Rock- und Popkonzerte fanden hier statt. Und die New Yorker lieben ihren Park, sie kommen zum Picknick mit der Familie, zum Joggen, zum Frisbeespiel. Der andere Grund mag sein, dass Uptown Manhattan kein eigentliches Touristenziel ist. Vergleichsweise weit entfernt vom Trubel am Times Square sind hier die Mieten etwas niedriger, ist dies so etwas wie der Wohn- und Schlafbereich vieler New Yorker.

Doch weil auch dies New York City ist, sind einige Viertel bekannter als andere, ja sogar weltberühmt. In der Upper East Side liegen noch immer die luxuriösesten Hotels und Apartmentgebäude der Stadt. Woody Allen, New Yorks größter Fan, setzte dem zwischen Central Park und East River liegenden Viertel mit dem Streifen „Manhattan" ein leidenschaftliches Denkmal.

Idylle inmitten der lautesten Stadt der Welt: herbstlicher Central Park

Die Upper West Side wiederum blickt auf eine lange Tradition als Heimstatt kreativer Geister und Intellektueller zurück – zumal die hier liegende Columbia University für eine im Straßenbild unüber-

sehbare Verjüngungskur sorgt. Das nördlich anschließende Harlem, einst die Wiege der von afroamerikanischen Künstlern angeführten Harlem Renaissance, ist noch immer Heimat für eine viertel Million schwarzer New Yorker und Heimat zahlreicher der Bürgerrechtsbewegung verbundener Orte.

Auch die Sehenswürdigkeiten ankern fest im ruhigen, von langen Traditionen geprägten Selbstverständnis der Uptown. Gleich am Central Park residieren hinter dem ehrwürdigen Granit der New York Historical Society über 300 Jahre Stadtgeschichte. Ebenfalls ein Schrein menschlicher Wissbegierde und nicht entfernt: Das aus 25 miteinander verbundenen Gebäuden bestehende, schon 1869 gegründete American Museum of Natural History, mit mehr als 30 Millionen Exemplaren aller nur erdenklicher Wirbeltierarten. Publikumsmagnet ist und bleibt indes das Metropolitan Museum of Art, kurz „The Met". Seit 1880 residiert dieser Tempel der Hochkultur am Central Park, nicht nur eine der größten Kunstgalerien der Welt, sondern auch einige der besten Sammlungen antiker, ägyptischer und europäischer Kunst beherbergend.

Doch als wäre dies nicht genug, liegt nur ein paar Blocks entfernt jenes Museum, dessen von geschwungenen weißen Bändern geprägte Fassade den vielleicht höchsten Wiedererkennungswert besitzt. Das Solomon R. Guggenheim Museum, dank seines genialen Schöpfers Frank Lloyd Wright selbst ein Kunstobjekt, beherbergt einige der bedeutendsten Sammlungen des Impressionismus und Post-Impressionismus.

Das Guggenheim-Museum ist selbst ein Kunstwerk.

NORTH CAROLINA

EINSTIMMUNG

Sandstrände bis zum Horizont am Atlantik, mit historischen Leckerbissen, einsamen Leuchttürmen und zünftigen Fischkantinen. Im blauen Dunst schwimmende Höhenzüge im Westen, mit Wasserfällen, Felsenkronen und Schwarzbären. Und eine sorgfältig zusammengestellte Komposition aus schläfriger Südstaatenidylle in wie gemalt aussehenden Kleinstädten und trendbewusster Großstadtatmosphäre in der sanft gewellten Ebene dazwischen. North Carolina ist nicht nur die nördliche Schwester der beiden Carolinas, sie hat von allem so reichlich, dass Reisejournalisten den Staat gern als verwöhntes Einzelkind beschreiben.

ÜBERBLICK

North Carolina ist 136.413 Quadratkilometer groß und liegt im Südosten der Vereinigten Staaten. Die größte Nord-Süd-Ausdehnung misst 301, von Osten nach Westen sind es maximal 810 Kilometer.

Grün und großstädtisch präsentiert sich Charlotte, die größte Stadt North Carolinas.

RECHTE SEITE:
Der Leuchtturm auf Ocracoke Island auf den Outer Banks.

Nachbar im Norden ist Virginia und im Westen Tennessee. Im Osten wird der Staat vom Atlantik begrenzt, im Süden heißen die Nachbarn Georgia und South Carolina. Das Klima ist feuchtwarm und schwül im Südosten und frisch und kühl in den höheren Lagen. Der Südwesten der zu den Appalachen gehörenden Blue Ridge Mountains gehört mit über 200 Zentimetern Niederschlag jährlich zu den feuchtesten Regionen im Osten. Im Spätsommer und Herbst zeigt sich die Region stark hurrikananfällig. Die größte Stadt ist Charlotte (672.000 Einwohner), Hauptstadt ist Raleigh (381.000 Einwohner). Anfang 2008 hatte North Carolina 9,2 Millionen Einwohner.

Das Relief North Carolinas zeigt mit der Küstenebene, dem Piedmont-Plateau und den Appalachen drei Großlandschaften. Die bis zu 200 Kilometer landeinwärts reichende Küstenebene, fruchtbares Ackerland zumeist, wird am Atlantik von einer Kette schmaler Barriere-Inseln, den so genannten „Outer Banks", vor den Unbilden des Ozeans geschützt. Daran anschließend folgt das Piedmont-Plateau, ein bis zu 200 Meter hohes, leicht hügeliges Plateau, das 250 Kilometer später am Fuß der steil aufragenden Appalachen endet. Dieser Abschnitt des von Georgia bis nach Kanada reichenden Höhenzuges weist mit den Blue Ridge Mountains und den Great Smoky Mountains die höchsten Gipfel im Osten auf. So sind 43 Berge in den „Smokies" höher als 1800 Meter, und mit dem 2039 Meter hohen Mount Mitchell befindet sich hier auch der höchste Berg östlich des Mississippi.

Die Fähre verbindet die Inseln der Outer Banks vor der Küste von North Carolina mit dem Festland.

FLORA UND FAUNA

Die landschaftliche Vielfalt North Carolinas findet ihre Entsprechung in einer bemerkenswerten Artenvielfalt. Sage und schreibe 3000 Pflanzen- und Baumarten haben Botaniker hier katalogisiert. Im Küstentiefland gedeihen Zypressen in den Sümpfen und abgehärtete Seegräser in den Dünenlandschaften. Weit verbreitet auf dem Piedmont-Plateau sind Weihrauch- und Virginiakiefer, Amberbaum und Tulpenbaum sowie verschiedene Eichenarten und dichtes Hartriegelgestrüpp. In den Laubwäldern der Appalachen legt die Flora noch einmal zu. Neben den allgegenwärtigen Fichten-, Tannen- und Kiefernarten dieser Region gedeihen hier große Bestände sonst eher seltener Bäume, darunter Gelbkastanie, Weißlinde, Zuckerahorn und Gelbbirke. Unter den tierischen Bewohnern weisen Weißwedelhirsch und Schwarzbär gesunde Populationen auf. Luchs und Dachs sind ebenfalls nicht gefährdet. In North Carolina nicht mehr zu finden sind dagegen Wolf, Wapiti, Berglöwe und Bison. Der amerikanische Alligator ist inzwischen wieder in die Sümpfe an der Küste zurückgekehrt. In den Binnengewässern leben diverse Forellen- und Barscharten sowie Wels und Hecht. Vor der Küste kommen u. a. Flunder und Blaufisch hinzu.

BEVÖLKERUNG

North Carolina gehört zu den am schnellsten wachsenden amerikanischen Bundesstaaten. Allein von 1990 bis 2000 wuchs die Bevölkerung um 21, 4 Prozent. Die große Mehrheit wohnt in den klei-

Fire Wheel, auch Indian Blanket genannt, wachsen in den Sanddünen der Outer-Banks-Inseln.

Der Blue Ridge Parkway erschließt die landschaftlich schönsten Regionen der Blue Ridge Mountains.

nen und mittleren Städten im Dreieck Charlotte, Greensboro und Raleigh. Der weiße Bevölkerungsanteil umfasst gut drei Viertel und läßt sich auf die frühen englischen, irischen, schottischen und deutschen Einwanderer zurückführen. Das verbleibende Viertel machen größtenteils Afroamerikaner aus. Die Hispanics stellen 7 Prozent. Trotz der vestärkten Einwanderung katholischer Hispanics und Latinos sind noch immer gut 60 Prozent protestantisch. Größte protestantische Denomination ist die Southern Baptist Convention. Die Katholiken stellen 10, die Juden 1 Prozent der Bevölkerung.

WIRTSCHAFT

Wie auch die übrigen Südstaaten erlebte North Carolina seine Industrialisierung erst gegen Ende des 19. Jahrhunderts. Davor basierte die Wirtschaft hauptsächlich auf dem Tabakanbau. Um 1880 schoben Textil- und Zigarettenfabriken die Industrialisierung an. Heute ist North Carolina führend in der Textil-, chemischen und Papier- und Zellstoffindustrie sowie in der Herstellung elektrischer Geräte. Bis heute ist der Staat der größte Tabaklieferant des Landes. Charlotte ist das bedeutendste Banken- und Finanzzentrum im Südosten. Zahlreiche amerikanische Großbanken haben hier ihren Sitz. Seit der Einrichtung des Research Triangle Park in den 1950er-Jahren zwischen Durham und Raleigh gehören auch Informatik und Bio-Technologie zu den Wachstumsbranchen.

Zahlreiche Kinoerfolge, u. a. „Dirty Dancing", „Der Letzte Mohikaner" und „Blue Velvet" sowie zahlreiche Fernsehshows wurden in North Carolina gedreht, die Städte Shelby, Raleigh, Durham und Wilmington unterhalten modernst ausgestattete Film- und Fernsehstudios.

Heute führt der Blue Ridge Parkway den Besucher durch eine idyllische Landschaft, früher hatte hier in der Brinegar Cabin eine Siedlerfamilie ihr karges Auskommen.

Auf dem West-Campus der Universität von Durham

GESCHICHTE

North Carolina gehört zu den Gründungsstaaten, doch die Geschichte beginnt viel früher. 1585 gründete der englische Seefahrer Sir Walter Raleigh (1554–1618) mit der – später allerdings wieder aufgegebenen – Kolonie Roanoke die erste englische Siedlung auf amerikanischem Boden. Die planmäßige Besiedlung begann jedoch erst um 1660 von Virginia aus. 1689 wurden die bis dahin „Carolinas" genannte Kolonie in einen Nord- und einen Südteil getrennt.

Am 12. Mai 1776 entschied sich North Carolina als erste britische Kolonie für die Unabhängigkeit und trat 1789 als zwölfter Bundesstaat der Union bei. Uneins in der Sklavenfrage, trat North Carolina 1861 erst als letzter der Südstaaten aus der Union aus und stellte im Bürgerkrieg doch mehr Soldaten als jeder andere Rebellenstaat. Der Wiederaufbau war auch in North Carolina ein langer, schmerzhafter Prozess, begleitet von Anstrengungen der konservativen Weißen, ihren privilegierten Lebensstil zu erhalten: Bis weit in die 1960er-Jahre hinein hatte North Carolina die Aktivitäten des rassistischen Ku-Klux-Klan zu ertragen. Seit den letzten 25 Jahren jedoch floriert der Staat vor allem dank der Ansiedlung von Wissens- und Zukunftsindustrien.

Anleger auf Ocracoke Island im Süden der Outer Banks

OUTER BANKS

Hier küsste Diane Lane Herzensbrecher Richard Gere, hier hoben die Gebrüder Wright zum ersten motorgetriebenen Flug ab, hier wurde der größte Leuchtturm des Landes um fast einen Kilometer landeinwärts versetzt und hier verschwand eine englische Kolonie auf Nimmerwiedersehen. Die über 300 Kilometer lange, der Küste North Carolinas vorgelagerte Kette handtuchschmaler Barriere-Inseln ist gut für historische Fußnoten. Noch besser ist sie zu Badeurlaubern. Diese verstehen sie vor allem als eine endlose Kette herrlicher Badestrände mit einigen wenigen Ortschaften dazwischen. Früher lebten die Inseln, von denen die größten Bodie, Roanoke, Hatteras und Ocracoke heißen, vom Fischfang. Dazu war so mancher Fischer im Nebenberuf Strandpirat, denn die Untiefen vor den Inseln waren als Schiffsfriedhof berüchtigt. Heute profitieren die Outer Banks fast ausschließlich vom Geschäft mit den Fremden. Dieses bringt den gut 25.000 Insulanern vor allem im Sommer erholungsbedürftige Großstadtneurotiker, die auf dem North Carolina State Highway 12 die höchstens anderthalb Kilometer breite Inselkette erkunden, baden, knapp 400 See- und Watvogelarten beobachten, in gemütlichen B&Bs in der Dünenlandschaft nächtigen und ansonsten den rauen Charme dieser dem Festland so nahen und doch so fernen Inselwelt genießen.

Der Geschichte vom rätselhaften Verschwinden von 117 Männern, Frauen und Kindern bereiten die Outer Banks jedenfalls eine stimmungsvolle Kulisse. 1585 gründeten englische Siedler auf Roanoke Island eine Kolonie. Das Projekt schien zu florieren, ein Versorgungsschiff, das im Herbst 1587 nach

England zurücksegelte, brachte die Kunde von einem in Roanoke geborenen Mädchen namens Virginia Dare. Im Jahr darauf blieb das Versorgungsschiff jedoch aus, und im folgenden Jahr ebenso. Erst 1590 tauchte wieder ein Schiff aus England am Horizont auf. Doch als die Mannschaft an Land ging, fand sie nur noch eine verlassene Siedlung vor – und das in die Rinde eines Baumes geschnitzte Wort „Croatan". Natürlich hat das Mysterium der „verlorenen Kolonie" etliche Theorien gezeugt. Einige davon werden im Museum der Fort Raleigh National Historic Site unweit von Manteo präsentiert.

Über 300 Jahre später wurden die Dünen noch einmal Zeugen eines nicht weniger merkwürdigen Ereignisses. Am 17. Dezember 1903 gelang den Brüdern Wilbur und Orville Wright zwischen den Dünen von Kill Devil bei Kitty Hawk auf Bodie Island der erste Flug mit einem Motorflugzeug. Genauer gesagt handelte es sich um einen „Hüpfer", bei dem das in vierjähriger Bastelarbeit von den beiden Brüdern zusammengeschraubte „Ding" für gerade einmal zwölf Sekunden ein paar Meter über den Boden dahinglitt. Heute erinnert ein Denkmal in Form einer Schwinge an diesen folgenreichen Tag, und im Besucherzentrum kann man Reproduktionen der Wright'schen Motorgleiter bestaunen.

Man könnte meinen, man habe sich nach Frankreich verirrt; Biltmore, das Schloss der Vanderbilts in Asheville, erinnert sehr stark an die Schlösser an der Loire.

ASHEVILLE

Das 73.000-Einwohner-Städtchen im Nordwesten North Carolinas liegt in einem Tal zwischen den Great Smoky und den Blue Ridge Mountains. Mitten in den Appalachen also, wo Fuchs und Hase einander gute Nacht sagen und – behaupten böse Zungen – der Sheriff im Dorf jeden Schwarzbrenner mit Vornamen kennt. Ein bisschen ist dran an diesem folkloristischen Bild, und umso mehr ist Asheville deshalb eine Riesen-Überraschung. Schon von Weitem, abends vor allem, wenn die untergehende Sonne sich rot glühend über die Zacken der Smokies wälzt, wirkt Asheville anders. Palastähnliche Umrisse schälen sich aus dem purpurnen Licht, man fühlt sich an ein Shangri-La in den Bergen erinnert, und tatsächlich hält die Stadt, was ihre Skyline verspricht, sobald die City Line überquert ist und man das Zentrum, den Pack Square, ansteuert. Der Palast entpuppt sich als das den Platz dominierende, neogotische Jackson Building und einen Steinwurf entfernt steht das Rathaus, kein nüchterner Zweckbau, sondern eine Art-déco-Schönheit von 1928 mit achteckigem, mit Terrakotta-Ziegeln gedecktem Dach. Und ähnlich fulminant geht es weiter. Das Fremdenverkehrsamt hat deshalb eine drei Kilometer lange Besichtigungstour zusammengestellt, den Asheville

Urban Trail, der an den 27 schönsten Gebäuden vorbeizieht. Die Erklärung, wie so viel extravagante Architektur in die Appalachen gelangte, warum die Bürgersteige vor lycratragenden Mountainbikern, selig lächelnden New-Age-Anhängern, knorrigen Farmertypen, Straßenmusikern und Antiquitätensammlern nur so wimmeln, wird ebenfalls beantwortet: Im 19. Jahrhundert empfahlen Ärzte der Ostküstenelite die frische Bergluft und die Schwefelquellen der Region zur Heilung von Tuberkulose und anderen Wehwehchen.

Bereits um 1850 war Asheville ein beliebter Kurort, und 1889 begann Milliardär George W. Vanderbilt vor den Toren der Stadt mit dem Bau seines Biltmore Chateau, einem heute zu den Top-Sehenswürdigkeiten zählenden, mit Renoirs und Dürers dekoriertem 250-Zimmer-Palast mit dazugehörigem botanischen Garten. Das Chateau verfehlte seine Signalwirkung nicht: Die High Society folgte nach, und mit ihr jede Menge Kapital und die damaligen Trends und Moden. US-Präsidenten erholten sich hier vom Regieren, Persönlichkeiten wie Thomas A. Edison, Henry Ford und F. Scott Fitzgerald wurden sogar Stammgäste.

Schon Ende der 1930er-Jahre war Asheville ein Schaufenster der damals modischen Architekturstile: Art-déco, Neogotik, italienische Renaissance, spanischer Kolonialstil. Den Reichen folgten die Künstler: Im Zentrum allein stellen mehrere Dutzend Galerien sowohl Volkskunst aus den Appalachen als auch topaktuelle Mixed-Material-Kunst aus. Die in den 1970er-Jahren einsetzende Fitness- und Outdoor-Welle hat Asheville zudem in den Blickpunkt von Wanderern, Mountainbikern und Raftern gerückt. Mit den Great Smoky Mountains und den Blue Ridge Mountains verfügen sie über Tummelplätze gleich vor der Haustür.

GREAT SMOKY MOUNTAINS NATIONAL PARK

Am schönsten ist es hier frühmorgens oder kurz vor Sonnenuntergang. Dann liegen die Great Smoky Mountains in jenen blauen Dunst gebettet, der ihnen den Namen gab. Manche Gipfel schweben über ihm, dem Himmel näher als der Erde, andere sind von ihm eingehüllt wie von einem Schleier, der nur die Umrisse erahnen lässt. Der schönste und höchste Abschnitt dieser erdgeschichtlich zu den Appalachen gehörenden Bergwelt wird vom etwa 2000 Quadratkilometer großen Great Smoky Mountains National Park geschützt.

Auf der Grenze zwischen North Carolina und Tennessee liegend, ist er ein Park der Superlative. Über 1500 Pflanzenarten sowie 125 Baumarten gedeihen innerhalb seiner Grenzen, hinzu kommen 65 Tierarten, allen voran die berühmten, leicht vom Straßenrand aus zu beobachtenden Schwarzbären, 230 Vogel- und noch mehr Salamanderarten als sonst auf der Welt. Zu Fuß ist dieser herrliche Park mit Hilfe eines über 1300 Kilometer umfassenden Trail-Netzes zu erforschen.

Auch der Appalachian Trail, Amerikas berühmtester Fernwanderweg, zieht durch den Park. Clingmans Dome, mit 2015 Metern der höchste Berg des Parks, ist dank seiner Aussicht bei Hikern besonders beliebt. Doch auch Autofahrern wird etwas geboten. Mit dem Blue Ridge Parkway können sie ein legendäres Asphaltband unter die Reifen nehmen, das im Great Smoky National Park beginnt und über die Gipfel der Appalachen bis zum 755 Kilometer entfernten Shenandoah National Park in Virginia führt.

Verträumte Kulisse: Die Great Smoky Mountains bei Sonnenuntergang

538 Ohio

OHIO

EINSTIMMUNG

Grandiose Naturschauspiele sind nicht die Stärke Ohios. Abgesehen von seiner hügeligen Südostecke ist der Staat meist flach wie niederländische Polder. Dörfer und Kleinstädte dominieren, und von den drei Großstädten – Cleveland, Cincinnati und Columbus – sind nur die beiden ersten landesweit bekannt. Stattdessen symbolisiert der Staat zwischen Lake Erie und Ohio River von jeher das hart arbeitende, stets optimistische Amerika, und tatsächlich scheint es nicht von ungefähr zu kommen, dass hier die Industrialisierung des Landes begann und dass Ohio acht US-Präsidenten, zwei Astronauten sowie zahlreiche Künstler und Schriftsteller hervorgebracht hat.

ÜBERBLICK

Ohio bedeckt eine Fläche von 107.044 Quadratkilometern und liegt im Nordosten der USA. Im Norden grenzt der Staat an Michigan und die kanadische Provinz Ontario. Im Osten sind Pennsylvania und West Virginia die Nachbarn, im Süden sind es West Virginia und Kentucky. Im Westen grenzt Ohio an Indiana. Die größte Nord-Süd-Ausdehnung beträgt 370 Kilometer, von Osten nach Westen

Träge und breit fließt der Ohio River in Richtung Kentucky.

Allen County Fair in Lima: Beim „Barrel Riding" müssen Pferd und Reiter(-in) reibungslos aufeinander abgestimmt sein.

Allen Park: Gemütliche Lodge am See

sind es maximal 338 Kilometer. Größte Stadt und zugleich Hauptstadt ist Columbus (740.000 Einwohner). Im Jahr 2008 lebten ca. 11,5 Millionen Menschen in Ohio.

In den Ausläufern der Alleghenies im Südosten erreicht Ohio mit 472 Metern seinen höchsten Punkt. Danach senkt sich die Landschaft nach und nach ab und zwar nach Norden dem Tiefland am Lake Erie, nach Westen den Central Plains entgegen. Wirtschaftsgeschichtlich bedeutsamster Fluss ist der die Grenze im Süden bildende Ohio River.

Der Staat erfreut sich eines gemäßigten Kontinentalklimas mit warmen Sommern und kalten, schneereichen Wintern. Die Vegetation weist mindestens 14 Eichen-, zehn Ahorn-, neun Pappel-, sieben Eschen- und fünf Birkenarten aus. Angesichts der relativ dichten Besiedlung erstaunlich ist auch die Vielfalt der Tierwelt. Vor allem im hügeligen Südosten leben Weißwedelhirsch, Rot- und Graufuchs, Dachs, Luchs, Kojote und Biber. Zu den Vogelarten, die man am häufigsten sieht, gehören verschiedene Kranicharten, Eisfischer und Kardinal.

BEVÖLKERUNG

Die Statistik ist selbst für amerikanische Verhältnisse beeindruckend. Von 1800 bis 1970 wuchs Ohios Bevölkerung alle zehn Jahre um zehn Prozent, erst danach ging das Tempo zurück. Das Gros der Siedler stammte von der Ostküste, aus dem Vereinigten Königreich und aus Deutschland. Vor allem in Cincinnati lebten so viele Deutsche, dass Schulen und Gemeindezentren zweisprachig waren. Heute sind 85 Prozent weißer Hautfarbe, und neben angelsächsischen und deutschen Wurzeln werden vor allem slawische und italienische Vorfahren angegeben. Multiethnisch geht es nur in den Großstädten zu. Hier wohnt auch die Mehrheit des zwölf Prozent ausmachenden afroamerikanischen Anteils und die meisten Spanisch sprechenden Amerikaner. Der am meisten verbreitete Glaube in Ohio ist der protestantische. Größte protestantische Gemeinschaften sind die United Methodist Church und die Evangelical Lutheran Church in Amerika. Ein Fünftel sind praktizierende Katholiken, jeweils ein Prozent sind Juden und Moslems.

WIRTSCHAFT

Ohio gehört zu den sieben wirtschaftlich stärksten Bundesstaaten des Landes. Die Landwirtschaft produziert, trotz der Schließung vieler Farmen, im Westen im großen Stil Vieh und Getreide. Im Südosten steuern kleine Farmen Gartenbauprodukte bei. In der Produktion von Tomaten und Sojabohnen ist Ohio führend, und auch Milchwirtschaft und Geflügelzucht belegen nationale Spitzenplätze. Ohios verarbeitende Industrie, eine der produktivsten des Landes, blickt auf eine lange, um 1850 beginnende Tradition zurück und ist heute v. a. bei der Herstellung von Auto- und Maschinenteilen führend. Weitere in Ohio produzierte Artikel sind Glaswaren, Farben, Kühlschränke und Reinigungsartikel.

Auch in der Landwirtschaft nimmt Ohio in den USA einen der vorderen Plätze ein.

Zeitenwende: Der Union Station Arch in Columbus ist alles, was von der einst bedeutenden Columbus Union Station übrig geblieben ist.

GESCHICHTE

Nomaden und später Moundbuilder-Kulturen, Zeremonialhügel bauende, sesshafte Gesellschaften, prägten das prähistorische Ohio. Die ersten Europäer im Ohio Valley, frankokanadische Trapper aus Neu-Frankreich, errichteten Handelsposten und mussten sich mit der kriegerischen Irokesen-Liga auseinandersetzen. Nach dem für Großbritannien siegreichen French and Indian War übernahmen die Engländer die Kontrolle, nur um sie im Unabhängigkeitskrieg an die Amerikaner zu verlieren. 1787 wurde Ohio Teil des Northwest Territory, und im Jahr darauf wurde mit Marietta die erste permanente Siedlung Ohios gegründet. 1803 trat das Territorium den USA als 17. Bundesstaat bei. Erhebungen der von ihrem Land vertriebenen Indianer, allen voran der Shawnee unter ihrem Häuptling Tecumseh, wurden blutig niedergeschlagen. Von 1815 an empfing das mit fruchtbaren Böden und mildem Klima gesegnete Ohio Einwanderer aus Neuengland und aus Europa. Bereits 1850 hatte Ohio die drittgrößte Bevölkerung des Landes. Auf einem gut ausgebauten Verkehrsnetz aus Straßen, Gleisen und Kanälen gelangten Weizen, Mais, Vieh, Leder und Wolle zu ihren Märkten im Osten. Am Bürgerkrieg nahm Ohio an der Seite der Nordstaaten teil – mit Ulysses S. Grant, P. H. Sheridan und William T. Sherman stellte es die berühmtesten Nordstaatengeneräle. Der Krieg kurbelte Ohios Schwerindustrie an. Eisenerz und Kohle wurden zu Stahl verarbeitet. In Cleveland gründete John D. Rockefeller die Standard Oil Co. und B. F. Goodrich gründete seine später weltumspannende Gummifabrik. Ohio boomte und schickte während der nächsten 50 Jahre acht seiner Söhne ins Weiße Haus. Umso stärker wurde der Staat von der Depression getroffen, die erst wäh-

Wahrzeichen Cincinnatis: die Roebling Suspension Bridge

rend des Zweiten Weltkriegs von Rüstungsaufträgen beendet wurde. Während der Nachkriegszeit hielt Ohios Höhenflug u. a. auch dank der Eröffnung des St. Lawrence Seaway, der Cleveland zum Überseehafen machte, an. Dann aber wurden die aus 150 Jahren ungebremstem Wachstum resultierenden Umweltschäden und sozialen Spannungen unübersehbar. Für Schlagzeilen sorgten v. a. ein verschmutzter Lake Erie, verfallende Innenstädte und Rassenprobleme. Erst der wirtschaftliche Aufschwung Mitte der 1990er-Jahre und eine progressive Umwelt- und Sozialpolitik brachten Ohio Anfang des dritten Jahrtausends wieder auf die Überholspur.

CINCINNATI

An Cincinnati, der Fabrik- und Handelsstadt in der äußersten Südwestecke Ohios, scheiden sich seit langem die Geister. Die einen nennen sie ihrer schönen Lage am Ohio River wegen nur „The Queen City", andere hingegen kennen sie höchstens als jene Stadt, die einmal Skandalshow-Moderator Jerry Springer zu ihrem Bürgermeister wählte.

Das real existierende Cincinnati liegt irgendwo dazwischen. Tatsächlich hat die Stadt mehrere Identitäten, und vielleicht ist es deshalb nicht ganz leicht, sie in den Griff zu bekommen. 1788 gegründet und nach einem römischen Feldherrn benannt, tendiert sie traditionell zu konservativen Werten. Weil viele ihrer Bewohner aus Deutschland stammen und das Nachbarstädtchen Covington gegenüber seine alte Hauptstraße noch immer stur „Main Strasse" nennt? Oder weil am andern Ufer mit

Das Cleveland Museum of Art ist einer von mehreren Kulturtempeln, die aus der ehemaligen Hauptstadt des Rostgürtels eine gefragte Kulturmetropole gemacht haben.

Kentucky bereits der Alte Süden anfängt und das Klima überhaupt feuchter und wärmer ist als im Rest des Staates? Die 330.000-Einwohner-Stadt mit der modernen, auf mehreren Terrassen über den Ohio River ragenden Skyline ist aber auch progressive Kunst- und Kultur-Metropole. Ihr Cincinnati Art Museum, eines der ältesten Kunstmuseen des Mittleren Westens, zeigt Werke von van Gogh, Picasso und Monet. Das Contemporary Arts Center, eine modernistische Skulptur aus übereinandergestapelten Kästen und Würfeln, ist das erste von einer Architektin entworfene Kunstmuseum der USA und präsentiert die neuesten Kreationen und Installationen junger Talente aus der Region. Das National Underground Railroad Freedom Center zitiert seinerseits die historische Rolle, die Cincinnati einst als Transitstation für Sklaven aus dem Süden auf der Flucht nach Kanada spielte: Nicht nur das „Underground Railroad" genannte geheime Fluchthelfernetzwerk wird hier vorgestellt, sondern auch die Bürgerrechtsbewegung und der bis heute gern durch die Hintertür hereinkommende, alltägliche Rassismus.

CLEVELAND

Nach Cleveland der Kultur wegen – vor zehn Jahren pflegten die Amerikaner bei diesem Satz noch ungläubig den Kopf zu schütteln. Cleveland, Ohio, das Zentrum des krisengebeutelten „Rust Belt", jenes traditionell von Schwer- und Stahlindustrie lebenden Streifens im Nordosten der USA, nun gleichauf mit Kulturstädten wie New York und Chicago? Zugegebenermaßen vielleicht nicht gerade mit diesen beiden. Doch inzwischen konnte der alte Industriestandort am Lake Erie, der 1796 vermessen wurde, später legendäre Industriekapitäne wie John D. Rockefeller und Samuel Mather auf den Weg brachte und 1969 den chemisch verseuchten Cuyahoga River in Flammen aufgehen sah, seine Besucherzahl von vier auf über neun Millionen Besucher pro Jahr verdoppeln. Die postindustrielle Zeitrechnung Clevelands begann 1994 mit der Eröffnung von Jacobs Field (2008 wurde das Baseballstadion in Progressive Field umbenannt). Im Jahr darauf folgte die Rock and Roll Hall of Fame, eine Sehgewohnheiten aufbrechende Spielerei aus Pyramiden, Trommeln, Bändern und Rechtecken des internationalen Stararchitekten I. M. Pei.

Danach wurde das verwahrloste Industriegebiet Flats am Cuyahoga River in ein kombiniertes Wohn-Restaurant-Entertainment-Viertel verwandelt. Das Cleveland Museum of Art, das 43.000 Kunstobjekte bewahrt, erlebt eine vieljährige, immer noch andauernde Erweiterung, und der Cleveland Botanical Garden vergrößerte sich für 37 Millionen Dollar u. a. um einen veritablen, 600 Tropentiere beherbergenden Regenwald. Zuletzt kam das 62 Millionen Dollar teure Peter-B.-Lewis-Gebäude hinzu, kein Kunstschrein, doch, weil vom Stararchitekten Frank Gehry entworfen, ein von Fotografen und Touristen umlagerndes Kunstwerk per se, das mit seinen kühn geschwungenen Aluminiumstreifen entfernt an das Guggenheim-Museum im baskischen Bilbao erinnert. Und ein paar Gehminuten vom Stadtzentrum entfernt weist Cleveland mit dem restaurierten Tremontviertel ein weiteres Gravitationszentrum für Kulturgänger auf. Dutzende von Galerien und Cafés bieten das neue Cleveland-Erlebnis. Die Zeiten des „Rostgürtels" sind endgültig vorbei.

Die Rock and Roll Hall of Fame spielt bei der Wandlung Clevelands zur Kulturmetropole ebenfalls eine große Rolle.

PENNSYLVANIA

EINSTIMMUNG

„America starts here." Damit meint die Fremdenverkehrsbehörde nicht nur, dass jede USA-Reise in Pennsylvania beginnen sollte. Kein anderer Bundesstaat bietet soviel Historie, kein anderer so viele wegweisende Premieren. Die bunte Mischung dieser „Firsts" ist typisch amerikanisch, vereint sie doch sorglos staatstragende Ereignisse wie die Unterzeichnung der Unabhängigkeitserklärung und herrlich Triviales wie die Eröffnung der ersten Bingohalle der Welt. Pennsylvanias Geschichte hat viel gesehen. Gegründet von friedliebenden Quäkern und inspiriert von einer Stadt mit dem Motto der brüderlichen Liebe, durchlitt es einige der blutigsten Schlachten des Bürgerkriegs und geriet in den 1980er-Jahren nach einem Unfall im Kernkraftwerk Three Mile Island an den Rand einer nuklearen Katastrophe.

ÜBERBLICK

Pennsylvania ist 119.291 Quadratkilometer groß und liegt an der mittleren Atlantikküste. Nachbar im Norden ist New York, im Osten kommt New Jersey hinzu. Im Südosten grenzt der Staat an Dela-

Der frühe Morgen kurz nach Sonnenaufgang ist auch auf dem Allegheny River die beste Zeit zum Angeln.

Deer Lake heißt nicht nur der kleine See, sondern auch ein ganzer Bezirk in Pennsylvania.

ware, im Süden an Maryland und West Virginia. Nachbarn im Westen sind West Virginia und Ohio. Von Norden nach Süden sind es maximal 270, die größte Ost-West-Ausdehnung beträgt 494 Kilometer. Pennsylvanias größte Stadt ist Philadelphia (1,45 Millionen Einwohner). Hauptstadt ist Harrisburg (47.000 Einwohner). Im Jahr 2008 hatte Pennsylvania 12,45 Millionen Einwohner.

Die Topografie des Staates ist mit von Osten in einer weiten Kurve nach Süden verlaufenden Bändern vergleichbar. Dieses Bild beginnt am Atlantik mit dem schmalen Küstentiefland, geht dann über in die Hügel des Piedmont-Plateau und zeichnet alsbald mehrere Täler, u. a. das Cumberland Valley, sowie dazwischenliegende, bis zu 700 Meter hohe Plateaus. Der bergige Westen wird von Nordosten nach Südwesten von den Appalachen durchzogen. Susquehanna, Allegheny und Ohio sind die wichtigsten Flüsse des Staates. Das Klima ist entsprechend vielfältig, lässt sich aber generell in eine warme Südostecke und ein kühleres, im Winter schneereiches Landesinnere unterteilen.

Die Flora reflektiert Pennsylvanias Lage in einer Übergangszone. In den Wäldern gedeihen neben nördlichen Arten wie Ahorn, Eiche und Linde auch für den Süden typische Bäume wie die Sykomore, ein Maulbeergewächs, und der Sassafrasbaum. Im dichtem Baumbestand finden Weißwedelhirsch, Schwarzbär, Waschbär, Rot- und Graufuchs, Mink und Flughörnchen Schutz. Jäger nehmen Tauben, Wachteln und Enten ins Visier, Vogelbeobachter erfreuen sich am Anblick von Kardinal, Rotaugenvireo und Blauhäher. In den Binnengewässern wurden mehr als 170 Fischarten identifiziert, darunter Forelle, Barsch und Hecht.

BEVÖLKERUNG

Gut ein Viertel der Bevölkerung stammt von deutschen Einwanderern ab. Es folgen Pennsylvanians mit irischen, italienischen, englischen und polnischen Wurzeln. Die noch im Ausland geborenen Bürger stammen vor allem aus Asien, Europa und Lateinamerika. Über 85 Prozent der Bevölkerung sind weiß. Elf Prozent sind Afroamerikaner, knapp fünf Prozent Hispanics und Latinos. Der Staat blickt im Übrigen auf eine lange Tradition als Safe Haven für religiöse, in Europa nicht gelittene Gemeinschaften zurück. Quäker, deutsche Mennoniten und Amischen, Moravianer und französische Hugenotten, sie alle fanden hier eine neue Heimat. Im Laufe des 19. Jahrhunderts verlagerten sich mit der Einwanderung osteuropäischer Juden und deutscher Katholiken die Gewichte. Heute stellen die Katholiken die Konfession mit den meisten Anhängern im Staat dar. Die größte protestantische Gemeinschaft bilden die United Methodists. Mennoniten, Amischen und Moravianer haben an Bedeutung verloren, bilden jedoch noch immer ansehnliche, über Pennsylvania verstreute Gemeinden.

WIRTSCHAFT

Anfang des 20. Jahrhunderts gehörte Pennsylvania zu den wichtigsten Öl-, Stahl- und Kohlelieferanten der USA. Der lange Niedergang dieser Industrien machte aus einem der reichsten Staaten zeitweilig ein Armenhaus, dessen stillgelegte Bergwerke, Fabriken und Hochöfen Filmen wie „The Deer

Die Skillman Library auf dem Campus des Lafayette College in Easton

In Pennsylvania sollte von Anfang an Glaubensfreiheit herrschen (alte Kirche an der Route 6).

Hunter", deutscher Titel: „Die durch die Hölle gehen", eine düstere Kulisse schenkten. Zu Beginn des dritten Jahrtausends erscheint die Zukunft von Kohle und Stahl trotz massiver Subventionen weiter ungewiss.

Die Verluste dieser Industrien wurden indes von einem rasant wachsenden Dienstleistungssektor – v. a. Banken, Versicherungen, Gesundheitswesen und Tourismus – so weit ausgeglichen, dass Pennsylvania heute wieder zu den Wirtschaftsmotoren des Landes zählt. Fast 60 Fortune-500-Unternehmen sitzen in Philadelphia und Pittsburgh, und auch die Mega-Billigmarktkette Wal-Mart operiert von Pennsylvania aus. Die zwischen den beiden größten Städten des Staats blühende Landwirtschaft ist eine der leistungsfähigsten des Landes. Pennsylvania zählt zu den Top-Produzenten von Gartenbauprodukten sowie Kartoffeln, Äpfeln, Birnen und Weintrauben.

GESCHICHTE

Im 17. Jahrhundert beanspruchten Niederländer, Schweden und Engländer das von der mächtigen Irokesen-Liga kontrollierte Gebiet: 1681 übertrug König Charles II. es Sir William Penn als Lehen mit der Auflage, die Kolonisierung voranzutreiben. Seine Vision einer Kolonie mit Glaubensfreiheit und

Diese geschichtsträchtigen Kanonen erinnern an die Schlacht von Gettysburg.

weitreichenden bürgerlichen Rechten setzte der glaubensfeste Quäker Penn zwei Jahre später zunächst mit der Gründung Philadelphias um. In der Folgezeit wanderten außer englischen Quäkern vor allem deutsche Siedler ein. Als Sitz des amerikanischen Kontinentalkongresses rückte Philadelphia ins Fadenkreuz der Engländer, die die Stadt nach ihrem Sieg in der Schlacht am Brandywine Creek vorübergehend besetzten. Weitere Schlachten folgten in Pennsylvania, doch schon 1778 mussten die Briten Philadelphia, das in den Wirren der Kriegs- und Nachkriegszeit zweimal kurz die Hauptstadt der USA war, wieder räumen.

1780 schaffte Pennsylvania als erster Staat die Sklaverei ab, 1787 nahm es als zweiter Staat der USA die Verfassung an. Am Bürgerkrieg nahm man auf Seiten der Union teil: Zwischen Pennsylvania und Maryland verlief die so genannte Mason-Dixon-Linie, damals die De-facto-Grenze zwischen Anhängern und Gegnern der Sklaverei. 1863 war Pennsylvania vorübergehend von konföderierten Truppen besetzt, und im gleichen Jahr wurde die den Bürgerkrieg vorentscheidende Schlacht von Gettysburg auf seinem Boden geschlagen. Nach Kriegsende festigte Pennsylvania seinen Ruf als Stahl- und Ölproduzent. Fast 60.000 Farmen bildeten das wirtschaftliche Rückgrat des Staats. Die Krise der Stahl- und Schwerindustrie in den 1970er-Jahren sowie der Zwischenfall im Kernkraftwerk Three Mile Island in Harrisburg 1979 machten auch international Schlagzeilen.

Die City Hall von Philadelphia

PHILADELPHIA

Amerika liebt Philadelphia. Nicht nur weil der Kontinentalkongress hier am 4. Juli 1776 die Unabhängigkeit von Großbritannien erklärte, sondern auch weil die Stadt an der Mündung des Schuylkill in den Delaware River von jeher all das symbolisiert, was gut ist an Amerika: Fleiß, Mut, Beharrlichkeit, Erfindergeist und Kreativität. Und dazu – natürlich – unerschütterlicher Optimismus. Auch deshalb nennen Philadelphians, gefragt nach ihren „Local Heroes", Benjamin Franklin und „Rocky" Balboa gern in einem Atemzug. Ersterer sicherte sich als Autor, Verleger, Wissenschaftler, Diplomat und Unterzeichner der Unabhängigkeitserklärung einen Platz im Pantheon der großen Amerikaner. Letzterer, nicht sonderlich intelligent, aber umso sturer und schlagkräftiger, boxte sich nach oben und blieb trotz aller Versuchungen des Luxuslebens doch immer der einfache Junge aus den Slums von „South Philly". Dass „Rocky" nur eine Filmfigur ist, ändert nichts an seiner Beliebtheit. Dem von Sylvester Stallone dargestellten Boxer setzten die Stadtoberen sogar ein ganz besonderes Denkmal: Am oberen Ende jener zum Philadelphia Museum of Art führenden Treppe, die Balboa/Stallone bei seinen morgendlichen Trainingsläufen bezwingt, ließen sie dort, wo er jubelnd die Arme emporreißt, zwei Schuhabdrücke in die Platten ein.

Philadelphia ist nicht eigentlich schön. Zu nah sind alt und neu, hübsch und hässlich, aneinander, als dass die 1682 von Quäkerführer William Penn gegründete Stadt eine Schönheit genannt werden könnte. Zu viel hat sie wohl auch gesehen in ihrer langen Geschichte, die nach den Wirren zweier Kriege einen massiven Zuzug schwarzer Amerikaner erlebte, in den 1930er-Jahren den zweimillionsten Einwohner zählte und danach eine rasante wirtschaftliche Talfahrt durchmachte, die erst zur

Jahrtausendwende gestoppt werden konnte. Doch die alten Gebäude scheinen zu sprechen, sie haben ja auch viel zu erzählen. Es summt und brummt hinter neogotischen und postmodernen Fassaden, und gerade dieses Vibrieren, diese Spannung ist es, die Philadelphia zu einer überaus attraktiven Gastgeberin macht.

Sehenswürdigkeiten mit Muss-Charakter, sogenannte „Must-Sees", hat die „City of Brotherly Love" ohne Ende. Ganz oben auf der Liste: der Independence National Historical Park, ein unter Denkmalschutz gestelltes Areal in der Downtown mit rund 20 Gebäuden, die während der dramatischen Gründungsphase der USA eine Rolle spielten. Zu bewundern ist hier u. a. die massive Independence Bell, die geschlagen wurde, als die Unabhängigkeitserklärung erstmals dem einfachen Volk vorge-

Fast noch berühmter als die Freiheitsglocke: Der Sprung in der Liberty Bell zu Philadelphia

tragen wurde. Und die Independence Hall, hinter deren georgianischen Mauern es hoch herging, als die Delegierten der Kolonien auf dem Kontinentalkongress das Für und Wider einer Unabhängigkeit debattierten. Persönliche Gegenstände der Verfassungsväter werden, Reliquien gleich und mehrfach gesichert, der Nachwelt präsentiert, wie verschiedene Rohfassung der Unabhängigkeitserklärung und die Federhalter, mit denen die Unterzeichner ihre Namen unter das wichtigste Dokument der amerikanischen Geschichte setzten. Das moderne National Constitution Center, im Park der Independence Mall liegend, hilft dem Besucher mittels spannender Multi-Media-Ausstellungen, das Gesehene zu verarbeiten und in Kontext zu setzen. Dem großen Benjamin Franklin setzte man mit Franklin Court ein Denkmal, und im historischen Viertel Society Hill schnuppert man zwischen alten Kaufmannshäusern noch ein bisschen jener Luft, die damals durch Philadelphia wehte. Ein anderes interessantes Viertel ist Germantown im Nordwesten der Stadt. 1683 von deutschen Einwanderern gegründet, verfassten seine Bürger fünf Jahre später den ersten Aufruf zur Abschaffung der Sklaverei. Philadelphia ist mehrheitlich schwarz, und das hervorragende African American Museum würdigt diesen Umstand mit Ausstellungen zur Rolle der Stadt im Kampf gegen Sklaverei und Rassismus. Rockys Blick auf „Philly" genießt man übrigens von der Terrasse des Philadelphia Museum of Art aus. Unter den Kunstobjekten des tempelähnlichen Kunstmuseums sind zahlreiche Werke der internationalen Künstlerelite, allen voran: Picasso, Miró, Degas, Chagall und Cézanne.

GETTYSBURG

Gettysburg steckt voller Erinnerungen an die große und entscheidende nationale Schlacht.

Sein Aufruf, dass „die Regierung des Volkes durch das Volk und für das Volk nicht von der Erde verschwinden möge", machte Abraham Lincolns nur zweiminütige „Gettysburg Address" zur wohl be-

rühmtesten Rede der amerikanischen Geschichte. Sie formulierte in denkbar knapper Form jenes Verständnis von Demokratie, das den Amerikanern bis heute heilig ist. Präsident Lincoln hielt sie unmittelbar nach dem Sieg der Nordstaaten bei Gettysburg, auf dem noch verwüsteten Schlachtfeld, das wenige Tage zuvor, vom 1. bis 3. Juli 1863, die blutigste Schlacht des Bürgerkriegs erlebt hatte. 51.000 Soldaten waren gefallen, doch die Invasion des Nordens durch die von General Robert E. Lee geführten konföderierten Truppen war gestoppt und die Wende des Krieges zugunsten der Nordstaaten eingeleitet.

Inzwischen liegt die Schlacht von Gettysburg fast 150 Jahre zurück, doch noch immer pilgern jährlich zwei Millionen Menschen in die sanft gewellte Landschaft vor den Toren des 8000-Einwohner-Städtchens. Fast 1000 Denkmäler, Gedenktafeln und Hinweisschilder mit detaillierten Informationen zum Verlauf eines Gefechts, Überfalls oder Rückzugs machen das im Auto zu besichtigende Schlachtfeld, das heute als Gettysburg National Military Park die Erinnerung wachhält, zum größten seiner Art in den USA.

PITTSBURGH

„Renaissance" heißt das Wort der Stunde: Wiedergeburt. Die Vorgeschichte: Das Dreieck zwischen Monongahela und Allegheny River, vom jungen George Washington bereits 1753 ausgekundschaftet, wechselte während des French and Indian War mehrmals den Besitzer, bis sich die Engländer 1768 endgültig festsetzten und Fort Pitt gründeten. Die vor den Palisaden entstehende Siedlung wurde Pittsburgh genannt. Hier bündelten sich, als zu Beginn des 19. Jahrhunderts in den Bergen rings-

Das Golden Triangle bezeichnet die Downtown, wo der Allegheny und der Monongahela zum Ohio zusammenfließen.

um Kohle gefunden wurde, die Aktivitäten der gesamten Region. Verkehrsgünstig am Zusammenfluss der beiden genannten Flüsse, die dann den Ohio River bilden, zählte Pittsburgh schon um 1870 53 Ölraffinerien, 50 Glasfabriken und über 40 Gießereien. Stahlbarone wie Andrew Carnegie und Henry Clay Frick schweißten hier ihre Imperien zusammen, doch schon in den 1880er-Jahren verglich die amerikanische Presse das schmutzstarrende Pittsburgh mit der Hölle.

Der Niedergang begann zwischen den Weltkriegen. In den 1950er-Jahren zog sich die Stadt jedoch am eigenen Schopf aus der Krise. Heute zählt es dank seiner historisch gewachsenen Stadtviertel, der niedrigen Verbrechensrate und der blühenden Kunstszene zu den lebenswertesten Städten des Landes. Die Zeiten, als hässliche Schornsteine und Hochöfen den Luftraum über der Stadt beherrschten, sind vorbei. Heute prägen Bürotürme aus Glas und Stahl die Skyline, und an die Vergangenheit erinnern allenfalls zu Kunstobjekten umfunktionierte Loren und Schmelzöfen in Einkaufszentren und Fußgängerzonen.

Touristisch interessant sind die Golden Triangle genannte, von Allegheny und Monongahela umflossene Downtown sowie die South Side, das akademisch geprägte Oakland und die North Side. Im Senator John Heinz History Center schlägt der Puls des neuen Pittsburgh. Das ausgezeichnete Stadtmuseum bewahrt alles auf, was den Pittsburghern lieb und teuer ist, von Erinnerungen an die

Training des Pittsburgher Footballteams, der Pittsburgh Steelers

Zeiten als Stahlmetropole bis hin zu Memorabilia des ruhmreichen Footballteams der Pittsburgh Steelers. Der Strip District, früher ein gesichtsloses Industrieviertel, hat zwei Gesichter: Nachts ist er die Partyzone der Stadt, ein ebenso energetisches wie kompaktes Viertel mit Bars und Discos so nahe beieinander, dass Bar-Hopping ein echtes Vergnügen ist. Tagsüber spielen die Straßen Basar. Secondhand- und Vintageläden mit billigem und kostbarem, nützlichem und sinnlosem Krimskrams und ein paar Cafés und Buchläden dazwischen machen den Bummel vor allem über Penn Avenue und Smallman Street zum angenehmen Zeitvertreib.

An den Strip District schließt die 16:62 Design Zone an, die hippste Einkaufszone der Stadt. Rund einhundert Geschäfte, Ateliers und Workshops bieten Designerware für das progressive, umweltbewusste Interieur daheim. So cool ist Pittsburgh inzwischen, dass das dem Avantgarde-Papst und Pittsburgher Andy Warhol huldigende Andy Warhol Museum fast schon out ist, denn inzwischen gelten die Installationen junger Talente in der Mattress Factory, einer umfunktionierten Matratzenfabrik, als ungleich cooler und zeitgemäßer. Einen Blick aus der Vogelperspektive auf diese rundum gelungene Metamorphose kann man im Übrigen vom Mount Washington aus werfen. Die noch aus dem 19. Jahrhundert stammenden Zahnradbahnen der Duquesne Incline brauchen drei Minuten für den Trip – genug Zeit für schöne „Luftbilder" von der am Anfang des Ohio River liegenden Stadt.

Bürotürme statt Hochöfen: Blick auf Downtown Pittsburgh

RHODE ISLAND

EINSTIMMUNG

Klein, aber oho! So könnte das Motto von Rhode Island heißen. Der Neuenglandstaat ist der kleinste amerikanische Bundesstaat. Selbst einige Counties in Texas sind größer. Doch schüchtern ist „Little Rhody" deshalb noch nie gewesen. Das fängt bei der Natur an – der Winzling besitzt auf über 600 Kilometern Küstenlinie mehr als 100 schöne Badestrände, das Blau des Atlantik ist allgegenwärtig –, führt über die Geschichte – hier gibt es die meisten Geschichtsdenkmäler der Region – und hört bei der Kultur – Newport und Providence sind Hotspots für Kunstfreunde und Partygänger – noch lange nicht auf.

ÜBERBLICK

Rhode Island ist 3144 Quadratkilometer groß. Als einer der sechs Neuenglandstaaten liegt er in der Nordostecke der USA. Im Norden und Osten grenzt der Staat an Massachusetts, im Süden an den Atlantik. Im Westen heißt der Nachbar Connecticut. Von Osten nach Westen sind es maximal 60, von Norden nach Süden 77 Kilometer. Größte Stadt ist die Hauptstadt Providence (176.000 Einwohner). Ende 2007 lebten 1,05 Millionen Menschen in Rhode Island.

In Rhode Island ist alles etwas kleiner und familiärer.

Die 45 Kilometer tief ins Land reichenden Narragansett Bay ist das herausragende Merkmal der Topografie des Staats. Drei große Inseln liegen in der Bay: Prudence, Aquidneck und Conanicut. Der Küste vorgelagert ist Block Island. Hinzu kommen über 30 kleinere Inseln. Der höchste Punkt des Staats heißt Jerimoth Hill (248 Meter) und liegt im hügeligen Nordwesten. Rhode Islands maritime Lage produziert ein feuchtes Klima mit kalten Wintern und warmen Sommern. Die Durchschnittstemperaturen in Providence am Ende der Narragansett Bay betragen −2 °C im Januar und 23 °C im Juli. Fauna und Flora haben unter der Urbanisierung des kleinen Staates gelitten. Dennoch bieten das Küstentiefland und der hügelige Norden noch immer zahlreichen einheimischen Arten einen Lebensraum. Häufige Baumarten sind Tulpenbaum, Rotzeder und verschiedene Eichenarten. An den Stränden und in den Feuchtgebieten längs der Küste gedeihen über 40 Farn- und 30 Orchideenarten. Die größte Anzahl an Süßwasserfischen sind Forellen und Hechte. In den Gewässern vor der Küste leben Hummer und Schalentiere sowie Wale und Schwertfische.

BEVÖLKERUNG

Rhode Islands Bevölkerung ist ein buntes Gemisch aus Menschen unterschiedlichster Herkunft und reflektiert die besondere Siedlungsgeschichte des Staates. Jeweils ein Fünftel aller Bürger sind italienischer, irischer und frankokanadischer Herkunft. Jeweils rund zehn Prozent benennen englische,

Überschaubar wirken auch die Einfamilienhaussiedlungen.

Abendstimmung im Hafen von Bristol bei Newport

Auf Rhode Island ließen sich einst Amerikas Superreiche ihre Paläste bauen, die sie Cottages (Hütten) nannten. Die meisten dieser „Mansions" – so ihre heutige Bezeichnung – findet man wohl in Newport.

portugiesische und hispanische Wurzeln. Rhode Islands lange Tradition als liberale Zuflucht für religiös Verfolgte äußert sich in vielen landesweiten Premieren, darunter der ältesten Synagoge der USA und dem ältesten Quäker-Versammlungshaus, beide in Newport. Heute ist Rhode Island zur Hälfte katholisch. Die größten protestantischen Gemeinschaften sind die Baptisten und die Episkopalen. Jüdisch sind zwei Prozent, muslimisch weniger als ein Prozent der Bevölkerung.

WIRTSCHAFT

Tourismus und verarbeitende Industrien sind die Säulen der Wirtschaft. Wachstumsbranchen sind Elektronik, Informatik, Plastik- und Metallproduktion und die Chemieindustrie. Größte Arbeitgeber sind Tourismus, Schiffsbau und Schmuckindustrie. Mit weniger als fünf Prozent landwirtschaftlicher Nutzfläche beliefert die Landwirtschaft – Obst- und Gartenbau, etwas Geflügelzucht – nur die lokalen Märkte. Der Fischfang geht langsam zurück.

GESCHICHTE

Wickford in der wunderschönen Narragansett Bay ist nur einer von vielen gefragten Ankerplätzen für Segelboote in Rhode Island. Schließlich wurde hier der Americas's Cup erfunden.

Im frühen 17. Jahrhundert segelten hier die Niederländer, unter ihnen Adrian Block, der der größten der Inseln den Namen „Roode Island" gab – das besagt zumindest eine der vielen Theorien zur Herkunft des Namens. 1636 gründete der Freidenker Roger Williams am Ende der Bay Providence als Zu-

Das Southeast Lighthouse auf Block Island

fluchtsort für Andersdenkende und religiös Verfolgte. 1663 erhielt Rhode Island seine bis Anfang des 19. Jahrhunderts geltende Verfassung. Im King Philip's War (1675–1676) vernichteten die in Landfragen weniger toleranten Siedler die Ureinwohner der Stämme der Narragansett und Wampanoag fast völlig. Im 18. Jahrhundert erblühte Rhode Island dank Dreiecks- und Chinahandel. Am 4. Mai 1776 erklärte es als erste Kolonie seine Unabhängigkeit, Ende des 18. Jahrhunderts gab Rhode Island mit der Eröffnung der ersten modernen Textilfabriken das Startsignal für die Industrialisierung der USA. Nach dem Bürgerkrieg hielten die fetten Jahre an: Rhode Island wurde Sommersitz der Rockefellers, Astors und Vanderbilts, während der Weltkriege bauten hiesige Werften für die US-Marine. Die Baisse nach dem Zweiten Weltkrieg fing der Staat mit einer rechtzeitigen Diversifizierung auf und gehört heute dank Tourismus, Hightech- und chemischer Industrie zu den wohlhabenden US-Bundesstaaten.

BLOCK ISLAND

The Nature Conservancy rechnet Block Island zu den „last 12 great places in the Western Hemisphere". Damit meint die einflussreiche amerikanische Umweltschutzorganisation, dass ein Fünftel der über 25 Quadratkilometer großen und von knapp eintausend Menschen bewohnten Insel unter Naturschutz steht und auch der Rest der Insel noch weitgehend ungestört ist. Besucher vom Festland werden diesem Urteil nach einem Wochenende auf Block Island zustimmen, jedoch geringfügig umformulieren wollen. Einer der letzten, besten Plätze, werden sie sagen, um von einer weitläufigen Veranda aus bei einem Drink Meer und Insel zu genießen. Denn davon gibt es viele auf

Rhode Island

Ein wenig scheint die Zeit stehen geblieben zu sein in „Colonial Newport". Das kleine Städtchen verfügt über die meisten Kolonialgebäude landesweit.

der Insel, die um 1900 von reichen Sommerfrischlern entdeckt wurde, doch dann von den populäreren Martha's Vineyard, Nantucket und Long Island überholt wurde.

Viele der viktorianischen Schönheiten sind heute B&Bs und kleine Hotels – und für gestresste Großstädter Inseln auf der Insel, die Ruhe und Frieden garantieren und zugleich ideale Basen für Erkundungstouren sind. Die Touren auf zwei Rädern zu unternehmen, ergibt sich meist von selbst: In den Fährhäfen von Judith Point und Newport wird geraten, den Wagen auf dem Festland zu lassen. Auf Block Island steigt man dann aufs Rad um – und zwar in Old Harbor, der größten Häuseransammlung der Insel. Das Terrain ist zwar hügelig, doch austrainiert braucht man nicht zu sein, um zu den schönsten Stellen zu gelangen. Die Mohegan Bluffs, über 60 Meter hohe Klippen, liegen in der Nähe, das Southeast Light, ein schön verklinkerter Leuchtturm aus dem Jahre 1875, ebenso. Eine beliebte Nebendisziplin des Radelns heißt hier übrigens „Beach-Hopping". Mit Strandmatte, Badetuch und Sandwiches im Radkorb geht es zu den Stränden hinaus. Nach Mansion Beach vielleicht, einem breiten, weit geschwungenen Sandstrand mit schönen Dünen. Oder zum Ballard's Beach bei Old Harbor. Oder zum einsamen Black Rock Beach, der nur zu Fuß oder per Rad erreichbar ist. Oder zu irgendeinem anderen der zahlreichen Strände, die man zufällig entdeckt.

NEWPORT

„A Newport State of Mind" steht auf vielen T-Shirts, und dieses gewisse Newport-Feeling kommt, sobald man das Festland hinter sich lässt und auf der eleganten Newport Bridge über das mit weißen Segeln getüpfelte Meer direkt in das 24.000-Einwohner-Städtchen einfährt. Newport liegt am Eingang der Narragansett Bay, an der Südspitze von Aquidneck Island, und ist auf drei Seiten von

Galerie an der Promenade von Newport

Wasser umgeben. Das wirkt beruhigend, lässt einen tief durchatmen und die Fenster herunterkurbeln. Ergänzt wird der Wohlfühlfaktor auch durch das historische Stadtbild. Newport wurde 1639 gegründet, im Dreieckshandel reich und besitzt heute die meisten Gebäude des Landes – nämlich rund 200 – aus der Kolonialzeit. Als „Colonial Newport" ist die Altstadt ein sympathisches, sich rund um den Washington Square konzentrierendes Fragment aus der guten alten Zeit – mit für die USA uncharakteristisch krummen Straßen und Gassen, holperigen Bürgersteigen und historisch bedeutenden Gebäuden, wie dem Old Colony House von 1762, dem früheren Regierungssitz Rhode Islands, und der herrlichen, 1763 geweihten Touro Synagogue, der ältesten Synagoge der USA. Indes, Newports Geschichte endet nicht mit der Kolonialzeit.

Besonders stolz ist sie auch auf ihren Beinamen „Seglerhauptstadt der Welt". Wie sie dazu kam, ist eine eigene Geschichte, die im 19. Jahrhundert damit begann, dass Amerikas erste Superreiche Newport als Sommerwohnsitz entdeckten. Märchenhaft reiche Industrielle, allen voran die Vanderbilts, Astors, Berwinds und Oelrichs, ließen auf der Halbinsel südlich der Stadt wahre Paläste errichten, die sie unbescheiden „Cottages" nannten und die im Laufe der Zeit immer größer und protziger wurden: So gilt das für William K. Vanderbilt im Stil eines Schlosses an der Loire gebaute Marble House heute als Symbol der amerikanischen Gründerzeit, die Einkommenssteuer und Anti-Trust-Gesetze noch nicht kannte. Nachts besuchte man die Bälle von Mrs. Astor. Wer in ihrem berühmt-berüchtigten Notizbuch gelistet war, „gehörte dazu". Tagsüber spielte man Tennis oder Golf. Oder man segelte in schönen Jachten um die Wette – und erfand dabei den prestigeträchtigen America's Cup, der bis 1980 in Newport ausgerichtet wurde. Die Gegenwart nennt die „Cottages" im Übrigen „Mansions". Und hegt und pflegt sie als Touristenattraktionen.

PROVIDENCE

Roger Williams würde sich freuen, sähe er seine Stadt heute. Die Hauptstadt von Rhode Island wächst und gedeiht. Sie besitzt eine renommierte Ivy-League-Hochschule, eine der progressivsten Kunstschulen im Osten und die Gunst einer wachsenden Zahl angesehener Küchen- und Restaurantchefs. Heute und Gestern harmonieren im Stadtbild so vorbildlich, dass Providence regelmäßig von Architekturprofessoren und ihren Studenten angesteuert wird. Und während sie als „Event-City" gilt, als Stadt, in der immer etwas los ist und Menschen aller Rassen leben, arbeiten und feiern, hat sie ihren kleinstädtischen Charakter doch bewahrt. Roger Williams gründete seine Stadt im Jahre 1636. Zuvor hatten die puritanischen Theokraten den Theologen aus Salem verjagt, weil er sich dort für die Trennung von Kirche und Staat, Religionsfreiheit und die faire Behandlung der Indianer ausgesprochen hatte. In der Folge ließen sich vor allem Juden, Quäker und Hugenotten in der Siedlung am Ende der Narragansett Bay nieder, und fortan blühte Providence als beispielhafter Safe Haven für das tolerante Miteinander von Menschen jeglicher Herkunft. Der Dreieckshandel und, im 19. Jahrhundert, verarbeitende Industrien wie Werkzeug- und Maschinenbau, Textil- und Schmuckindustrie, machten die Hauptstadt Rhode Islands wohlhabend. Umso schwerer wurde sie von der Depression getroffen, und auch nach dem Zweiten Weltkrieg hielt die wirtschaftliche Tal-

Das historische Ladd Observatory in Providence beherbergt unter anderem eine Sammlung historischer Messintrumente.

fahrt an. Die sprichwörtliche Wiedergeburt der Stadt begann in den 1970er-Jahren mit dem Bau eines neuen Konferenzzentrums, der Revitalisierung des Hafenviertels und der Restaurierung stadtprägender Gebäude. Heute präsentiert sich Providence als kompakte Fußgängerstadt, mit Bänken zum Ausruhen und Coffeeshops zum Auftanken stets in der Nähe. Die Vergangenheit kommt in Gestalt stiller Parks wie dem Roger Williams National Memorial und Macht ausstrahlender Gebäude wie dem strahlend weißen, hoch über der Stadt thronenden Rhode Island State House. Der Waterplace Park zu Füßen des Smith Hill ist eine neu angelegte urbane Oase mit Teichen, Kanälen und Grünanlagen und erlebt in den Sommermonaten zahlreiche Festivals, wie „Waterfire", ein wochenlanges, nächtliches Spektakel mit Feuer und Wasser, das die Downtown in ein loderndes Gesamtkunstwerk verwandelt. Neben Smith Hill gibt es noch zwei weitere Hügel zu erklimmen. Federal Hill ist berühmt für seine italienischen Restaurants und Espressoläden, die sich rund um die Atwells Avenue konzentrieren. College Hill ist Tradition und Bildung. Zu Füßen des Hügels reihen sich an der Benefit Street die alten Kaufmannsresidenzen aus der Zeit des Dreieckshandels. Sehenswert ist v. a. das ausgezeichnete Rhode Island School of Design Museum und das schöne John Brown House. Browns Vermögen stammte u. a. auch aus dem Sklavenhandel – was die Stadtoberen jedoch nicht daran hinderte, ihre 1804 auf der Spitze des Hügels eröffnete Eliteuniversität nach ihrem größten Wohltäter zu benennen.

Markant thront das Rhode Island State Capitol über der Hauptstadt Providence.

SOUTH CAROLINA

EINSTIMMUNG

Mit South Carolina ist nicht zu spaßen. Zumindest nicht in der Vergangenheit: Damals war es eine der ersten der 13 Kolonien, die die Unabhängigkeit von Großbritannien erklärten. Später dann war es der erste Bundesstaat, der die Union verließ, und schließlich auch derjenige, der die ersten Schüsse des Bürgerkrieges hörte. Wer daraus schließt, dass South Carolina schon immer besonders stolz auf seinen Way of Life war und diesen stets besonders hartnäckig verteidigte, liegt nicht verkehrt. Bis heute ist der Staat eine Bastion des konservativen, republikanisch wählenden Südens. Viele Städte pflegen die gute alte „Vom Winde verweht"-Romantik, vielerorts hängt Spanisches Moos an knorrigen Eichen, genießen Familien auf luftigen Veranden die sprichwörtliche Hitze der Nacht. Zugleich hat South Carolina beizeiten den Zug in die Gegenwart erwischt. Während die Uhren auf dem Lande noch immer etwas langsamer ticken, beherbergen die Städte Forschungszentren und in Zukunftstechnologien investierende Unternehmen. So wie Spartanburg BMW und Greenville den Reifenriesen Michelin.

ÜBERBLICK

South Carolina ist 80.583 Quadratkilometer groß und liegt im Südosten der USA. Nachbar im Norden und Nordosten ist North Carolina, im Westen und Südwesten Georgia. Im Osten grenzt South

East Battery Street in Charleston

Sumpfland und Wildreservat in der Nähe des Parris Island Marine Recruit Depot in South Carolina

RECHTE SEITE:
Stadtrundfahrt mit der Pferdekutsche in der Altstadt von Charleston

Carolina an den Atlantik. Die größte Ost-West-Ausdehnung beträgt 439, von Norden nach Süden sind es maximal 338 Kilometer. Größte Stadt und zugleich Regierungssitz ist Columbia (125.000 Einwohner). Im Jahr 2008 hatte South Carolina 4,5 Millionen Einwohner.

Die „Lowcountry" genannte Küstenebene und die vorgelagerten Inseln genießen ein feuchtes, subtropisches Klima, die Sommer sind heiß und schwül, die Winter mild. Landeinwärts steigt das Land zum landwirtschaftlich geprägten, derzeit zunehmend aufgeforsteten Piedmont-Plateau auf. Hier wird das Klima gemäßigter. In der Nordwestecke, dem sogenannten „Upcountry" – South Carolina hat hier Anteil an den Ausläufern der Blue Ridge Mountains – erfreut sich der Bundesstaat sogar kalter Winter mit Temperaturen unter 0 °C.

Zu den am meisten verbreiteten Bäumen gehören Balsamfichte, Palmetto, Buche, Zypresse und verschiedene Ahorn-, Eschen- und Eichenarten. In der von Sümpfen und Feuchtgebieten geprägten Küstenebene gedeihen zahlreiche Gras-, Stauden- und Schlingpflanzenarten. Magnolien, Azaleen und Kamelien sind typisch für South Carolina. Weißwedelhirsch und Schwarzbär sind die größten hier hausenden Landsäuger. Waldmurmeltier, Opossum, Kaninchen, Grau-, Rotfuchs und Waschbär sind weitere Vertreter der Tierwelt. Nachtigall und Zaunkönig sind häufig zu beobachten. Zwei Dutzend Arten sind vom Aussterben bedroht, darunter die Indiana-Fledermaus und der Weißkopfseeadler.

BEVÖLKERUNG

Etwas über zwei Drittel der Bevölkerung sind weiß. Davon stammen die meisten von englischen, deutschen und irischen Einwanderern ab. Der Rest ist hauptsächlich afroamerikanischen Ursprungs. In einigen Rückzugsgebieten des Lowcountry an der Küste und auf den Inseln wird noch Gullah

Beliebt als Mitbringsel: geflochtene Körbe aus Sweetgrass. Dieses traditionelle Kunsthandwerk wird heute noch von etwa 300 Familien in South Carolina ausgeübt.

gesprochen, eine Sprache, die sich aus westafrikanischen Dialekten und elisabethanischem Englisch zusammensetzt und einst die Sprache der Sklaven war. Amerikaner anderer Hautfarben sind kaum vertreten. Ballungszentren befinden sich u. a. in Columbia, Charleston, Greenville, Spartanburg und Myrtle Beach. In den Gotteshäusern des Staats dominieren die evangelikalen Protestanten. Die größte Gruppe ist die Southern Baptist Convention und die Church of God. Mit knapp 140.000 Mitgliedern spielt die katholische Kirche nur eine untergeordnete Rolle.

WIRTSCHAFT

Vor dem Bürgerkrieg war South Carolina dank seiner auf Sklavenarbeit beruhenden Plantagenwirtschaft einer der reichsten Bundesstaaten des Landes. Angebaut wurde Reis, Indigo, Tabak und

Die Südstaaten-Küche kennt eine Vielzahl von würzigen Saucen. Hier eine kleine Auswahl an einem Stand im Old City Market in Charleston.

Baumwolle. Die Industrialisierung begann hier erst in den 1880er-Jahren. Vor allem war es die Textilindustrie, die die von Krieg und Ende der Sklaverei ruinierte Wirtschaft wieder ankurbelte. Landwirtschaft und Textilien dominierten bis zum Ende des Zweiten Weltkriegs, danach begann South Carolina mit einer breit gefächerten Diversifizierung. Papier- und Zellstoffindustrie wurden ebenso angelockt wie die chemische Industrie. Später folgten Autohersteller und Zubringerindustrien sowie diverse Hightech-Branchen. Die Bedeutung des Tourismus wächst stetig.

GESCHICHTE

Zwar segelten schon im 16. Jahrhundert Spanier und Engländer vor South Carolinas Küste, doch erst 1670 kam Schwung in die Erschließung, als die Engländer „Charles Town" gründeten, das spätere

Originelles Souvenirgeschäft am Highway in Garden City Beach.

Charleston. 1689 wurde das Gebiet, das König Karl acht „Lord Proprietors" zur Besiedlung überlassen hatte, in North und South Carolina unterteilt. Der Süden erwies sich politisch bald als rechter Feuerkopf: Als eine der ersten Kolonien forderte er die Unabhängigkeit von England, als erster Bundesstaat verließ er am 20. Dezember 1860 die Union, und am 12. April 1861 fielen hier mit der Beschießung von Fort Sumter die ersten Schüsse des Bürgerkriegs. Nach Kriegsende verließen die Unionstruppen South Carolina erst 1877, danach arbeitete sich der Staat, wie die übrigen Südstaaten die Rassentrennung praktizierend, zum größten Baumwollproduzenten des Landes hoch. In den 1960er-Jahren gelang es South Carolina, in- und ausländische Hightech-Firmen anzulocken: Heute sitzen mehrere Hundert Firmen im Raum Greenville-Spartanburg, darunter BMW und verschiedene Halbleiterhersteller. Der Fremdenverkehr konzentriert sich auf die Küste: Allein das Seebad Myrtle Beach erwirtschaftet 40 Prozent der Tourismuseinkünfte.

CHARLESTON

Keiner anderen Stadt im Alten Süden – von Savannah und New Orleans einmal abgesehen – gelingt der Spagat zwischen Vergangenheit und Gegenwart so vollendet wie Charleston. Zuletzt erhielt die auf halbem Weg zwischen Savannah (Georgia) und dem Seebad Myrtle Beach liegende 110.000-Einwohner-Stadt mit der Ansiedlung eines Google-Datenzentrums und der Eröffnung der eleganten Ravenel Bridge über den Cooper River eine Vitaminspritze, die tagtäglich junge Familien und iPod-vernetzte Biker in farbenfrohen Lycra-Outfits vom benachbarten Mount Pleasant in die Stadt spült.

Doch auch davor war sich Charleston seiner schon immer sicher. Denn von jeher wird hier lieber restauriert als abgerissen, und infolgedessen darf sich die Stadt auch fast 150 Jahre nach dem Bürgerkrieg mit Fug und Recht als „Southern Belle" fühlen. Über 1500 Antebellum-Häuser stehen noch in der fußgängerfreundlichen Altstadt, und davon sind über die Hälfte 200 Jahre alt oder älter. Ihre Markenzeichen – weiße Balkone und Veranden, gusseiserne Treppen und Vorgartenzäune, kunstvolle Milchglasfenster und sanfte, im Licht schwüler Abende zart schimmernde Pastellfarben – sind Augenweiden, ebenso wie die vielen alten Kirchen, wegen denen Charleston auch schon mal als „Heilige Stadt" bezeichnet wird.

Die Atmosphäre ist hier, auch wegen der Wärme, gelöst und munter. Die oft dramatische Stadtgeschichte, die aus allen Fenstern, Innenhöfen und selbst Mauerritzen zu strömen scheint, lässt sich umso leichter verdauen. Englische Siedler gründeten die Stadt im Jahre 1670. „Charles Town" wurde ein Erfolg, trotz Indianer- und Piratenüberfälle, Epidemien und permanenter französischer Drohgebärden. Als Umschlaghafen für Baumwolle, Reis, Indigo und Sklaven wurde Charleston alsbald eine der schönsten und reichsten Städte des Südens. Die Bürgerschaft war ein polyglotter Mix aus Katholiken, Juden und Protestanten, kultiviert und kunstsinnig – und zugleich von menschenverachtender Härte, wenn es galt, ihre Lebensweise zu schützen.

So wurde ein Sklavenaufstand im Jahr 1822 vorzeitig entdeckt und blutig im Keim erstickt. Geschichte von nationaler Tragweite schrieb Charleston dann am 12. April 1861, als Soldaten der Süd-

Die Altstadt von Charleston erschließt man am besten zu Fuß.

Der Old City Market in Charleston ist in einem Backsteingebäude aus der Mitte des 19. Jahrhunderts untergebracht.

staaten das auf einer Insel vor der Stadt liegende Fort Sumter beschossen und den Abzug der dort stationierten Unionssoldaten erzwangen. Als Fort Sumter National Monument ist die heute von Ausflugsbooten besuchte Festung ein amerikanisches Pilgerziel, ebenso wie das herrliche Edmonston-Alston House von 1825, von wo aus konföderierte Offiziere die Beschießung des Forts verfolgten.

Vom Alltag der wohlhabenden Kaufmannschaft kündet das 1808 erbaute Nathaniel Russell House, eines der schönsten Federal-Style-Häuser der Stadt. Fotogen ist überdies auch die von Palmen und Palmettos umstandene French Huguenot Church, das 1845 im neogotischen Stil und mit zahllosen Details verzierte Gotteshaus der im 18. Jahrhundert in der Stadt gelandeten Hugenotten. Spannende Details der Stadtgeschichte werden im ehemaligen Stadtgefängnis, dem Old Exchange and Provost Dungeon, erzählt. Im Slave Mart Museum, dem einzigen erhalten gebliebenen, speziell zur Versteigerung von Sklaven gebauten Gebäude der USA, berichten nüchtern inszenierte Ausstellungen von der Schattenseite der Stadt.

Und während Charleston vielleicht nicht so viele schöne Parks mit moosbehängten Eichen aufweisen kann wie Savannah, hat es doch immerhin den Gateway Walk zu bieten. Der in den 1930er-Jahren konzipierte Spazierweg von der Archdale Street zur Philadelphia Alley verbindet märchenhafte, vor üppiger Vegetation überbordende Gärten und führt zudem an einigen der schönsten Kirchen der Stadt vorbei.

MYRTLE BEACH

Man kämpft sich durch tropisches Dickicht, es ist so schwül, dass selbst die Brise vom Atlantik nichts ausrichtet, und plötzlich vibriert die Erde, grollt es in der Ferne. Der Ausbruch des Vulkans steht unmittelbar bevor – wie übrigens alle 20 Minuten – und deshalb muss sich der Minigolfer mit dem Putten zu seinen Füßen sputen ... Der Hawaiian Rumble Miniature Golf Course ist der Star unter den sage und schreibe 50 Minigolfplätzen von Myrtle Beach. Hier findet die offene amerikanische Minigolf-Meisterschaft statt, hier spuckt Taylor's Volcano dreimal stündlich Feuer und Asche.

Myrtle Beach ist grell, laut und auch sonst entschieden anders als das hundert Kilometer südlich liegende Charleston. Als Hauptort des Grand Strand, des gut 90 Kilometer langen Küstenabschnittes zwischen Little River und Georgetown, ist es das Epizentrum des Strandtourismus in South Carolina. Mehr als zehn Millionen sonnenhungrige Badegäste locken die Resorts im Süden und Norden von Myrtle Beach im Jahr an, und natürlich führen sie weit mehr im Angebot als „nur" Wassersport. Shopping wird ganz groß geschrieben. Vor allem in und um Myrtle Beach gibt es riesige Shopping und Outlet Malls. Wachsmuseen, die berühmt-berüchtigten Kuriositäten-Kabinette des „Ripley's Believe It or Not!"-Unternehmens, Wasser- und sonstige Entertainment-Parks, und natürlich die bunte Vielfalt der amerikanischen Fast-Food- und Family-Restaurantketten; sie alle sind hier versammelt, um den Freizeithunger der Menschenmassen zu befriedigen.

Myrtle Beach rühmt sich, eine der bekanntesten Golfmetropolen der Welt zu sein.

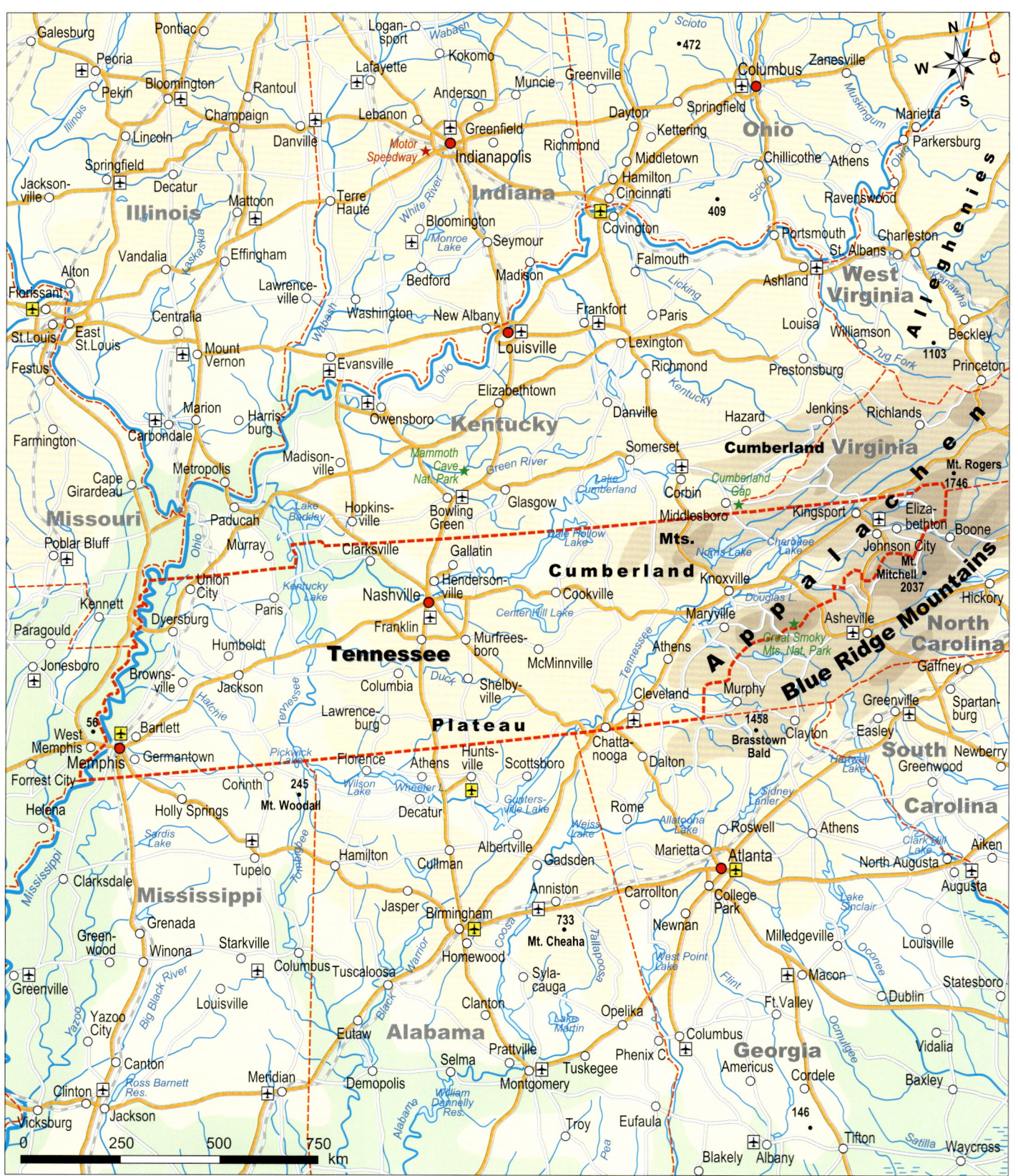

TENNESSEE

EINSTIMMUNG

Den Kofferraum vollpacken und mit der Familie auf Reisen gehen ist so amerikanisch wie Countrymusic, Blues und Rock 'n' Roll. Inzwischen sind drei Generation mit Elvis, Johnny Cash & Co. groß geworden. Sie alle nahmen in Nashville und in Memphis auf und gaben so den Amerikanern das Gefühl, musikalisch hier zu Hause zu sein. Ausdrücke wie „Feels like Home" oder „Going Home" werden deshalb gern mit Tennessee verbunden, und mit seinen verträumten Tälern und schläfrigen Kleinstädten ist der zwischen Great Smoky Mountains und Mississippi liegende Staat tatsächlich ein „Ländle", in dem nicht nur Amerikaner gerne daheim wären.

ÜBERBLICK

Tennessee ist 109.152 Quadratkilometer groß und liegt im Norden des Alten Südens. Seine Nachbarn im Norden sind Virginia und Kentucky und im Osten North Carolina. Im Süden grenzt Tennessee an Mississippi, Alabama und Georgia. Im Westen teilt man sich die Grenze mit Missouri und Arkansas. Die größte Nord-Süd-Ausdehnung beträgt 180, von Osten nach Westen sind es maximal

Die General Jackson – ein Showboat – liegt in Nashville vor Anker.

Sonnenuntergang in den Great Smoky Mountains fotografiert von Clingmans Dome aus

690 Kilometer. Die größte Stadt ist Memphis (677.000 Einwohner). Tennessees Hauptstadt ist Nashville (620.000 Einwohner). Clingmans Dome (2026 Meter) im Great Smoky Mountains National Park ist die höchste Erhebung des Staates.

Tennessee erstreckt sich von den zu den Appalachen gehörenden Great Smoky Mountains im Osten bis zur Mississippi-Ebene im Westen. Dazwischen liegen das seen- und tälerreiche Great Valley, das kontrastreiche Cumberland Plateau, die naturbelassenen Highlands, das dichter bevölkerte Central Basin und das zum Mississippi hin abfallende, von zum Mississippi ziehenden Flüssen durchzogene Tiefland. Das Klima ist im Allgemeinen moderat und erzeugt warme Sommer und milde Winter. Am wärmsten ist es in der Gegend um Memphis, wo die Durchschnittstemperaturen im Januar um 4 °C und im Juli um 28 °C liegen.

Verstärktes Aufforsten hat während der letzten Jahrzehnte bewirkt, dass wieder mehr als die Hälfte des Bundesstaats mit Laubwald bedeckt ist. Experten haben über 150 Baumarten in Tennessee gezählt. Besonders häufig anzutreffen sind Tulpenbaum, Kastanienbaum, verschiedene Eichenarten, Esche und Kiefer. Im warmen Westen kommen u. a. Sykomore und amerikanische Pappel hinzu. Für die sommerliche Farbenpracht in den Bergen sind v. a. Rhododendron, Berglorbeer und wilde Azaleen verantwortlich. Größte Wildtiere sind Weißwedelhirsch, Schwarzbär, Luchs und das von Jägern um 1900 eingeführte Wildschwein. Kleinere Pelztiere sind Opossum, Waschbär und Bisamratte. Vogelbeobachter haben rund 150 Arten in ihre Checklisten eingetragen, Angler freuen sich über fischreiche, vor allem Forelle, Barsch und Wels führende Gewässer. Anfang 2003 galten indes 76 Tierarten als bedroht, unter ihnen Weißkopfseeadler, zwei Fledermausarten und eine Störart.

Läuferin beim Country Music Marathon in Nashville 2007

BEVÖLKERUNG

Bis weit ins 20. Jahrhundert war das seit den 1760er-Jahren von Europäern besiedelte Tennessee ein überwiegend ländlicher Bundesstaat. Erst seit 1960 wohnen hier mehr Menschen in Städten als auf dem Land. Zur Jahrtausendwende sind es nahezu drei Viertel der Bevölkerung, die in städtischen Ballungsgebieten wohnen. Größte Städte – nach Memphis und Nashville – sind Chattanooga (168.000 Einwohner) und Knoxville (184.000 Einwohner). 80 Prozent der Bevölkerung sind weiß, zumeist mit englischen, irischen und deutschen Wurzeln. 17 Prozent sind Afroamerikaner. Ihr Anteil lag in den 1840er-Jahren um gut zehn Prozent höher – eine Reflexion des durch die Einführung der Baumwollentkernungsmaschine rapide gestiegenen Bedarfs an Sklaven für die Baumwollfelder. Memphis war in dieser Zeit ein bedeutender Sklavenmarkt. Die religiöse Zugehörigkeit wird von protestantischen Gemeinschaften dominiert. Die größten Konfessionen sind die Southern Baptist Convention und die Churches of Christ. Katholisch sind gerade einmal sechs Prozent.

WIRTSCHAFT

Die Bedeutung der Landwirtschaft hat zwar proportional zum Wachstum der verarbeitenden und Dienstleistungsindustrie abgenommen, ist jedoch noch immer ein bedeutender Posten im Staatshaushalt. Vieh, Geflügel, Sojabohnen, Gartenbauprodukte und Baumwolle sind die wichtigsten Einnahmequellen. Die Nahrungsmittelindustrie, v. a. Brot und Cornflakes, ist die bedeutendste der verarbeitenden Industrien, ihr folgen Whiskey, Bier und Milchprodukte. Zwei große Automobilhersteller sind in Tennessee beheimatet und eine lange blühende Zubringerindustrie. Kohle, Zink und Phospate sind die wichtigsten Bodenschätze. Wichtigster Sektor ist jedoch der der Dienstleistungen. Tourismus, Gesundheitswesen und Großhandel beschäftigen die meisten Tennesseeans.

GESCHICHTE

Spanier waren im 16. Jahrhundert die ersten Europäer, die auf der Suche nach dem sagenhaften Eldorado von Mexiko aus auch durch das Stammland der Creek und Cherokee zogen. Franzosen (von Kanada aus auf dem Mississippi) und Engländer (von der Ostküste aus) folgten, und bis 1789 wurde die Trennung von Carolina vollzogen. 1796 trat Tennessee als 16. Staat der Union bei, verließ diese 1861 aber wieder, um der Konföderation beizutreten. Während der folgenden vier Jahre erlebte Tennesse nach Virginia die meisten und blutigsten Schlachten des Bürgerkriegs und war nach Kriegsende der erste der Südstaaten, der wieder in die Union aufgenommen wurde.

Während der Depression der 1930er-Jahre erlebte der Staat mit dem Tennessee Valley Authority Project die bis dahin größte Arbeitsbeschaffungsmaßnahme der Geschichte. Während des Zweiten Weltkriegs zog das Atomzeitalter zuerst in Tennessee ein: In Oak Ridge gelang erstmals die Produktion und Isolation spaltfähigen Materials. Heute sind Maschinen- und Fahrzeugbau sowie Bergbau und Landwirtschaft die wichtigsten Standbeine. Touristische Zentren sind Memphis, Nashville und die Great Smoky Mountains.

Etwas verkleinertes Modell eines alten Frontier-Forts aus der Pionierzeit Tennessees (Frontier Fort Tennessee Mansker Station)

MEMPHIS

Elvis am Tisch, ihm über die Schulter blickend Jerry Lee Lewis, Johnny Cash und Carl Perkins. Alle blutjung und noch nicht sehr bekannt. Das Schwarz-Weiß-Foto, Mitte der 1950er-Jahre im winzigen Sun Studio geschossen, hielt diesen historischen Augenblick fest. Wohl keiner der jungen Kerle wird auch nur die leiseste Ahnung davon gehabt haben, welche schwindelerregenden Höhen ihre Karrieren noch erreichen würden.

Momente wie diese, in denen sich kreative Kräfte für einen Lidschlag bündelten und etwas Neues, nie zuvor Gehörtes auf den Weg brachten, waren Memphis schon damals nicht fremd. Allein ihre Namensgebung war ein kreativer Akt. Ihre Gründer nannten sie nach der altägyptischen Hauptstadt, weil – zumindest will es die Legende so – sie der Spitzname des Mississippi („Nil der Neuen Welt") an sie erinnerte. Das war 1819, und bis zum Bürgerkrieg war die Stadt am Ol' Man River zum wichtigsten Umschlaghafen für Baumwolle, Holz und Sklaven weit und breit aufgestiegen.

Nach Kriegsende strömten Afroamerikaner aus dem Süden nach Memphis, um hier die neu gewonnene Freiheit zu genießen. Angesichts der im Süden praktizierten Rassentrennung entwickelte sich Memphis zu einem Brennpunkt der Bürgerrechtsbewegung, die hier mit der Ermordung ihres berühmtesten Führers Martin Luther King Jr. 1968 einen traurigen Höhepunkt erlebte. Zugleich wurden die ärmeren Viertel rund um die Beale Street ein Sammelpunkt von Musikern aus dem Süden. In den

In Anlehnung an die berühmte ägyptische Namensschwester musste natürlich auch Memphis in Tennessee eine Pyramide haben; diese diente eine Zeit lang als Veranstaltungshalle.

Graceland – das frühere Zuhause des King

Kneipen dort hoben Musiker wie W. C. Handy den Blues aus der Taufe, doch diese neue Musik, die stets vom Lieben und Verlassenwerden handelte, blieb lange eine Domäne der Schwarzen.

Bis das Sun Studio, eine winzige Klitsche an der Union Avenue, einen neuen Sound suchte, der tanzbar, aber nicht zu wild sein sollte. Irgendwann schaute ein junger Lastwagenfahrer namens Elvis Presley vorbei, um den Song „That's Alright" aufzunehmen. Die ersten Aufnahmen wurden noch gelöscht. Doch dann, während einer Pause zwischen zwei Takes, schlug Elvis geistesabwesend ein paar Takte und begann dazu zu singen – im Stil des Rhythm and Blues, ungeschliffen und mit hörbar mühevoll gezügelter Leidenschaft. Produzent Sam Phillips war begeistert. Der Rest ist Geschichte ...

Heute lebt Memphis von Handel und Transport. FedEx und ein halbes Dutzend weiterer Fortune-500-Unternehmen haben hier ihren Firmensitz. Im Kollektivbewusstsein der Amerikaner – und Fans in der ganzen Welt – ist Memphis jedoch vor allem die Stadt, in der der „King" 1954 seine erste Platte aufnahm und wo er 1977 bestattet wurde. Graceland, das Anwesen etwas außerhalb der Stadt,

Wer hätte gedacht, dass aus diesem Pickelgesicht einmal einer der weltgrößten Rockstars werden würde?

das er bereits 1957 kaufte, verwandelte sich nach dem Tod von Elvis in ein internationales, mit Memorabilien und persönlichen Gegenständen des Superstars vollgestopftes Wallfahrtsziel und ist auch über 30 Jahre später die Topattraktion der Stadt.

Der Blues ist der Stadt trotz des tagtäglichen Auflaufes dennoch nicht abhanden gekommen. Die nach dem Tod von Elvis für die Touristen geliftete, zuvor heruntergekommene Beal Street ist noch immer Heimat etlicher Blueskneipen. Das ebenfalls hier liegende Rock'n'Soul Museum zeigt dazu eine Ausstellung des Smithsonian zum Thema, und unweit davon präsentiert das STAX Museum of American Soul Music heiße Musikvideos und -filme und verwandelt sich abends in einen angesagten Tanzschuppen. Selbst im Gottesdienst wird gerockt. Sonntags betet in der Full Gospel Tabernacle Church kein Geringerer als der Sänger, Plattenmillionär („Let's stay together" u. a.) und Reverend Al Green. Und Nostalgiker schauen sich gern noch das legendäre Sun Studio an, das heute mit Fug und Recht von sich behaupten darf, die Wiege des Rock 'n' Roll zu sein.

NASHVILLE

Die erste Überraschung ist, dass nicht die Musikindustrie der größte Devisenbringer der Stadt ist, sondern das Gesundheitswesen. Die zweite: Nashville besteht nicht nur aus Tonstudios und Konzerthallen. Die moderne Großstadt am Cumberland River besitzt auch mehr als ein halbes Dutzend Hochschulen und wird dank seines ausgezeichneten Tennessee Performing Arts Center sogar von Ballett- und Opernfans besucht. „Athen des Südens", der zweite Beiname der „Music City USA", ist dennoch kaum jemandem geläufig.

Es ist und bleibt die Country Music, die Nashvilles Herz schlagen lässt, und man kann, wie es hier so schön heißt, keinen Stein werfen, ohne einen Musiker, Songschreiber oder Produzenten zu treffen. Trisha Yearwood, Dolly Parton, Willie Nelson, Shania Twain, Carrie Underwood, Brooks & Dunn, Reba McEntire und Sugarland sind die Topverdiener dieser Branche, die jährlich weit über drei Milliarden Dollar verdient und mit Country-Superstar Garth Brooks, der allein 128 Millionen Alben verkauft hat, auch den absoluten Topseller überhaupt in ihren Reihen weiß. Es verwundert daher nicht, dass, während sie den Ankömmling mit einer glitzernden Skyline aus postmodernen Bürotürmen begrüßt, die Straßen der Stadt ganz und gar im Zeichen der Countrymusic stehen. Überlebensgroße Werbeflächen mit den Konterfeis der Country-Heroen begrüßen den Gast an der Peripherie, Musikkneipen und Bars mit Live-Musik lockern selbst die geschäftsmäßige Downtown auf.

Country-Chronisten sehen in der Grand Ole Opry den Beginn der Industrie. 1925 ging die bis heute live vom Radio übertragene Country Music Show zum ersten Mal auf Sendung. Mit steigender Popularität wurden die Studioräumlichkeiten alsbald zu klein, um das Live-Publikum zu beherbergen. Am Ende landete die Radiosendung im Grand Ole Opry House am Opryland Drive, wo sich mit Opry Mills auch Nashvilles Mega-Mall befindet. Ein Auftritt in diesen ehrwürdigen Hallen kommt einem Ritterschlag gleich: Fortan gehört man zur

Country-Familie dazu und darf sich des Wohlwollens der Branche erfreuen. Einen Blick hinter die Kulissen vermittelt die ausgezeichnet inszenierte Country Music Hall of Fame & Museum. Diese Ruhmeshalle liegt im Südosten der Downtown, in einem Viertel namens Music Row. Dort sind Hunderte der Branche verbundene Geschäfte und Unternehmen angesiedelt, Produktionsgesellschaften, Tonstudios, Musikverlage und Radiostationen.

Die Waterfront von Nashville, das nicht nur mit Musik sein Geld verdient.

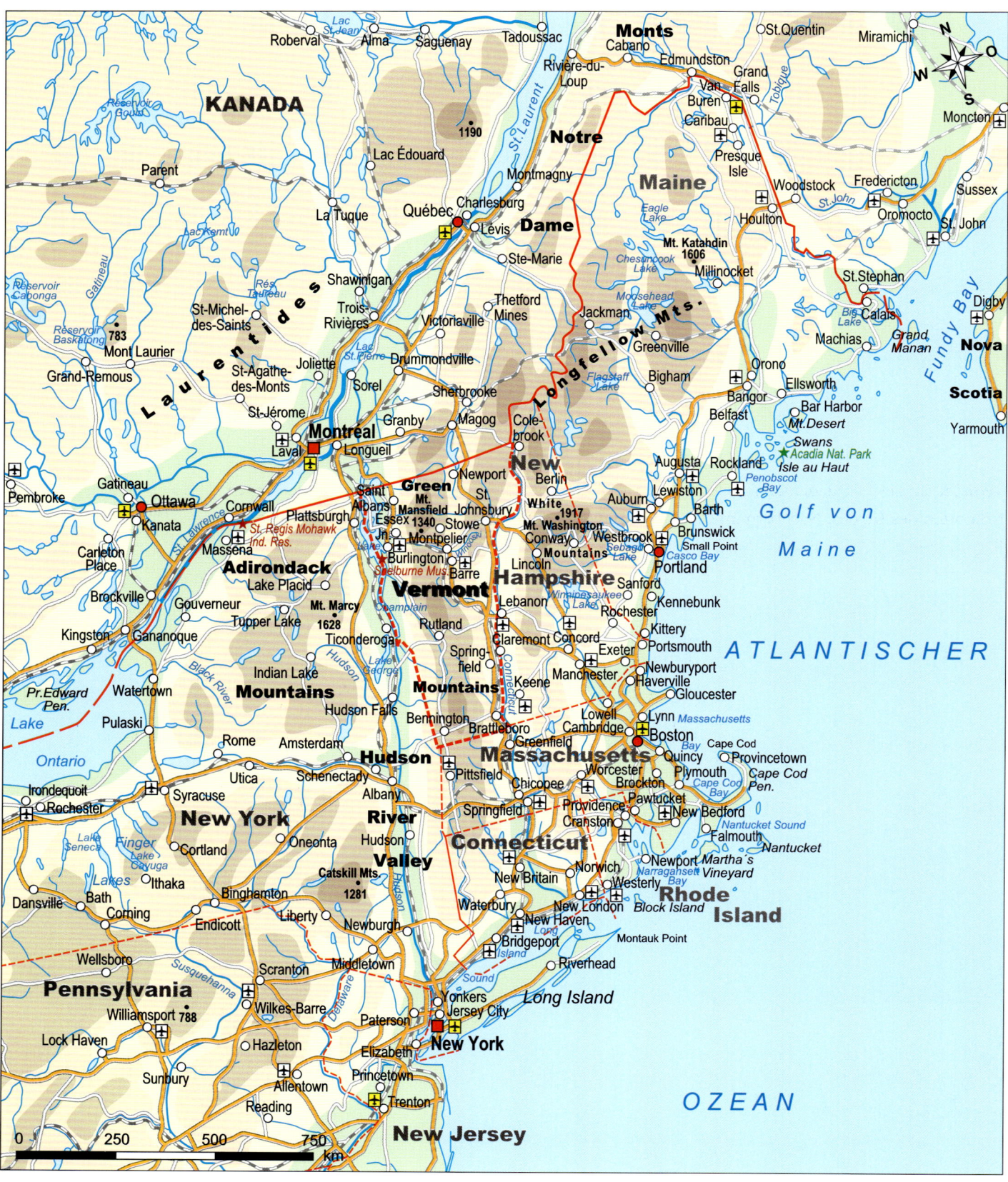

VERMONT

EINSTIMMUNG

Samuel de Champlain, der französische Entdecker und Gründer Neu-Frankreichs, nannte die Landschaft, die er im Jahre 1609 bereiste, „Les Verts Monts", die grünen Berge. Der Name blieb haften, denn bis heute ist Grün die Alpha-Farbe dieses Bundesstaates. In allen Schattierungen kommt sie daher: Blaugrün – das Farbenspektrum der hiesigen Nadelbaumarten – zeichnet ferne Höhenzüge, von denen einer natürlich Green Mountains heißt, himmelwärts gerichtete Freitreppen an den Horizont. Laubwälder betten idyllische Dörfer in dicke, hellgrüne Oberbetten, mit hübschen Farmen, leuchtend roten Silos, weißen Zäunen und wohlgenährten braunen Milchkühen als Farbtupfern. Dass diese Idylle so bleibt wie sie ist, dafür sorgen die Vermonter, die als umweltbewussteste Amerikaner gelten.

ÜBERBLICK

Vermont ist 24.900 Quadratkilometer groß und liegt als einer der Neuenglandstaaten im äußersten Nordosten des Landes. Nachbarn im Osten und Süden sind New Hampshire und Massachusetts. Im Westen grenzt Vermont an New York, im Norden teilt es sich die Landesgrenze mit der kanadischen Provinz Québec. Von Norden nach Süden sind es maximal 254 Kilometer. Die größte Ost-West-Aus-

Nur eine von vielen mit Holz überdachten Brücken, in denen sich angeblich gerne verliebte Pärchen treffen.

dehnung beträgt 145 Kilometer. Die größte Stadt ist Burlington (38.000 Einwohner). Regiert wird Vermont in Montpelier (8000 Einwohner), der kleinsten Hauptstadt eines Bundesstaats des Landes. Im Jahre 2007 hatte Vermont 621.000 Einwohner.

Die in Nord-Süd-Richtung von der kanadischen Grenze bis nach Massachusetts reichenden Green Mountains sind das Rückgrat Vermonts. Mit dem Mount Mansfield (1340 Meter) beim Wintersportort Stowe erreichen sie ihren höchsten Punkt. Parallel zu den Green Mountains begleitet ein erheblich niedrigerer Höhenzug, die Taconic Range, die Grenze zu New York.

Weitere leicht erkennbare Landschaften sind das korridorähnliche Champlain Valley zwischen dem Lake Champlain und den Green Mountains und ein schmaler, Vermont Piedmont genannter Korridor an den Osthängen der Green Mountains. Wichtigste Gewässer sind der 200 Kilometer lange Lake Champlain auf der Grenze zu New York sowie die Flüsse Missisquoi, Lamoille und Winooski.

Ein feuchtes Kontinentalklima erzeugt warme Sommer und kalte, schneereiche Winter. Die Durchschnittstemperatur im Januar liegt in Burlington bei −9 °C und im Juli bei 22 °C. Eine „Spezialität" Vermonts ist die prächtige Laubfärbung während des Indian Summer von Ende September bis Mitte Oktober.

Zuckerahorn, Gelbbirke und Kiefer sind die gängigsten Baumarten des Staats. Dazu gedeihen hier wenigstens 15 weitere Nadelbaumarten sowie 130 Grasarten. Die am meisten verbreiteten Tierarten sind Weißwedelhirsch, Kojote, Fuchs und Hase. Zudem ist eine ansehnliche Kolkraben-Population in Vermont heimisch. Dank ihrer gesunden Forellenbestände sind Vermonts Flüsse beliebte Anglerreviere.

Vermont ist landesweit führend bei der Produktion ökologisch hergestellter Lebensmittel: im Bild eine kleine Apfelplantage.

BEVÖLKERUNG

Vermont ist Neuenglands bevölkerungsärmster Bundesstaat. Fast 97 Prozent sind weiß, die meisten Einwohner haben frankokanadische, englische, irische und deutsche Vorfahren. Landesweit ist Vermont der Staat mit der größten ländlichen Bevölkerung. Die größte Glaubensgemeinschaft bilden die Katholiken. Die United Church of Christ ist die größte protestantische Konfession.

WIRTSCHAFT

Obwohl drei Viertel Vermonts von Wald bedeckt sind und die Zahl der Farmen dramatisch abnimmt, ist Vermont so produktiv wie ein Agrarstaat. Die in den USA als vorbildlich geltende Milchwirtschaft versorgt die gesamte Region mit Milchprodukten, vor allem Käse. Bei der Herstellung von Ahornsirup und verwandten Produkten ist der Staat landesweit führend. Eine umsatzstarke Nahrungsmittelindustrie produziert vor allem Bio-Produkte. Die Städte Burlington, Essex Junction und Rutland sind Standorte von Elektronikfirmen, Software und Turbinen. Größter Arbeitgeber ist jedoch der ganzjährig stattfindende Tourismus.

GESCHICHTE

Bei der Ankunft französischer Pelzhändler im frühen 17. Jahrhundert gehörte Vermont zum Einflussbereich der mächtigen Irokesen-Liga. Bis zum amerikanischen Unabhängigkeitskrieg über 170

Wanderweg in den Green Mountains von Vermont

Beliebt ist Vermont vor allem im Herbst, nirgends sonst sollen die Herbstfarben so schön sein wie hier.

Jahre später war das in Nord-Süd-Richtung verlaufende Champlain Valley Durchzugskorridor zwischen Montreal und New York sowie Aufmarschgebiet für die Stämme Irokesen und die Armeen der Franzosen und Engländer. 1777 gipfelten lange schwelende Reibereien zwischen Großgrundbesitzern in New York und kleinen Farmern in Vermont um Landrechte darin, dass sich Vermont zu einem unabhängigen Staat erklärte. Während der nächsten 14 Jahre stellte Vermont seine eigene Währung her, entsandte seine Botschafter nach Washington, Paris und London und verbot als erster Staat Nordamerikas überhaupt die Sklaverei.

Erst Anfang 1791 trat es den USA als 14. Staat bei. Die Eröffnung des Champlain-Hudson-Kanals verursachte die Abwanderung nicht mehr konkurrenzfähiger Farmer nach Westen. Iren und Frankokanadier rückten jedoch nach, Arbeit in den neuen Textilfabriken im Süden des Staats findend. Als erklärter Gegner der Sklaverei nahm Vermont auf der Seite der Nordstaaten am Bürgerkrieg teil. Nach Kriegsende etablierte sich Vermont als Milch- und Käseproduzent. 1880 erhielten Vermonter Frauen das Wahlrecht.

Im 20. Jahrhundert blühten in vielen Städtchen und Dörfern leichte verarbeitende Industrien. Nach dem Zweiten Weltkrieg entdeckten Städter von der Ostküste die pastorale Landschaft als Zweitwohnsitz. Die Neubürger veränderten auch die politische Landschaft, indem sie Vermont zum Stimmengaranten der Demokraten machten. Von 1990 an ließ sich Vermont für 16 Jahre von einem unabhängigen Sozialisten in Washington repräsentieren. Im Jahr 2000 erklärte Vermont als erster amerikanischer Bundesstaat gleichgeschlechtliche Ehen für legal.

Burlington profitiert vor allem von seiner idyllischen Lage am Lake Champlain.

BURLINGTON

Die amerikanische Presse ist der größten Stadt Vermonts wohlgesonnen. In den jährlich veröffentlichten Rankings der lebenswertesten Städte der USA mischt Burlington stets ganz vorne mit. Die herrliche Lage am Ostufer des Lake Champlain und der Blick auf die bereits in New York liegenden Adirondack Mountains waren ihre Gründungsgeschenke im Jahre 1785. 200 Jahre später wurde sie von fortschrittlichen Lokalpolitikern mit einem seniorenfreundlichen öffentlichen Nahverkehrssystem, Radwegen und Mietobergrenzen beehrt und mit Gesetzen, die dem auch ihr drohenden Siedlungsbrei einen Riegel vorschoben.

Dieser Tage erlebt das Uni- und Collegestädtchen einen – typisch Vermonter – Boom auf kulinarischem Gebiet: Bio-Gemüse ist „in", immer mehr Restaurants präsentieren Gerichte mit Zutaten aus der Umgebung. Das Herz des sympathischen Städtchens ist Church Street Marketplace, eine vier Blocks umfassende, gemütliche Fußgängerzone. Restaurants, Cafés und Bänke zum Beinestrecken machen das Stöbern in den mehreren Dutzend Buchläden, Boutiquen und Galerien zu einem stressfreien Vergnügen. Andere hübsche Straßen zum Flanieren sind Pearl, South Willard und Church Street.

Am Ende der College Street liegt die „Spirit of Ethan Allen III", ein romantischer Ausflugsdampfer für Touren in den Sonnenuntergang vor Anker. An der Main Street vermieten Bike Shops Tourenräder und legen dem Vertrag Karten mit Radwegen bei: Burlington liegt im Herzen eines fast 2000

Winter in Burlington

Kilometer umfassenden, bis nach New York und Kanada reichenden Radwegnetzes! Die größte Attraktion der Stadt führt allerdings aus ihr hinaus. Ein paar Autominuten südlich liegt am Seeufer das berühmte Shelburne Museum, ein grandioses Freilichtmuseum mit 39 historischen Gebäuden aus allen Phasen der Geschichte Neuenglands.

MONTPELIER UND BARRE

Unterschiedlicher könnten zwei Schwesterstädte nicht sein. Zwar teilen sich Montpelier und Barre (9000 Einwohner) die hier steil aufragenden Green Mountains und eine gemeinsame Tageszeitung, doch damit sind die Gemeinsamkeiten auch schon zu Ende. Das am Winooski River liegende Montpelier wurde 1787 gegründet und ist klein aber fein – ganz Hauptstadt eben. Ein schönes State Capitol mit goldener Kuppel beherrscht den Luftraum und ist das Vorzeigestück der rund 500 historische Gebäude umfassenden Altstadt, die sich rund um die Kreuzung von State und Maine Street konzentriert. Drei Colleges, das renommierte New England Culinary Institute, ein Dutzend ausgezeichneter Feinschmecker-Restaurants und zahlreiche Bars und Musikkneipen sorgen für Lebensart und einen Hauch Boheme.

Montpelier hat breite Chausseen, Buchläden und schöne alte Greek-Revival-Häuser. Das wenige Autominuten entfernte Barre dagegen hat eine von Streiks und sozialistischen Volksversammlungen geprägte Vergangenheit. Nüchtern die Main Street, schmucklos die Häuser: Barre ist eine klassische Arbeiterstadt. Am Stadtrand liegen die Granitbrüche der Stadt. Ende des 19. Jahrhunderts fanden Ein-

Ländlich ist die Umgebung des kleinen Vermonter Städtchens Montpelier.

wanderer aus Skandinavien, Deutschland und Schottland, vor allem aber aus Italien, hier Arbeit. Bis heute liefern die Brüche einige der besten Granitsorten Nordamerikas. Am spektakulärsten ist der Rock of Ages Quarry im angrenzenden Graniteville. Weit über 200 Meter tief kann man in diesen größten Granitbruch der Welt an Wochenenden auf einer geführten Tour hinabsteigen.

STOWE

Das 3500-Seelen-Städtchen im Herzen der Green Mountains ist ein Stück Neuengland wie aus dem Lehrbuch: eine makellos weiße Kirche mit spitzem Glockenturm, eine gepflegte Main Street mit schönen Häusern, seit Generationen in Familienbesitz befindliche Geschäfte. Dass Stowe aber auch anders kann, ahnt man spätestens beim Besuch des kleinen, im alten Rathaus untergebrachten Vermont Ski Museum. Dort sind nicht nur handgearbeitete Holzskier zu bewundern, dort werden auch die aus Vermont stammenden Skiasse und Medaillengewinner geehrt. Viele von ihnen fingen auf den Pisten rund um Stowe an: Seit den 1930er-Jahren ist der Ort die Wintersporthauptstadt Neuenglands, vier Dutzend Pisten liegen nur einen Katzensprung entfernt. Die zünftigen Skihotels am Stadtrand, viele davon im „Faux"-Schwarzwald-Stil, pflegen im Winter durchweg ausgebucht zu sein. Im Sommer steigt Stowe um. Mountainbiking und Wandern heißen dann die beliebtesten Aktivitäten. Vor allem an den Hängen des Mount Mansfield, des höchsten Bergs von Vermont. Seine Besteigung nimmt einen ganzen Tag in Anspruch, doch die Aussicht von seiner kahlen Gipfelkuppe aus ist fantastisch. Es geht allerdings auch schneller – und zwar auf der Mount Mansfield Auto Road.

VIRGINIA

EINSTIMMUNG

„Hallowed Ground" – Heiliger Boden. Kein anderer Bundesstaat erfährt diese Verehrung, vor keinem anderen verneigen sich die Amerikaner derart ehrfurchtsvoll. Virginia, in der Übergangszone zwischen Norden und Süden liegend, vereinigt das Schönste und Beste beider Klima- und Vegetationszonen. „Virginia is for Lovers" preist das Fremdenverkehrsamt seinen Staat deshalb an, und Amerikas Osten ist tatsächlich selten romantischer als im sanft hügeligen Piedmont.

Zugleich braucht es den Liebenden auch nicht an Dramatik zu fehlen. Im Bürgerkrieg, dieser im Kollektivbewusstsein Amerikas tief eingebrannten Katastrophe, war Virginia Hauptkriegsschauplatz. Hier fanden mehr Schlachten statt als in allen anderen Bundesstaaten zusammen, hier wären die USA beinahe zerbrochen, und hier wurden sie am Ende von vier mörderischen Kriegsjahren auch vor dem Auseinanderfallen bewahrt.

ÜBERBLICK

Virginia bedeckt eine Fläche von 105.586 Quadratkilometern und liegt an der mittleren Atlantikküste. Im Nordwesten grenzt es an West Virginia, im Nordosten an Maryland und den District of Columbia. Nachbarn im Süden sind North Carolina und Tennessee, im Westen ist es Kentucky. Im

Statue des Gründers der Kolonie Virginia, Captain John Smith, am Ufer des James River.

Osten wird Virginia vom Atlantik begrenzt. Die größte Nord-Süd-Ausdehnung misst 320, von Osten nach Westen sind es maximal 710 Kilometer. Größte Stadt ist Virginia Beach (440.000 Einwohner), Hauptstadt ist Richmond (200.000 Einwohner). 2008 hatte Virginia 7,77 Millionen Einwohner.

Virginia steigt vom Atlantik aus landeinwärts bis zu den Appalachen an und passiert dabei drei Großlandschaften: die Küstenebene, das Piedmont Plateau sowie die Blue Ridge und die niedrigeren Allegheny Mountains. Hier befindet sich mit dem Mount Rogers (1747 Meter) Virginias höchster Punkt. Zwischen diesen beiden Höhenzügen liegt das breite, seinerseits wiederum aus mehreren Tälern, darunter dem Shenandoah Valley, bestehende Virginia Valley. Wichtigste Flüsse des Staats sind der Potomac und der Rappahannock. Die Küste, die im Norden an die Chesapeake Bay reicht, besitzt zahlreiche Naturhäfen. Im Südosten liegt mit dem Dismal Swamp ein ausgedehntes Sumpfgebiet. Virginias Klima ist kaum weniger facettenreich. An der Küste warm und subtropisch schwül, wird es mit zunehmender Entfernung vom Atlantik frischer. Die Durchschnittstemperatur in Richmond beträgt im Januar 2 °C und im Juli 26 °C. In den Höhenlagen der Blue Ridge Mountains können die Temperaturen dagegen im Winter wochenlang unter Null einfrieren.

BEVÖLKERUNG

Auch Alexandria, nur knapp zehn Kilometer von Washington DC entfernt, versprüht den eher ländlichen Charme des Südens.

Bis 1820 war Virginia der bevölkerungsreichste Staat der USA, und bis zum Bürgerkrieg wuchs er beständig. Noch während des Krieges wurde der Westen abgetrennt und als West Virginia ein eigener Bundesstaat. Dabei verlor Virginia mit einem Schlag fast ein Viertel seiner Bevölkerung. 1910

Die Geschichte der USA ist in Williamsburg auf Schritt und Tritt präsent.

Virginia 605

Innenansicht einer historischen Apotheke in Williamsburg

passierte es die Zwei-Millionen-Marke und bis 1970 wuchs die Bevölkerung alle zehn Jahre um 15 bis 20 Prozent. Heute leben drei Viertel aller Virginians in Ballungsgebieten, allen voran in Norfolk-Virginia Beach und Newport News. 73 Prozent sind weiß, knapp 20 Prozent schwarz, knapp fünf Prozent sind asiatischer Herkunft. Die meisten Einwohner europäischer Herkunft geben deutsche, englische und irische Vorfahren an. Im Norden lebt die größte vietnamesische Bevölkerung (ca. 50.000) im Osten. Im Glauben blickt Virginia auf eine lange Tradition religiöser Toleranz zurück. Heute ist der Staat überwiegend protestantisch, mit der Southern Baptist Convention und der United Methodist Church als größte Gruppen.

WIRTSCHAFT

Virginias Wirtschaft ist breit aufgestellt und weist mit der Dienstleistungsindustrie – sie allein beschäftigt ein Drittel aller Virginians – den größten Arbeitgeber aus. Vor allem in den nach Virginia ausgelagerten Ministerien und Regierungseinrichtungen Washingtons stehen Zehntausende in Lohn und Brot. Immer wichtiger wird der Tourismus, der von der dramatischen Geschichte Virginias ebenso profitiert wie von der landschaftlichen, Bade- und Wanderurlaub einschließenden Vielfalt. Obst, Tabak, Sojabohnen, Kartoffeln und Milchwirtschaft sind die wichtigsten Absatzprodukte einer längst stark mechanisierten Landwirtschaft. Auf der entgegengesetzten Seite des wirtschaftlichen

Spektrums besitzt Virginia die meisten in Hightech-Branchen Beschäftigten des Landes. Städte wie Blacksburg und Charlottesville sowie der Einzugsbereich des District of Columbia sind Bastionen profitträchtiger, internetgestützter Zukunftsindustrien.

GESCHICHTE

Die ältesten Spuren menschlicher Besiedlung datieren auf 8000 v. Chr. Als englische Siedler am 14. Mai 1607 Jamestown gründeten, wurden sie von Algonkin sprechenden Indianern der mächtigen Powhatan-Liga begrüßt. Die erste Siedlung des englischen Nordamerikas trotzte allen Anfangsschwierigkeiten und entwickelte sich bald zur Hauptstadt der neuen Kolonie Virginia. Ihre Raison d'Être war der Tabakanbau: Schon wenige Jahrzehnte später war eine von englischen Adligen abstammende Oberschicht entstanden, deren auf Sklavenarbeit basierende Plantagenwirtschaft enorme Gewinne abwarf und den Großgrundbesitzern einen eleganten Lebensstil ermöglichte.

Hundert Jahre später entlud sich der jahrelang aufgestaute Unmut über die restriktive Steuerpolitik der englischen Kolonialherren auch hier in der Teilnahme am Unabhängigkeitskrieg. Die neue Hauptstadt Richmond wurde von den Briten niedergebrannt, doch 1781 kapitulierten die Briten in Yorktown und besiegelten damit das Ende der englischen Kolonialherrschaft. 1788 wurde Virginia als zehnter Bundesstaat in die USA aufgenommen. Prominente Virginians halfen dem jungen Staat bei den ersten Schritten: George Washington wurde erster US-Präsident, ihm folgten mit Thomas Jefferson, der auch

Geschichte noch einmal hautnah miterleben kann man in Colonial Williamsburg

Der größte Teil von Colonial Williamsburg steht unter Denkmalschutz.

schon die Unabhängigkeitserklärung verfasst hatte, James Madison und James Monroe gleich drei weitere Gentleman-Pflanzer im Amt. Die Sklaverei – ein Drittel der Bevölkerung bestand aus Sklaven – blieb während der folgenden Blütezeit Virginias ein Zankapfel zwischen Gegnern und Befürwortern.

Eine 1831 blutig niedergeschlagene Sklavenrevolte, bei der 60 Weiße getötet wurden, löste eine Hysterie aus und verstärkte den Druck auf die Regierung, die Kontrolle über die Sklaven zu verschärfen. 1861 trat Virginia an der Seite der Südstaaten in den Bürgerkrieg ein. Wenig später wurde Richmond zur Hauptstadt der Konföderierten Staaten von Amerika ausgerufen. Während der nächsten vier Jahre war Virginia der heiß umkämpfte Große Preis: Wer Virginia besaß, hielt den Schlüssel zum Sieg. Bei Manassas erlebte der geschundene Staat die erste Schlacht, zu ihr reisten die Hauptstädter beider Staaten noch mit Picknickkörben an. Bei der Belagerung von Petersburg wurde es zum Schauplatz des ersten Grabenkriegs der Geschichte.

Konföderierten-General Robert E. Lee machte sich in dieser Zeit als genialer Stratege einen Namen, musste aber am 12. April 1865 doch in Appomattox vor den zahlenmäßig überlegenen und besser ausgerüsteten Nordstaatlern unter General Ulysses E. Grant kapitulieren. So verheerend ist dieser Krieg für Virginia gewesen, dass es erst 50 Jahre später wirtschaftlich auf die Beine kam und auch politisch wieder an Einfluss gewann. Während die Weltkriege vor allem den Schiffsbau rund um Norfolk in Schwung brachten und die Landwirtschaft außer Baumwolle u. a. auch Sojabohnen und Erdnüsse in ihre Produktpalette aufnahm, schleppte der Staat mit der nach und nach gesetzlich verankerten Rassentrennung noch lange ein Fragment finstersten Alten Südens mit sich. Erst 1965 wurde endgültig mit der Segregation aufgeräumt. 1989 wählte Virginia seinen ersten afroamerikanischen Gouverneur, und im Jahr 2007 feierte Virginia in Jamestown sein 400-jähriges Bestehen.

CHARLOTTESVILLE

Ihre renommierte Hochschule, die University of Virginia, züchtet u. a. hochspezialisierte Wirtschaftsexperten heran. Charlottesville drückt sie, so machtvoll wie altehrwürdig und unübersehbar, ihren neoklassischen Stempel auf. Dabei ist das 45.000-Einwohner-Städtchen zu Füßen der Blue Ridge Mountains ist bei Weitem progressiver, als es auf den ersten Blick wirkt. Den besten Beweis liefert die mitten durch die Stadt führende Downtown Mall. Die von Eichen gesäumte Fußgängerzone wimmelt vor Studenten aus aller Welt, viele in Cafés über Laptops gebeugt, andere in erregte Diskussionen vertieft. In den Restaurants tischen kreative Küchenchefs Köstlichkeiten aus regionalen Produkten auf, und draußen erinnern rot geklinkerte alte Häuser, Pantomimen und andere Straßenkünstler sogar ein wenig an Europa.

Thomas Jefferson würde sich freuen. 1819 hatte das begnadete Multitalent – er war nicht nur ein visionärer Staatsmann, sondern auch ein genialer Wissenschaftler und begabter Architekt – die Universität gegründet, um die Aufklärung Europas nach Amerikas zu bringen. Als dritter US-Präsident brachte er u. a. den Louisiana Purchase, der das Staatsgebiet über Nacht verdoppelte, über die Bühne. Um das neue Territorium zu erkunden, wählte er zwei Männer aus und schickte sie mit Instruktionen, das Gesehene so detailliert wie möglich zu beschreiben, auf die Reise. Das Lewis and Clark and Sacajawea Memorial in der Fußgängerzone erinnert an diese wohl berühmteste amerikanische Forschungsexpedition. Jefferson selbst war unweit der 1762 gegründeten Stadt geboren und verbrachte hier den größten Teil seines Lebens. 1809 bezog er eine von ihm im georgianischen Stil entworfene Residenz im Süden der Stadt, um von ihr aus über die Zukunft der USA nachzudenken. 200 Jahre später ist Monticello, noch immer mit Büchern, Karten und wissenschaftlichen Geräten vollgestopft, das vielleicht schönste Denkmal für einen Staatslenker in den USA.

Monticello, der von Thomas Jefferson selbst entworfene Amtssitz befindet sich im Süden von Charlottesville.

HAMPTON ROADS

Mit einer Straße hat der Name nur im übertragenen Sinne zu tun. Von alters her bezeichnet der Begriff jene Wasserstraße, auf welcher die Pioniere landeinwärts drangen. Drei Flüsse und die Chesapeake Bay münden in diese buchtähnliche Meerenge. Auf einem von ihnen, dem James River, segelten die ersten englischen Siedler im Jahre 1607 so lange flussaufwärts, bis sie einen geeigneten Ort für ihre neue Heimat fanden. Jamestown ging als älteste Siedlung des englischsprachigen Amerikas in die Geschichte ein und ist 400 Jahre später eine der Hauptattraktionen dieser von nun von mehr als anderthalb Millionen Menschen dicht bevölkerten Region. Viele arbeiten auf den Werften, die amerikanische Marine unterhält hier einen Stützpunkt.

Der Tourismus profitiert von der historischen Rolle der Hampton Roads als Einfallstor: Die meisten Attraktionen bieten Ausflüge in die oft dramatische Vergangenheit. Gleich am Eingang der Hampton Roads, an der Spitze der Virginia Peninsula, wacht noch immer die größte Festung der USA über das rege Kommen und Gehen in der Meerenge. Die Geschichte des 1834 in Dienst gestellten Fort Monroe erzählt heute das ausgezeichnete Casemate Museum. Im Kohlehafen und Marinestützpunkt Norfolk gegenüber ist das über die Hafenanlagen blickende Nauticus National Maritime Center der Besuchermagnet. Hier geht es auf mehreren Etagen um die maritime Vergangenheit und Gegenwart der Hampton Roads, und gleich neben dem modernen Glaskasten liegt, einem urweltlichen Ungeheuer nicht unähnlich, die „USS Wisconsin" vertäut. Das 300 Meter lange Schlachtschiff, das 1943 vom Stapel lief und von 2900 Mann Besatzung bedient wurde, gilt als das größte je gebaute Schlachtschiff der Welt. Heute ist es ein Museum.

Im Hafen von Norfolk

Weniger martialisch gibt sich das Mariner's Museum in Newport News. Zwar kann man auch hier auf einer rekonstruierten Schlachtschiffbrücke den Befehl zum Torpedieren erteilen, doch die in riesigen Hallen ausgestellten historischen Segelschiffe und hölzernen Motorboote stehlen der militärischen Abteilung leicht die Schau. Auch Portsmouth am Elizabeth River steht ganz im Zeichen endloser Containerhalden und skelettartiger Ladekräne.

Das hiesige Portsmouth Naval Shipyard Museum präsentiert 250 Jahre US-Marine, das angeschlossene Lightship Museum ist ein restauriertes Feuerschiff. Schließlich ist da auch noch Virginia Beach an der Mündung der Hampton Roads in den Atlantik, die größte und noch immer am schnellsten wachsende Stadt des Staats. Der viele Kilometer lange Strand hat es zum beliebtesten Badeziel der mittleren Atlantikküste gemacht.

JAMESTOWN, WILLIAMSBURG UND YORKTOWN

Im Schatten roh behauener Palisaden tauschen Indianer und Siedler Felle gegen Werkzeug. Nur wenige Kilometer weiter verliest ein Gerichtsdiener einer grölenden Menge das Urteil, ketten kräftige Schergen einen armen Teufel an den Pranger. Und wiederum nur wenige Autominuten entfernt beschießen zerlumpte Rebellen von einer Anhöhe aus eine Stadt, amputieren Feldärzte in blutbeschmierten Kitteln vor Schmerzen schreiende Verwundete. Historische Schlüsselszenen, von Laiendarstellern leidenschaftlich dargeboten: Auch deshalb wird dieses Gebiet auf der den James River vom York River trennenden Halbinsel „Historic Triangle" genannt. Die Eckpunkte dieses Dreiecks sind jedoch noch mehr, nämlich anerkannte Dreh- und Angelpunkte der amerikanischen Geschichte.

Historische Ausgrabungstätte in Jamestown – hier graben Archäologen nach der Geschichte der frühen Siedler.

Laiendarsteller spielen historische Ereignisse im Jamestown Settlement (links) mit großer Leidenschaft nach.

Jamestown, im Mai 1607 von der Virginia Company in London gegründet, genießt als älteste englische Siedlung Nordamerikas einen Ehrenplatz in den amerikanischen Geschichtsbüchern. Jamestown Settlement, die Rekonstruktion dieses winzigen Gemeinwesens auf einem damals gänzlich unbekanntem Kontinent, ist ein lebendes Museum, in dem „echte" Pioniere und Indianer dem Besucher von ihrem Alltag in der Neuen Welt berichten.

„Living History" wird auch in Colonial Williamsburg geboten. Amerikas größtes Freilichtmuseum doubelt für die alte Hauptstadt Virginias. 1699 zog die Kolonialverwaltung von Jamestown hierher und errichtete standesgemäße Regierungsgebäude, einen Gouverneurspalast, Wohnhäuser und Parks. 1775 vertreiben die Virginians den letzten britischen Statthalter, und wenig später wurde die

Hauptstadt nach Richmond verlegt. Viele Einwohner zogen fort, das einstmals prächtige Williamsburg fiel in Vergessenheit. Erst im Laufe des 20. Jahrhunderts hoben visionäre Bürger mit Hilfe vieler von John D. Rockefeller spendierter Millionen US-Dollar Colonial Williamsburg aus der Taufe. Heute präsentiert sich Williamsburg wieder im alten Glanz, Capitol, Gouverneurspalast, Tavernen, Kaserne und Kirche inbegriffen.

In Yorktown wiederum endet der Unabhängigkeitskrieg. Im Oktober 1781 ergaben sich die in Yorktown eingekesselten Engländer unter dem Kommando von General Cornwallis nach mehrtägiger Kanonade den vereinten Amerikanern und Franzosen unter den Generälen George Washington und DeGrasse. Der Verlauf dieser historischen Schlacht, nach der sich Großbritannien endgültig von

Colonial Williamsburg ist ein großes Freilichtmuseum, in dem man auch altes Handwerk in originalgetreu rekonstruierter Umgebung studieren kann.

Richmond von der Waterfront aus gesehen

ihren 13 Kolonien verabschiedete, wird im Yorktown Victory Center rekonstruiert. Draußen spielen hochmotivierte Laiendarsteller besonders dramatische Szenen nach.

RICHMOND

Nach Washington, DC, sind es zwar nur zwei Autostunden, doch ebenso gut könnten sich die beiden Städte auf zwei verschiedenen Kontinenten befinden. Dabei sind es nicht nur der schwere Duft der Magnolien, der über den breiten Chausseen von Richmond liegt, der schon hier recht breite Südstaatenakzent und der Umstand, dass das Tempo hier erheblich langsamer ist als im hektischen Washington. Richmond, 1737 am James River gegründet, ist, auch wenn ihre moderne Skyline es zunächst nicht vermuten lässt, mehr als „nur" die Hauptstadt Virginias. Richmond ist und bleibt vor allem die alte Hauptstadt der Konföderation. Und während die Bundeshauptstadt den Bürgerkrieg längst vergessen hat, ist hier die Erinnerung an ihn vielerorts noch quicklebendig.

Im alten, von modernen Bürotürmen umzingelten Stadtzentrum Court End befindet sich das Museum of the Confederacy. Es beherbergt die landesweit größte Sammlung konföderierter Artefakte, darunter die Flagge eines der Feldhauptquartiere von General Lee, eine Reliquie hierzulande. Daneben steht, ein schönes Gebäude mit vier Doppelsäulen, das White House of the Confederacy. Hier

Die alte City Hall von Richmond – der Hauptstadt Virginias

residierte der erste – und einzige – Präsident der Konföderation, Jefferson Davis, mit seiner Familie. Das American Civil War Center erforscht die Gründe der Sezession und deren Vorgeschichte aus der Perspektive von Nord- und Südstaatlern sowie der Afroamerikaner.

Im Süden der Stadt schließlich zitieren im Richmond National Battlefield Park Stimmen vom Band Augenzeugenberichte von den zahlreichen Gefechten und Schlachten, die während des Bürgerkriegs unmittelbar vor den Toren der Stadt stattfanden.

Es gibt jedoch auch ein anderes, weniger in der Vergangenheit schwelgendes Richmond. Es beginnt mit dem Virginia State Capitol in Court End, dem ungewöhnlichen, von Thomas Jefferson entworfenen Regierungssitz, der einzigen in das Gebäude integrierten Kuppel des Landes. Das Black History Museum and Cultural Center of Virginia informiert über das schwarze Richmond: 60 Prozent sind afroamerikanischer Herkunft und Jackson Ward, das alte Schwarzenviertel, steht als National Historic District unter Denkmalschutz. Im eleganten Fan District bietet die von Glyzinien und Denkmälern berühmter Südstaatler gesäumte Monument Avenue einen der schönsten Spaziergänge im Osten. Und in Carytown, dem ältesten Einkaufsviertel der Stadt, warten Boutiquen, Juweliere und das ausgezeichnete Virginia Museum of Fine Arts mit einem breit gefächerten, vom europäischen Mittelalter bis Andy Warhol reichenden Ausstellungsprogramm.

WASHINGTON DC

EINSTIMMUNG

Touristen wälzen sich im Gras, um wenigstens ein Drittel des riesigen Washington Monument in den Sucher zu bekommen. Am Vietnam Memorial fahren Menschen mit dem Finger still über die endlosen Namensreihen, um einen der ihren zu entdecken. Vor dem Weißen Haus sprechen Reporter in Mikrofone und auf der Washington Mall erinnert das platt getretene Gras noch an die letzte Demonstration. Besucher aus allen Teilen des Landes bummeln durch die besten Museen und Galerien. In den Restaurants rund ums US-Kapitol essen und telefonieren gut gekleidete Regierungsangestellte, in den Parks schlafen Obdachlose. Jeder Tag im Nervenzentrum der reichsten und mächtigsten Nation der Erde ist wie eine Momentaufnahme Amerikas.

LINKE SEITE UNTEN:
Wer das White House besucht, steht beinahe im Garten des Präsidenten.

Beeindruckendes Bild der Macht: Die Rotunde des Capitols in Washington DC

Die mehrere Meter hohe Statue Abraham Lincolns im Lincoln Memorial

GESCHICHTE

Mit der historischen Wahl des ersten afroamerikanischen US-Präsidenten ins Weiße Haus erhielt die Bundeshauptstadt die lange benötigte Vitaminspritze. Seitdem ist Washington wieder „cool", und der von der neuen Regierung verströmte Optimismus ist überall in der Stadt fühlbar. Oft war das nicht der Fall: Vietnamkrieg, Rezessionen, Irakkrieg und zuletzt acht Jahre einer so konservativen wie unbeweglichen Administration – den Fallout politischer und wirtschaftlicher Krisen spürte Washington stets als Erstes. Auch Washington selbst ist das Produkt einer Krise. Da damals weder der Norden noch der Süden in der Hauptstadtfrage nachgeben wollte, einigte man sich im Jahre 1790 darauf,

Das Washington Monument und den Reflecting Pool kennt man aus vielen Fernsehübertragungen, denn hier finden häufig auch Protestversammlungen statt, so etwa die großen Friedensdemonstrationen während des Vietnamkrieges.

eine völlig neue Hauptstadt auf neutralem, Maryland und Virginia entnommenem Gebiet zu bauen. Bei den Details erinnerte sich die Regierung an das prunkverliebte Frankreich: Plätze sollten her und Avenuen, der großen Zukunft des jungen Landes angemessene Visitenkarten. Die Stadt, die der mit der Ausführung beauftragte Pariser Städteplaner Pierre Charles L'Enfant daraufhin schuf, hob sich wie gewünscht von den übrigen amerikanischen Städten ab, ähnelte jedoch noch über Jahrzehnte hinaus einem viel zu großen Anzug, in den der Träger noch hineinzuwachsen hatte. Nach dem Bau der notwendigsten Regierungsgebäude – u. a. Kapitol und Weißes Haus – erlebte Washington erst in den 1930er- und 1940er-Jahren des 20. Jahrhunderts wieder eine regelrechte Bauwut. In den 1960er-Jahren fanden in der Hauptstadt die Massenkundgebungen der Bürgerrechtsbewegung, Ras-

Das ehrwürdige Arts and Industries Building der Smithsonian Institution, eines der renommiertesten Museen der USA.

senkrawalle und die Proteste der Anti-Vietnam-Bewegung statt, in den 1970er-Jahren erschütterte der Watergate-Skandal das Vertrauen der Amerikaner in ihre Politiker. In den 1990er-Jahren macht „Monica-Gate" den amtierenden US-Präsidenten zur Lachnummer. Der Tourismus der 600.000-Einwohner-Stadt blüht trotzdem – oder gerade deshalb. Denn mit Dutzenden hervorragenden Kunst- und Kulturstätten sowie einer Handvoll schöner Stadtviertel ist Washington, DC nicht nur für Politiker eine Reise wert.

CAPITOL HILL DISTRICT

Die hier ausgestellten Dokumente reichen vom 13th Amendment, das einst die Sklaverei abschaffte, bis zur Rede Präsident George W. Bushs vor dem Kongress nach den Terrorangriffen des 11. September: Das neue unterirdische Capitol Visitor Center, das den Besucherstrom ein wenig vom Kapitol ablenken soll, ist eine Attraktion für sich. Darüber führt jedoch eindeutig der Regierungssitz Regie. Majestätisch thront er auf dem Capitol Hill über der Stadt, 1793 begonnen und immer wieder erweitert, ausgebaut und rundernneuert. In dem aus mehreren gewaltigen Gebäuden bestehenden Komplex, zu dem auch noch der Supreme Court und die Library of Congress gehören, konzentriert sich eine schwindelerregende Machtfülle. Blickfang – und Star vieler Hollywood-Filme um Washingtons korrupte Power-Broker – ist die 60 Meter hohe Kuppel des Kapitol. Westlich des selbst im grauen Nieselwetter schönen Gebäudes schließt die bis zum drei Kilometer entfernten Potomac River reichende National Mall an. Eigentlich hätte der grüne Parkstreifen ein amerikanischer Champs Élysées werden sollen, doch die Zeitläufe meinten es anders mit ihm. Er sah zahlreiche historische

Eingang zum National Air and Space Museum

Der Arlington National Cemetery – der zweitgrößte Nationalfriedhof der USA – gehört zwar offiziell zu Virginia, wird aber von vielen als Bestandteil von Washington DC angesehen. Hier liegen viele bekannte Persönlichkeiten begraben, darunter auch der 1963 in Dallas ermordete J. F. Kennedy.

Aufmärsche und zuletzt die von mehreren Hunderttausend Schaulustigen verfolgte Amtseinsetzung des 44. Präsidenten.

Einige der besten Museen der Welt säumen seine Ränder, darunter die National Gallery of Art, sowie der von der renommierten Smithsonian Institution geführte Kulturtempel das National Museum of American History und das neue Smithsonian National Museum of the American Indian. Der über 180 Meter hohe Obelisk des Washington Monument befindet sich hier ebenso wie, schon fast am Potomac, das Vietnam Veterans Memorial, der lange Reflecting Pool und das besonders gern nachts fotografierte Lincoln Memorial. Der imposante, tempelartige und von zwölf Säulen flankierte Bau beherbergt eine sechs Meter hohe Marmorstatue des 16. US-Präsidenten Abraham Lincoln.

DOWNTOWN

Das Zentrum der Stadt liegt zwischen Constitution Avenue und L Street. Viktorianische Traditionshotels stehen neben gesichtslosen Verwaltungsgebäuden, Museen neben Fastfood-Kantinen und vergitterte Elektronikfachgeschäfte neben angesagten Nachtklubs. Gleichwohl ist Washington auch hier nie weit. Das Machtzentrum der westlichen Hemisphäre lässt sich vom monumentalen Ronald Reagan Building and International Trade Center vertreten und vom allgemein als hässlich empfundenen J. Edgar Hoover FBI Building. Außerdem gibt es einen Einblick in die Geschichte: Ford's Theatre, wo Abraham Lincoln wenige Tage nach dem Ende des Bürgerkriegs von einem fanatischen

Südstaatler ermordet wurde, beherbergt heute ein kleines, an jenen düsteren Abend erinnerndes Museum. Am Südrand der Downtown, zwischen Constitution und Philadelphia Avenue und bereits im Dunstkreis von National Mall und Capitol Hill, liegt das wohl bekannteste Gebäude des Landes, wenn nicht sogar der ganzen Welt. Dabei war es anfangs nicht weiß, sondern braun. Im Krieg von 1812 steckten es britische Soldaten in Brand, und erst danach erhielt das Weiße Haus seine jetzige Farbe – und damit seinen Namen. Im „White House" residiert traditionell der amtierende US-Präsident mit seiner Familie.

GEORGETOWN

Shopping und Georgetown gehören zusammen wie Washington und White House. Zahllose kleine Boutiquen säumen die Wisconsin Avenue, vor allem im Fadenkreuz von Wisconsin und M Street. Die Bars am Washington Harbor sind die beliebtesten Hangouts von Pärchen und Singles, und die Degrees Bar im hiesigen Ritz-Carlton gilt als bester Ort zum „Prominentegucken". In Georgetown regieren Lifestyle und Zeitgeist, und das auch noch vor einer ausnahmslos angenehmen Kulisse. Nicht charakterlose Neubauten bestimmen das Bild, sondern viktorianische Stadthäuser mit gepflegten Gärten an schattigen Alleen. Manche Straßen sind sogar noch kopfsteingepflastert. An dem für Washington recht schläfrigen Kleinstadtcharakter ist die Entstehungsgeschichte schuld. Georgetown wurde bereits 1751 gegründet, lange bevor von Washington überhaupt die Rede war. 1871 wurde es der Hauptstadt angegliedert, doch seinen kleinstädtischen Charakter hat es sich bis heute bewahrt.

Kleinstädtisch und liebenswert ist Washingtons Stadtteil Georgetown.

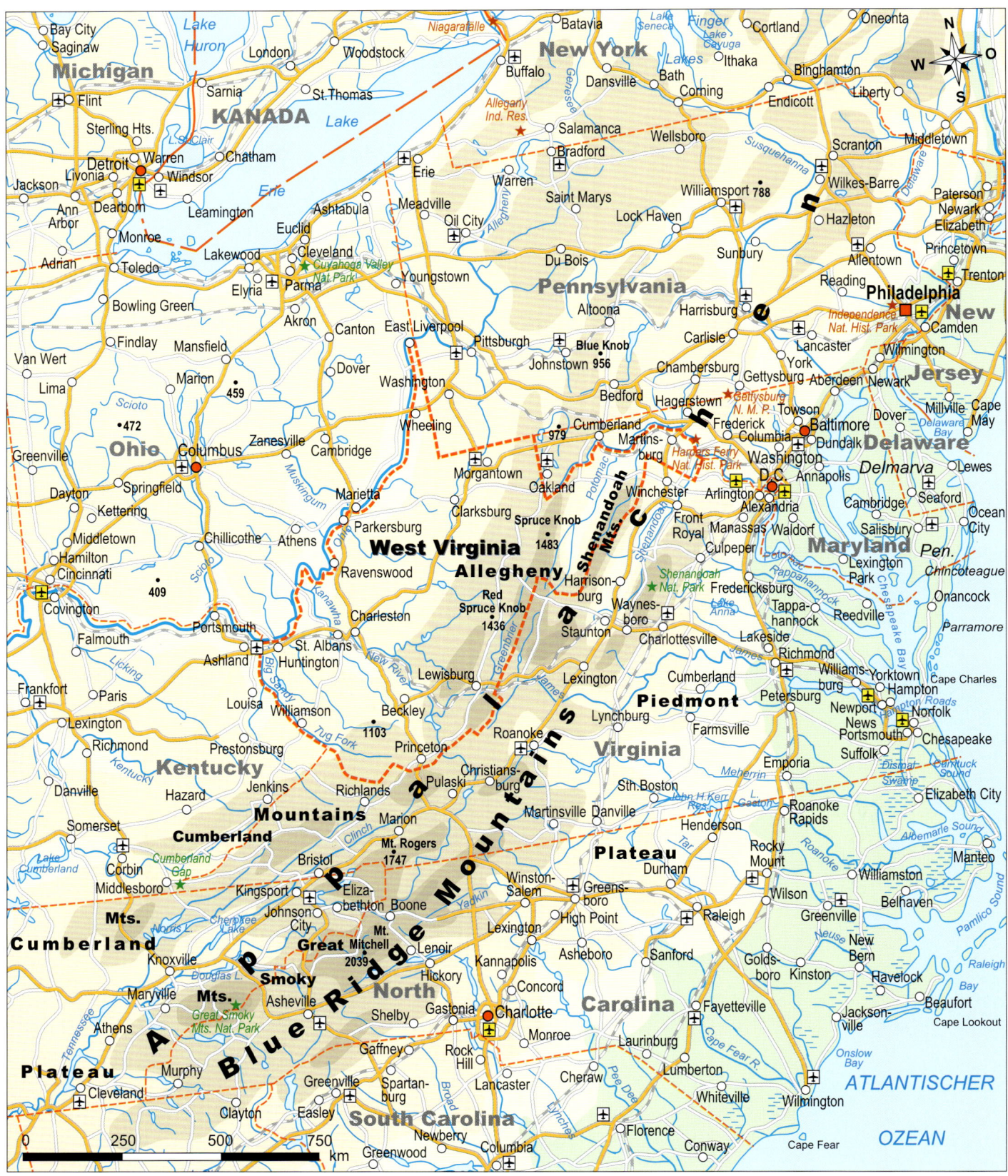

WEST VIRGINIA

EINSTIMMUNG

Aus steilen Höhenzügen ragen nackte Felskuppen heraus. Wasserfälle stürzen in enge, menschenleere Täler, das Rauschen von Gebirgsbächen echot hinauf. Über großen, alten Bäumen hängt der Morgennebel. Eine kraftvolle, urwüchsige Landschaft, in der kaum Platz für große Städte ist: In West Virginia zeigen sich die Appalachen von ihrer besten Seite.

ÜBERBLICK

West Virginia ist 62.758 Quadratkilometer groß und liegt in der südlichen Atlantikregion. Als einer am unregelmäßigsten geformten Bundesstaaten des Landes wird er im Norden von Ohio, Pennsylvania und Maryland begrenzt. Nachbar im Osten und Süden ist Virginia, im Westen stößt West Vir-

Country Road, take me home ...

ginia an Kentucky und – wiederum – an Ohio. Von Norden nach Süden sind es maximal 381, von Osten nach Westen 426 Kilometer. Größte Stadt und Hauptstadt ist Charleston (51.000 Einwohner). 2007 lebten 1,8 Millionen Menschen in West Virginia.

Mit einer durchschnittlichen Höhe von 460 Metern ist West Virginia der am höchsten gelegene Staat östlich des Mississippi und auch der einzige, der sich vollständig in den Appalachen befindet. Allein drei Viertel seiner Fläche werden von den hier besonders rauen, von tiefen Tälern und Schluchten charakterisierten Allegheny Mountains geprägt. Höchster Punkt ist der 1483 Meter hohe Spruce Knob. Der Staat besitzt keine Seen, dafür aber umso mehr Flüsse. Die wichtigsten sind Monongahela, Kanawha und Big Sandy. Unter der Oberfläche liegen reiche Kohlevorkommen. Ein feuchtes Kontinentalklima erzeugt warme Sommer und kalte Winter mit bis zu 120 Zentimetern Schnee. West Virginias vielschichtige Topografie bietet in drei Vegetationszonen zahlreichen Laub- und Nadelbaumarten Lebensraum. Eichen-, Ahorn- sowie Kiefern-, Tannen- und Fichtenarten sind am weitesten verbreitet. Hartriegel, Rhododendron, Weidenkätzchen und verschiedene Kleearten sind ebenfalls leicht zu finden. In diesem Biotop hausen über 50 Säugetier- und mindestens 300 Vogelarten. Größte Bewohner sind Schwarzbär und Weißwedelhirsch, daneben gibt es Luchs, Waschbär, Stinktier, Opossum, Grau- und Rotfuchs sowie zahlreiche kleine Nagerarten. Vogelarten, die man häufig

Ganz West Virginia liegt in den Appalachen.

zu Gesicht bekommt, sind Roter Kardinal, Indianermeise, Rote Spottdrossel, Scharlachtangare und verschiedene Specht-, Schwalben- und Grasmückenarten. In den Bächen und Flüssen tummeln sich die verschiedensten Fischarten, allen voran mehrere Forellenarten.

BEVÖLKERUNG

West Virginias Bevölkerung hat dramatische Zu- und Abnahmen erlebt. Während der 1880er-Jahre erlebte der Staat wegen des Booms seiner Holz- und Kohleindustrie zweistellige Zuwachsraten. Um 1950 hatte West Virginia zwei Millionen Einwohner, doch danach verließen die Menschen den Staat in Scharen. Erst seit ein paar Jahren ist wieder ein Aufwärtstrend feststellbar. Die Bevölkerung ist tief verwurzelt: Gerade ein Prozent, Rekord im Einwandererland USA, wurde nicht in West Virginia geboren. Die meisten Einwohner nennen deutsche, irische, englische und italienische Wurzeln. Nur drei Prozent sind Afroamerikaner, noch weniger lateinamerikanischer Herkunft. Traditionell protestantisch, gehören die meisten Einwohner der United Methodist Church und der American Baptist Church an. Nur rund 100.000 Menschen sind katholisch.

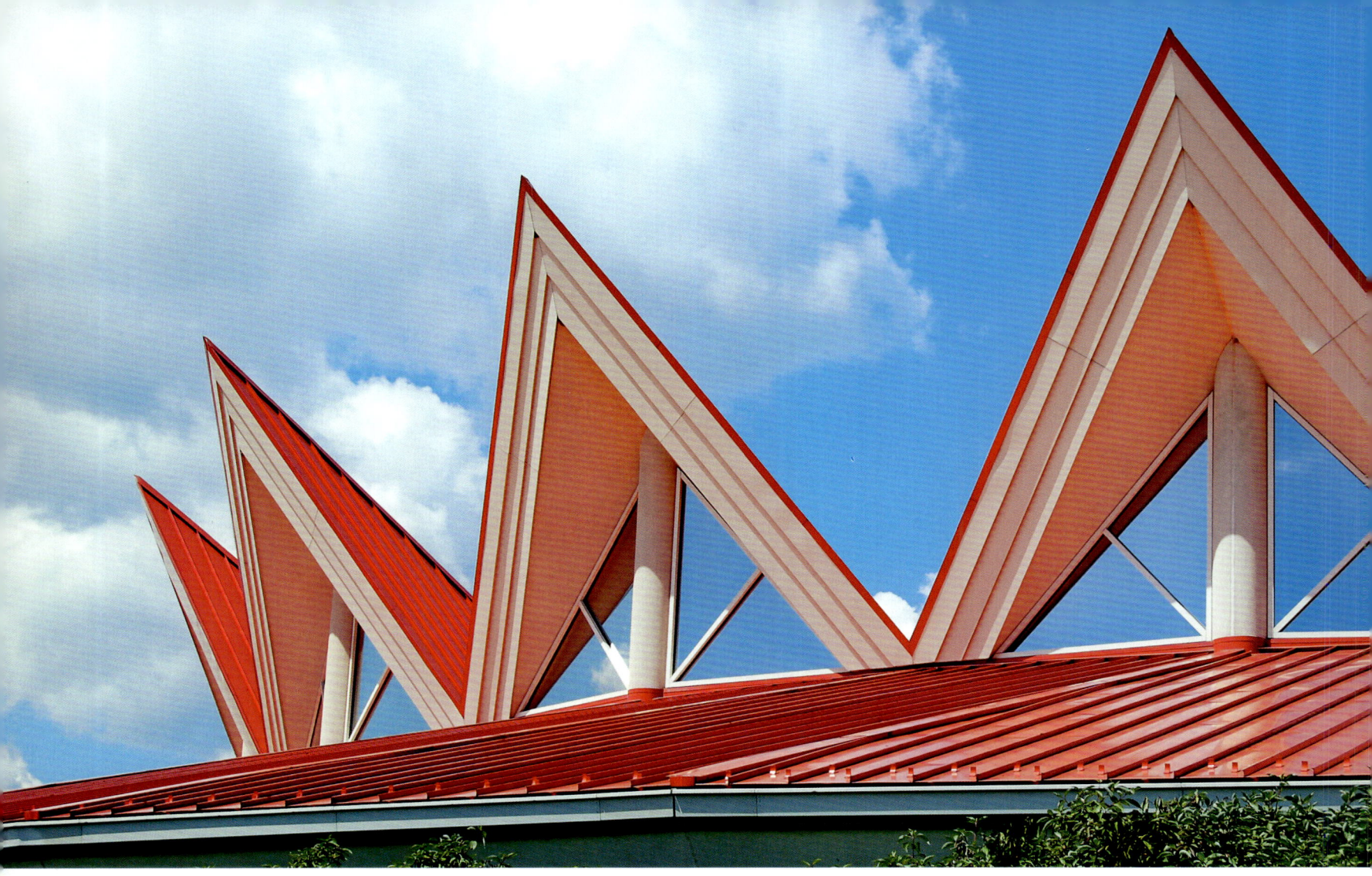

Eingang zur Tamarack Foundation in Beckley, West Virginia

WIRTSCHAFT

Die zerklüftete Topografie und geografische Isolation hat die wirtschaftliche Entwicklung lange behindert. Anfangs nur von etwas Landwirtschaft lebend, sattelte der Staat in den 1880er-Jahren auf Kohleabbau um und ist bis heute – nach Wyoming – der größte, jedoch den schwankenden Preisen ausgelieferte Kohleproduzent des Landes. Am vielerorts in den USA vorangetriebenen Aufbau einer Hightech-Industrie nahm West Virginia nicht teil. Seit den 1990er-Jahren entwickelt sich ein von der dramatischen Geschichte und der rauen Wildnis profitierender Tourismus.

GESCHICHTE

Bei der Ankunft der ersten Weißen im späten 17. Jahrhundert war West Virginia unbevölkertes, von Irokesen, Shawnee und Cherokee als Jagdgebiet benutztes Territorium. Der French and Indian War beendete den Anspruch Frankreichs auf das bergige Gelände, und nach Verträgen mit den Irokesen begann die Besiedlung. 1782 wurde bei Fort Henry (beim heutigen Wheeling) die letzte Schlacht des Unabhängigkeitskriegs geschlagen. 1788 trat West Virginia, zu dieser Zeit noch Teil Virginias, den Vereinigten Staaten bei. Über 70 Jahre später erlebte es den wohl berühmtesten Überfall der amerikanischen Geschichte. Am 16. Oktober 1859 nahmen der radikale Abolutionist John Brown und 18 Mitstreiter das Waffenlager der Bundesarmee bei Harpers Ferry ein. Ihr Ziel, die Sklaven zu bewaffnen und zum Aufstand zu bewegen, scheiterte jedoch im Kugelhagel anrückender US-

Marines. Der Vorfall verstärkte die Kluft zwischen Nord und Süd, und drei Jahre später nahm Südstaatengeneral „Stonewall" Jackson hier 12.500 Unionssoldaten gefangen. Traditionell eher dem Norden als dem Süden zugeneigt, trennte sich im Jahr darauf der Westen Virginias vom Rebellenstaat und wurde umgehend als West Virginia in die Union aufgenommen. 1920 schließlich erlebte West Virginia bürgerkriegsähnliche Zusammenstöße zwischen radikalisierten Gewerkschaftern und den Privatarmeen der Kohlegrubenbesitzer. Heute lebt West Virginia von Tourismus, Holzindustrie und etwas Landwirtschaft.

HARPERS FERRY NATIONAL HISTORICAL PARK

Tief in die Schlucht fällt der Blick vom Jefferson Rock aus. Auf der Felsenkanzel sieht man den Shenandoah River auf Kollisionskurs mit dem Potomac. Das Treffen der beiden Flüsse findet zwischen den felsigen Ufern von Maryland Heights (Maryland) und Loudoun Heights (West Virginia) statt, in einer noch heute urweltlichen, fast wagnerianischen Kulisse. In den 1790er-Jahren gab US-Präsident George Washington hier den Bau einer Waffenschmiede in Auftrag. Damit erhielt die kurz zuvor gegründete Siedlung einen kräftigen Wachstumsschub, denn schon bald stießen die aus rotem Backstein errichteten Fabrikgebäude im Dienst der Regierung Unmengen von Gewehren und Handfeuerwaffen aus – bis 1861 mehr als 600.000 Stück. Am 16. Oktober 1859 wurde die Waffenschmiede von 21 Männern weißer und schwarzer Hautfarbe unter der Führung des radikalen Sklavereigegners John Brown

Die Ruinen einer alten Kirche nicht weit von Harpers Ferry

Heute ist Harpers Ferry ein verschlafenes 300-Seelen-Nest.

überfallen. Browns Ziel, die Waffen der Fabrik im Süden unter den Sklaven zu verteilen und mit einem Aufstand die Sklaverei zu beenden, schlug jedoch fehl. Bürgerwehren umstellten umgehend die Fabrik und verhinderten so den Abzug der Abolutionisten. Zwei Tage später erreichten etwa 100 Soldaten unter dem Befehl von Robert E. Lee, der später als Südstaatengeneral Furore machte, Harpers Ferry. Nach ergebnislos verlaufenen Verhandlungen ließ Lee das Feuer eröffnen und die Gebäude stürmen. Viele Besetzer kamen dabei ums Leben, Brown und einige andere wurden festgenommen.

Wenig später wurde John Brown wegen Hochverrat in Charleston hingerichtet. Der Überfall auf Harpers Ferry vertiefte den am Vorabend des Bürgerkriegs immer offener klaffenden Graben zwischen Norden und Süden und gilt heute als dessen Katalysator. Doch Harpers Ferry sollte noch ungleich mehr Waffenlärm hören: Nicht weniger als acht Mal wechselte es im Bürgerkrieg den Besitzer. Schon 1861 wurde die Waffenfabrik zerstört – und nie mehr aufgebaut.

Heute ist Harpers Ferry ein schläfriges, sich eng an steile Bergwände schmiegendes 300-Seelen-Nest am Zusammenfluss von Shenandoah und Potomac River. Das von der Regierung als Harpers Ferry National Historical Park der Nachwelt bewahrte Fabrikgelände mit angrenzenden Gebäuden ist die größte historische Attraktion in den Appalachen. Vom Besucherzentrum außerhalb des Städtchens fahren Shuttles in das übersichtliche historische Viertel am Flussufer hinab. Mehrere der Gebäude beherbergen kleine, aber feine Museen, die sich mit den zum Bürgerkrieg führenden Ereignissen beschäftigen. Andere zeigen diverse Geschäfte und Kneipen, wie sie zur Zeit des Überfalls aussahen.

NEW RIVER GORGE NATIONAL RIVER

Die Passagiere des Gummifloßes, mit leuchtend roten Schwimmwesten und knallgelben Schutzhelmen ausgestattet, paddeln wie um ihr Leben. Rings um sie herum tobt eiskaltes Wasser. Braungelb türmt es sich um sie herum auf, wirbelt ihr Floß herum wie einen Spielball und stürzt es ohne Mitleid von haushohen Wellenbergen hinab in tückische Täler. Mal schaffen es die Paddler, sich aus eigener Kraft wieder herauszumanövrieren. Manchmal aber auch nicht. Dann schlägt der Fluss über ihren Köpfen zusammen, verschluckt sie sekundenlang und speit sie kurz darauf doch wieder aus, nur um sie weiter flussabwärts zu schicken, wo noch größere Strudel und Schnellen warten.

Die New River Gorge ist das beste Rafting-Revier im Osten. Einige Experten glauben sogar, dass sie bei hohem Wasserstand im Frühjahr die Bedingungen auf dem Colorado River toppt. Trotz seines Namens ist der New River mit rund 65 Millionen Jahren einer der ältesten Flüsse der Welt. Er entspringt in North Carolina, kurvt durch Virginia und gräbt sich dann in tiefen, V-förmigen Schluchten durch West Virginia. Der 80 Kilometer lange, schönste Abschnitt Fayetteville im Norden bis Hinton im Süden steht seit 1978 unter Schutz. Rund 30 Rafting-Veranstalter, die meisten davon in Fayetteville, bieten feuchtfröhliche Expeditionen in der New River Gorge an.

Noch fließt er ruhig und träge dahin, aber das kann sich schnell ändern – der New River zählt zu den besten Rafting-Revieren der Welt.

WISCONSIN

EINSTIMMUNG

Der Staat am Nordrand des Mittleren Westens war schon immer ein beliebtes Ziel. Zunächst hatten ihn frankokanadische Pelzhändler im Visier, ließen sich hier nieder und bestellten das fruchtbare Land. Ortsnamen wie Eau Claire, Dubuque, Prairie du Chien und Marinette erinnern daran. Ein Blick ins Telefonbuch offenbart außerdem viele deutsche und skandinavische Familiennamen. Die Vorfahren der Strickers, Krauses und Larssons kamen im 19. Jahrhundert, auch sie aus den gleichen Gründen wie die Frankokanadier: Die fruchtbaren Böden von Wisconsin wirkten besonders auf Bauern der Alten Welt unwiderstehlich. Angesichts dieses „Stammbaums" ist Wisconsin fast zwangsläufig einer der größten Käse- und Bierproduzenten des Landes.

ÜBERBLICK

Wisconsin ist 145.436 Quadratkilometer groß und liegt im äußersten Norden des Mittleren Westens. Nachbar im Süden ist Illinois, im Westen sind es Iowa und Minnesota. Im Osten wird Wisconsin vom Lake Michigan, im Norden von Michigan und vom Lake Superior begrenzt. Die größte Nord-Süd-Ausdehnung beträgt 515 Kilometer, von Osten nach Westen sind es maximal 475 Kilometer. Der Nordküste vorgelagert sind die Apostle Islands im Lake Superior und Washington Island im Lake Mi-

Kleiner Leuchtturm im Hafen eines Sees in Zentral-Wisconsin

Wind Point Lighthouse, Racine

chigan. Größte Stadt ist Milwaukee (602.000 Einwohner). Die Hauptstadt ist Madison (223.000 Einwohner). 2008 hatte Wisconsin 5,6 Millionen Einwohner.

Die Topografie reicht von dem schmalen Tieflandgürtel des Lake Superior Lowland über das seenreiche Northern Highland und die weitläufige Central Plain bis zum zerklüfteten Western Upland. Die höchste Erhebung des Staats ist der fast 600 Meter hohe Timms Hill im nördlichen Zentral-Wisconsin. Als ein Land der Seen nennt Wisconsin mehr als 8000 Seen sein Eigen. Abgesehen von seinen Anteilen an zwei der fünf Großen Seen bietet Wisconsin mit dem Lake Winnebago (557 Quadratkilometer) ein weiteres Binnengewässer mit Gardemaß. Einziger schiffbarer Fluss ist der die Grenze mit Iowa und Minnesota bildende Mississippi. Der größte durch den Staat fließende Fluss ist der Wisconsin River. Kontinentales Klima sorgt für klar unterscheidbare Jahreszeiten, mit angenehm warmen Sommern und sehr kalten Wintern. So beträgt die kälteste jemals in Wisconsin gemessene Temperatur −48 °C.

Weit verbreitet sind diverse Laub- und Nadelbaumarten. Besonders häufig kommen verschiedene Eichenarten sowie Hickorybaum, Weißkiefer, Schwarze Esche und Balsamfichte vor. Im Süden des Staats gibt es große Ahornbestände. In der Ebene der Central Plain gedeihen noch immer Wildgrasarten, dazu wurden hier über 40 wilde Orchideenarten identifiziert. Trotz intensiver landwirtschaftlicher Nutzung haben sich vielerorts Lebensräume für Schwarzbär und Weißwedelhirsch erhalten. Kleinere, weit verbreitete Pelztiere sind Stachelschwein, Streifenhörnchen, Grau- und Rotfuchs sowie Stinktier. Vogelbeobachter haben 336 in Wisconsin beheimatete Vogelarten gezählt sowie 42 Wasservogelarten. In den Seen und Flüssen sind Hecht, Zander und Forelle die häufigsten Fischarten.

BEVÖLKERUNG

Wisconsin blickt auf eine lange multiethnische Tradition zurück. Den frankokanadischen Trappern folgten zunächst Siedler aus Neuengland. Zwischen 1850 und 1900 erlebte der Staat mehrere Einwanderungswellen aus Deutschland, Skandinavien, Süd- und Osteuropa.

Im 20. Jahrhundert sind vor allem lateinamerikanische und Einwanderer aus Vietnam hinzugekommen. Fast die Hälfte der Bewohner nennt deutsche Vorfahren. Die große Mehrheit lebt in urbanen Ballungsräumen, vor allem in Milwaukee. Über 90 Prozent der Bevölkerung sind weiß, fünf Prozent sind Afroamerikaner. Die Katholiken sind mit 1,7 Millionen Mitgliedern die Konfession mit den meisten Anhängern. Die größten protestantischen Gemeinschaften sind die Lutheraner und die United Methodists.

WIRTSCHAFT

Landwirtschaft, Verarbeitende Industrie und Gesundheitswesen sind die Triebfedern einer stark diversifizierten Wirtschaft. So ist Wisconsin nach Kalifornien der größte Produzent von Milchproduk-

Öffentlicher Nahverkehr in Wisconsins Hauptstadt Madison

ten und führend bei der Käseherstellung. Papier und Zellstoff, die Herstellung landwirtschaftlicher und elektrischer bzw. elektronischer Geräte sind weitere bedeutende Arbeitgeber. Milwaukee ist zudem Sitz einiger der größten Brauereien des Landes. Maschinenteile und Präzisionsinstrumente kommen ebenfalls aus dem Großraum Milwaukee – der berühmteste Name: Harley-Davidson.

GESCHICHTE

Archäologen halten die Anwesenheit von Menschen in Wisconsin vor zehntausend Jahren für durchaus möglich. Unwiderlegbare Beweise menschlichen Tuns sind indes die über die Region verstreuten, auf 1400 v. Chr. zurückdatierten Begräbnishügel. Der erste Weiße in der Region war Jean Nicolet. Auf der Suche nach China erreichte der Franzose 1634 den Lake Michigan und ging in der Green Bay an Land. Wenig später kamen Jesuiten und Trapper aus Neu-Frankreich. Missionsstationen und Handelsposten wurden errichtet. Als Teil Louisianas blieb Wisconsin französisch, bis es 1763 unter britische Verwaltung kam. Nach Ausbruch des Unabhängigkeitskrieges offiziell im Besitz der USA, wurde Wisconsin noch bis zum Krieg von 1812 von Großbritannien kontrolliert. Nach dem Sieg über die sich der Landnahme widersetzenden Indianer im Black-Hawk-Krieg von 1832 begann die massenhafte Einwanderung von Farmern und Bergbauarbeitern, die von dem Bleivorkommen angezogen wurden.

Abendaufnahme der winterlichen Skyline von Madison

Während des Bürgerkriegs stand Wisconsin auf Seiten der Nordstaaten. Um die Jahrhundertwende brachte es als bevorzugtes Ziel deutscher Einwanderer eine starke progressive, sozialistische Bewegung und mit Georg Seidel in Milwaukee den ersten sozialistischen Bürgermeister einer amerikanischen Großstadt hervor. In den frühen 1950er-Jahren erlebte Wisconsin mit der von Senator Joseph McCarthy veranstalteten Kommunistenhatz nur einen vorübergehenden, erzkonservativen Rückfall.

MILWAUKEE

Immer mehr amerikanische Großstädte erkennen den Wert einer blühenden Kulturszene für die Entwicklung einer so zukunftsfähigen wie menschenfreundlichen Innenstadt. Auch die größte Stadt Wisconsins hat eine bemerkenswerte Metamorphose hinter sich. Wer die am Westufer des Lake Michigan liegende Stadt noch in den 1980er-Jahren erlebt hat, wird sie heute nicht wiedererkennen. Bier und Wurst, die beiden Artikel, die lange ihren Ruf als freundliche, aber auch biedere Gastgeberin bestimmten, gibt es zwar immer noch: Wohl nirgends sonst im Osten der USA führen Diner und Restaurants so viele Wurstsorten, bieten Bars im Schnitt 30 bis 40 Biere an. Doch in den letzten Jahren hat sich Milwaukees Downtown und Seeufer zu einem Ort entwickelt, den selbst Kritiker als urbane Idylle bezeichnen. Radwege wurden von Bürgersteigen abgetrennt und zu sinnvollen Nahverkehrsnetzen zusammengeführt. Funktionslose Asphaltbänder wurden in

Kaum wiederzuerkennen ist die größte Stadt Wisconsins: Seit den 1980er Jahren hat Milwaukee eine beeindruckende Wandlung vollzogen.

Das Milwaukee Art Museum gehört mit zu den prägenden Elementen im neuen Stadtbild Milwaukees.

Grünstreifen verwandelt, Joggingwege ans Seeufer verlegt. Auch die Läden und Geschäfte der Innenstadt erfuhren ein Makeover, und auf den Speisenkarten haben die Trendküchen der Westküste die kalorienreichen Favoriten von den Spitzenplätzen verdrängt.

Milwaukee entstand 1846 aus der Zusammenlegung dreier Kleinstädte im Mündungsbereich des Milwaukee River in den Lake Michigan. Wenig später erlebte die Stadt die Ankunft der ersten deutschen Einwanderer. Vor allem Flüchtlinge der gescheiterten 1848er-Revolution ließen sich in der Stadt nieder, darunter auch viele deutsche Juden. Bis zum frühen 20. Jahrhundert schufen sie in Milwaukee ein Zentrum deutscher Kultur und Lebensart, das über die Stadtgrenzen hinaus als „German Athens" berühmt wurde. Auf dem Höhepunkt des deutschen Einflusses gab es ein halbes Dutzend deutscher Zeitungen in der Stadt. Erst zu Beginn des 20. Jahrhunderts änderte sich die Situation.

So war u. a. auch die Entscheidung des „Stadt Theater" zu Beginn des 20. Jahrhunderts, seine Stücke abwechselnd in Deutsch und Englisch aufzuführen, kennzeichnend für die sich abzeichnenden demografischen Veränderungen in der Einwandererstadt. Milwaukees Brauereien, meist von deutschen Einwanderern gegründet, entwickelten sich jedoch zu landesweit präsenten Mega-Brauereien. Bis heute sind Biere der Marken Pabst, Miller und Schlitz in jedem Convenience Store erhältlich.

Im Jahr 2003 feierte Harley-Davidson seinen 100. Geburtstag und Tausende kamen nach Milwaukee, um mitzufeiern.

Der andere große Name, der seit vier Generationen mit Milwaukee verbunden ist, ist Harley-Davidson! Seit William Harley und Arthur Davidson am Ufer des Lake Michigan ihr erstes Motorrad zusammenschraubten und nach sich selbst benannten, entwickelten sich die Motorräder mit dem unverwechselbaren Wummern zu den Königen der Straße. Das 2008 eröffnete, zeitgerecht inszenierte Harley-Davidson-Museum setzt den edlen Zweirädern mit einer Sammlung aus Modellen jedes Jahrgangs seit 1915 ein für die Renaissance der Stadt typisches und nicht nur Motorsportfans begeisterndes Denkmal.

Der neue (Zeit-)Geist Milwaukees ist auch im Milwaukee Art Museum zu spüren. Die 1888 eröffnete „Alte Dame" erhielt 2001 mit dem von Stararchitekt Santiago Calatrava entworfenen Quadracci Pavillion eine Erweiterung, die nicht nur in der Fachwelt Furore machte: Mit einem Dach, das einem auf dem See landenden Wasservogel nicht unähnlich ist, war es vor allem dieses Museum, das den Imagewandel der Stadt vorangetrieben hat.

Lifestyle bietet auch der zum Ausgehviertel mutierte Historic Third Ward zwischen Milwaukee River und Jackson Street. In den viktorianischen Fabrik- und Lagerhallen konzentrieren sich heute die meisten Galerien, Boutiquen, Restaurants und Musikkneipen der Stadt. Auch der Milwaukee Public Market findet hier statt, und abends lockt das Broadway Theatre Center Kulturfreunde an.

Abbildungsnachweis

Coverabbildungen: U 1 oben: bigstockphoto.com, U 2 unten: huber-images.de (Gräfenhain), U 4 links oben: Kurt Ohlhoff, U 4 rechts oben: Kurt Ohlhoff, U 4 links unten: Kurt Ohlhoff, U 4 rechts unten: Kurt Ohlhoff

Archiv Kurt Ohlhoff: S. 36, 38, 42, 47

bigstockphoto.com: S. 9, 18, 19, 22, 23, 24, 25, 26, 27, 29, 30, 31, 34, 39, 46, 51, 52, 56, 61, 63, 65, 68, 69, 71, 74, 75, 76, 81, 82, 83, 84, 86, 87, 100, 105, 109, 110, 111, 113, 114, 117, 118/119, 120, 121, 122, 123, 124, 126, 132, 135, 136, 146, 150, 151, 154, 155, 157, 158, 160, 161, 163, 164, 166, 167, 168, 170, 176, 189, 191, 192, 195, 196, 200, 201, 202, 203, 205, 206, 207, 208/209, 212, 213, 214, 215, 216, 218, 219, 220, 221, 224/225, 239, 243, 244, 245, 246/247, 248, 249, 250, 251, 253, 254, 256, 257, 258, 259, 261, 263, 264, 265, 266, 268, 269, 270, 271, 272, 273, 274, 275, 276, 278, 279, 280, 281, 283, 284, 286, 287, 288, 290, 291, 292, 293, 294, 295, 296, 297, 300, 301, 302, 304, 305, 308, 311, 312, 314, 315, 316, 317, 318, 319, 321, 322, 325, 326, 329, 330, 332, 333, 334, 335, 336, 338, 342, 343, 345, 346, 347, 348, 349, 352, 354, 357, 359, 364, 365, 366, 369, 370, 374, 375, 335, 396, 401, 402, 403, 406, 409, 413, 414/415, 416, 417, 418, 420, 421, 422, 423, 424, 425, 426, 427, 428, 431, 434, 435, 438, 440, 442, 445, 448, 449, 453, 454, 456, 458, 464, 465, 467, 468, 469, 470, 472, 474, 479, 480, 481, 482, 484, 485, 486, 487, 488, 489, 491, 493, 494, 496, 497, 498, 500, 506, 507, 508, 509, 518, 522, 523, 525, 532, 537, 539, 540/541, 542, 543, 544, 545, 546, 547, 549, 550, 551, 552, 553, 554, 555, 556, 557, 558, 559, 566, 567, 570, 571, 583, 585, 586, 587, 588, 589, 590, 592, 595, 596, 597, 599, 600, 614, 623, 625, 628, 629, 630, 631, 633, 634, 635, 636, 637, 638

fotolia.com: S. 144: Kalami, S. 450: Sharon Day, S. 460: Eugene Comstock, S. 462: Todd Wade, S. 534: Dev

Harley-Davidson Presseservice: S. 639

Helmhausen, Ole: S. 381, 386, 388, 394

istockphoto.com: S. 12, 32, 125, 127, 128, 130, 133, 138, 141, 142, 145, 147, 148, 149, 152, 162, 173, 174, 177, 178, 179, 180/181, 183, 184, 185, 187, 197, 204, 210/211, 222, 223, 226, 227, 240, 242, 299, 306, 307, 309, 320, 323, 328, 331, 340, 350, 356, 360, 362, 367, 368, 372, 377, 378, 380, 382, 384, 389, 390, 392, 393, 395, 397, 398, 399, 404, 407, 408, 411, 432, 436, 439, 441, 446, 452, 457, 473, 476, 477, 501, 502, 564, 574, 598, 601, 604, 609, 610, 615, 617, 626

Ohlhoff, Kurt: S. 8, 10, 14, 16, 17, 20, 28, 35, 40, 41, 44, 48, 49, 54, 55, 64, 70, 72, 89, 106, 190, 193, 230, 526, 527, 528, 529, 530, 533, 573, 576, 577, 578, 580, 581, 582, 603, 606, 607, 608, 611, 612, 613, 616, 618, 619, 620, 621, 622

picture-alliance.com: S. 58: Newscom, S. 59: akg-images, S. 60: akg-images, S. 62: Sam Melhorn, S. 66: epa/Matthew Caranaugh, S. 78: Abaca Doullery, S. 91: Martin Sasse, S. 92: Ullstein, S. 93: UPI, S. 94: KPA/TopFoto, S. 95: Wendy Maeda, S. 169 Bildagentur Huber/Gräfenhain, S. 198/199 Bildagentur Huber/Gräfenhain, S. 461: KPA, S. 504: Andre Jenny, S. 591: KPA/TopFoto

Roetting, Thomas: S. 77, 88, 106/107, 113, 492, 510, 511, 512, 516, 520/521

transit/Leipzig: Eisler, Christiane: 90, 98, 99, 101, 108, 112, 561, 562, 563, 568, 569
Hirth, Peter: S. 188, 194, 228, 232, 233, 235, 237, 517, 605
Roetting, Thomas: S. 513, 514/515, 518, 519